Manfred Barthel
Des Heiligen Vaters ungehorsame Söhne

Manfred Barthel

DES HEILIGEN VATERS UNGEHORSAME SÖHNE

Die Jesuiten
zwischen Gestern und Morgen

Casimir Katz Verlag

CIP-Titelaufnahme der Deutschen Bibliothek

Barthel, Manfred:
Des Heiligen Vaters ungehorsame Söhne: Die Jesuiten zwischen Gestern und Morgen/Manfred Barthel. – Gernsbach: Katz, 1991
ISBN 3-925825-40-1

© Casimir Katz Verlag, Gernsbach 1991
Satz: Casimir Katz Verlag, Gernsbach
Druck: Wilhelm Röck GmbH, Weinsberg
Buchumschlag: Zembsch'Werkstatt, München
ISBN 3-925825-40-1

Inhaltsverzeichnis zu diesem Buch

STATT EINER EINLEITUNG – EINE ERKLÄRUNG	15
I. EIN RITTER OHNE SCHWERT UND TADEL oder DIE IDEE DES IGNATIUS VON LOYOLA	26
Vom Frauenhelden zum Marienverehrer oder Aus Iñigo wird Ignatius	26
Ein Hippie im Heiligen Land oder Bekehrung – Lebensziel des Ignatius	38
Weniger Buße – mehr Studien oder Durch Schläge näher zu Gott?	40
Fingerzeig Gottes? oder Die Bestätigung der Gesellschaft Jesu	49
II. CORPSGEIST STATT CHORGEBET oder DIE GRUNDLAGEN DER GESELLSCHAFT JESU	60
Nicht an Mut – an Demut fehlt es oder Die sieben Unterschiede zu anderen Orden	60
Stärker als Klostermauern: das Ordensgelübde oder Die Rangordnung im Jesuiten-Orden	64
Bitten statt Befehlen oder Der monarchische Aufbau des Jesuiten-Ordens	70
III. DER DRESSIERTE GEIST oder DIE KONSTITUTIONEN UND EXERZITIEN	74
Des Guten zuviel oder Die Konstitutionen	74
Seelengymnastik à la Ignatius oder Die Exerzitien	82

IV. BLICK HINTER DIE KULISSEN	
oder	
VERBÜNDETE UND FINANZEN DES ORDENS	92
Wie groß ist die Fünfte Kolonne des Papstes? oder	
Die Affiliierten der Gesellschaft Jesu	92
Gold ist verschwiegen oder	
Die Finanzen des Ordens	96
V. DIE KUNST, SICH BELIEBT ZU MACHEN	
oder	
PREDIGT UND BEICHTE DER JESUITEN	100
Wie es euch gefällt oder	
Die jesuitische Standespredigt	100
Wasch mich, aber mach mich nicht naß oder	
Die Beichtpraxis der Jesuiten	105
VI. ERSTER AUFTRITT AUF DER WELTBÜHNE	
oder	
DIE JESUITEN AUF DEM KONZIL VON TRIENT	115
Vorspiel oder	
Luther-Thesen gegen Tetzel-Spesen	115
Hauptaktion oder	
Der Auftritt der Jesuiten	121
Nachspiel oder	
Die Ergebnisse des Konzils	125
VII. IHR THRON WAR DAS KATHEDER	
oder	
DEUTSCHLAND –	
PÄDAGOGISCHE PROVINZ DER JESUITEN	128
Viel Feind – Viel Ehr' oder	
Jesuiten in Deutschland	128
Blitzkarriere oder	
Petrus Canisius – der Pestalozzi der Jesuiten	131
Syphilis vor Aristoteles oder	
Jesuiten-Kollegien in Europa	134

Papstschule und Bischofsfabrik oder	
Die Gregoriana und das Germanicum	142
VIII. GLORIA DEI UND GLORIA MUNDI	
oder	
DIE KUNST UND DIE JESUITEN	146
Die Bühne als moralische Anstalt oder	
Das Jesuitentheater	146
Gedanken in Druck oder	
Die Jesuiten und die Literatur	152
Prunk statt Andacht oder	
Der Jesuitenstil in der Architektur	157
IX. AMEN EST OMEN	
oder	
JESUITEN UND DIE WISSENSCHAFT	161
Missions-Souvenirs oder	
Jesuiten als Exotik-Importeure	161
Per Pedes Apostolorum oder	
Die Jesuiten und die Geographie	162
Das Universalgenie oder	
Pater Athanasius Kircher S.J.	165
Und sie bewegt sich doch oder	
Die Jesuiten und die Astronomie	168
Die Erbsünde oder	
Der Teilhard de Chardin-Skandal	178
X. DREISPITZ UND DREIFALTIGKEIT	
oder	
DAS CORPS DIPLOMATIQUE DER JESUITEN	183
Irdische Macht – ein himmlisches Vergnügen oder	
Jesuitendiplomatie in deutschen Landen	183
Paris ist eine Messe wert oder	
Die Jesuiten in Frankreich	186
Zwei Königinnen und ein Thron oder	
Jesuiten in England	193

Schwedische Gardinenpredigten oder Jesuiten in Stockholm	200
Der falsche Demetrius oder Jesuiten in Rußland	205
XI. TAUF MICH ODER ICH FRESS DICH oder DIE MISSIONSTÄTIGKEIT DER JESUITEN	**209**
Taufen macht Spaß oder Erobern und Bekehren	209
Wenn das Glöcklein ruft oder Die Jesuiten in Indien	213
Rosenkranz und Perlenschnur oder Die Jesuiten in Japan	221
Söhne des Heiligen Vaters beim Sohn des Himmels oder Die Jesuiten in China	231
Märtyrer am Marterpfahl oder Die Jesuiten in Kanada	245
Das heilige Experiment oder Die Jesuiten in Südamerika	248
Der Pater, der über den Zinsfuß stolperte oder Die Geschäfte der Jesuiten auf Martinique	259
Zuhaus im Nirgendwo oder Was blieb von der Jesuitenmission?	262
XII. DER HEILIGE VATER VERSTÖSST SEINE SÖHNE oder DIE AUFHEBUNG DER GESELLSCHAFT JESU	**265**
Der Schlächter mit der Axt oder Das erste Verbot des Ordens in Portugal	265
Sint ut sunt aut non sint oder Das zweite Verbot des Ordens in Frankreich	272
Die Rebellion der Hüte oder Das dritte Verbot des Ordens in Spanien	278

Donna è mobile oder Das vierte Verbot des Ordens in Österreich	286
Das jesuitische Opferlamm oder Die Aufhebung des Ordens	288
Gift für den Papst? oder Das Ende einer Legende	290
Zuflucht und Tarnung oder Jesuiten in Preußen und Rußland	293

XIII. BÜNDNIS ZWISCHEN SÄBEL UND WEIHWASSER

oder

DIE WIEDERHERGESTELLTE GESELLSCHAFT JESU — 298

Wie lange dauert eine Ewigkeit? oder Der zweite Start der Gesellschaft Jesu	298
Die Stützen der Gesellschaft oder Jesuiten zwischen Thron und Altar	302
Tapfer — auf dem falschen Kriegsschauplatz oder Die Jesuiten und das Unfehlbarkeitsdogma	307
Erst die Franzosen, dann die Jesuiten oder Die Gesellschaft Jesu und Bismarcks Kulturkampf	313
Salut statt Segen oder Jesuiten an den Fronten	317
Segensgrüße nach Moskau oder Die Eskapaden eines Jesuiten-Paters	324
Wieviel Divisionen hat der Papst? oder Die Jesuiten in Diktaturen bis 1945	331

XIV. „ORA IN LABORA"

oder
JESUITEN HEUTE — 343

Geistiger Selbstmord? oder Der Orden auf der Anklagebank	343
Der Orden macht Inventur oder Die drei neuen Aufgaben der Gesellschaft Jesu	354

Wenn aus Feinden Gegner werden oder	
Jesuiten und der Atheismus	360
Blauer Anton statt Soutane oder	
Arbeiterpriester: geachtet und geächtet	364
Cherchez la femme oder	
Zölibat und „Dritter Weg"	371
Bittere Pille oder	
Die Jesuiten und die Enzyklika „Humanae Vitae"	374
Ignatius – ein sozialer Heiliger? oder	
Marx und die Gesellschaft Jesu	379
Das Ganze Halt! oder	
Die 32. Generalkongregation	380
General-Streik oder	
Die Ära Pedro Arrupe	383
XV. HOFFNUNG ODER GEFAHR	
oder	
DIE ZUKUNFT DER GESELLSCHAFT JESU	388
Zwischen Avantgarde und Allerweltsverein oder	
Die 33. Generalkongregation	388
Vox populi – Vox Dei? oder	
Die Gesellschaft Jesu auf dem Prüfstand	393
Liste der Päpste seit der ersten Bestätigung der Gesellschaft Jesu	405
Liste der Generäle der Gesellschaft Jesu	406
Der Jesuiten-Orden in der Geschichte	407
Literaturnachweis	421
Stichwortverzeichnis	427

ZU DIESEM BUCH

Mit einem Festgottesdienst begann am 27. September 1990 auf Schloß Loyola bei Azpeitia im Baskenland (Spanien) das „Ignatianische Jahr". Es endet am 31. Juli 1991, dem Ignatius-Tag. In dieser Zeitspanne begeht die Gesellschaft Jesu zwei Jubiläen: den 500. Geburtstag ihres Gründers Ignatius von Loyola und die 450. Wiederkehr der ersten Bestätigung des Ordens durch Papst Paul III. am 27. September 1540.

Der einst mächtige und heute noch zahlenmäßig stärkste Männerorden der katholischen Kirche feiert seine beiden Jubiläen jesuitisch bescheiden. Auf dem Programm stehen Kongresse, Kurse, Seminare, Wallfahrten, Exerzitien, Konzerte, Theateraufführungen und – Jesuiten sind immer up to date – Sportveranstaltungen. (Vielleicht Jesuiten gegen Opus Dei?)

Nicht Selbstbeweihräucherung ist also angesagt, sondern Arbeit, so wie es dem Jubiläums-Motto gemäß ist: „In allem Gott lieben und dienen". Dieser Spruch des Ignatius ist in allen Weltsprachen auf T-Shirts zu haben. Außerdem gibt es ein eigenes Logo für das Ignatianische Jahr. Es wird für Briefbögen, Fahnen und Poster benutzt und zeigt das älteste Siegel des Ordens mit dem Siegel derer von Loyola, auf dem zwei Wölfe um einen Kupferkessel tanzen. Aktivitäten, die beweisen: so sehr sich die Jesuiten auch gewandelt haben mögen — von Propaganda verstehen sie auch heute noch mehr als viele Werbeagenturen.

Beide Jubiläen fallen in eine Zeit, in der der Orden sich (mal wieder) in Gehorsam übt. Vorbei die Zeit, als sich namhafte Patres öffentlich mit ihrer Kirche auseinandersetzten. Vorbei, aber auch vergessen?

Sicher ist: die Gesellschaft Jesu hat ihren Frieden mit dem Heiligen Vater geschlossen und dies gewiß nicht nur zum Schein. Ein Jesuit ist der Reisemarschall von Johannes Paul II. Kein Zweifel, daß er voll ausgelastet ist. Der Kardinal von Mailand ist ein Jesuit, obgleich eigentlich kein Pater der Gesellschaft Jesu offizielle kirchliche Ämter übernehmen soll.

Ende unseres Jahrhunderts sind die „Söhne des Heiligen Vaters" demonstrativ nicht mehr ungehorsam. Eigenwillig sind sie jedoch wie eh und je. Gottlob.

Welche Höhen und Tiefen der Jesuiten-Orden in seiner 450jährigen Geschichte durchlebte, schilderte mit kritischem Respekt dieses Buch. Dabei wurden Vorarbeiten verwendet, die ich vor einem Jahrzehnt für eine Darstellung der Geschichte der Gesellschaft Jesu zusammengetragen hatte. Die damalige Analyse endete mit einem Tiefpunkt der Ordensgeschichte, nämlich mit jenem päpstlichen Eingriff, für den es in der Vergangenheit der Gesellschaft Jesu kein Beispiel gibt. Papst Johannes Paul II. setzte einen persönlichen Legaten als Aufpasser den Jesuiten vor die Nase.

In ignatiantischer Demut hat der Orden auch dies — wenn auch hörbar zähneknirschend — ertragen. Inzwischen hat die Gesellschaft Jesu wieder eine feste Position, die Macht durch Gehorsam und Gehorsam durch Macht verkörpert. Jesuiten sind heute wieder ein Faktor, mit dem gerechnet werden muß. Nicht nur innerhalb der katholischen Kirche. Ob sie eine Hoffnung oder eine Gefahr für die Zukunft sind – kann nur beurteilen, wer Geschichte und geistige Grundlagen dieses Elite-Ordens kennt. Dieses Buch soll dabei helfen.

Manfred Barthel

STATT EINER EINLEITUNG – EINE ERKLÄRUNG

Der Weihnachtstag 1948 fiel auf einen Sonnabend. Die erst vor wenigen Monaten gegründete Freie Universität im West-Berliner Stadtteil Dahlem hatte ihren Vorlesungsbetrieb eine Woche vorher beendet.

Es war kalt und feucht wie in jedem Dezember, doch diesmal fehlten außerdem Kohle und Öl in West-Berlin. Die Heizungen liefen mit halber Kraft oder waren – wie in der Uni – ganz abgestellt worden. Blockadewinter! Zum ersten Mal in der Geschichte mußte eine Stadt, die nach allen Himmelsrichtungen abgeriegelt war, aus der Luft versorgt werden.

Wir Ostzonen-Studenten saßen in unseren möblierten Buden mit schlecht verpappten Fenstern oder sahen bestenfalls auf Häuserruinen, die im Dezembergrau noch trostloser wirkten, als sie es ohnehin schon waren. Abwechslungen waren uns recht. Viele gab es nicht. Eine der wenigen war der studentische Weihnachtsgottesdienst. Also gingen wir hin.

Der evangelische begann um zehn Uhr in einem Institut in der Gelfertstraße. Der Seminarraum in ersten Stock schien an diesem Tag noch kahler als an normalen Studientagen. Wahrscheinlich war der magere, spärlich geschmückte Christbaum daran schuld, der bereits seine ersten Nadeln verlor, und völlig deplaciert vor einer Schiefertafel mit irgendwelchen Formeln stand.

Offensichtlich fror der evangelische Pfarrer genauso wie wir. Aber als treuer Diener seiner Kirche ließ er sich nicht davon abhalten, uns den Anfang des Lukas-Evangeliums mit der Geburtsgeschichte so vorzulesen und zu interpretieren, wie wir es vom Kinder-Weihnachtsgottesdienst her gewohnt waren. Vielleicht meinte er, Studenten der Philosophie solche detaillierte Genauigkeit schuldig zu sein. Doch Philosophie hin und Theologie her – wir froren...

Weil am Schluß der kleinen Feierstunde gerade wieder ein Wolkenbruch herunterprasselte, blieb ich mit noch drei anderen Studenten für die anschließende katholische Weihnachtsfeier sitzen. Fest davon überzeugt, daß der Anfang des Lukas-Evangeliums auch aus dem Munde eines katholischen Priesters uns keine neuen Erkenntnisse bescheren würde.

Es kam völlig anders...

Ein Dreißigjähriger, dem man ansah, daß er tatsächlich nur vor der Lebensmittelzuteilung für Normalverbraucher leben mußte, stellte seinen klitschnassen Regenschirm in die Ecke, schimpfte über das Sauwetter, versuchte sich die Hände warm und trocken zu reiben, fühlte die kalte Heizung, betrachtete den mickrigen Christbaum, und dann begann er — nein, eben nicht zu predigen, sondern zu raunzen:

„Das Geld für den Baum hätte sich die Uni sparen können. Lieber hätten sie uns einen geheizten Raum geben sollen, dann hätten wir wenigstens ein bißchen äußere Wärme an diesem Fest der Lichter und der Versöhnung! Es soll jedenfalls mal eines gewesen sein! Aber so? Da sitzt ihr hier, hört schon gar nicht richtig hin, was der da vorn — also ich — zu erzählen hat, weil ihr doch nicht daran glaubt, daß irgend jemand euch helfen, mit Worten helfen könnte. Schon gar nicht einer, der die Hemden verkehrt herum trägt und nichts zu versenden hat als Worte, die zweitausend Jahre alt sind. Vielleicht hatte mein protestantischer Kollege recht, der einfach nur die Weihnachtsgeschichte vorgelesen hat, so als sei nichts geschehen in den letzten zwei Jahrtausenden, in den letzten sechs Kriegsjahren, in den letzten Monaten, in denen wir unruhig werden, wenn wir keinen Rosinenbomber brummen hören, so wie wir umgekehrt in den letzten Kriegsjahren unruhig wurden, wenn wir Flugzeuge hörten. Die meisten von Ihnen sitzen doch nur hier, weil die Grenzen dicht sind, weil sie nicht nach Hause können — oder auch weil sie bei dem Regen nicht auf die Straße wollen."

Der Mann im schwarzen Pulli ließ sich durch mein ungeschickt unterdrücktes Glucksen nicht stören:

„Es gibt schlechtere Gründe, an einem Gottesdienst teilzunehmen, als der Wunsch, nicht vom Regen in die Traufe zu kommen. Welche Gründe Sie auch bewogen haben, an dieser Feier teilzunehmen – Sie alle haben nur ein und dieselbe Ursache: Wir fühlen uns verloren und verunsichert in dieser Welt. Diese Verunsicherung ist nichts aus der Heidegger-Schublade, sondern sehr real, sie beginnt schon morgens, wenn wir unsere paar Mark zusammenzählen, mit denen wir über die Feiertage bis ins neue Jahr kommen müssen, und wenn der eine oder andere von uns dann in seinem Militärmantel über den Ku-Damm geht, zwischen all den Menschen mit ihren Weihnachtspaketen, vorbei an den Schaufenstern, in denen die ersten Geschenkartikel so um zehn, zwölf Mark beginnen, dann kann ich verstehen, wenn einem das große Kotzen über diese Welt, ihre leichtfertige Vergeßlichkeit, ihre – wenn Sie wollen – Ungerechtigkeit ankommt.

Doch dann schauen Sie auf die andere Straßenseite, und vielleicht geht dort zufällig einer, der könnte Ihr Bruder sein. Sein Mantel ist auch abgetragen und den rauchert genauso wie Ihnen, nur acht Mark für eine Camel sind auch bei ihm nicht drin – und sehen Sie, dieser, der vielleicht Ihr Bruder sein könnte..."

Der Mann mit dem römischen Kragen machte eine Kunstpause, um die ihn jeder Schauspieler beneidet hätte...

„Dieser Mann auf der anderen Straßenseite – einer von uns – das kann Jesus Christus sein."

Von vielen Predigten, die ich im Laufe meines Lebens hörte, bleibt diese mir vor allem im Gedächtnis. Den Namen des Priesters hab' ich vergessen. Er war der erste Jesuit, den ich predigen hörte.

Ein deutscher Protestant meiner Generation hatte kaum Gelegenheit, in Kontakt mit Jesuiten zu kommen. Das war eine der vielen Ungereimtheiten des „Dritten Reiches", zu dessen oberster Führung mehr Katholiken gehörten, als zu irgendeiner der vorherigen Reichsregierungen, in der aber auch die geistlosesten und brutalsten Gegner saßen, die der Orden im Laufe der Jahrhunderte gehabt hat. Und das wollte bei der Geschichte des Ordens etwas heißen.

Das Verhältnis der Nationalsozialisten zu den Jesuiten war — wie so vieles bei dieser unausgegorenen Herrenmenschen-Ideologie — voller Widersprüche.

1941 erklärte ein Geheimbefehl des Oberkommandos der Wehrmacht die Jesuiten für „wehrunwürdig". Am 8. November 1941 aber wies das OKW alle Oberbefehlshaber der deutschen Armeen im Osten an, mit „Rücksicht auf das Abkommen mit dem Vatikan... die missionarische Tätigkeit der (dort ansässigen) Jesuiten in den besetzten Gebieten zu erleichtern".

Ein Mann namens Walter Hagen, eigener Aussage nach ehemaliger SS-Offizier, behauptete in seinem 1953 in England erschienenen Buch „The Secret War", daß der Jesuiten-General Wlodimir Ledóchowski zu einer Zusammenarbeit seines Ordens mit der Waffen-SS auf der Basis des beiden Organisationen gemeinsamen Antikommunismus bereit gewesen sei. Dokumente, die diese Behauptung erhärten könnten, legte er nicht vor.

Die Waffen-SS hatte tatsächlich Berührungspunkte mit der Organisation und dem Aufbau des Jesuiten-Ordens. Der Reichsführer SS, Heinrich Himmler, katholisch getauft, besaß nicht nur die umfangreichste Bibliothek über die Jesuiten, sondern hatte auch nach den Prinzipien der Gesellschaft Jesu seinen „Orden unterm Totenkopf" aufgebaut. Walter Schellenberg, ehemaliger SS-General aus Himmlers Stab, berichtet, daß sich der SS-Führungsstab einmal im Jahr auf der Wewelsburg, nahe Paderborn, zur Meditation nach ignatianischem Vorbild traf. Es war ein Platz, so recht nach Himmlers Geschmack: die einzige Höhenfeste Westfalens, die ihren Namen von einem früheren Besitzer, Wiwel von Büren, ableitete. Dessen Beruf: Raubritter. Hier wurde aus geistigen Versatzstücken der verschiedensten

Ideologien — vom König Artus über den Deutschen Ritterorden, der Jesuitenregel bis zu Ku-Klux-Klan-Geheimbündelei — nach NS-Manier ein Vergangenheitsbild zusammengeschustert und im fünfunddreißig Meter langen, fünfundzwanzig Meter breiten Rittersaal an — versteht sich! — eichener Tafel diskutiert.

Hitler nahm Himmlers mythisch verbrämte Ordensidee nicht ernst. In den „Tischgesprächen" soll er gewitzelt haben: „Ich seh ihn (Himmler) schon als unseren heiligen Ignatius."

Widersprüche, wohin man blickt: 1934 erschien in Paderborn das erste und bis heute einzige „Jesuitenlexikon", und noch im Kriegsjahr 1941 konnte Elisabeth Gräfin Vitzthum im Leipziger Hegrer-Verlag eine Auswahl der Briefe des Jesuiten-Missionars Franz Xavier herausgeben.

Drei Jahre später wütete Dr. Roland Freisler, Präsident des Volksgerichtshofes, im 20.Juli-Prozeß 1944 gegen Graf Moltke, der Verbindung zu einem Jesuiten-Provinzial gehalten hatte: „Kein Deutscher kann doch einen Jesuiten auch nur mit der Feuerzange anfassen... Wenn ich weiß, in einer Stadt ist ein Jesuiten-Provinzial, so ist das für mich fast ein Grund, gar nicht diese Stadt zu betreten."

Dagegen hält sich bis heute die Behauptung, der Reichsminister für Volksaufklärung und Propaganda, Dr. Joseph Goebbels, sei Zögling eines der sechs deutschen Jesuiten-Kollegien gewesen. Er war auf keinem der Kollegien. In der NS-Zeit klang hintergründiger Respekt vor der Eloquenz dieses Demagogen aus dieser geistigen Zuordnung.

Noch heute lebt das Adjektiv „jesuitisch" im Sprachgebrauch. Allerdings nicht eben positiv. So steht in der vierten, völlig neu bearbeiteten Auflage von Franz Dornseif „Der deutsche Wortschatz nach Sachgruppen" als Synonym für „doppelzüngig, falsch... heimtückisch, heuchlerisch, hinterlistig... lügenhaft... scheinheilig... unaufrichtig, unehrlich, unwahr, verlogen" das Wort „jesuitisch".

Solche negative Auslegung des Begriffs „jesuitisch" endet nicht an der deutschen Sprachgrenze. Die Franzosen haben das Sprichwort „Wenn zwei Jesuiten zusammen sind, ist als Dritter immer der Teufel dabei". Die Engländer nennen jemanden, der besonders verschlagen ist, „jesuitisch falsch". In Spanien kursiert noch heute die Redensart „Schütze Deine Frau vor den Mönchen und Dein Geld vor den Jesuiten".

Von der Gründung ihres Ordens an hatten die Jesuiten Feinde. Zu allen Zeiten, in allen Ländern. Es spricht für den Orden, daß unter seinen Gegnern fast immer die klügsten Köpfe ihrer Zeit waren, und nicht selten war Bewunderung vor den jesuitischen Leistungen die Voraussetzung der Gegnerschaft. Daß der Orden, selbst zu Zeiten seiner größten Auswüchse, das elitäre Element im Kirchenleben war, darüber waren und sind sich die Gebildeten unter seinen Verächtern einig.

Er wünsche, hatte der Ordensgründer Ignatius von Loyola einmal geschrieben, „daß der Orden niemals für längere Zeit unbehelligt von der Feindschaft dieser Welt bleiben möge." Dieser Wunsch ging über vier Jahrhunderte in Erfüllung.

Seit die ecclesia militans zu einer „Kirche des Dialogs" geworden ist, suchen die Jesuiten ihren Platz in dieser neuen klerikalen Welt, so wie sie nach der Identität ihres eigenen Ordens suchen. Die junge Garde der Jesuiten fragt nach dessen Existenzberechtigung, aber auch nach dem Sinn vieler kirchlicher Einrichtungen und Dogmen. In Holland, wo die Patres besonders verwegen einen Strukturwandel in der Kirche und im Orden diskutieren, soll in einem Jesuiten-Wohnheim an der Ausgangstür ein Zettel hängen: „Der Letzte, der die Gesellschaft Jesu verläßt, möge nicht vergessen, das Licht zu löschen!" Doch es ist typisch für die Situation aller Orden, daß dieses Bonmot auch von den Dominikanern erzählt wird.

Ohne die Jesuiten — sagen die einen — wäre aus dem Christentum keine Weltreligion geworden.

Ohne die Jesuiten — sagen die anderen — gäbe es nicht zwei große christliche Kirchen, sondern nur eine, allerdings reformierte, katholische Kirche. Jene nämlich, die Luther, Zwingli, Calvin und andere Reformatoren wollten.

Doch ist die Annahme, daß die Gründung des Jesuiten-Ordens eine Reaktion auf reformistische Aktivitäten innerhalb der Kirche gewesen sei, ebenso verbreitet wie falsch. Ignatius von Loyola, der Gründer, wußte herzlich wenig von den Reformatoren. Vielmehr war es so, daß sowohl in den Gedanken Luthers wie des Ignatius sich ein neuer Zeitgeist manifestierte, in dem der einzelne zu einem Faktor geworden war, der sich selbst in Szene setzen konnte. Ob er nun — wie Luther — protestantische Thesen verkündete oder — wie Ignatius — überzeugt war: „Gott jederzeit zu finden, wann immer ich will."

Es gibt in den letzten Jahrhunderten nur wenig Beispiele, daß einige tausend Menschen die Meinung und Entwicklung Europas derart verändert haben, wie es die Jesuiten getan haben. Wobei es für den Effekt gleichgültig ist, ob diese geistige Veränderung durch unmittelbaren Einfluß des Ordens auf Philosophie, Forschung und Erziehung erreicht oder erst durch den Anreiz auf Widerspruch hervorgerufen wurde.

Was war es eigentlich, was die unterschiedlichsten Geister an diesem Orden faszinierte oder gegen ihn mobilisierte? Gibt es einen Hauptnenner, auf den sich alle Vorwürfe bringen lassen? Ja. Es ist ein Paulus-Wort aus dem Ersten Brief an die Korinther (9.22): „Allen bin ich alles geworden, um auf jeden Fall einige zu retten."

Ignatius von Loyola hat dieses Wort als Parole an seine Patres ausgegeben, bevor er sie auf die „Kriegsschauplätze des Glaubens" schickte.

Getreu diesem Spruch sind sie tatsächlich ALLES geworden.

„Sie waren", wie es Egon Friedell formulierte, „die glänzendsten Kavaliere, die strengsten Asketen, die aufopferndsten Missionare und die gerissensten Kaufleute, die ergebensten Dienstboten und die gewieftesten Staatslenker, die weisesten Seelsorger und die geschmackvollsten Theaterregisseure, die tüchtigsten Ärzte und die geschicktesten Mörder. Sie bauten Kirchen und Fabriken, leiteten Wallfahrten und Komplotte, vermehrten die Lehrsätze der Mathematik und der Dogmatik, unterdrückten die freie Forschung und machten selber eine Reihe wichtiger Entdeckungen. Sie waren im wahrsten Sinne des Wortes zu allem fähig."

Sie waren kompetent auf allen Gebieten. Ob Philosophie, Kunst, Technik, Astrologie, Geographie, Fremdsprachen und Medizin. − Wenn sie zu einem Disput antraten, waren sie den besten Köpfen des jeweiligen Faches gewachsen. Doch alle Kenntnis war für sie immer nur Mittel zum Zweck, nachzuweisen, daß ihre Lehre die einzig richtige war. Nie wieder gab es so fundierte Engstirnigkeit wie in der Glanzzeit des Ordens.

Kein anderer Orden hat sich derart in weltliche Dinge eingemischt. Kein anderer Orden ist weltlicher Verfolgung so ausgesetzt gewesen, wie die Jesuiten. Es kann deshalb nur recht und billig sein, wenn Leistung und Fehler dieses Ordens, dessen Revier seit seiner Gründung die Welt war, mit weltlicher Elle und irdischem Maß gemessen werden. Zu groß ist die Versuchung, daß aus Weltläufigkeit Weltlichkeit wird.

Leistungen und Fehler − was überwiegt? Die einen sind überzeugt, daß von Jesuiten alles Gute in dieser Welt kam. Andere halten sie für ewige Störenfriede, die nur eine Heimat kennen: Rom, nur einen Herrscher: den Papst, nur ein Gesetz: den Befehl ihres Generals − und die auf das Geheiß ihrer Oberen ohne Skrupel jedes Verbrechen begehen. Flexibilität und Gehorsam hieß schon immer die Jesuiten-Devise.

Die beste Antwort auf die Frage, was denn nun Jesuiten wirklich sind, scheint mir jener mexikanische Jesuiten-Pater gegeben zu haben, der 1970 schrieb: „Wenn die Jesuiten für den Fortschritt sind, nennt man sie Opportunisten. Sind sie es nicht, gelten sie als Reaktionäre. Beurteilen sie ihre eigenen Taten kritisch, wirft man ihnen Heuchelei vor, tun sie es nicht, heißt man sie Snobs. Schließen sie eine ihrer Schulen – verantwortungslos. Tun sie es nicht – Verderber der Jugend. Unterrichten sie die Reichen, sind sie Ausbeuter – unterrichten sie die Armen, Kommunisten. Was immer sie auch tun, man stempelt sie zu Jüngern Machiavellis*."

Weil eine klare Antwort so schwierig ist, flüchten sich Bewunderer wie Kritiker entweder in Schlagworte oder in Gerüchte. So avancierten die Jesuiten von der „Leichten Kavallerie des Papstes" zum „Römischen SAC (Stategic Air Command) des Atom-Zeitalters", dessen Angehörigen im permanenten Alarmzustand – sozusagen zwischen Rosenkranz und Fallschirm – leben, bereit abzuspringen, wo und wann immer der Heilige Vater es wünscht. Die geheime Macht der Jesuiten war schon immer ein beliebtes Spielfeld für Spekulationen: mehrere Papstmorde, die Bartholomäusnacht, untergeschobene Kronprinzen, Giftmischerei, Falltürenaktionen und vieles mehr hat man ihnen angehängt.

Für diese Gerüchte-Köche war keine Behauptung zu sinnlos: Wilkes Booth, jener Schauspieler, der Präsident Lincoln erschoß, soll ein Werkzeug der Jesuiten gewesen sein, hieß es bereits wenige Jahre nach diesem Attentat.

Die hanebüchenste Behauptung, die mir unterkam, wird schwer zu überbieten sein: ein Edmond Paris schreibt und läßt es in seinem Buch „The Secret History of the Jesuits" drucken, daß „Mein Kampf" nicht von Herrn Hitler, sondern von einem deutschen Jesuiten-Pater namens Stämpfle geschrieben worden sein soll. Eines wenigstens scheint nach solcher Behauptung klar: Edmond Paris hat in Hitlers unausgegorenem Werk nicht einmal geblättert. Eigentlich unnötig nachzuforschen, ob es in den zwanziger Jahren einen deutschen Jesuiten dieses Namens gegeben hat. Ich tat es trotzdem, mit negativem Erfolg.

---

* Niccolò Machiavelli (1469 - 1527) Politiker in Florenz. Seine Devise: Die Staatsräson braucht moralische Grundsätze nicht zu respektieren. Sein Hauptwerk „Il principe".

Neben solchen Behauptungen, ohne Beweis und ohne Sinn, geistern Begriffe wie „Kadavergehorsam" oder „Der Zweck heiligt die Mittel" als Ausdruck für die Jesuiten-Moral durch die Jahrhunderte und haben mitgeholfen, ein Bild dieser „Gesellschaft Jesu" zu prägen. Entspricht es der Wahrheit? Waren die Jesuiten Hemmschuh oder Motor für die geistige Entwicklung in und außerhalb der Kirche? Wie groß war ihr Einfluß auf die europäische Politik? Nicht nur darauf, sondern auch auf die heutige und zukünftige Situation der Jesuiten in aller Welt will dieses Buch Antwort geben.

Meinen Dank an dieser Stelle jenen Menschen, Institutionen, Bibliotheken und Archiven quer durch Europa, die mir bei der Materialsuche geholfen haben. Nirgendwo fand ich verschlossene Türen, und an einigen Stellen erhielt ich Einblick in bisher kaum beachtete Dokumente, durch die diese Veröffentlichung auch für Kenner der Materie neue Akzente bekommen haben dürfte. Die Fülle der Helfer, aber auch die Rücksicht auf ihre Positionen und Funktionen zwingt mich, es bei diesem pauschalen Dank an sie zu lassen.

In einem der ersten Lexika, dem Staats-Zeitungs- und Conversations-Lexicon von 1759 steht unter dem Stichwort „Jesuiten" folgendes:

JESUITEN, oder von der Societate Jesu, sind Geistliche in der Römischen Kirche, welche das Concilium Tridentinum Clericos regulares nennet, und ist ihr Stifter Ignatius Loyola, ein spanischer Edelmann, gewesen, welcher 1534 die weltlichen Kriegs-Dienste mit dem geistlichen Stande verwechselt. Papst Paulus der III. hat sie 1540 bestätiget, und sind ihnen von den folgenden Päpsten herrliche Privilegia ertheilet worden. Nebst den drey gewöhnlichen Closter-Gelübden, der Armuth, des Gehorsams und der Keuschheit, thun sie das vierte hinzu, nehmlich, sich zu

Mißionen gebrauchen zu lassen, und das Aufnehmen der Römischen Catholischen Kirche zu befördern. Sie halten keinen Chor, und lassen sich angelegen seyn, die Jugend in den Wissenschaften zu unterrichten. Sie haben mit anderen Catholischen Orden viele Streitigkeiten, sonderlich mit den Dominikanern, wegen der Bekehrung der Chineser, und in Engelland haben sie das Land gänzlich räumen müssen, auch sind sie in Frankreich, wegen der Constitution Unigenitas, bey Hofe und der anderen Geistlichkeit in einige Disgrace gekommen.

Stimmt diese Beurteilung auch aus heutiger Sicht?

Die folgenden Kapitel geben Antwort auf diese Frage.

I.

EIN RITTER OHNE SCHWERT UND TADEL
oder
DIE IDEE DES IGNATIUS VON LOYOLA

„...es gibt zur Zeit nicht ein einziges Instrumentarium, welches von Gott zur Bekämpfung der Ketzer geschaffen, das größer wäre als Euer heiliger Orden."
(Aus dem Grußwort Papst Gregors XIII.
zur 4. General-Kongregation 1581)

„...Darumb sollen sie billich nicht Jesuiter, sondern Jesu-Wider, Jebuliter, Esauiter, Jesabeliter heissen, und sich nennen, die von der Gesellschaft der Propheten Jesabel, das ist, der Baalpfaffen, oder, von der Gesellschaft der Pharisäer, Samariter, und anderer solcher Teuffels Aposteln..."
(Aus einer Anti-Jesuitenschrift des Stuttgarter
Hofpredigers Andreas Osiander, 1534 - 1604)

Vom Frauenhelden zum Marienverehrer
oder
Aus Iñigo wird Ignatius

Von Ignatius von Loyola, dem Gründer des Jesuiten-Ordens, gibt es Dutzende von Bildern. Sie stellen ihn als Kämpfer, als Heiligen, als neuen Paulus, als majestätischen Ordensgeneral oder als demütigen Sünder dar. Aber nicht ein einziges Bild zeigt ihn so, wie seine Vertrauten ihn zu Lebzeiten kannten. Sie akzeptierten keine der Darstellungen ihres ersten Generals als lebensecht.
Am nächsten scheint dem Alltags-Ignatius jenes Porträt zu kommen, das Sanchez de Coello, der Hofmaler Philipps II. von Spanien, nach der Totenmaske malte. Aber auch bei diesem bekanntesten aller Loyola-Porträts vermissen seine

Freunde die Glut der Überzeugungskraft in seinen Zügen und das Feuer in seinen Augen.

Ignatius selbst ist schuld an der fehlenden Ähnlichkeit seiner Porträts. Während seiner sechzehnjährigen Generalszeit hat er sich beharrlich geweigert, Modell zu sitzen. So entstanden alle Bilder entweder nach seinem Tode oder aus flüchtigen Eindrücken. Hinter dieser Ablehnung steckte ein Prinzip des Ignatius: Er war der Orden und der Orden war er. Seine Persönlichkeit sollte nichts weiter sein als die anonyme Triebfeder seines Ordens.

Statt *eines* lebensechten Bildes zeugen Berge von Schriften und Anweisungen von dieser Haltung. Allein an die siebentausend Briefe! Alle von ihm geschrieben oder diktiert und jeder mindestens zweimal gelesen, bevor er ihn unterzeichnete.

Nicht nur wie er aussah, auch seine Geburtsdaten wissen wir nicht. Lediglich sein Name steht fest: Iñigo Lopez de Onaz y de Loyola. Oft genug tauchte er bei polizeilichen Vernehmungen auf. Sogar ein Strafprozeß gegen ihn ist aktenmäßig belegt. Der Höfling Iñigo war wegen Händel, Glücksspiel und amouröser Abenteuer angeklagt.

Iñigo ist die baskische Form des spanischen Vornamens Eneco. Dreißig Jahre führte er diesen Namen. Erst 1534 trug er sich als Ignatius in die Universitätsmatrikel in Paris ein. Die Wahl dieses Namens war eine Referenz vor dem Heiligen Ignatius von Antiochien, der im Jahre 107 in Rom als Märtyrer starb. Eine verblüffende Namenswahl. Denn der Heilige Ignatius war im Kirchenleben des Mittelalters nur eine Randfigur. Vielleicht hat Iñigo den Namen Ignatius gewählt, weil der Namenstag jenes Heiligen, der 17. Oktober, auf seinen, Iñigos, Geburtstag fiel? Wir kennen ihn nicht. Nur sein Geburtsjahr steht fest: 1491.

In diesem Jahr war wenig los in der alten Welt und die neue wurde erst ein Jahr später von Kolumbus entdeckt. Iñigos ältester Bruder war dabei, als Kolumbus 1493 zu seiner zweiten Reise in See stach. Es war baskische Tradition, daß der älsteste Sohn zur See fuhr. Die Söhne des Landadels hatten ohnehin keine große Auswahl an Berufen: zur See gehen oder bei Hofe das Waffenhandwerk erlernen, wie Iñigo und zwei seiner Brüder es taten.

Als Seefahrer gesucht, als Raufbolde verschrien, als Organisatoren geschätzt, lobten die einen und tadelten die anderen vor allem einen baskischen Charakterzug: Beharrlichkeit, die sich unschwer bis zum Starrsinn steigern konnte.

Aus dem nicht eben anekdotenreichen Leben des Ignatius sind zwei Episoden für diese baskische Eigenheit überliefert:

In jungen Jahren soll er einmal vierzehn Stunden, ohne zu essen oder zu trinken, im Vorzimmer eines Kardinals gewartet haben, bis dieser dadurch so mürbe gemacht worden war, daß er den Bittsteller empfing.

Einen Schritt weiter ging Ignatius, als er – ein reifer Mann! – einen Hungerstreik gegen Gott begann, weil dieser ihm eine Bitte nicht so erfüllt hatte, wie er es sich vorstellte. „Bis zum Verhungern" wollte er es aushalten. Sein Beichtvater machte dem dickschädeligen Unfug ein Ende.

Die Loyolas gehörten zum baskischen Landadel, zu einer der zwei Dutzend „Parientes Mayores". Jener Familien, die mit drei Worten zu charakterisieren waren: arm, stolz und kinderreich. Iñigo war der Jüngste der Loyola-Kinderschar, die so zahlreich war, daß es nun schon keine Rolle spielte, ob er der elfte oder – wie andere Biographen meinen – der dreizehnte Sproß war.*

Den Ort Loyola zu besuchen lohnt. Es ist eine Reise in die Vergangenheit. Man braucht nur von der Küstenstraße, die San Sebastian mit Bilbao verbindet, bei Zumaya landeinwärts abzubiegen. Auf schmalen Wegen fährt man durch die Provinz Guipuzcoa. Zwischen den Marktflecken Azeoita und Azpeitia, in einem der schmalen grünen Pyrenäen-Täler, liegt das Familienschloß derer von Onaz y de Loyola.

---

* Pater Paul Imhof SJ nennt in seiner Ignatius-Biographie fünf Schwestern und sieben Brüder.

Die Bezeichnung „Schloß" ist allerdings schmeichelhaft für diesen Gutshof mit seinem Unterbau aus behauenen Steinen und einem hölzernen Obergeschoß. Aber immerhin, die von Onaz und Loyola hatten sogar ihr eigenes Familienwappen, das sie über dem Eingang schmucklos in den Stein hauen ließen: zwei Wölfe im Sprung, zwischen beiden ein Kessel an einer Kette. Irgendwann einmal war der Sinn dieser Heraldik sicher klar, heute rätseln nur noch Pensionäre am Stammtisch beim vierten Glas des kräftigen baskischen Roten darüber.

Als „Casa Sancta", Heiliges Haus, stehen die Reste des bescheidenen Baus im Hof eines imponierenden Gebäudes, dessen steingraue Außenfront eine Mischung aus Schloß und Festung ist. Dieses „Heiligtum von Loyola" beherrscht die Ebene. Im Gebäude selbst sind in der Mitte die Basilika, daneben Exercitienhaus und Collegium. Papst Johannes Paul II. zelebrierte am 6. November 1982 vor dieser Fassade eine Messe. Es war das „Zuckerl" mit dem er manches bittere Wort versüßte, das er über den Orden dieses baskischen Edelmannes in den Monaten zuvor in Rom geäußert hatte.

Wir wissen wenig von der Familie, wie sie lebte, welche Vorstellungen und Leidenschaften sie hatte. Iñigos Mutter starb bei oder kurz nach seiner Geburt. Die Frau des ältesten Sohnes und damit des Erben des Familienbesitzes, Magdalena de Araoz, übernahm die Erziehung Iñigos, der früh das Elternhaus verließ, um am Hof sein Glück zu machen — eine der wenigen Möglichkeiten, die sich Söhnen kinderreicher Adelsfamilien bot.

In diesen Jahren hat Iñigo keinerlei Ehrgeiz. Er lebt wie ein „Campesino", ein einfacher Landedelmann, tobt sich zuerst einmal aus. Beim Fechten, Tanzen und wohl auch im Heu mit Mägden und in Betten mit adeligen Schönen. Ein Raufbold, ein Schürzenjäger. Noch als Jesuiten-General legte er in seiner Lebensbeichte Wert auf die Feststellung, daß eine Dame, die er damals verehrte, „nicht von gewöhnlichem Adel oder nur eine Gräfin oder Herzogin war, sondern ihr Stand war viel höher als all dieses".

In den Akten des bischöflichen Gerichts von Pamplona – das für seine Milde bekannt war – ist er so charakterisiert: „hinterlistig, gewalttätig und rachsüchtig". Punkt.

Das besagt jedoch nicht, daß dieser baskische Adelssproß ein besonders wilder Rowdy gewesen ist – die Sitten waren rauh damals. Nicht nur bei den jungen Burschen, auch unter den Damen besaß noch zu Luthers Lebzeiten „das ohrenzarte Frauenzimmer das Schamgefühl eines Hamburger Fischweibs von heute", wie es der evangelische Kirchenhistoriker Heinrich Boehmer dezent formulierte.

Die Zeit war für einen ehrgeizigen Jüngling aus armem Adelsgeschlecht nicht sonderlich günstig. Die Weltgeschichte schien am Ende, keine neuen Kriege oder Entdeckungen waren zu erwarten.

Alles hatten andere bereits getan. So schien es jedenfalls. Seit gut zwei Jahrzehnten waren die Mauren aus ihrer letzten iberischen Bastion, aus Granada, vertrieben. Der Ruhm des Christoph Kolumbus, seit neun Jahren tot, verblaßte bereits gegen den Vasco da Gamas, der für die portugiesische Flagge den Seeweg nach Ostindien um Südafrika gefunden hatte.

Was also blieb in derart friedlich- langweiliger Zeit für einen adeligen Jüngling, der bei Hofe Dienst tat? Amouröse Aventuren und Turniere, zu denen man unter den Farben einer hochgestellten Dame antrat, die man sich als unerreichbares Idol seiner Verehrung ausgewählt hatte. Das war nicht viel anders als die Farbposter-Verehrung der heutigen Jugend von Film- und Fußballstars.

Iñigo konnte mit einer mittleren Karriere bei Hofe rechnen. In ein, zwei Jahren würde er sich die Hörner abgestoßen haben, ein Hoffräulein der zweiten oder dritten Garnitur wäre dann gerade die rechte Frau für ihn, und der Schneider würde Jahr für Jahr seinen Wams und seine Beinkleider – das Wort Hosen nahm man nicht in den Mund – etwas weiter machen müssen. Tribut an das Alter, die Bequemlichkeit und die gute Küche. Der Lauf der Welt. Damals wie heute.

Doch plötzlich war Iñigo nicht mehr bei Hofe. Die meisten Biographen liefern keine Erklärung, warum er die Karriere als Höfling so früh und jäh beenden mußte. Andere wieder führen umständliche Kabalen an, in die Iñigo verwickelt war und die ihn zum Weggehen gezwungen hätten.

Nur an einer Stelle fand ich den Hinweis, daß Iñigo wegen einer Ozeana, einer Stinknase, den Dienst quittieren mußte. Durchaus möglich, daß zartfühlende, fromme Biographen für die Nachwelt nicht festhalten wollten, daß ein katholischer Heiliger zu einer sekundären Ozeana als Folge syphilitischer Nekrosen gekommen ist.

In jenem Jahrzehnt grassierte die Syphilis quer durch Europa, wie heute Aids in der Welt. Und bei dem Lebenswandel, den die spanische Adelsjugend führte und den wechselnden Liebschaften, die Iñigo hatte...

Heute können wir aus zwei Gründen offener darüber reden: einmal schmälert eine solche Jugendsünde die Leistung des Ignatius nicht um einen Deut und zum anderen weiß die Medizin inzwischen, daß man eine Stinknase durchaus auch bekommen kann, ohne geschlechtskrank zu sein. Medizinischer Wissensstand von heute: „Der Erreger dieser Atrophie der Nasenschleimhaut kann nicht mit Sicherheit nachgewiesen werden."

Was immer auch der Grund gewesen sein mag – aus dem Höfling Iñigo wurde der jüngste Offizier in der Leibgarde des Herzogs Don Antonio Manrique von Najera. Gerade zur rechten Zeit, um beim Einmarsch der Franzosen in das Königreich Navarra im Jahre 1521 seinen Säbel blank zu ziehen. Endlich war etwas los in der kleinen Welt des baskischen Landedelmannes.

Dieser Einmarsch der Truppen Franz I., König von Frankreich, hatte einen offiziellen Vorwand und ein geheimes Ziel. Der Vorwand: Der von den spanischen Königen entthronte König von Navarra sollte wieder eingesetzt werden. Das Ziel: Die Umklammerung Frankreichs durch den Habsburger Karl V. zu brechen. Karl V. war nicht nur Kaiser des Heiligen Römischen Reiches Deutscher Nation, sondern auch König von Spanien, und konnte deshalb verkünden: „In meinem Reich geht die Sonne nie unter."

Hauptschauplatz dieser kriegerischen Auseinandersetzung war Italien, aber auch auf „Nebenkriegsschauplätzen" kam es zu „Entlastungsangriffen". Einer davon war im April 1521 die Besetzung von Navarra, das vom Herzog von Najero, dem Vizekönig Karls V., verteidigt wurde.

Die Franzosen erzielten Anfangserfolge. Sie überrannten befestigte Städte, und auch Pamplona, dem eine Schlüsselstellung zukam, kapitulierte. Lediglich die Zitadelle der Stadt ergab sich nicht.

Die Vernunft sprach für Kapitulation. Die Franzosen waren fünfmal so stark wie die kleine spanische Besatzung. Der Kommandeur beschloß zu handeln, wie die Vernunft gebot. Die Offiziere seiner Umgebung waren ebenfalls für Kapitulation. Da packte der jüngste Offizier seinen Kommandeur und die älteren Offiziere in einer flammenden Durchhalterede bei ihrer Ritterehre. Iñigo von Loyola bewies an diesem Pfingstmontag, den 20. Mai 1521, zum ersten Mal, welche Gewalt hinter seinen Worten stecken konnte. Kein Engel führte dem jungen Ritter die Zunge, keine himmlische Vision schenkte ihm die richtigen Worte: doch seine Überzeugungskraft war stark genug, die Meinung erwachsener Menschen umzustülpen.

Wie so oft wogen hochtrabende Worte von Ehre, Treue und Vaterlandsliebe auch bei diesen Militärs mehr als alle Erkenntnisse der Logik: alle — alle! — Offiziere machten den gemeinsam gefaßten Kapitulationsbeschluß rückgängig und entschlossen sich wider besseren Wissens, die Zitadelle gegen die französische Übermacht zu verteidigen.

Die Franzosen reagierten, wie zu erwarten war: als sich keine weiße Flagge zeigte, befahl der französische Kommandeur „Feuer frei" für eine sechsstündige Kanonade. Artilleriebeschuß war damals Glückssache, Richtkanoniere wußten nur, die vordere Öffnung des Kanonenrohrs mußte zum Feind, die hintere zur eigenen Stellung zeigen. Bei einigem Glück flogen die meisten Kugeln — damals noch aus Stein — aus dem Rohr. Von einem exakten Anvisieren eines Ziels konnte keine Rede sein. Zufallstreffer waren an der Tagesordnung.

Genau ein solcher Treffer war es, durch den der rechte Unterschenkel und die linke Wade des Iñigo zerschmettert wurde. Ironie des Schicksals: Iñigo, groß geworden unter dem Ideal des ritterlichen Kampfes Mann gegen Mann, sah nie das Weiße im Auge des Gegners — eine verirrte Kanonenkugel beendete seine Ritterkarriere.

Diese Verwundung hatte jedoch nicht nur rohes Fleisch bloßgelegt, sondern auch die Hohlheit eines Lebens, das auf Ruhm und Gefallen aus war. Nicht nur Iñigos rechtes Bein war zerschmettert, auch sein Lebensideal.

Das sind natürlich Metaphern im nachhinein. Zunächst erlebte er eine Geste jenes Rittertums, für das er bereit gewesen war, sein Leben einzusetzen: eine Ehreneskorte der siegreichen Franzosen brachte den Schwerverwundeten auf das Schloß seiner Väter. Von Navarra zur nahen baskischen Provinz Guipuzcoa, in der Loyola liegt, sind es weniger als hundert Kilometer, aber der Weg führte über Berge und Täler in den Ausläufern der Pyrenäen, und der Transport mußte wegen Fieberanfällen Iñigos immer wieder unterbrochen werden. Über zwei Wochen dauerte der Marsch über wenig begangene Gebirgspfade.

Die Ärzte müssen — und dies mit Recht, wie sich bald zeigen sollte — wenig Vertrauen in ihre Kunst gehabt haben. Auf ihren Rat hin erhielt Iñigo am 28. Juni die Sterbesakramente. Doch nach fünf Tagen ging das Fieber zurück. Eine lange Heilungszeit beginnt.

Was aber blieb an Ablenkung in jenen Jahrzehnten für einen jungen Mann, der monatelang ans Bett gefesselt ist? Lesen! Bücher am Krankenbett — damals wie heute der beste Zeitvertreib.

Auch Iñigo wollte lesen und natürlich das, was alle Welt damals las: Ritterromane, die Krimis jener Zeit, Kolportage. Obgleich immer nach demselben Strickmuster geschrieben, verschlang man die Abenteuer der edlen Helden, zarten Jungfrauen und schurkischen Betrüger. Alle Welt las sie – nur ausgerechnet auf dem Schloß derer von Loyola gab es nicht einen einzigen dieser Schmöker.

Zufall?! Natürlich, wie alles, was nicht so abläuft, wie es unseren Erwartungen entspricht. Dieser Zufall – wenn es denn einer war – hatte weltgeschichtliche Folgen. Wären auf dem Schloß Ritterromane gewesen, wäre wahrscheinlich nie die Wandlung des Ritters Iñigo zum Heiligen Ignatius erfolgt, hätte es nie einen Jesuiten-Orden gegeben; ohne den wiederum wäre vieles in der Welt anders verlaufen. Nie vorher und nie danach in der Weltgeschichte hatten das Fehlen einer Romanbibliothek so tiefgreifende Auswirkungen wie 1521 auf dem Schloß derer von Loyola. Weil es an gängiger Trivialliteratur mangelte, der Verwundete aber immer quengeliger wurde, gab man ihm schließlich die beiden einzigen Bücher, die von der Schwägerin Magdalena kurz nach Iñigos Geburt aufs Schloß mitgebracht worden waren. Ihre Titel bereits sind Programm: „Das Leben Christi" von dem deutschen Kartäuser Ludolf von Sachsen und die Heiligenlegende „Flos Sanctorum" von Jacobus de Voragine. Erbauungsbücher. Die zweiten Bestseller jener Jahrzehnte nach den Ritterschmökern.

Die Lektüre dieser beiden religiösen Traktate war Iñigos erste ernsthafte Beschäftigung mit Glaubensfragen. Vorher hatte er es bei Kirchgang und Beichte bewenden lassen.

Zunächst jedoch faßte Iñigo einen Entschluß, der nichts von innerer Läuterung und Abkehr von den Eitelkeiten dieser Welt verriet, wohl aber ein Beispiel für den eisernen Willen dieses jungen Mannes ist. Die Knochen seines gebrochenen Beines waren schief zusammengewachsen. Ein Knochenhöcker ragte unter dem Knie hervor, wildes Fleisch wucherte. Kein schöner Anblick, gewiß, aber keine Ursache für permanente Schmerzen, wie mir Feldchirurgen versicherten. Ein Mensch, der die letzte Ölung empfangen hatte, der, wie es im Landserdeutsch heißt, dem

Tode von der Schippe gesprungen war, sollte sich doch wohl mit diesem chirurgischen Schönheitsfehler abfinden können.

Nicht so Iñigo! Er akzepierte den Rat der Quacksalber, läßt sich – bei vollem Bewußtsein! – den Schenkel noch einmal brechen und den überstehenden Knochen samt wildem Fleisch absägen. Damit nicht genug! Als der Knochen neu verheilt, stellt sich heraus, daß das Bein kürzer geworden ist. Ein Gewicht, schwerer als die Kanonenkugel, die sein Bein zerschmetterte, hängt er sich daraufhin wochenlang an das Bein, in der Hoffnung, es dadurch in die Länge zu ziehen.

Der Erfolg der selbstgewählten Qualen: Ignatius hinkte sein Leben lang. Er aber jubelte: „Ich kann wieder tanzen!"

Es hieße dem Charakter dieses bemerkenswerten Menschen seine Dimensionen zu nehmen, begnügte man sich mit der Erzählung der Schmerzen, die er aus Eitelkeit ertrug. Es muß für solchen Entschluß ein Motiv gegeben haben, das schwerer wiegt als äußerliche Eitelkeit. Wer es findet, besitzt wahrscheinlich auch den Schlüssel für die Wandlung des Iñigo zum Ignatius.

Vielleicht ist dies eine Erklärung: Iñigo las nicht nur, er dachte auch nach. Über das, was er gelesen und darüber, wie er gelebt hatte. Lesen wurde ihm zum Brennglas, das eigene Erfahrungen und fremde Erkenntnisse bündelte. In jenen Wochen im Krankenbett fand er den Weg für die „Unterscheidung der Geister", wie diese Entwicklung in der jesuitischen Gedankenwelt ausgedrückt wird.

Diese Unterscheidung der Geister wurde von nun an die Basis für seine Handlungen und später die Motivation für den Orden. Darunter verstehen Jesuiten – so fromm ausgedrückt, wie es ihnen zusteht: sich nicht selbst, sondern sich in der Nachfolge Jesu durch den Dienst an den Menschen darzustellen. Von nun an beherrscht nicht mehr die Lust an Banketten und Kriegen das Denken des Iñigo, sondern er träumt den großen Traum des Mittelalters: Glaube und Macht, Papst und Kaiser – in einer Person vereint.

Dieses Ritterideal aus Mut und Demut verlangte äußere Wohlgestalt und eine reine, gläubige Seele. Um beides bemühte er sich mit gleichem Eifer.

Diese Einheit zwischen Diesseits und Jenseits — von Ritter und Heiligen — war das Ideal des Iñigo und es blieb auch das des Ignatius. Sein Elite-Orden, die Compania di Jesu, ist im Grunde nichts anderes als der Versuch, das Ritter-Ideal zu vergeistigen und in die Welt des Glaubens zu übertragen. Ein ungewöhnlicher, anachronistischer Versuch, ausgerechnet an der Schwelle zur Neuzeit unternommen. Aber typisch für Iñigo-Ignatius, in dessen beiden Hauptwerken sich kein Wort über die politischen und naturwissenschaftlichen Veränderungen findet, die zu seiner Zeit das Weltbild und die Welt veränderten. Stattdessen gebrauchte er so altmodische Formulierung, die Angehörigen seines Ordens sollten „der Fahne Jesu so folgen, wie einst die Ritter der Fahne ihres Königs". So steht es in seinen „Geistlichen Übungen" (Exerzitien). Dort spricht er auch von den beiden Heeren, eines unter der Fahne Jesu, das andere unter der des Satans.

Über diese Exerzitien wird später ausführlich zu reden sein. Ihre Wurzeln, zumindest was das Kontrollsystem betrifft, reichen bis in die Zeit auf dem Krankenbett zurück. Bereits damals hatte Iñigo den Fortschritt seiner Genesung in Tabellen minutiös wie ein Buchhalter notiert. Übrigens in einer bemerkenswert ausgeglichenen Handschrift, aus der Graphologen Willensstärke und innere Ruhe herausgelesen haben, die er sich aber aus höchst weltlichen Gründen andressiert hatte. Er wollte mit seinen schön geschriebenen „billetes amores" bei den Damen Eindruck machen.

Im Frühjahr 1522 verläßt Iñigo auf einem Maulesel das Familienschloß, begleicht mit dem Restsold aus seiner Söldnerzeit Schulden am herzoglichen Hof, legt beim baskischen Muttergottesheiligtum von Aranzazu das Keuschheitsgelübde ab und zieht fünfhundert Kilometer durch Aragon, Kastilien und Katalonien zum Benediktinerkoster Nuestra Senora de Monserrat, auf dem Montserrat, dem „zersägten Berg", nordwestlich von Barcelona. Drei Tage und drei Nächte erforscht er sein Gewissen. Dann weiht er vor dem Bild der schwarzen Mutter Gottes, der Schutzpatronin Kataloniens, sein Leben der Kirche. Sein Maultier schenkt er dem Kloster, sein Wams, Jacket und Barett einem Bettler und hängt, so wie andere ihre Krücken, seinen Degen in der Gnadenkapelle auf.

Ein innerlich und äußerlich verwandelter Iñigo verläßt das Kloster. Kutte, Kürbis (als Wasserflasche) und Pilgerstock sind nun seine Waffen.

In Manresa, einer Kleinstadt, keine zwanzig Kilometer von Montserrat entfernt, lebt er fast ein Jahr als Einsiedler, sucht Unterschlupf in Felsvorsprüngen, ernährt sich von Feigen, läßt Haare, Finger- und Zehennägel, die er früher gepflegt hatte, wild wachsen, durchwacht die Nächte im Gebet, peitscht und zerfleischt sich mit Dornenketten. Schmerzen, die er vor einem Jahr noch ertragen hatte, damit sein Körper wieder den Damen gefiel, nimmt er jetzt auf sich, um diesen Körper abzutöten gegen jedwede weltliche Versuchung.

Den Ritter Iñigo gibt es nicht mehr – doch jenen Ignatius, der die straffste Ordensorganisation schafft, die die katholische Kirche je besessen hat, gibt es noch nicht. In diesem Zwischenstadium glaubt er, getrost sterben zu können, denn er habe „durch seine Bußübungen die ewige Seligkeit schon reichlich verdient". Fasten und Geißeln, Krankheit und Fieber schenken ihm Erleuchtungserlebnisse. „...so nachdrücklich, als sei ich ein anderer Mensch geworden und habe einen anderen Verstand erhalten als ich früher besaß."

Während seiner zehnmonatigen fanatisierten Einsiedlerzeit nimmt eine alte Idee konkrete Gestalt an: eine Pilgerfahrt nach Jerusalem, zum Ursprung des Christentums.

Ein Hippie im Heiligen Land
oder
Bekehrung – Lebensziel des Ignatius

Ein Besuch im Heiligen Land war längst kein Thema mehr unter der abenteuersuchenden Jugend seiner Zeit. Wer etwas erleben oder der Armut und Enge der Heimat entfliehen wollte, der heuerte auf Kauffahrerschiffen nach Übersee an. Dort, in den neuen Kolonien, lag die Zukunft, Jerusalem war passé. Deutlich wie immer sprach es Martin Luther aus: „Jerusalem und das Heilige Land sind für Gott genauso viel und genauso wenig interessant wie die Schweizer Kühe."
Es gab ja auch wirklich wichtigere Dinge in Europa, sozusagen unmittelbar vor der Haustür: Von der Oder bis zum Tejo, von der Nordsee bis Sizilien gärte es. Die Bauern-Kriege kündigten sich an. Luther und Zwingli veröffentlichen ihre kritischen Schriften gegen Auswüchse der Römischen Kirche. Die Türken, die das Heilige Land besetzt haben, vertreiben den Johanniter-Orden von Rhodos auf die Insel Malta, die damit die letzte christliche Bastion im Mittelmeer ist.
Das alles schert Iñigo nicht, er will ins Heilige Land. Es wird wohl nie zu klären sein, warum dieser Loyola, der später ein so überragender Organisator wurde, noch als Dreißigjähriger alle politischen Gegebenheiten ignorant. Er wollte einfach nicht wahrhaben, daß die Türken zwar den christlichen Pilgerverkehr ins Heilige Land erlaubten, jedoch keinerlei Bekehrungsaktivitäten duldeten, er war entschlossen, mutterseelenallein in Jerusalem eine Bekehrungsaktion zu starten.
Ein Parzival, ein tumber Tor, ein Don Quijote hätte nicht unvorbereiteter und leichtfertiger auf diese Reise gehen können wie dieser ausgemergelte baskische Bettelmönch. Natürlich kann man sagen (und einige seiner Biographen tun es): sein grenzenloses Gottvertrauen gab ihm die Gewißheit, daß irgendein hilfreicher Samariter ihm weiter-

helfen werde. Aber heißt das nicht, Gott zu sehr für sein ganz persönliches Schicksal einzuspannen?

Iñigo tut es. Von Barcelona fährt er per Schiff nach Rom, empfängt von Hadrian VI. (dem letzten deutschen Papst) den Segen, geht zu Fuß nach Venedig und erhält einen Freiplatz auf einem Kauffahrerschiff.

Am 4. September 1523 erreicht er Jerusalem. Franziskanermönche, denen die Bewachung der Heiligen Stätten oblag, hatten ihre liebe Not, den Schwarmgeist mit sanfter Gewalt von seinem Missionsvorhaben abzubringen.

Er geht, wie alle anderen Pilger, zum Ölberg, doch ihm genügt der Besuch dieser heiligen Stätte nicht. Er will – wie er in seiner Autobiographie schreibt – „den Stein sehen, von welchem unser Herr zum Himmel auffuhr" und in dem seine Fußabdrücke angeblich noch zu sehen sind. Der Grund, den er dafür nennt, ist typisch für den Genauigkeits-Apostel Ignatius. Er wollte sehen, in welche Richtung die Zehen zeigen, um zu wissen, ob Jesus Christus nach Norden, Süden, Westen oder Osten zum Himmel fuhr!

Ehe er es sich versieht, findet Ignatius sich mit wenig mehr versehen als seinem Pilgerstab und seiner Kürbisflasche wieder an Bord eines Schiffes mit Kurs zurück nach Spanien. Die Franziskaner hatten ihn abgeschoben. Einziger Zugewinn: eine Schachtel mit Steinen, Scherben und getrockneten Blumen von Stätten, die einst Jesus besucht hatte. Ganze zwanzig Tage war er im Heiligen Land gewesen.

Von dieser Hippie-Pilgerfahrt berichten nur wenige Ignatius-Biographen. Zu Unrecht, wie mir scheint. Denn die Triebfeder dafür war nicht nur weltfremde Versponnenheit, sondern in ihr zeigen sich Motive, die Taten und Gedanken des Ignatius Zeit seines Lebens bestimmten. Er kommt von der Idee der Heidenbekehrung nie mehr los. Elf Jahre nach seinem Jerusalem-Desaster läßt er sechs Kommilitonen am 15. August 1534 in der Dionysius-Kapelle zu Paris schwören, mit ihm innerhalb eines Jahres eine Pilgerfahrt ins Heilige Land zu unternehmen.

Daß alles ganz anders kam, daß sich bei diesem Gelübde am Maria-Himmelfahrtstag 1534 der harte Kern des späteren Jesuiten-Ordens fand — das steht auf einem anderen Blatt. Wäre es nach Ignatius gegangen, er hätte sein und seiner Freunde Leben der friedlichen Bekehrung der Ungläubigen im Heiligen Land gewidmet.

Noch 1537 ist es sein sehnlichster Wunsch, seine erste Heilige Messe in Bethlehem zu halten. Nur die Tatsache, daß Venedig gegen die Türken Krieg führt, hält ihn davon ab.

Und selbst Jahrzehnte später, als sein Orden bereits „die Lanze der Kirche" genannt wird, bereitet Ignatius einen Plan für einen neuen Kreuzzug zur Rückeroberung des Heiligen Landes vor. Allerdings: dieser Plan läßt nun jenen nüchternen Organisator erkennen, dessen Geist den Jesuiten-Orden prägte. Vor einer Kriegsflotte aus mehreren hundert Schiffen ist auf diesem Arbeitspapier die Rede, und auch für die Beschaffung der dafür notwendigen Gelder wußte Ignatius eine Lösung, die bereits damals nicht sonderlich originell war: er schlug die Erhebung einer speziellen Kreuzzugs-Steuer vor. Der Missions-Kreuzzug fand nicht statt. Die Kirche hatte drängendere Probleme in Europa, für deren Bewältigung ihr der inzwischen gegründete Jesuiten-Orden wichtiger war.

Weniger Buße — mehr Studien
oder
Durch Schläge näher zu Gott?

Höfling mit weltlichen Gelüsten, Einsiedler, der sein Heil in Geißelung und Buße suchte, Jerusalempilger mit Missionsambitionen — das waren die drei Phasen, die Iñigo absolviert hatte, als er Ende Februar 1524 wieder in Barcelona eintraf. Er ist dreiunddreißig Jahre alt und will Geistlicher werden. Dazu fehlen ihm die Grundlagen. Sein Latein ist miserabel. Mit der ihm lebenslang eigenen Konsequenz beschließt er, zu lernen, zu lernen und nochmals zu lernen. Gemeinsam mit zweihundert anderen Schülern, deren jüngster gerade zehn Jahre alt ist, zieht er sich manchen Schiefer auf ungehobelten Schulbänken ein. Nach zwei Jahren reichen seine Lateinkenntnisse, um philosophischen Vorlesungen folgen zu können. Der Lerneifer änderte nichts an seinem Leben. Dreimal am Tag geißelte er sich, täglich betete er sechs Stunden, versäumte keines der Mitternachtsgebete, dreimal in der Woche ging er zum Gottesdienst und jeden Sonntag zur Beichte.

Es dauerte nicht lange, dann sammelten sich jugendliche Idealisten um diesen jungen Fanatiker, der sich die Sohlen von seinen Schuhen abschnitt und auch im Winter barfuß lief. Seine Exzesse der Frömmigkeit faszinierten Frauen aller Stände. So wohnte er in der Dachkammer eines Hauses, das einer Inés Pascual gehörte, der Ordensschwester Teresa Rejadella stand er mit Ratschlägen bei, und eine Donna Isabel Roser sorgte für seinen Lebensunterhalt. Iñigo dankte ihr als Ignatius auf eigene Weise. Zusammen mit ein, zwei anderen Frauen legte sie gültige jesuitische Ordensgelübde ab. Es gab also – schreibt Pater Paul Imhof SJ – „gleichsam einen weltlichen Zweig des Jesuitenordens".

Doch nur für drei Jahre. Ignatius löste ihn 1546 auf.

Sein Fanatismus entzückte Damen, der Inquisition machte er sich damit jedoch verdächtig. Mehrmals wird der „arme Pilger" Iñigo Verhören unterworfen. Das Inquisitionsgericht war damals auf besonderen Wunsch der katholischen Könige nur noch in Spanien tätig und war dem Dominikaner-Orden anvertraut. Zweimal wird er in Ketten gelegt, erst zweiundvierzig, dann zweiundzwanzig Tage. Er wird freigesprochen, allerdings darf er nicht mehr öffentlich predigen, außerdem wurde ihm verboten, eine sackleinene Kutte zu tragen, da dadurch der Eindruck erweckt wurde, als ob er einem religiösen Orden angehöre.

Hauptpunkt der Anklage aber war der Vorwurf, er versuche seinen Zuhörern neue Regeln für die Meditation einzureden, geheimnisvolle Praktiken, die er als geistliche Exerzitien ausgebe. Das ist eine aufschlußreiche Information! Iñigo hat demnach bereits in Barcelona eine Vorstufe seiner „geistlichen Übungen" erprobt. Falsch wäre es allerdings anzunehmen, er habe damals bereits eine klare Konzeption für seine Exerzitien besessen.

Zu vieles unterscheidet den Einsiedler von Manresa und den Ekstatiker von Barcelona vom späteren Organisator und Ordens-General. Schon wenige Beispiele belegen es:

· Iñigo glaubte, durch Fasten und Kasteiungen Gott näher zu kommen.
Anders Ignatius: in seinem Orden war Zucht statt Züchtigung oberstes Gebot. Schon im ersten Ordensstatut 1539 hat er festgelegt, daß den Brüdern „niemals Geißeln, Barfuß- oder Barhauptlaufen, bestimmte Speisen, Pönitenzen (Strafen), härene Gewänder oder andere Kasteiungen unter der Verpflichtung der schweren Sünde" auferlegt werden sollen. Bußen, die „die Kräfte schwächen", lehnte Ignatius ab.
· Für Iñigo war jeder Bissen, den er mehr aß, als für das Existenzminimum nötig, bereits Sünde.
Ignatius bestimmte, daß bei Jesuiten die Tische sauber und Mahlzeiten reichlich und gut sein sollen, „wie bei ärmeren Edelleuten".
· Für Iñigo war das höchste Ideal die weltabgeschiedene Versenkung in Gott.
Ignatius betonte bereits in der ersten Ordensregel, daß es für Jesuiten kein klösterliches Zusammenleben, kein Chorgebet gibt.

Die nächste Lebensweichenstellung ist typisch für diesen baskischen Fanatiker. Kaum daß er des Lateinischen so mächtig ist, um Vorlesungen folgen zu können, zieht es ihn an die bedeutendste Quelle philosophischer Auseinandersetzungen, an die Universität von Paris, damals die akademische Metropole des Abendlandes.

Zu Fuß machte er sich Mitte September 1527 auf den Weg an die Seine. Ein Maulesel trug alles, was er besaß. Ein Dutzend Bücher, nichts weiter. Iñigo kam in ein Paris der philosophischen Unruhe. Studenten aus allen Teilen Europas waren hier vereint. Über viertausend waren in den einzelnen Fakultäten eingeschrieben. Durch alle Vorlesungssäle wehte der antiklerikale Geist des Erasmus. Dessen soeben erschienenen Übersetzungen römischer und kirchlicher Klassiker verlangten von Forschung und Kirche Klärung ihrer Positionen.

„Wer Griechisch lernt, sympathisiert mit Luther", war der Kampfruf katholischer Studenten gegen protestantische Kommilitonen, denn Luthers deutsche Übersetzung des Neuen Testaments basierte auf der griechischen Ausgabe des Erasmus. Die Unruhe der Geister schwappte bis auf die Straße. Zu Pfingsten stürzten protestantische Studenten eine Marienstatue vom Sockel. Erasmus — auch darin ein Vorbild für spätere Gelehrte — hielt sich vom Streit fern. Er stand zwischen den beiden Lagern.

Ignatius, wie er sich nun endgültig nannte und auch mit diesem Namen seine Immatrikulation unterschrieb, wurde im Kolleg Sainte-Barbe mit dem neuen Geist des Humanismus konfrontiert. Achtzehn Monate blieb er an diesem Kolleg, dessen Spitzname unter Studenten ahnen läßt, in welchem Zustand sich Hör- und Schlafsäle befanden: „Das Arschloch der Mutter Theologie". Unmittelbar vor ihm hatte ein Schweizer Student die abgescheuerten Bänke des Kollegs gedrückt, der später einer der großen Gegner des Ignatius wurde: Johannes Calvin, der in Genf die Reformierte Kirche begründete.

Parallelen zwischen den Verordnungen der calvinistischen Akademie in Genf und einigen Ordensregeln des Ignatius legen die Vermutung nahe, daß die beiden Kontrahenten des Glaubens die Hausordnung des Kollegs Sainte-Barbe als Vorlage benutzt haben. Die Vorstellung, daß Ingatius bei den gleichen Professoren hörte, in der gleichen Reihe gesessen haben kann wie Calvin, ist sicher nicht ohne Reiz. Wichtiger jedoch erscheint mir die Frage, wie Ignatius sein siebenjähriges Pariser Studium finanzierte. Doch darüber findet sich in den meisten Ignatius-Biographien kaum ein Hinweis.

Üblicherweise bekamen Studenten im teuren Paris finanzielle Zuwendungen durch Mönchsorden, aber darauf konnte Ignatius nicht rechnen, weil er in Barcelona mit der Inquistion Schwierigkeiten gehabt hatte. Stattdessen bekam Ignatius Zuwendungen von Wohltätern und Wohltäterinnen, die ihn in Barcelona schätzen gelernt hatten und – da diese Zuwendungen hinten und vorn nicht reichten – durch Bettelreisen nach Flandern und England zu spanischen Kaufleuten, die dort Handelskontore unterhielten.

Diese Unterstützungen erlaubten es Ingatius, ein Bett im Pilgerheim Sankt Jakob zu mieten. Aus Zimmergenossen und Kommilitonen bildete sich ein Freundeskreis, in dem er bald der Mittelpunkt ist und die anderen Anhänger sind. Sein Ziel: die anderen für seine strenge Auffassung eines Lebens in Gott zu gewinnen.

Als ersten gewann Ignatius einen seiner Zimmergenossen, den sechsundzwanzigjährigen Peter Faber (Pierre Favre, geb. 1506), einen savoyardischen Bauernsohn, dessen Bärenhunger noch größer war als sein Wissensdurst. Ihm spendierte Ignatius – vom erbettelten Geld – zusätzliche Mahlzeiten, an die er jedoch die Bedingung knüpfte, daß Peter Faber sich genau so streng wie Ignatius an Gebeten und Meditationen beteiligte. Peter Faber gehorchte. Er wurde einer der führenden Jesuiten der ersten Stunde.

Um seinen zweiten Zimmergenossen für den Glauben zu interessieren, mußte Ignatius ganz anders vorgehen. Der sechsundzwanzigjährige Spanier Francisco de Jassu y Xavier (Franz Xavier, geb. 1506) aus dem Baskenland war das Muster eines leichtlebigen Studenten. Schön, sportlich, musikalisch, witzig. Eine Augenweide für alle Mädchen. Natürlich machte ihn die Anhimmelei eitel.

Ihn gewann Ignatius, indem er nicht müde wurde, ihm die Vergänglichkeit dieser Welt vorzuhalten. Ausgerechnet dieser Schürzenjäger, fünfzehn Jahre jünger als Ignatius, wurde der erste und der eifrigste Missionar des Ordens in Indien und Japan. Noch auf seinen Missionsreisen trug er einen Zettel mit den Namen seiner Pariser Gefährten bei sich, um wenigstens geistig mit ihnen in Verbindung zu bleiben. Der Respekt Franz Xaviers vor Ignatius soll so groß gewesen sein, daß er dessen Briefe nur kniend las und ihm auch nur kniend schrieb.

Den dritten seiner sechs Pariser Freunde, den vierundzwanzigjährigen Spanier Nikolaus Bobadilla (geb. 1509), gewann er über das Billardspiel für seine Glaubensvorstellungen. Er spielte mit ihm nur unter der Bedingung, daß Bobadilla bereit sei, sich Geistlichen Übungen zu unterziehen, falls er verlieren sollte. Ignatius wußte seine Queue besser zu stoßen. Vielleicht wäre es für den Orden besser gewesen, wenn Bobadilla nicht so oft gegen Ignatius beim Billardspiel verloren hätte: Bobadilla war ein Hitzkopf, dessen schroffe, beleidigende Art dem Orden ziemliche Ungelegenheiten einbrachte. So mußte ihn Ignatius aus Deutschland zurückrufen, weil er sich zuviele Feinde gemacht hatte. Er hat alle sechs Gefährten der Pariser Zeit überlebt, 1590 ist er einundachtzigjährig gestorben.

Der Portugiese Simon Rodriguez, einundzwanzig Jahre alt (geb. 1510), und der Spanier Alfonso Salmeron, mit achtzehn Jahren der Jüngste der Gruppe (geb. 1512), schlossen sich den vieren an. Von beiden wird in der Geschichte des Ordens zu berichten sein. Der Name Salmeron allerdings taucht an einer ungewöhnlichen Stelle auf: in einem englischen Polizeibericht, Spitzel hatten ihn als einen der jesuitischen Anführer im katholischen Untergrund ausgemacht.

Vor allem aber gehörte Diego Lainez, ein einundzwanzigjähriger Spanier jüdischer Herkunft, zum Freundeskreis (geb. 1512). Ihn, der sehr jähzornig gewesen sein muß, hat Ignatius in Paris und auch später immer strenger behandelt als alle anderen. Doch scheint dahinter Plan und Methode gesteckt zu haben, denn Ignatius bestimmte ihn kurz vor seinem Tod zu seinem Nachfolger, als zweiten General der

Gesellschaft Jesu. Der aufbrausende junge Lainez wurde ein milder, ausgewogener General.

Sechs Freunde, der jüngste achtzehn, der älteste sechsundzwanzig Jahre, jeder von ihnen auf andere Art und Weise von Ignatius für seine Ideale gewonnen – das zeigt, wie erfolgreich er bereits damals das Paulus-Wort in seinem Ersten Brief an die Korinther praktizierte, das zum Leitsatz der Jesuiten wurde: „Allen alles zu sein, um für alle Alles zu werden."

Die sieben bärtigen Schwarmgeister versammelten sich zu Maria Himmelfahrt 1534 in der unterirdischen Märtyrerkapelle auf dem Montmartre und legten feierlich die Gelübde der Armut und Keuschheit ab und versprachen, eine Pilgerfahrt ins Heilige Land zu unternehmen. Nur wenn diese innerhalb eines Jahres nicht stattfinden konnte, sollte der Papst selbst den sieben Freunden andere Aufgaben stellen.

Was immer auch in Geschichtsbüchern behauptet wird: dies und nicht ein Wort mehr wurde am 15. August 1534 von Ignatius und seinen Gefährten beschlossen und auf dem Montmartre beschworen. Diese Gegend war nicht aus Zufall gewählt worden, sondern in Montmartre lebten damals die Armen. Es war die billigste Wohngegend von Paris, weil auf diesem Berg die Galgen für die Hinrichtungen aufgestellt wurden. Die niedrige Miete, und nicht der herrliche Blick, gab den Ausschlag, daß später Künstler und Studenten dorthin zogen.

Der Schwur der sieben blieb eine private Angelegenheit unter Studenten, von der niemand Notiz nahm. Es gab auch wirklich Wichtigeres. Die Gazetten waren voll mit hochpolitischen Ereignissen, die vor allem im päpstlichen Rom, das damals die Drehscheibe europäischer Diplomatie war, für Aufregung sorgten. Zwei Nachrichten vor allem scheuchen die kirchlichen Würdenträger auf:

Erstens: Luthers Übersetzung des Neuen Testaments erscheint und läßt die ohnehin seit Jahren rumorenden deutschen Anti-Rom-Strömungen weiter anschwellen.

Zweitens: Der englische Tudor-König Heinrich VIII. macht seine Drohung wahr und löst sich von Rom. Um sich von Katharina von Aragon trennen und Anna Boleyn heiraten zu können, verkündet er in der „Supremats-Akte" die Gründung der anglikanischen Staatskirche. Wer Ohren hatte, die Zeichen der Zeit zu hören, noch bevor sie zu sehen waren, dem war klar, daß diese englische Lösung nicht nur den wilden Lüsten eines liebestollen Königs entsprungen, sondern daß sie erster Ausdruck eines erwachenden Nationalbewußtseins war, die den Keim für ähnliche Entwicklungen in den europäischen Staaten in sich trug.

Der Ton des Briefes, mit dem Heinrich VIII. Papst Clemens VII. um die Erlaubnis zur Scheidung bat, zeigte, wie selbstbewußt bereits damals dem Papst Monarchen zu drohen wagten: „Stellt den König im Hinblick auf seine Heirat zufrieden, um die Schäden für die Kirche zu vermeiden, die unbedingt eintreten werden, wenn sein Wunsch abgelehnt wird." Bis 1981 wurde dieses Schreiben in den geheimen Archiven des Vatikans dem Einblick der Historiker entzogen.

Doch politische Alarmnachrichten konnte Ignatius nicht davon abhalten, die beschworene Jerusalem-Reise voranzutreiben. Seine Freunde und er waren inzwischen Magister an der Universität Paris geworden; ein akademischer Grad, der etwa unserem heutigen Doktortitel entspricht. Im Oktober 1537 bezogen die sieben ein verfallenes, leerstehendes Haus zwischen Vincenza und Venedig, um auf ein Schiff zu warten, das sie ins Heilige Land mitnahm. Die Wartezeit nutzten sie, „um in Hospitälern und Elendsquartieren zu predigen und den Kindern den Katechismus zu lehren".

Mit dem Predigen kann es allerdings nicht weit her gewesen sein, keiner der frischgebackenen Magister war des Italienischen mächtig genug, um zu überzeugen oder Wissen zu vermitteln. Von Ignatius ist bekannt, daß er bis ins hohe Alter schwach in Latein und Italienisch war. Die Italiener, für jeden Spaß aufgeschlossen, müssen ihre helle

Freude an diesem radebrechenden Ausländer gehabt haben. Die Predigten — mehr Jux als Erbauung.

Was die jungen Magister konnten und auch taten, war praktische Nächstenliebe durch aktive Hilfeleistungen bei Armen und Kranken zu demonstrieren. Sie drängten sich geradezu danach, besonders ekelerregende Krankheiten zu behandeln, Eiter und Geschwüre zu berühren — kurz alles zu tum, um auf sich aufmerksam zu machen. Krankenpflege als Show-Effekt?

Einen Beweis für diese Vermutung gibt es nicht, wohl aber Indizien: Venedig hatte sich der erst 1524 gegründete Theatiner-Orden* als Hauptaktionsplatz für seine sozialen Taten ausgesucht, weil die Stadt — bei einhundertzweiundsechzigtausend Einwohnern soll es elftausend Huren gegeben haben — als soziales und sittliches Notstandsgebiet galt. Diesen Orden, der vom Willen zur kirchlichen Reform beflügelt auf allen sozialen Gebieten Hervorragendes leistete, durch Taten, die Aufsehen erregten, zu übertreffen, das könnte sehr wohl zum baskischen Ehrgeiz des Ignatius gepaßt haben.

Ein gutes Jahr warteten Ignatius und seine Gefährten in Venedig, dann wurde auch ihnen klar, daß die Reise nach Jerusalem nicht zu realisieren war; die politische Entwicklung — Frankreich hatte sich inzwischen mit den Türken gegen Kaiser Karl V. verbündet — stand dem entgegen. Also mußte die zweite Alternative ihres Montmartre-Gelübdes zum Tragen kommen. Sie verlangte, „dem Papst unsere Dienste anbieten". Was damit gemeint war, wußte keiner der sieben genau zu sagen.

Doch bei aller Unklarheit in der Zielsetzung, hatte sich in der gemeinsamen Zeit in Venedig der Zusammenhalt der Gruppe so gefestigt, daß die Gefährten — zu denen noch einige Franzosen gestoßen waren — übereinkamen, auch eine örtliche Trennung dürfte keine Auflösung der Ge-

---

* Aus dem Theatiner-Orden sind mehr als zweihundert Bischöfe hervorgegangen.

meinschaft bedeuten, sondern sie wollten einen Orden gründen, der „sie überdauern müsse".

Auf dem Weg nach Rom hatte Ignatius — neben anderen — die Vision, Jesu sage zu ihm: „Ich will, daß du uns dienst!" Da er und seine Freunde sich einig waren, daß ihr Bund nur die Aufgabe habe, radikal in der Nachfolge Jesu für die Mitmenschen da zu sein, entstand damals schon der Name für die Gemeinschaft „Compania de Jesus (Gesellschaft Jesu).

Fingerzeig Gottes?
oder
Die Bestätigung der Gesellschaft Jesu

Die Zeitströmung war günstig für die Gründung neuer Orden, wie überhaupt für jede Reformbestrebung innerhalb der Kirche. Sie spürte — reichlich spät!, — daß einiges geschehen mußte, um die Enttäuschung und Verbitterung der Gläubigen abzufangen. Zu diesem Zweck war 1537 eine Kommission von Kardinälen beauftragt worden, ein Gutachten über Fehler und Mißstände innerhalb der Kirche zu erstellen. Unser Wort vom „Kardinalfehler" bezieht sich auf diese Kommission. Sie lieferte haarsträubende Enthüllungen:

- Viele Bischöfe lebten mit ihren Mätressen fern ihrer Diözese. Subalterne Sekretäre erledigten für sie die Amtsgeschäfte.
- Manche Priester erteilten ihren Segen nur gegen Bar-Kasse, viele Kirchen waren mehr Börsen und Handelsplätze als Gotteshäuser, und von vielen Nonnenkonvikten behauptete Kardinal Contarini rundheraus, sie seien Bordelle, in denen „sogenannte Nonnen unanständige Spiele aufführten, um die Begierden ihrer Kunden zu wecken".
- Den Päpsten wurde vorgeworfen, daß sie wie absolutistische Herrscher regierten.

Da alle Mißstände in bestehenden Institutionen nicht so rasch behoben werden konnten, bestätigte damals die päpstliche Kurie mehr neue Orden als je in ihrer Geschichte.

Allein in den fünfzehn Jahren von 1524 - 1540 wurden vom Heiligen Vater fünf neue Orden anerkannt:

1524 — der Theatiner-Orden
1528 — der Kapuziner-Orden
1535 — der Barnabiten-Orden und der Nonnen-Orden der Ursulinen
1540 — Gründung des Ordens der Barmherzigen Brüder

Es war also keine so ungewöhnliche Idee, einen weiteren Orden zu gründen und um dessen Bestätigung beim Papst zu bitten.

„Aufgeteilt in drei oder vier Gruppen machten wir uns auf den Weg nach Rom. Ich war mit Favre (Faber) und Lainez", heißt es bei Ignatius*. Die drei kommen im November 1537 über den Ponte Milvio in die Heilige Stadt, die Ignatius bis zu seinem Tod nie mehr verlassen wird.

In Rom sitzt seit drei Jahren Paul III. auf Petri Stuhl. Mit einem Friedensappell an die europäischen Herrscher hatte er politischen Weitblick bewiesen. Vorher war dieser Papst weniger mit seinem bürgerlichen Namen Alessandro Farnese in Rom bekannt gewesen, sondern mehr mit seinem Spitznamen „Der Unterrock-Kardinal"; eine deutliche Anspielung auf seine starke Schwäche fürs schöne Geschlecht. An seiner raschen Karriere soll seine Schwester Guilia wesentlichen Anteil gehabt haben. Einem Ondit zufolge war sie die Geliebte des Papstes Alexander VI. Klatschgeschichten von den Hintertreppen des Vatikans? Mag sein, mag nicht sein, aber mitunter liefern sie ein in-

---

* Im Frühjahr 1553 beginnt Ignatius dem Pater Luis Goncales da Camara seine Lebensgeschichte zu erzählen, die dieser — gestützt auf eigene Notizen — niederschreibt.

formativeres Blitzlicht über Zeitgeist und Moral als lange Abhandlungen.

Ignatius ist in klerikalen Kreisen Roms kein Unbekannter mehr. Die Inquisition hatte sich weiterhin für ihn interessiert, auch waren die „geistlichen Exerzitien" bekannt geworden, und manche hielten sich bereits daran. Das brachte der kleinen Gruppe heftige Angriffe von allen Kanzeln. Ignatius steckte die Vorwürfe nicht ein, sondern verlangt – und erreicht! – eine Prüfung durch den Heiligen Vater. Paul III. hört die Meinungen theologischer Experten und stellt in einem Abschlußbericht fest, daß die Lehre und die geistlichen Exerzitien der jungen Priester eindeutig katholisch und über jeden Verdacht erhaben sind.

Mit dieser Rehabilitation in der Tasche kann Ignatius die Anerkennung seines Ordens betreiben. Er tut dies ignatisch, was nicht mehr und nicht weniger heißt, als mit allen Mitteln, auf allen Wegen! Jeder war diesem baskischen Dickschädel recht, und das römische Lotterleben bot viele. So soll Ignatius sogar die uneheliche Tochter des Papstes, Donna Constanza Farnese, die die geheime Herrscherin Roms war, als Fürsprecherin gewonnen haben.

Das ständige Drängen und Bohren von allen Seiten hatte schließlich Erfolg. Paul III. genehmigte den Orden. „Hic est digitus dei!" („Das ist ein Fingerzeig Gottes"), soll der Heilige Vater ausgerufen haben, als er zum ersten Mal von dem Plan, einen Orden gegen die Lutheraner zu gründen, erfuhr. Und mit den Worten: „Italien ist ein echtes Jerusalem, wenn ihr in der Kirche Gottes etwas erreichen wollt", sollen Ignatius und seine Gefährten nach einer Audienz vom Papst verabschiedet worden sein.

Anekdoten. Hübsch und falsch wie die meisten. Sie können nicht stimmen, denn „ digitus dei", der Fingerzeig Gottes, der bezog sich auf die gegenreformatorischen Ziele des Ordens, die aber waren im Ordensstatut von 1539 nur am Rande erwähnt.

Auch dürfte der greise Papst, den Tizian so lebensecht gemalt hat, nicht viel Zeit für diese jungen Fanatiker gehabt haben. Die Welt war aus den Fugen. Kaiserliche Söldnertruppen hatten Rom erobert und geplündert, die Türken belagerten Wien, und Venedig rüstete seine Flotte gegen die Türken. Wer in diesen Jahren Politik machte — und der Papst mußte es — hatte das, was man heute einen Fulltime-Job nennen würde; von der Verantwortung ganz zu schweigen.

Die Prüfung und Empfehlung zur Anerkennung eines Ordens war Sache der vatikanischen Administration mit ihren zahllosen Vorzimmern und Archiven. Der Weg durch die verschiedenen Stationen bis zur ersten Bestätigung des Ordens liest sich in nüchternen Daten so:

Am 24. Juni 1539 wird von Ignatius der Entwurf der Ordensstatuten, die sogenannte Formula Instituti, erstmals niedergeschrieben.

Am 3. September 1539 billigt der Papst mündlich diesen Statutenentwurf.

Am 27. September 1540 — also erst ein ganzes Jahr später! — bestätigt der Papst in der Bulle „Regimini militantis ecclesiae" („Zur Herrschaft der streitbaren Kirche"), den neuen Orden.

Übrigens: „Bulle" für einen päpstlichen Erlaß kommt vom lateinischen Wort „bulla" für „Kapsel", weil diese Schriftstücke in Ledenköchern aufbewahrt wurden. Nicht jede Bulle war von überzeitlicher Bedeutung, manche hatten bestenfalls den Wert kulturhistorischer Kuriosa, wie jene des Papstes Alexander VI. (1492 - 1503), die festlegte, daß eine Tonsur mindestens so groß wie ein päpstliches Siegel sein müsse.

Eine Bulle mußte zwanzig Unterschriften tragen, um rechtskräftig zu werden. Dadurch war es so gut wie unmöglich, den Inhalt einer Bulle bis zur Veröffentlichung geheim zu halten. Deshalb wählte der Vatikan für folgenschwere Entscheidungen auch die Form des „Breve"*, da diese nur zwei Unterschriften benötigte. So wurde zum Beispiel die

---

* Breve vom lat. brevis = kurz.

Auflösung des Jesuiten-Ordens 1773 durch ein Breve angeordnet.

Der neue Orden war – so Ignatius – eine „Minimum-Gesellschaft", denn nachdem es den Gegnern des Ignatius nicht gelungen war, die Gründung des Ordens zu verhindern, hatten sie doch wenigstens eine wesentliche Beschränkung durchgesetzt: dem Orden durften nicht mehr als sechzig Patres angehören.

Ignatius wäre nicht Ignatius gewesen, wenn er keine Möglichkeit gefunden hätte, diese Klippe zu umschiffen. Dies war seine Lösung: er erlaubte die Aufnahme von Mitgliedern in den Orden, auch ohne daß diese alle vier Ordensgelübde ablegten. Deshalb nennen sich die ersten Angehörigen des neuen Ordens „Reguläre Geistliche der Gesellschaft Jesu". Sie lehren Straßenkindern Schreiben und Lesen, beteiligen sich an theologischen Diskussionen und sind immer zur Stelle, wenn es gilt, das Vordringen des Protestantismus zu stoppen. Die Mittel für dieses Educations- und Reeducationsprogramm liefert Paul III. sowohl aus der Vatikan-Schatulle wie aus der eigenen.

Als Ignatius am 24. Juni 1539 den ersten Satz der Formula Instituti, der Ordensregel, niederschrieb, erläuterte er die Bezeichnung „Compania Jesu" als eine Gruppe, die „unter dem Banner des Kreuzes Gott dem Herrn Heeresdienst leisten will". Die Bezeichnung „Jesuiten" findet sich in keinem Schriftstück des Ignatius, wohl aber sprach er von der „geringsten Gesellschaft Jesu".

Die Bezeichnung „Gesellschaft Jesu" empfanden zahlreiche kirchliche Würdenträger als anmaßend, weil sie alle anderen Christen herabsetzte.

Besonders aus Spanien kamen scharfe Proteste. Die Antwort des Ignatius: „Nachdem wir kein anderes Haupt kennen als Jesus Christus, so dürfen wir uns wohl auch als „Compania Jesus Christus" zusammenschließen."

Dennoch, die Bezeichnung blieb vielen ein Dorn im Auge. So versuchte der Erzbischof von Paris bei Heinrich IV. von Frankreich (1589 - 1610) – kaum daß dieser zum katholischen Glauben übergetreten war („Paris ist eine Messe wert"!) — eine Änderung des „überheblichen und herausfordernden" Namens zu erreichen. Die Antwort Heinrich IV. dürfte sich der Erzbischof kaum ins Brevier gesteckt haben:

„Einige meiner Würdenträger", schrieb der König, „sind Ritter von Heiligen Geist, es gibt einen Orden der Heiligen Dreifaltigkeit, und in Paris haben wir eine Kongregation von Nonnen, die sich Gottes Töchter nennt — wenn es dies alles gibt, warum sollten wir gegen eine Gesellschaft Jesu sein?"

Die Änderung des Ordensnamens schien jedoch unabwendbar, als Papst Sixtus V. im Jahre 1590 den „anstößigen" Namen „Societas Jesu" in „Ignatiner" umgeändert wissen wollte.

Damals war der Neapolitaner Claudio Aquaviva der vierte General der Jesuiten. Einer der geschicktesten Generäle, die der Orden je gehabt hat. Sein diplomatisches Geschick bewies er auch in dieser Namensänderungsaffäre. Er reagierte auf den Wunsch des Papstes (dem die Nachwelt das barocke Rom verdankt) mit einem Musterbeispiel jener verschachtelten Denkform, die man abwertend und bewundernd zugleich „jesuitisch" nennt.

Zuerst einmal schrieb er dem Papst, daß es ihm sein Gewissen und der Respekt vor Ignatius von Loyola verbiete, von sich aus den Namen des Ordens und damit dessen Verfassung zu ändern. Im gleichen Schreiben bat er den Papst, wenn er denn eine Namensänderung für unumgänglich halte, diese selbst anzuordnen.

Als Sixtus V. tatsächlich einen Änderungsbeschluß ausfertigen ließ, waren die offiziellen Möglichkeiten des Jesuitengenerals die Namensänderung aufzuhalten, erschöpft. Er ordnete — als Zeichen der Ergebenheit ins Unvermeidliche — für die Novizen des Ordens eine Novene an, eine neuntägige Andacht. Am letzten Andachtstag starb der Papst, ohne den Namensänderungsbeschluß unterschrieben zu haben. Hinter vorgehaltener Hand flüsterte man sich zu, die Jesuiten hätten mit ihrer Novene den Papst zu Tode gebetet. Der neue Papst, Urban VII., legte den Änderungsbeschluß ad acta.

Heute ist das Für und Wider um die Bezeichnung „Societas Jesu" kein Thema mehr. Die beiden Buchstaben SJ hinter dem Namen eines Jesuiten-Paters genügen, um seine Zugehörigkeit zur „Gesellschaft Jesu" zu bekunden, und augenzwinkernd wird SJ auch heute noch (oder wieder?) mit „Schlauer Junge" übersetzt.

Die Bezeichnung „Jesuiten" gab es übrigens bereits vor Ignatius. Der Kartäuser Heinrich Arnoldi von Sachsen (1470) gebraucht das Wort für die Seligen, die durch die Erlangung des Heils in Jesu sich diesen Namen erworben haben.

Als Anfang April 1541 der erste General der „Societas Jesu" gewählt wird, erhält Ignatius natürlich alle Stimmen – bis auf seine eigene. Doch er lehnt ab. Der zweite Durchgang bringt das gleiche Ergebnis. Erst als ihm sein Beichtvater – ein Franziskaner-Pater! – ins Gewissen redet, nimmt er das Amt an. Es war der 19. April 1541. Heute noch können Rom-Reisende in der Chorkapelle der Kirche San Paolo Fuori Lemura das Kruzifix und das Madonnenmosaik betrachten, vor denen Ignatius nach seiner Wahl niedergekniet war.

Historiker aller Richtungen haben immer wieder gerätselt, warum Ignatius seine Wahl zum General zweimal ablehnte. Sie war doch legitime Krönung seiner jahrzehntelangen Bemühungen, und sie entsprach seinem apostolischen Sendungsbewußtsein – warum also sagte er nein? Auf der Suche nach einer Antwort taucht oft die Außenseiterbehauptung auf, die Gründung des Ordens sei mehr das Werk von Diego Lainez als das von Ignatius gewesen und deshalb habe er die Wahl abgelehnt. Barer Unsinn. Jeder Tag im Leben des Ignatius, von der Nachtwache vor der Madonna in Montserrat bis zu seinem Tode, spricht gegen solche Vermutung.

Wahrscheinlich war weder falsche Bescheidenheit noch

mangelndes Selbstvertrauen der Grund, sondern realistische Einschätzung seiner Kräfte. Ignatius war bei seiner Wahl fünfzig Jahre alt. Das hieß, unter damaligen Verhältnissen, er hatte sein Leben gelebt. Sein Nachfolger im Amt, Lainez starb mit dreiundfünfzig Jahren.

Bestimmt wußte er auch, daß es für ihn als General keine eigene apostolische, missionarische Tätigkeit mehr geben konnte. Nur noch Schreibtischarbeit. Sechzehn Jahre lang. Die Geschichte kennt nur wenige Menschen, die diese Selbstverleugnung aufgebracht haben.

Weder Gallenkoliken noch Herzattacken — und er litt permanent darunter — konnten ihn von minutiöser Pflichterfüllung abhalten. Was er von sich verlangte, forderte er auch von anderen. Dadurch formte er in weniger als einem Jahrzehnt aus der Gesellschaft Jesu eine Organisation unterschiedlichster Charaktere, die aber alle alles dem einen Ziel unterstellen: jedes Wort, jede Tat, jeder Atemzug war nur gut, wenn damit die Macht der Kirche gestärkt wurde.

Er kümmerte sich um jede Kleinigkeit. „Am liebsten möchte ich noch wissen, von wievielen Flöhen meine Brüder nachts belästigt werden", soll er einem Besucher gegenüber geäußert haben. Bis zu dreißig Briefe schrieb oder diktierte er pro Tag. Jeden las er mindestens zweimal, bevor er ihn unterschrieb und Juan de Polanco, sein Sekretär über ein Jahrzehnt, ihn versiegeln durfte.

Die termingerechte Erledigung der Ordenskorrespondenz war auch schuld, daß Ignatius ohne letzte Ölung und ohne den Segen des Papstes starb. Der Bericht seines Sterbens ist der von einem Menschen, der nur seinem Werk lebte:

Dienstag, 28. Juli 1556: der fünfundsechzigjährige Ignatius liegt mit schweren Gallenkoliken, diktiert aber weiter Post. Er empfängt die heilige Kommunion.

Donnerstag, 30. Juli 1556: Juan de Polanco, „mein Hand und mein Fuß", spricht mit Ignatius die Briefe für die spanische Provinz durch. Am Nachmittag wünscht der General, daß man zum Papst senden und ihn um den Sterbesegen bitten möge. Polanco fragt, ob dies nicht auf morgen verschoben werden kann, da noch soviel Post fertigzumachen sei. Ignatius antwortet: „Es wäre mir lieber heute als morgen; doch tut, was Ihr für gut befindet." Der Sekretär gab der pünktlichen Erledigung der Post den Vorzug.

Freitag, 31. Juli 1556: in der Nacht hörte der Krankenbruder, der immer bei Ignatius wachte, wenn dieser bettlägerig war, lautes Beten. Da er wußte, daß Ignatius dies immer tat, wenn er nicht schlafen konnte, schaute er nicht nach ihm.

Ignatius muß zwischen fünf und sechs Uhr morgens verstorben sein. Er starb so, wie er die letzten sechzehn Jahre gelebt hatte. Bis zum letzten Atemzug darauf bedacht, den Ablauf in der großen Organisation seines Ordens nicht durch Persönliches zu stören.

Seine „Minimum-Gesellschaft" war in sechzehn Jahren auf tausend Mitglieder angewachsen, die in dreizehn Ordensprovinzen „zum himmlischen Vaterland marschierten", wie es Pater Ribadeneira ausdrückte. Achtundvierzig Kollegien und einunddreißig andere Niederlassungen in der Alten und der Neuen Welt gehörten der Gesellschaft Jesu an.

Bereits sechsundsechzig Jahre nach seinem Tode wurde Ignatius gemeinsam mit fünf anderen, darunter Franz Xavier, am 12. März 1622 in den Kreis der 1 848 Heiligen aufgenommen. Was sich an diesem Tag im Petersdom abspielte, übertraf an Pomp, Prunk und Aufwand alles bisher Dagewesene. So schilderte es ein Augenzeuge: „ Das Mittelschiff der fast fertiggestellten Basilika war von Gläubigen überfüllt. Silberne Trompeten eröffneten mit einem Fanfarenstoß die Zeremonie, dann sang der Sixtinische Chor. Gobelins bedeckten die Wände, und von der Kuppel hingen riesige Banner, die mit Bildern der neuen Heiligen bemalt waren. Die Auswahl der Heiligen wie auch die bombastische Ausstattung waren Ausdruck der katholischen Wiedergeburt, des Sieges der Jungfrau über Luther und Calvin." Unschwer sich vorzustellen, was der asketische Ignatius von solchem Pomp gehalten hätte. Noch seine Heiligsprechung wurde für ihn zur letzten Geißel.

Spätestens von diesem 12. März 1622 an ist um die Optik, mit der das Leben des Ignatius eingefangen wird, ein Heiligenschein geflochten. Das gilt für Schriften über ihn wie für Bilder von ihm. Beispiele für solche Legendenbildungen und Heroisierung sind die beiden Darstellungen des Heiligen Ignatius, die in römischen Kirchen zu besichtigen sind. In der Kirche San Ignatio, der zweiten Jesuitenkirche Roms, ist er Mittelpunkt des Deckengemäldes, das seinen Einzug in den Himmel mit barocker Farbenpracht schildert.

In der Peterskirche, im Hauptschiff links, zeigt eine Statue den Kämpfer Ignatius, der mit seinem Fuß ein scheußliches Ungeheuer — den Dämon der Ungläubigen? — zermalmt. Unter den vielen Heiligen-Statuen, die in Sankt Peter stehen, hat nur die seine eine solche Anti-Ketzer-Attitüde.

Papst Paul IV. erklärte auf die Nachricht vom Tode des Ignatius: „Die Jesuiten haben ihr Idol verloren", und soll leise hinzugefügt haben: „Ignatius hat die Gesellschaft wie ein Tyrann regiert." Mit dieser Meinung stand Paul IV. nicht allein. In einem bemerkenswert krassen Schreiben an diesen Papst hat Nikolaus Bobadilla, das Rauhbein unter den sieben Pariser Freunden, die Licht- aber auch die Schattenseiten seines Ordensgenerals zusammengefaßt. Dies ist ein Auszug aus dem Schreiben, das lange in Vergessenheit geraten war:

Bobadilla wendet sich anfangs gegen die Ordensregel, die sogenannte Konstitution, und stellt fest: „Ignatius allein hat sie konzipiert, so wie er immer tat, was er für richtig hielt... Sie sind ein Labyrinth von Konfusion, so verwirrend, daß nicht einmal die Oberen sie verstehen, die meisten beachten sie deshalb nicht... Der Gesellschaft sind durch apostolische Bullen soviele Vorrechte und Freiheiten eingeräumt worden, daß der Name Jesuit in Mißkredit geriet...

Nach dem Tod des großen Ignatius haben drei Personen*
versucht, ihn bis in Äußerlichkeiten nachzuäffen, auch dies
hat die Gesellschaft in Verruf gebracht... Kein Zweifel,
Ignatius war ein weiser Mann, aber auch nur ein Mensch
und wie Eure Heiligkeit wissen, nicht von seinen Ideen abzubringen. Laßt uns das nehmen, was gut an seinen Ideen
war und nicht halsstarrig auch das Schlechte verteidigen."

Schlimme Vorwürfe, eine Mixtur aus Halbwahrheiten
und Einfärbungen. Bobadilla ging es nicht um eine Reform
des Ordens, sondern darum, den Papst für seinen alles andere als selbstlosen Vorschlag zu gewinnen, den Orden
nicht mehr von einem einzelnen, sonderen von einem Gremium führen zu lassen, das aus fünf noch lebenden Grün-
dungsmitgliedern bestehen sollte. Der Papst durchschaute
die Intrige. Der Vorschlag verschwand unbeantwortet im
Archiv.

---

* Bobadilla meint offensichtlich Lainez, Polanco und Hieronymus Nadal.

II.

CORPSGEIST STATT CHORGEBET
oder
DIE GRUNDLAGEN DER GESELLSCHAFT JESU

"Alle möglichen Jesuiten kann man finden, sogar ungläubige; nur einen demütigen wird man nie treffen."
(Denis Diderot 1713 - 1784)

"Man muß sich bewußt sein, daß der Mensch nicht nur Gott dient, wenn er betet; sonst wären alle Gebete zu kurz, die nicht täglich vierundzwanzig Stunden dauern."
(Ignatius von Loyola)

Nicht an Mut — an Demut fehlt es
oder
Die sieben Unterschiede zu anderen Orden

Fällt das Stichwort „Jesuiten" kommt als Echo meist „Kadavergehorsam" zurück. Wie alle Echos verfälscht auch dieses das ursprüngliche Wort. Nicht durch diese Gehorsamsform unterschied sich die Gesellschaft Jesu von anderen Orden, sondern durch einen Grundsatz, den ein Gefährte des Ignatius auf drei Worte zusammenzog: Contemplativus in actione. Also: In allen Tätigkeiten Gott verbunden sein, nicht nur im Gebet. Mehr als andere Orden wollte und will der des Ignatius durch Taten Menschen helfen.
Ignatius hat das einmal so erklärt: „Man muß sich bewußt sein, daß der Mensch nicht nur Gott dient, wenn er betet; sonst wären alle Gebete zu kurz, die nicht alltäglich vierundzwanzig Stunden dauern."
Von Anfang an hat Ignatius diese trennende Unterscheidung zu anderen Orden betont: „Wir werden es verwinden, daß die anderen Orden uns durch Fasten und Nacht-

wachen sowie durch andere Strenge in der Lebensführung übertreffen..., ...aber ich wünsche sehr, daß durch wahren und vollkommenen Gehorsam und durch den freiwilligen Verzicht auf eigenen Willen und eigenes Urteil diejenigen hervorleuchten, die in der Gesellschaft Jesu dienen..."

Drei äußerliche und vier organisatorische Merkmale unterscheiden die Jesuiten von anderen kirchlich-religiösen Vereinigungen.

Die drei äußerlichen Kennzeichen:
- Keine klösterliche Abgeschiedenheit,
- keine Ordenskleidung,
- kein Chorgebet. Die Patres der Gesellschaft Jesu können sich zu Gebet und Meditation nach eigenem Entschluß zurückziehen.

Die vier organisatorischen Unterschiede benötigen eingehendere Erklärungen:
- An der Spitze der „Compania Jesu" steht ein General. Das ist an sich nichts Ungewöhnliches, sowohl die Franziskaner wie die Dominikaner haben ebenfalls einen General an ihrer Spitze. Aber diese besitzen nicht die Machtbefugnisse eines Jesuiten-Generals.
- Der zweite organisatorische Unterschied hat den Jesuiten wenig Dank, aber viele Feinde eingebracht. Während andere Orden nur die drei Gelübde der Armut, der Keuschheit und des Gehorsams kennen, gilt für die priesterlichen Mitglieder der Gesellschaft Jesu noch ein viertes Gelübde, durch das sie sich zum „besonderen Gehorsam bezüglich apostolischer Sendungen" dem Papst gegenüber verpflichten.

In den Formula Instituti, der 1540 approbierten Synthese aller Grundzüge des neuen Ordens, werden die Verpflichtungen, die dieses vierte Gelübde beinhaltet, so beschrieben: „Wir verpflichten uns, jede Anordnung der römischen Päpste... zu welchen Verrichtungen sie uns immer senden mögen, auszuführen... ob sie uns nun zu den Türken oder zu anderen Ungläubigen senden.

Wir sind bereit, bis in die „Indien" genannten Gegenden, oder zu irgendwelchen Ketzern oder Gläubigen zu gehen..."
Über diesen Text kann man heute schmunzeln, aber er ist auch aufschlußreich. Die Bereitschaft seiner Verfasser, dem Papst zu dienen, scheint größer gewesen zu sein als ihre geographischen Kenntnisse. Die „Indien" genannten Gegenden zumindest waren ihnen offenbar nicht ganz geheuer. Aber auch die Reihenfolge der Leistungen setzt Prioritäten. Die Missionstätigkeit — Jerusalem spukte noch im Kopf des Ignatius! — steht an erster, die Ketzer an letzter Stelle. Im ersten Entwurf der Formula Instituti steht sogar klipp und klar: „Weder Studien noch Vorlesungen in der Gesellschaft Jesu". (Aber achtzehn Jahre nach dem Tod ihres Gründers hatte die Gesellschaft bereits neunundzwanzig Kollegien.)
Dieses „besondere Gelübde" des Gehorsams dem jeweiligen Papst gegenüber gilt auch heute noch. Paul VI. rückte dies für die Massenmedien auch optisch ins Bild. Von der ersten Audienz, die er 1965 dem Jesuiten-General Pedro Arrupe gewährte, verbreitete der Vatikan ein Foto, das den General kniend vor dem Heiligen Vater zeigt. Dazu Originalton des Jesuiten-Generals: „Das ist die Haltung der Söhne des Ignatius. Demütig hingestreckt zu Füßen des Papstes und in seine Hände gegeben."
Zu dieser Treue dem Papst gegenüber gehört auch, daß kein Jesuit den jeweiligen Papst kritisiert. Wie Jesuiten allerdings mit Päpsten umgehen, die dem Orden nicht sonderlich zugetan sind, exerzierte bereits Ignatius von Loyola selbst vor: er riet Ordensbrüdern, die sich gegen Papst Paul IV. kritisch äußern wollten, ihn besser überhaupt nicht zu erwähnen, umso mehr aber seinen Vorgänger Marcellus II. zu loben.
Das war die elegante Variante. Der Orden verstand sich aber auch auf schärfere Gangarten, wenn ein Papst sich zu sehr in die Obliegenheiten der Gesellschaft Jesu einzumischen versuchte. Als Papst Sixtus V. in einer scharfen

Bulle gegen Äußerungen jesuitischer Theologen Stellung nehmen wollte, vergaß General Claudio Aquaviva sein Gehorsamsgelübde: „...Wenn Eure Heiligkeit dem Orden diese Schmach antun, so stehe ich nicht dafür, daß nicht zehntausend Jesuiten die Feder ergreifen, um diese Ihre Bulle durch Schriften, welche den Heiligen Stuhl aufs Höchste komprimittieren, anzugreifen..." Die Macht der Gesellschaft Jesu klang ebenso aus jedem Wort, wie auch der Stolz auf die geistige und publizistische Überlegenheit des Ordens.

- Der dritte organisatorische Unterschied: kein Jesuit darf ein höheres geistliches Amt oder eine kirchliche Würde annehmen. So steht es im fünften einfachen Gelübde der Professen (Ordensbrüder, die die Priesterweihe haben).
Ernennt der Papst einen Jesuiten zum Bischof oder Kardinal, wie zum Beispiel Johannes XXIII. den Jesuiten Augustin Bea, dann wird in Jesuitenkreisen geflüstert: „Der Papst mag den Orden nicht, er hat einen der unsrigen (Jesuiten sprechen von ihren Ordensbrüdern als von den „unsrigen") zum Kardinal gemacht." Doch keine Regel ohne Ausnahme, kein Gesetz ohne Lücke! Als Papst Gregor XIII. in seinem Kampf gegen die Reformation keinesfalls auf jesuitischen Zuspruch verzichten wollte, ordnete er an, daß alle Legaten des Heiligen Stuhls einen Jesuiten als Berater um sich haben mußten.
- Schließlich der vierte organisatorische Unterschied: In der Seelsorge gibt es für Jesuiten keine Abgrenzung. Sie ist nicht auf Kirche und Kanzel beschränkt. Alles, was dem Einfluß der Kirche von Nutzen ist, gehört zu ihrem Arbeitsgebiet. Die Kanzel des Jesuiten kann das Dach eines Camping-Busses, der Kran auf einer Baustelle oder das Plenum der UNO sein.

Stärker als Klostermauern: Die Ordensgelübde
oder
Die Rangordnung im Jesuiten-Orden

Vor die Aufnahme in die Gesellschaft Jesu haben die Statuten — wie bei jedem anderen Orden — die Probezeit im Noviziat gesetzt.

Doch anders als bei anderen Orden, erfolgt eine erste Auswahl bereits vor der Aufnahme. Als zum Beispiel ein Flame mit dem wohlklingenden Namen Cornelius van den Stern* sich bei den Jesuiten um Aufnahme bewarb, wurde er abgelehnt. Einzige Begründung: er sei von zu kleinem Wuchs. Es sei denn, ließ die Aufnahmekommission ihn wissen, er könne die Heilige Schrift auswendig aufsagen! Cornelius a Lapide erfüllte diese sinnlos-arrogante Auflage und wurde einer der großen Bibelexperten seiner Zeit. So geschehen vor mehr als dreihundertsechzig Jahren.

Heute würde der Jesuiten-Orden allerdings keine Auswahl nach Gardemaß riskieren. Für die Aufnahme in den Orden braucht man keinen numerus clausus. Im Gegenteil: die Jesuiten haben Nachwuchssorgen. 1989 waren in den beiden deutschen Ausbildungshäusern, den sogenannten Noviziaten, in Nürnberg und Münster ganze 25 Studenten. In Spanien ist die Zahl der Novizen gar um neunzig Prozent zurückgegangen. Nur in der Dritten Welt wächst die Zahl der Jesuiten von Jahr zu Jahr.

Auf bestimmte Voraussetzungen will der Orden bei den Kandidaten auch heute nicht verzichten, allerdings sind sie genauso allgemein gehalten wie Beschreibungen in Stellenangeboten. Verlangt wird: „Geistige Aufgeschlossenheit, dem Alter entsprechende Reife, gesundes Urteilsvermögen, Entscheidungs- und Bildungsfähigkeit, entspanntes Verhältnis zu Familie und Autorität, gesunde Selbsteinschätzung und Selbstannahme, Gemeinschafts- und

---
* latinisiert: a Lapide

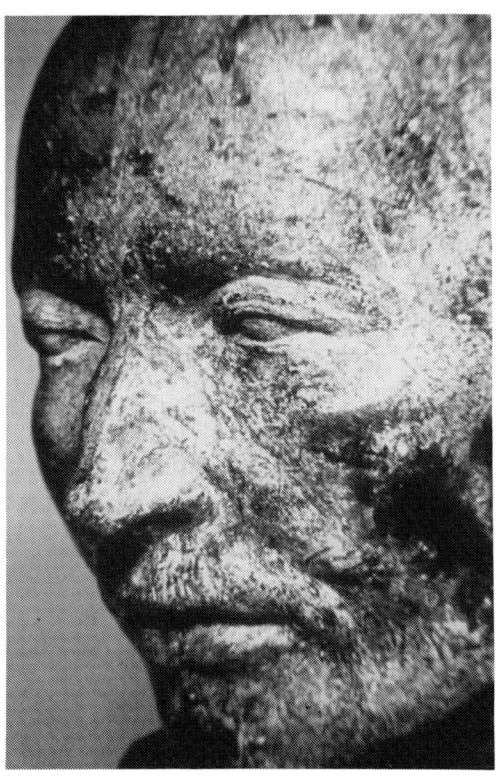

Ritter ohne Schwert und Tadel: Totenmaske des Gründers der „Gesellschaft Jesu" Ignatius von Loyola.

Sorgfalt bis zum i-Punkt: Die Unterschrift des Ignatius von Loyola. Tag für Tag schrieb oder diktierte er bis zu dreißig Briefen.

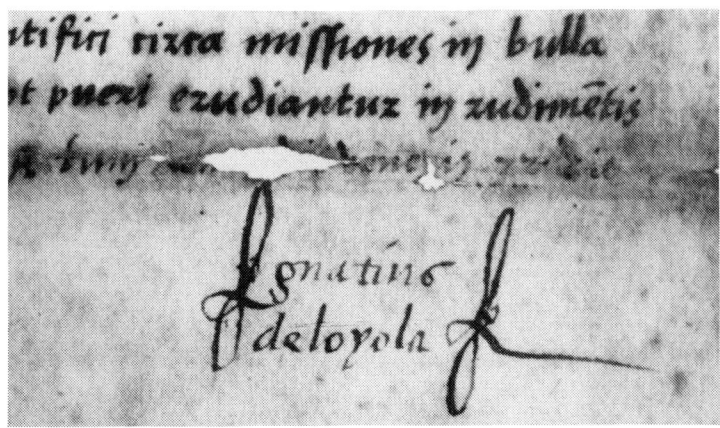

Mehr Frauenheld als Fanatiker: Ignatius, als er noch Ritter Iñigo war. Auf diesem Kupferstich ist er jünger dargestellt, als er in Wirklichkeit bei der Bestätigung seines Ordens im Jahre 1540 war. Damals hatte er bereits das 49. Lebensjahr erreicht.

Bollwerk des Himmels in irdischer Einsamkeit: Kirche und Konvent der „Gesellschaft Jesu" in Loyola, dem Geburtsort ihres Gründers.

Liebesfähigkeit." Das Religiöse, sei hinzugefügt, versteht sich von selbst.

Bei den Jesuiten dauert das Noviziat genau doppelt so lange wie bei den meisten anderen Orden, nämlich zwei Jahre. Wie es denn zur Struktur des Jesuiten-Ordens gehört, daß sich in ihm der Aufstieg von einer Ordensstufe zur anderen langsamer vollzieht, als bei anderen religiösen Gemeinschaften.

Erst zwölf Jahre nach der Aufnahme* kann ein Mitglied der Gesellschaft Jesu die letzten Gelübde ablegen, die ihn zum Profeß-Pater erheben. Doch schon vorher darf er hinter seinem Namen die beiden Buchstaben SJ führen. Für viele auch heute ein höheres Zeichen für Wissensqualität und Denkvermögen, als die beiden Buchstaben Dr. vor dem Namen. Ein Jesuit hat, um dies zu erreichen, auch doppelt soviel Zeit aufwenden müssen wie heute für das Medizin-Studium notwendig ist.

Der gesamte Tagesablauf war lange Zeit in ein minutiöses Korsett gepreßt, das den Novizen keine Chance gab, nach rechts oder links auszubrechen. Noch 1942 schrieb Pater Rupert Mayer aus dem Gefängnis in München: „Der Gefängnisalltag erinnert mich an meine Zeit als Novize in Feldkirch." Wie nahtlos in diesem renommierten Novizenhaus „Stella Matutina", das durch Thomas Manns Beschreibung im „Zauberberg" auch zu literarischen Ehren kam, der Tag verplant war, zeigt ein x-beliebiger Tagesablauf aus dem Jahr 1900:

5.00 Uhr Aufstehen
5.25 Uhr Visite = Besuchung des Allerheiligsten in der Kapelle
5.30 Uhr Betrachtung auf dem Gemeinschaftszimmer
6.30 Uhr Heilige Messe
7.15 Uhr Frühstück mit Schweigen – hernach Betten richten etc.
8.45 Uhr Instructio v. P. Magister = Unterricht über die Ordensregeln durch den Novizenmeister

---

* Heute sind achtzehn Jahre die Voraussetzung für die Aufnahme, früher konnte man bereits mit dem vierzehnten Lebensjahr Novize werden.

9.30 Uhr Opera = Arbeiten im Speisesaal, Tischdecken oder im Garten helfen, Hausputz etc.
10.15 Uhr Kaffee, Visite
10.30 Uhr Geistliche Lesung oder Studium
12.00 Uhr Lesung aus der Nachfolge Christi
12.15 Uhr Examen = Gewissenserforschung und Dankgebet
12.30 Uhr Mittagessen (Vorlesen, Tischdienen), Visite, anschließend: Erholung im Garten. Recreatio = mit lateinischer Unterhaltung zweimal pro Woche
14.00 Uhr Rosenkranz, jeder für sich
14.30 Uhr Unterricht in Latein und Griechisch
15.15 Uhr Sport und Arbeit im Garten
16.15 Uhr Kaffee
16.45 Uhr Instructio
17.30 Uhr Abendbetrachtung
18.15 Uhr Litanei und Segen
18.30 Uhr Abendessen, Erholung
20.10 Uhr Der Novizenmeister legt die Gedanken für die Betrachtung des nächsten Tages vor. – Examen
21.15 Uhr Bettruhe, Licht aus
Zweimal in der Woche: 14.00 bis 16.00 Uhr Spaziergang
Einmal, am Villatag: Wanderungen, Baden etc. von 8.00 Uhr ab

Der straffen Tagesordnung lagen durchaus kluge psychologische Überlegungen zugrunde, wie aus einem Schreiben des Generals Vitelleschi an den rheinischen Provinzial Johannes Cooper hervorgeht: „Einen Novizen, dem zuweilen Engel und Heilige erscheinen, wollen Euer Hochwürden mit solchen Arbeiten beschäftigen lassen, daß er womöglich für derartige Einbildungen keine Zeit mehr hat. Der Novizenmeister soll den Novizen ermuntern, Gott zu bitten, ihn von solchen gefährlichen, nicht selten trügerischen Gesichten zu befreien." Geschrieben 1628!

Inzwischen ist nicht nur das Kolleg Feldkirch, nahe der Grenze zum Fürstentum Liechtenstein, geschlossen – was übrigens heftige Proteste unter den ehemaligen Schülern auslöste –, sondern auch die Stundenpläne der Kollegien sind moderner geworden, was nichts anderes bedeutet als lockerer.

Während des Noviziats erhält der Neuling auch eine erste Orientierungshilfe über jene Gesetze, nach denen sein weiteres Leben sich ausrichten muß, wenn er sich entschließt, in der Gesellschaft Jesu zu bleiben. Teil dieser „Konstitutionen" genannten Ordensregeln ist das „Examen Generale", dem sich der Novize unterziehen muß; wie denn diese ersten zwei Jahre eine einzige permanente Prüfung sind. In dieser Zeit muß der Kandidat...die ihm gemäße Form des Gebets finden, ...er muß sowohl seine eigene Position wie die des von ihm gewählten Ordens im Rahmen der Kirche ausloten.

...Vor allem aber muß er mit sich selbst und mit der Regel seines Ordens ins Reine kommen, denn die Gesellschaft Jesu ist ein autoritärer Orden oder weniger politisch ausgedrückt, ein monarchisch strukturierter Orden.

Im Einerlei des Novizen-Alltags gibt es nur zwei Abwechslungen: die sogenannten Experimente, worunter Arbeitseinsätze in Krankenhäusern und Fabriken verstanden werden, vor allem aber das Wichtigste im Leben eines Jesuiten, die vierwöchigen Exerzitien. Diese Exerzitien des Ignatius sind für Nicht-Katholiken ein Kapitel für sich.

Die zwei Noviziatsjahre schließen mit den einfachen Gelübden der apostolischen Armut, der Ehelosigkeit und des Ordensgehorsams. Außerdem verspricht der Novize, daß er nach seiner Studienzeit Vollmitglied des Ordens werden will. Die Studienzeit an einer weltlichen Universität und die Jahre der Berufsausbildung soll der junge Priester zur Vertiefung seiner religiösen Erfahrungen nutzen. Oder um es mit den Worten zu sagen, die in der Ordensregel über die Ausbildung stehen: Den Studenten muß geholfen werden, daß sie zu einem kritischen Dialog finden zwischen der theologischen und der menschlichen Kultur, zwischen dem Glauben und den realen Fragen und Problemen der Menschen, unter denen sie ihr Apostolat ausüben.

Nach Beendigung der Ausbildung folgen die Monate des Terziats, in denen alle in mehr als einem Jahrzehnt Ordensleben gemachten Erfahrungen nochmals geprüft werden sollen. Ihr Höhepunkt: die großen Exerzitien, die dann zum zweiten Mal absolviert werden. Gleichzeitig dient das Terziat der Vorbereitung auf die sogenannten „Letzen Gelübden" mit denen sich auch der Orden endgültig an den einzelnen bindet.

Einige der wissenschaftlich ausgebildeten Ordensangehörigen gehen für einige Jahre als Lehrer oder als Erzieher an eines der Jesuitenkollegien, von denen es in Deutschland und Österreich zur Zeit sechs gibt:

        Aloisiuskolleg, Bad Godesberg
        Canisiuskolleg, Berlin
        St. Ansgar-Schule, Hamburg
        Kolleg St. Blasien
        Collegium Aloisianum, Linz
        Kollegium Kalksburg, Wien

Die hohe Ausbildungsqualität dieser Schulen ist selbst bei ihren Gegnern unbestritten. Ihre Erzieher in den Internaten, die in der Rangordnung des Ordens den Titel „Scholastici formati" führen, sind dreiundzwanzig bis fünfundzwanzig Jahre alt, aber trotz des schönen Titels sind sie noch Schmalspur-Jesuiten ohne Priesterweihe.

Für seinen weiteren Lebensweg kann der angehende Jesuit unter drei Möglichkeiten wählen.
- Erste Möglichkeit: Er trennt sich vom Orden oder der Orden von ihm. Das ist ohne größere juristische Schwierigkeiten bis zur Priesterweihe möglich. Andere Strafen als die Trennung kennt die Gesellschaft Jesu nicht. Zuchtmittel wie Karzerstrafen, Essensentzug usw. haben die Jesuiten von Anfang an abgelehnt. Als Ignatius einmal von einem Besucher gefragt wurde, welche Züchtigungen er bei Ungehorsam anwende, wies er lediglich zur Tür. Wer nicht in den Orden paßt, mußte gehen.
  Auch heute noch sind die – wesentlich lockeren – Ordensregeln doch so streng, daß weniger als die Hälfte der Neueingetretenen über die volle Distanz des zweijährigen Noviziats durchhalten. Die anderen scheiden vorher aus, gehen in andere Orden oder in weltliche Berufe.
- Die zweite Möglichkeit auszuscheiden, liegt viel früher,

nämlich nach dem zweijährigen Noviziat, bevor der Ordensstudent die drei einfachen Gelübde ablegt, die ihn auf Lebenszeit zu persönlicher Armut, Keuschheit und Gehorsam dem Orden gegenüber verpflichten.
· Oder aber — dritte Möglichkeit, die erst nach dem Terziat gewählt werden kann — er legt zusätzlich das vierte Gelübde ab, das nur der Jesuiten-Orden kennt und das jeden verpflichtet, immer „mit einem Fuß in der Luft bereitstehend" (Originalton Ignatius) ohne Zögern den Anweisungen des Papstes zu folgen und jede apostolische Aufgabe unverzüglich auszuführen.

In der Ordensterminologie sind Jesuiten mit den drei einfachen Gelübden „Koadjutoren" (Mithelfer der Profess-Patres), jene, die auch das vierte Gelübde ablegten, sind „Professen" (Bekenner), die ihre Gelübde öffentlich sagen. Seit je sind die Professen die Elite des Ordens. Dies war von Anfang an eine kleine, aber handverlesene Minderheit. Als der Orden tausend Angehörige zählte, waren lediglich vierzig „Professi" darunter. Aus dieser Gruppe kommt der Nachwuchs der Prediger, Beichtväter und Lektoren an den Kollegien. Früher waren nur die Professen berechtigt, aus ihrem Kreis die Mitglieder des Ordensparlaments, der „Generalkongregation" zu wählen. Das ist heute geändert. Heute dürfen auch Nicht-Professen sich an der Wahl beteiligen.

Zusammengefaßt: Kein anderer katholischer Orden stellt an seine Mitglieder solche Ansprüche, läßt ihnen soviel Freizeit und Freizügigkeit. Wobei der Verzicht auf streng kaserniertes Klosterleben für die Einhaltung der drei Gelübde — Armut, Keuschheit, Gehorsam — eine besondere Charakterstärke erfordert.

Bitten statt Befehlen
oder
Der monarchische Aufbau des Jesuiten-Ordens

Der Jesuitengeneral residiert in Rom. Die einen sagen: um dem Papst nahe zu sein. Die anderen flüstern: um seinen Gefangenen, den Papst, besser kontrollieren zu können.
 Die zweite Behauptung stammt aus der hohen Zeit der Gegenreformation, als die Macht und die Selbstherrlichkeit der Jesuiten sich ungebremst entfalten konnte. Wie sehr die Jesuiten-Arroganz ausuferte, macht die Bezeichnung „papa nero" („Schwarzer Papst") deutlich, die böse Zungen für den Ordensgeneral erfanden. Wobei sich „schwarz" sowohl auf das Jesuiten-Habit bezog – der Papst trägt weiß – wie auf die bedingungslose Glaubensstrenge der Jesuiten.
 Wie zutreffend diese Bezeichnung war, zeigte sich in den Jesuiten-Missionen, deren Patres den Anordnungen „weißer" päpstlicher Legaten erst gehorchten, wenn ihr General, der „Schwarze Papst" diese Anordnungen bestätigt hatte.
 Gewählt wird der General aus den Reihen des Ordens, wobei die absolute Stimmenmehrheit aus dem Kreis der „Professi" den Ausschlag gibt. Tauchen bei einer Wahl unerwartete Widerstände auf, so gibt es dafür eine eigene Ordensregel, die der Generalkongregation eine Frist von sieben Tagen und Nächten bei Wasser und Brot einräumt. In diesem Zeitraum muß dem Wahlkomitee die Erleuchtung für den richtigen General zuteil werden. Diese Abmagerungsmethode ist keine Jesuitenerfindung, sondern wurde bereits 1271 bei einer Papstwahl praktiziert. Damals konnten sich die Kardinäle einunddreißig Monate lang nicht zu dem Ausruf „Habemus papam" („Wir haben einen Papst") entschließen. Da wurde es dem Bürgermeister von Viterbo zu bunt, er setzte die Konklave auf Wasser und Brot – und in wenigen Tagen war der Erzbischof von Lüttich, Tabaldo

Visconti, als Papst Gregor X. gewählt. Bei keiner Jesuitengeneralswahl mußte bisher die Wasser- und Brotdiät angewendet werden. Wer rechtskräftig zum Ordensgeneral gewählt wird, muß die Wahl annehmen.

Heute ist die Macht des Jesuitengenerals bei weitem nicht mehr so groß wie in den Glanzzeiten des Ordens, als er der Stoßtrupp der Gegenreformation war. Durch organisatorische Reform wurde dafür gesorgt, daß die gesamte Bürde und die ganze Macht nicht mehr auf dem General allein lastet, sondern daß vier General-Assistenten und mehrere Regional-Assistenten ihm unterstützen und natürlich auch kontrollieren.

Die Bezeichnung Regional-Assistent dürfte jeden Nicht-Jesuiten verwirren. In der Gesellschaft Jesu versteht man unter einer regionalen „Assistenz" die Zusammenfassung mehrerer Ordens-Provinzen, von denen es heute siebenundsiebzig gibt, zwei davon in Deutschland, nämlich München und Köln. (Für Jesuiten war Deutschland schon immer eine Einheit. Eine Trennung in DDR und Bundesrepublik hat es für sie nie gegeben.)

Außerdem hat ein eigens eingesetzter Admonitor keine andere Aufgabe, als darauf zu achten, daß der General sein Amt nach den Ordensregeln ausübt. Allerdings ist ein Ordensgeneral nur bei sechs genau festgelegten Vergehen absetzbar. Das schwerwiegendste wäre, wenn er selbst vom wahren Glauben der römisch-katholischen Kirche abfallen sollte. Die übrigen fünf beziehen sich auf gröbliche, persönliche, sittliche oder ordensgefährdende Ausschreitungen.

Nicht einem der achtundzwanzig Generale widerfuhr dies in der vierhundertjährigen Geschichte des Ordens. Allerdings konnte schon immer ein General gegen sich selbst eine Untersuchung fordern. Ich habe nur einen einzigen ermittelt, der dies getan hat:

Claudio Aquaviva bestand im November 1593 auf die Einberufung einer Kommission, die Vorwürfe gegen seine Lebens- und Amtsführung untersuchen sollte. Einen Monat lang prüften die Patres Schränke und Papiere des Generals, dann erteilten sie ihm eine Rüge, weil er von seinen vornehmen Verwandten – einige waren Kardinäle und Bischöfe – eingemachte neapolitanische Früchte angenommen hatte.

Ein Ordensgeneral war bis 1965 der einzige, der sein Amt auf Lebenszeit ausübte, alle anderen Ämter wurden und werden zeitlich begrenzt vergeben. Selbst wenn ein Provinzial seine Amtszeit erfüllt hat, tritt er – um es militärisch auszudrücken – zurück ins Glied und hat sich dem Befehl seines Nachfolgers unterzuordnen.

Seit der 31. Generalkongregation, die 1965 stattfand, hat sich die Position des Jesuiten-Generals in einem grundsätzlichen Punkt geändert: Das höchste Gremium des Ordens entschied, daß ein General bei gravierenden Umständen sein Amt niederlegen kann. Solche gravierenden Umstände waren 1981 gegeben, warum es aber trotzdem nicht zu einem Rücktritt kam, darüber später mehr.

Der General hatte und hat ständig Kontakt zu den einzelnen Ordensprovinzen. Außerdem müssen diese ihm alle drei Jahre durch einen gewählten Delegierten Bericht erstatten und mit anderen Vertretern des Orden darüber abstimmen, ob die Notwendigkeit für die Einberufung einer Generalkongregation gegeben ist oder nicht.

Seit der Ordensgründung wurden nur zweiunddreißig Generalkongregationen abgehalten. Die meisten dienten der Wahl eines neuen Generals. Aus Häufigkeit und Dauer der Generalkongregation läßt sich wie auf einer Fieberkurve das Selbstverständnis der Gesellschaft Jesu ablesen. So häuften sich seit dem Ersten Weltkrieg die außerordentlichen Generalkongregationen – insgesamt vier – und die beiden letzten dauerten länger als die meisten anderen zuvor: die 31. Generalkongregation dauerte sechs und die 32. Generalkongregation 1974/75 vier Monate. Es war die Zeit, in der der Orden eine seiner schwersten Krisen durchmachte.

Für alle Entscheidungen der Generalkongregation sind

die „Konstitutionen" des Ignatius die Richtschnur, die 1558 auf der 1. Generalkongregation zum förmlichen Ordensgesetz erhoben wurden, von denen jedoch erst 1757 eine vollständige Ausgabe in zwei dickleibigen Folianten unter dem Titel „Institutum Societatis Jesu, auctoritate Congregationis Generalis XVIII" erschien.

Die Konstitutionen sind — nach Worten eines führenden Jesuiten unserer Zeit — das Rückgrat, die Exerzitien, der Atem des Ordens. Über beide mehr auf den folgenden Seiten.

III.

DER DRESSIERTE GEIST
oder
DIE KONSTITUTIONEN UND EXERZITIEN

„Loyola hat den alten Menschentraum von einem würdigen und gerechten Leben, der sich zwischen Platon und Marx kaum sehr verändert hat, aus einem Inhalt des Gebets zu einem Kampfziel gemacht."
(Ludwig Marcuse — 1956)

„Ich würde nicht einmal an das Evangelium glauben, falls die Heilige Kirche mich dazu aufforderte."
(Franz Xavier)

Des Guten zuviel
oder
Die Konstitutionen

Keine andere Organisation — egal ob weltliche oder kirchliche — vereint zwei Widersprüche so perfekt wie der Jesuiten-Orden: Die Kombination aus Disziplin und Individualismus. Denn, so streng die Disziplin in der jesuitischen Gemeinschaft ist, jeder Pater genießt innerhalb der Organisation mehr Selbständigkeit als Angehörige anderer Orden.

In ihren besten Jahren waren die Jesuiten immer ihrer Zeit voraus. Oder im Jargon der Generalstäbler ausgedrückt: Als die Militärs ihr taktisches Heil noch in geschlossenen Kadern sahen, erprobten sie bereits die „aufgelockerte Schlachtordnung" nach der Maxime: „Wenn ein Heer weithin zerstreut ist, dann müssen seine verschiedenen Teile untereinander und mit dem obersten Feldherrn in Fühlung stehen..., damit überall der nämliche Geist, das nämliche Ziel, das nämliche Streben herrsche".

Dieser Satz steht nicht bei Moltke oder Clausewitz, sondern im achten Abschnitt des Konstitutionen des Jesuiten-Ordens. Sie sind die umfangreichste Regel eines katholischen Ordens und zugleich das umfassendste Organisationsprogramm einer Gemeinschaft überhaupt.

104 mal ist in den Konstitutionen vom Dienst für Gott die Rede, und 105 mal wird die Ehre Gottes als Ziel jeder Aufgabe erwähnt. Von einer anderen Art Aufgabe, der des eigenen Ichs, handelt jede Zeile dieser Ordensregel.

In achtjähriger Arbeit und in jahrzehntelanger praktischer Erprobung hat Ignatius ein zehnteiliges Vertragswerk zusammengestellt, in dem alles, was für die körperliche Fürsorge, für die geistige Schulung und für die Eingliederung des einzelnen in die verschiedenen Stufen des Ordenslebens wichtig ist, festgelegt wurde.

Die Grundsätze dieser Konstitutionen finden sich bereits im Testament des Ignatius. Darin heißt es unter anderem: „Ich darf überhaupt nicht mein eigener Herr sein wollen, sondern muß mich dem zu eigen geben, der mich geschaffen hat, um dem Oberen, der an Gottes Stelle mich leitet und regiert. In seinen Händen soll ich sein wie ein weiches Wachs in den Fingern des Bildners... Ich soll mich ansehen wie ein Leichnam, der weder Willen noch Gefühl hat, wie ein kleines Kreuz, das man ohne Schwierigkeit nach dieser oder jener Seite drehen kann oder wie der Stab eines Greises, den dieser ganz nach Gutdünken braucht und dahin stellt, wo er ihm am dienlichsten scheint. In dieser Weise muß ich mich zu allem bereit finden, wozu der Orden mich verwenden will, ohne gegen eine Verfügung Einspruch zu erheben."

Diese Gedanken und die daraus entwickelte Ordensregel wären perfekt, wenn nicht auch bei ihnen der Teufel im Detail steckte. Gerade weil sie alles und jedes reglementieren wollen, keine Eventualität auslassen möchten, gerade deshalb bieten die Konstitutionen so breite Angriffsflächen. Die Gegner der Jesuiten brauchten nur aus diesem Paragraphenverhau zu zitieren und konnten sich des Beifalls ihrer Mitläufer gewiß sein. Was an Behauptungen in anti-jesuitischen Schriften aufgestellt wurde, war leicht durch Auszüge aus den Konstitutionen zu belegen.

Drei Beispiele, wie Behauptungen durch Einzelzitate aus den Konstitutionen zu Fakten gemacht werden können:

- *Behauptung:* Die Jesuiten-Moral ist engstirnig, der Weitblick der Jesuiten ist durch geistige Scheuklappen beengt.
  Beweis: In den Konstitutionen heißt es: „In den humanistischen Schriften heidnischer Autoren darf nichts Unmoralisches gelesen werden... Bücher eines christlichen Autors sollten, selbst wenn das Buch an sich gut ist, nicht gelesen werden, wenn der Autor kein gottgefälliges Leben führt..." (Konst. 468 - 470).
- *Behauptung:* Jesuiten ist es verboten, eine eigene Meinung zu haben.
  Beweis: Regel 42 des Summariums der Konstitutionen: „Abweichende Lehren dürfen nicht anerkannt werden, weder wörtlich, in den öffentlichen Predigten, noch schriftlich, in Büchern, die nicht ohne die vorherige Billigung des Generaloberen gedruckt werden können. Unterschiedliche Urteile über Dinge, die man tun darf... sollten, so weit das möglich ist, sogar vermieden werden" (Konst. III, 1, 18 (273)). Und als Ausrufungszeichen wird gern noch der letzte Satz der Regel 35 hinzugefügt: „Jede entgegengesetzte Meinung und Ansicht wollen wir unsererseits in einer Art blinden Gehorsams verleugnen (Konst. VI. 1, 1 (547)).
- *Behauptung:* Jesuiten sind zum Kadavergehorsam verpflichtet. Die Parade-Behauptung der Jesuiten-Gegner aus allen Lagern.
  Beweis: In den Ordenskonstitutionen heißt es: „Der Niedere ist ein Leichnam (cadaver) in der Hand des Höheren. Unter General Aquaviva wird dieser Paragraph 2 zur Regel 36 erweitert, die heute noch für Jesuiten gültig ist: „Ein jeder soll dafürhalten, daß, wer unterm Gehorsam

lebt, der müsse sich von Gottes Vorsehung durch die Oberen so leiten und regieren lassen, als ob er ein toter Leib wäre, der sich hin und her wälzen und legen läßt, oder als ob er der Stab eines Greises wäre, der sich überall und auf beliebige Weise gebrauchen läßt, so wie es dem, der ihn in der Hand hält, gefällig ist" (Konst. VI, 1, 1 (547)).

Da steht es also, und keine Kirchenmaus beißt einen Faden ab. Darf sie auch nicht. Kadavergehorsam ist geistiger Mord. Er macht Menschen zu Werkzeugen. Nein, der Befehl zum Kadavergehorsam darf nicht bagatellisiert oder übertüncht werden. Im Gegenteil, man muß ihn an seinen Wurzeln packen.

Tut man dies, stellt sich bald heraus, daß es dieses Gelübde des bedingungslosen Gehorsams bereits vor Ignatius in anderen Orden gegeben hat. Ob ein Mönch seinen Willen aufgeben müsse, wie ein Schaf, das geopfert wird – so die Regel des Karmeliter-Ordens – oder ob er ein Leichnam in der Hand des Höheren sein soll – wie es bei den Jesuiten heißt – das macht nun wirklich keinen Unterschied.

Warum will aber ausgerechnet das Protestgeschrei gegen das Gehorsamsgelübde der Jesuiten nicht verstummen? Warum regt sich niemand über den Opferschaf-Gehorsams der Karmeliter auf? Ignatius ist schuld! Er hat für die gleiche Sache die eingängigere Vokabel gefunden. Kadavergehorsam – das ist ein so griffiges Wort mit drei a und zwei e, die Vokale noch dazu paarweise angeordnet, das bleibt im Ohr!

Außerdem, wen außerhalb der Klostermauern berührt es schon, wenn ein Klosterbruder willig wie ein Schaf ist, das geopfert wird? Es ist die Lebenshaltung in einer geschlossenen Gesellschaft. Soll sie ihren Willen, keinen Willen zu haben, behalten. Anders bei den Jesuiten. Sie leben unter uns, stehen in Tuchfühlung mit der Welt, mit ihnen müssen wir rechnen, so wie sie mit uns rechnen.

Doch nicht nur deshalb erhitzten sich am Jesuiten-Kadavergehorsam die Gemüter. Die vertrackte Genauigkeit des

Ignatius ist außerdem schuld. Er hat nämlich die Gehorsamsklausel für seinen Orden nicht nur einfach hingeschrieben — wie vor ihm bereits der sanfte Franz von Assisi — sondern er hat diesen Befehl zum totalen Gehorsam als einziger psychologisch untermauert und erläutert. Diese Definition, die Ignatius am 26. März 1553 in einem Brief an den Provinzial in Coimbra formulierte, ist es vor allem gewesen, die die Gemüter erregte. Wobei man wissen muß, daß Coimbra in den Anfängen des Ordens eine Art geistiges Zentrum war. In dieser portugiesischen Stadt wurde bereits 1542 das erste Jesuiten-Collegium gegründet.

In diesem Brief „über die Tugend des Gehorsams" unterscheidet Ignatius drei Phasen:

1. *Gehorsam der Tat* bedeutet: tun, was verlangt wird. Ohne Überzeugung, ohne nach dem Sinn der Tat zu fragen.
2. *Gehorsam des Willens* bedeutet: das tun, was verlangt wird, weil man annimmt, der Befehlende wird schon wissen, wozu es gut ist. Man will zwar das Gleiche wie er, behält aber seine eigene Meinung, seine Zweifel.
3. *Gehorsam aus Einsicht.* So nennt Ignatius den jesuitischen Kadavergehorsam, den er so definiert: „Wer aber die rückhaltlose Hingabe seiner selbst an Gott zu leisten sich entschlossen hat, der muß außer dem Willen auch noch seine Einsicht opfern. Darin besteht der höchste Grad des Gehorsams. Da heißt es nicht nur *einen* Willen mit dem Oberen haben, sondern auch das gleiche denken. Mit anderen Worten, sein eigenes Urteil dem des Oberen unterwerfen — soweit ein ergebener Wille den Verstand zu dirigieren in der Lage ist."

Phase drei verlangt eine Form des Gehorsams, wie sie in dieser Konsequenz nur noch von islamischen Sekten gefordert wird. Selbst wer sie als zeitbedingt als „aus dem Zusammenhang gerissen" entschuldigen will, muß wissen, daß sie keine einmalige Forderung des Ignatius ist, sondern sie findet sich an mehreren Stellen seiner Schriften. So lautet die 13. seiner „Regeln über die Übereinstimmung mit der hierarchischen Kirche", die er den Exerzitien anfügte: „Um in allen Dingen in der Wahrheit zu sein, müssen wir glauben, daß das, was ich für weiß halte schwarz ist, wenn es die hierarchische Kirche so bestimmt" (Regel 365). Also Kadavergehorsam.

Der Jesuiten-Pater, mit dem ich diesen Teil des Buches besprach, wies darauf hin, daß diese Forderung sich nur auf *Glaubensaussagen* bezieht, doch selbst mit dieser Einschränkung bietet dieser Ignatius-Satz noch immer genug Zündstoff, wie sich bei der Diskussion um die Pillen-Enzyklika Pauls VI. zeigte.

Zum Thema des „Gehorsams" fand ich durch Zufall in der schier unübersehbaren Korrespondenz des Ignatius ein Schreiben, in dem er dem von ihm hochgeschätzten Peter Faber, einem seiner sechs Freunde aus der Pariser Zeit, genaue Anweisungen gibt, was er in seinem neuen Missionsgebiet — Deutschland — tun solle. Nicht dieser Brief des Ignatius ist das Interessante — es gibt Dutzende mit solchen Anweisungen — sondern die Antwort Peter Fabers. Er widerspricht seinem General! „Ich habe genau das Gegenteil von dem getan, was Sie mir befohlen hatten, da ich vollkommen andere Situationen vorfand."

Und Ignatius? Der „Erfinder" des Kadavergehorsams, wie reagierte er? Wurde der Pater abgelöst? Strafversetzt? Oder aus dem Orden ausgeschlossen? Es genügt, einen einzigen Satz aus dem Antwortbrief des Generals zu zitieren. Er lobt Faber und schreibt wörtlich: „Das nenne ich *echten* Gehorsam!"

In dieser Reaktion ist wahrscheinlich die Antwort auf die Gretchenfrage „Was ist und wie praktiziert man Kadavergehorsam?" versteckt. Er meint nicht die wörtliche Befolgung einer „Bitte", was im Jesuitendeutsch einem Befehl gleichkommt, sondern die Verfolgung eines gemeinsamen Ziels, wenn auch auf verschiedenen Wegen. „Das Gute", sagt Ignatius, „kann auf verschiedene Weise gefördert werden", und in den Konstitutionen ist der Kadavergehorsamsregel 36 die Regel 31 vorangestellt. „Der Gehorsam ist nur dann bindend, wenn die befohlene Handlung keine Sünde darstellt." So also steht es um den Kadavergehorsam — jedenfalls bei den Jesuiten.

Die Konstitutionen sind die offiziellen Richtlinien für das Leben im, für und durch den Orden. So umstritten und fragwürdig einzelne Paragraphen heute auch sein mögen, in einem jedenfalls unterscheiden sie sich erfreulich von modernen Parteiprogrammen: sie nennen das Kind beim Namen. Ignatius sagt, was er meint. Wenn er es für richtiger hält, daß sich Jesuiten mehr um das Seelenheil der Fürsten kümmern als um das Wohl der Armen, schreibt er es klar in den Konstitutionen: „...so ist die Hilfe für hochstehende Personen vorzuziehen, wie Fürsten, Herren, Magistrate, Geistliche, Gelehrte, weil, wenn diesen geholfen wird, sie durch ihren Einfluß wieder andere nach sich ziehen."

Auch diese Anordnung wird oft und gern von den Gegnern des Ordens zitiert, in ihrer ersten Fassung im Ignatius-Testament macht dieser einen feinen (soll man sagen „jesuitischen"?) Unterschied zwischen Liebe und Fürsorge. Dort heißt es in einer Nachschrift: „Ich werde mehr einen Menschen lieben, in dem ich die Liebe Gottes und des Heiligen Geistes erkenne, als einen Fürsten oder Gelehrten; dennoch werde ich mehr für diese sorgen, um der Frucht willen, die sich daraus ziehen läßt."

Sollte in den zehn Bänden der Konstitutionen doch irgendeine Kleinigkeit nicht eindeutig geregelt sein, dann braucht ein Jesuit nur in den sogenannten „Epitomen" nachzuschlagen, die praktisch die Auslegung der einzelnen Bestimmungen sind und die ebenfalls Gesetzeskraft haben. Daneben hat sich im Laufe der Jahrhunderte eine Fülle ungezählter Vorschriften angesammelt, von denen einige sogar von Ignatius selbst stammen sollen, wie die berühmt-berüchtigten „Regeln der Bescheidenheit", die er — warum eigentlich? — weinend geschrieben haben soll.

Ob nun weinend geschrieben oder trockenen Auges —

seiner Penibilität, seiner Sucht, auch noch den leisesten Lidaufschlag unter Kontrolle zu bringen, entsprechen diese Anweisungen Wort für Wort. Hier sind sie und – es darf beim Lesen geschmunzelt werden:

Regel 1: „Was die Konversation der Unseren betrifft, so kann im allgemeinen gesagt werden, daß in allen äußeren Bewegungen Bescheidenheit und Demut, vereint mit religiöser Reife, gezeigt werden soll; im besonderen müssen folgende Dinge beachtet werden."

Regel 2: „Den Kopf wende man nicht sorglos nach der einen oder anderen Seite, sondern mit Würde, wenn es erforderlich ist. Ist das nicht nötig, so halte man ihn gerade und ein wenig nach vorn gebeugt, wobei man ihn weder nach der einen noch nach der anderen Seite neige."

Regel 3: „Die Augen sollen gewöhnlich gesenkt werden, ohne daß man sie allzusehr aufschlägt oder sie nach dieser oder der anderen Seite dreht."

Regel 4: „Besonders wenn man mit Autoritätspersonen spricht, schaue man ihnen nicht fest ins Antlitz, sondern unter das Gesicht."

Regel 5: „Man vermeide, die Stirn und besonders die Nase in Falten zu legen, denn es soll äußere Heiterkeit, die die innere widerspiegelt, zu sehen sein."

Regel 6: „Den Mund presse man weder zu sehr zusammen, noch halte man ihn zu weit geöffnet."

Regel 7: „Das ganze Gesicht soll eher Freude als Trauer ausdrücken, auch kein anderes, weniger erhabenes Gefühl."

Regel 8: „Die Gewänder und die anderen Kleidungsstücke haben sauber und anständig ausgebessert zu sein, wie es Ordensbrüdern geziemt."

Regel 9: „Die Hände halte man, wenn sie nicht zum Hochhalten der Kleider benutzt werden, mit Anstand ruhig."

Regel 10: „Der Gang sei gemäßigt, ohne bemerkenswerte Eile, wenn keine dringende Notwendigkeit besteht; dann aber wahre man die Würde, soweit dies irgend möglich ist."

Regel 11: „Alle Gebärden schließlich und alle Bewegungen des Körpers sollen so sein, daß sie einem jeden Erbauung geben."

Regel 12: „Wenn mehrere hinausgehen, sollen sie zu zweit oder zu dritt gehen, in der vom Superior vorgeschriebenen Ordnung."

Regel 13: „Falls es nötig ist, zu sprechen, so gedenke man der Bescheidenheit und Erbauung, sowohl in den Worten als auch in der Art des Sprechens."

Bleibt als *Regel 14* hinzuzufügen: auch beim Lesen derart engstirniger Anweisungen „Über den Umgang mit Menschen" bewahre man Ruhe und Haltung und bedenke, daß vielleicht das Durchschnittsniveau der Ordensangehörigen derartige Reglementierung notwendig gemacht hat. Oder — wie es ein Jesuitenpater im Manuskript anmerkte: „Sie sorgen dafür, daß der *ganze* Mensch Form haben soll."

Seelengymnastik à la Ignatius
oder
Die Exerzitien

Die Konstitutionen sind der Jesuiten Drill-Reglement, das den einzelnen in die geistige Ordens-Phalanx einordnet. Wichtiger als die Konstitutionen sind die Exerzitien, die große jesuitische Willensschule. Sie sind sozusagen die Seele, während die Konstitutionen der Körper des Ordens sind.

Sie sind der Schlüssel zum geistigen Ordensgebäude, das aus dem Sinn der Exerzitien und aus der Ordnung der Konstitutionen geschaffen wird. Doch wer die Exercitia Spiritualia — so der exakte Titel — nur quer liest, ist enttäuscht. Wer sie Wort für Wort liest, wird verwirrt.

Dies ist keine protestantisch-leichtfertige Abqualifikation, sondern entspricht dem Rat, den die meisten Herausgeber der Sammlung mit auf den Weg geben: „Diese

Schrift ist nicht für solche bestimmt, die bloß lesen, sondern für solche, die handeln wollen!" Wie wahr! Die „Übungen" sind wirklich kein Lesebuch, sondern eine ebenso nüchterne wie geschickte Anleitung zur Seelengymnastik, über die man , wie mir der Vorsitzende der Deutschen Assistenz SJ P. Vitus Seibel, schrieb, „eigentlich nicht schreiben kann. Man kann sie nur im eigenen Tun erfahren". Wobei Pater Seibel verständlicherweise über das Wort „Seelengymnastik" stolperte. Verblüffend jedoch die Feststellung eines Jesuiten, daß die Übersetzung, die am ehesten den Ton der spanischen Urfassung trifft, in den zwanziger Jahren von Bernhard Köhler, einem Nichtkatholiken, stammt!

Der Titel „Geistliche Übungen" für diese Zusammenstellung sich ergänzender Meditationen ist von Ignatius bewußt gewählt, um die Ähnlichkeite mit körperlichen Übungen zu betonen. So wie man durch Laufen sich einem Ziel nähert, so sollen die geistigen Übungen „die Seele vorbereiten und instandsetzen, damit sie alle ungeordneten Neigungen von sich entferne und nach ihrer Entfernung den göttlichen Willen suche und finde in der Regelung des eigenen Lebens zum Heile der Seele..."

Bereits in Manresa, als Ignatius noch Iñigo hieß, hat er an den „Geistliche Übungen" geschrieben, aber der Text jener berühmten Exercitia Spiritualia, die zu den schlechtest geschriebenen, aber wirkungsvollsten Büchern der Weltliteratur gehören, geht nicht auf diese erste Niederschrift in spanischer Sprache zurück, sondern auf die Pariser Fassung von 1541, die Ignatius Papst Paul III. zur Freigabe vorlegte. Der ließ sie, bevor er sie freigab, von den Kardinälen Morone und Foscherari auf ihre Rechtgläubigkeit prüfen. Jahre später, unter Paul IV., wurden beide „Unbedenklichkeits-Kardinäle" ins Gefängnis geworfen. Die Anklage lautete: Zweifel an ihrer Rechtgläubigkeit.

Den Erfolg, den die Exerzitien über Jahrhunderte gehabt haben, haben zwei Anordnungen begründet, die Papst Paul III. im Jahre 1548 in einem Breve erließ:

Erste Anordnung: Die Geistlichen Übungen des Ignatius durften von beiden Geschlechtern absolviert werden.
Zweite Anordnung: Sie durften nicht vertrieben werden, „ohne der Zustimmung des Ignatius oder seiner Nachfolger. Zuwiderhandlungen werden bestraft mit Exkommunikation und fünfhundert Golddukaten, die für wohltätige Zwecke gestiftet werden müssen".

Daß die Exerzitien gedruckt werden konnten, ist das Verdienst Franz Borgias (1510 - 1572), einem Urenkel von Papst Alexander VI. und Sproß aus der berühmt-berüchtigten Borgia-Familie, die durch ihren eifrigen Umgang mit Gift und Dolch in die Geschichte einging. Franz von Borgias Leben ist ein Musterbeispiel für die geistige Zerrissenheit des Renaissance-Adels. Franz scheint das Lamm unter den Familien-Wölfen gewesen zu sein. Während seine Verwandten Macht durch Mord anstrebten, beschloß er aller weltlichen Macht — er war Herzog von Gandia und Vizekönig von Katalonien — zu entsagen und in den Jesuiten-Orden einzutreten.

Ignatius feierte diese Entscheidung „als einen Kanonenschuß, der ganz Europa aufrütteln wird". Doch Franz von Borgias asketischer Entschluß löste statt Kanonenschüssen zuerst Lachsalven bei jenen aus, die ihn kannten: er war so wohlbeleibt, daß in seinen Eßtisch eine Ausbuchtung gesägt werden mußte, damit er seinen Bauch hineinschieben konnte, um mit den Händen besser den Braten greifen zu können. Für seinen Humor spricht, daß er gegen Ende seines Lebens schlank geworden, lachend erzählte, er könne nun seine Haut gleich zweimal um seinen früher so fülligen Körper wickeln. Seine Bedeutung für den Orden wog schwerer als seine Körperfülle. 1565 wurde er zum dritten Jesuiten-General gewählt. Er finanzierte nicht nur den ersten Druck der Exerzitien, sondern kümmerte sich auch um den Ausbau des Römischen Kollegiums und ließ Pläne für eine repräsentative Jesuiten-Kirche entwerfen. Bereits 1671, nur hundert Jahre nach seinem Tod, wurde er heilig gesprochen. Ende der Abschweifung, zurück zu den Exerzitien.

Auch bei ihnen hat Ignatius – wieder einmal – an alles gedacht und der 1548 erschienen Ausgabe in seinem Geleitwort eine Gebrauchsanweisung mit auf den Weg gegeben, die heute noch ihre Gültigkeit hat: „Die vorliegenden „Geistlichen Übungen" müssen sich in ihrer Anwendung nach der Beschaffenheit derer richten, welche sich denselben unterziehen wollen, d.h. nach ihrem Alter, ihrer Bildung oder ihren geistlichen Anlagen, damit nicht einem Dinge vorgelegt werden, die er nicht leicht tragen und aus denen er keinen Nutzen gewinnen kann. Desgleichen soll einem jeden je nach der Stufe, die er erreichen will, *das* vorgelegt werden, woraus er *mehr* Nutzen und Fortschritt erlangen kann..."

Dies herauszufinden und psychologisch genau zu dosieren ist Sache des Exerzitienleiters. Dazu darf er jedoch *nicht* in den Exerzitanten dringen und dessen Sünden oder Gedanken zu erforschen suchen, sondern aus dem Gefühl heraus, „jedem das Seine" verordnen. Diese Möglichkeit der Wahl durch den Exerzitienmeister unterscheidet die „Ignatischen Übungen" von allen anderen ähnlichen Exerzitien. Ziel der vierwöchigen Übungen ist – nach Ignatius – die Entscheidung zur unbedingten „Nachfolge Christi", die sich in konkreten Entschlüssen spiegeln soll. Pragmatischer ausgedrückt: die Exerzitien sollen eine Anleitung zur Technik des Gebets sein, der Gewissenserforschung dienen und zur Versenkung anregen.

Jede der vier Exerzitien-Wochen steht unter einem bestimmten Motto:

1. Woche: Der Übende wird zum Nachdenken über die Sünde und über die Hölle als deren äußerste Konsequenz angehalten.
2. Woche: Der Exerzitiant muß sich um eine möglichst realistische Form vom Leben Christi bemühen. Als Kontrastprogramm dazu die Bedrohung und Versuchung durch Satan.
3. Woche: Der Übende erlebt die Leidensgeschichte Christi bis ins kleinste Detail nach.

4. Woche: Der Übende empfindet die Auferstehung des Gottessohnes nach, und er erhält eine erste Ahnung des Lohns, den Gott für ihn bereit hält.

Bekannte Themen, kunstlos und ohne Übergänge aneinandergereiht. Ihr Inhalt also kann den Jahrhundert-Erfolg der Jesuiten-Exerzitien genauso wenig verursacht haben wie ihre literarische Aufbereitung. Nüchtern wie eine Gebrauchsanweisung sind sie geschrieben.

Gebrauchsanweisung. Dies ist genau das Wort, das den Erfolg der Exerzitien erklärt: sie sind Instruktionen, deren Befolgung das unmittelbare Erleben Gottes — also eine mystische Erfahrung — ermöglichen. Diese Gebrauchsanweisung wurde vor vierhundert Jahren zwar in trockener, unliterarischer Sprache geschrieben, aber sie enthält bereits alle jene psychologische Hilfen, die auch moderne Lebenshilfe-Autoren benutzen, um Leser an ihre Bücher zu binden.

Allerdings hatte dieser baskische Ritter derer von Loyola mehr Psychologie im kleinen Finger als die meisten heutigen Berufspsychologen nach zehn Semestern im Kopf. Gleich mit dem ersten Satz beweist er das. In ihm verspricht er jedem, der bereit ist, sich diesen Übungen zu unterziehen, daß innerhalb von vier Wochen seine schlechten und bösen Neigungen verflogen sind und er statt dessen zu innerem Frieden gefunden hat.

Dieser Ignatius! Mit sicherem Instinkt hat er in einem Satz alle Köder ausgelegt, die zu jeder Zeit Leser anlocken. Zur Probe aufs Exempel genügt ein Vergleich dieses ersten Ignatius-Satzes mit der Einführung zu irgendeinem modernen „Lebenshilfe-Buch". Auch in diesen Büchern wird den Lesern eingangs Erfolg in einer festgelegten Zeitspanne versprochen. Nichts Neues unter der Sonne! So verschieden die Inhalte — ob Seelenheil ode Geldanlage, Schnell-Lesekurs oder Läuterung: der terminierte Erfolg ist die erste Verlockung für die Übenden. Er ist jedoch nur das erste Glied einer langen Kette von Übereinstimmungen zwischen der Methodik der Exerzitien des Ignatius und den

„modernen" Systemen psychologischer Trainingsbücher.
Einige Beispiele als Belege:

- Ignatius macht zur Bedingung: vor jeder Übung muß sich der Exerzitant vor Augen halten, was er tun will. Erst dann beginnt die Übung mit der Versenkung ins Gebet.
Die Autoren monderner Selbstlehr-Bücher verlangen: vor jedem neuen Kapitel soll der Übende seinen Schreib- oder Lesetisch räumen. Also auch hier Klärung vor Konzentration.
- Ignatius: um zu prüfen, ob der gewünschte Effekt einer Übung erreicht wurde, muß im Rahmen der Exerzitien dieselbe Übung mehrmals wiederholt werden.
Auch heutige Psycho-Lehrer kennen keine bessere Methode: Nach jedem Kapitel liefern sie eine Zusammenfassung des bisherigen Lehrstoffs, der dann in bestimmten Abständen abgefragt wird.
- Selbst die graphischen Tabellen, in die der Leser seine Fortschritte eintragen soll und die in keinem der modernen Selbsterkennungsbücher fehlen, finden sich bereits in den Exerzitien des Ignatius von Loyola. Dieser penible Pedant, der sogar in seinen privaten Aufzeichnungen „Jesus" mit roter und „Jungfrau Maria" mit blauer Tinte schrieb, hat für die Exerzitien das graphische Schema aus seiner Krankheitszeit, das er in Manresa zur Kontrolle seiner Andachtsemotionen variierte, zu einer seelischen Buchführung erweitert, durch die der Exerzitant selbst kontrollieren kann, wie oft sich ein sündiger Gedanke in seine Vorstellungen gemischt hat, wann bei ihm die Erschöpfung eintrat und welche Reuegefühle seine Bußpraktiken in ihm ausgelöst haben. Diese Buchführung über die geistige Versenkung, diese Strichliste zum Sünden-Abhaken gilt auch heute noch als ein Meisterwerk.
- Wo Worte ermüden, wo ein Bild mehr sagt als alle noch so klugen Sätze, da finden sich in modernen Lebenshilfe-Büchern Karikaturen, die eine Situation durch knappe Striche erhellen. Auch dieses Mittel wußten Jesuiten

schon früh zu nutzen: Bereits unter den ersten Druckausgaben der Exerzitien gab es solche mit Illustrationen, die das Schicksal böser Geister überdeutlich schilderten.

Genug der Parallelen über vierhundert Jahre „Readers catching". In einem Punkt allerdings geht Ignatius wesentlich weiter als heutige Psychologie-Autoren: sein Weg zum Erfolg — d.h. zur Rettung der Seele — ist nicht nur mit Worten gepflastert. Er ist konsequenter, radikaler. Er will den ganzen Menschen ganz. Nicht nur mit Haut und Haaren. Nein — Sehen, Hören, Riechen, Schmecken, Fühlen — alle fünf Sinne aktiviert er. Autosuggestion total.

Damit nichts — auch nicht der Erfolg — dem Zufall überlassen bleibt, schreibt er auch hierbei jede Einzelheit vor. Er bestimmt, in welcher Körperhaltung welche Übung durchzuführen ist. Er gibt genaue Anweisungen über die Atemtechnik beim Lesen, lange bevor Yoga in Europa Mode wurde. Er legt fest, bei welcher Übung es hell, bei welcher es dunkel in der Zelle sein soll, ob Blumen auf dem Tisch stehen und woran man bei ihrem Anblick zu denken hat...

Wer die Seele an die Kandare nehmen will, muß wohl so sein. Die Phantasie des Exerzitianten wird dadurch genau dahin gelenkt, wohin sie Ignatius haben will. Die Anweisungen, wie der Exerzitiant sich die Hölle vorzustellen habe, lesen sich zum Beispiel so:

„Der erste Punkt besteht darin, daß ich mit den Augen der Einbildungskraft unermeßliche Feuergluten und die Seelen wie in feurige Leiber eingeschlossen erblicke.

Der zweite Punkt besteht darin, daß ich mit den Ohren der Einbildungskraft das Weinen, das Geheul, das Geschrei, aber auch die Lästerungen gegen unseren Herrn Christus und gegen alle seine Heiligen höre.

Der dritte Punkt besteht darin, daß ich mit dem Geruchssinn der Einbildungskraft die Bitternis, die Tränen, die Traurigkeit, die Säuernis der Gewissensbisse in der Hölle schmecke.

Der vierte Punkt besteht in der Berührung mit dem Tastsinn der Einbildungskraft, um zu fühlen, wie jene Gluten die Seele erfassen und verbrennen."

Doch damit nicht genug. Ignatius, dieser Genauigkeitsfanatiker, schreibt nicht nur vor, *was* der Exerzitiant zu empfinden hat, sondern auch *wie* er es empfinden soll. Etwa so: „Der fünfte Punkt ist ein staunender Ausruf, verbunden mit einer gewaltigen Seelenerschütterung!"

Gegner der Jesuiten haben darauf hingewiesen, daß Teile der Exerzitien des Ignatius auf Gebetsmethoden aufbauen, die vor ihm in den Niederlanden bei den „Brüdern vom gemeinsamen Leben" entwickelt worden waren und unter dem Namen „Devotio moderna", also „Neue Andacht", kursierten. Mag sein. Ignatisch aber war und bleibt die penible Methodik, die asketische Konsequenz, die Führung „an langer Leine" durch den Exerzitienmeister, dem die einzelnen Übungen Wahlmöglichkeiten boten, um sie dem Wissensstand und der geistigen Bereitschaft des jeweiligen Exerzitianten anzupassen.

Wer bereit ist, sich der Exerzitien zu unterziehen, bleibt für deren Dauer von der Außenwelt abgeschlossen. Er hat nur einen einzigen Gesprächspartner: seinen Exerzitiengeber. Damit setzte Ignatius den äußerlichen Effekten wie Wallfahrten, Reliqienverehrung und Chorgesang den Zwang zur Gewissenserforschung durch den einzelnen entgegen. Das entsprach dem Lebensgefühl der neuen, nachmittelalterlichen Epoche. Die „kulinarische" Erbauung im Sinne Brechts, die bisher bei den gläubigen Massen verschwommene Gefühle in der Gemeinsamkeit gleicher Empfindungen auslöste, wurde durch Selbstprüfung abgelöst.

Die Jesuiten haben sehr früh, im Zuge der Gegenreformation, Exerzitienhäuser eingerichtet, so in München bereits Mitte des 18. Jahrhunderts. Sie fanden rasch regen Zuspruch. Das mag auch einen sehr weltlichen Grund gehabt haben. Die Bußpraktiken in den jesuitischen Exerzitien waren von Anfang an wesentlich milder und knapper.

Fasten und Kasteien wurden sozusagen nur noch als flankierende Maßnahmen eingesetzt.

Heute unterhält der Orden drei solcher Häuser im deutschsprachigen Raum, in die sich jeder Katholik — nicht nur Angehörige des Ordens — zurückziehen kann, der freiwillig die Exerzitien absolvieren will.

In Deutschland ist es das Haus „Maria Frieden" in West-Berlin, in Österreich das Bildungshaus in Wien und in der Schweiz das Haus „Bad Schönbrunn" in Edlibach.

Unter Bezeichnungen wie „Tage im Kloster", „Kloster auf Zeit", „Tage der Stille" nehmen sie zahlende Gäste auf, gleich welchen Alters, gleich welcher Religion (!), die in der Abgeschlossenheit einer Klosterzelle meditieren, schweigen, beten aber auch diskutieren können. Diesen „Urlaub in der Abtei" gibt es sowohl in Mönchs- wie in Nonnenklöstern, und immer sind alle Plätze ausgebucht.

Die von Ignatius eingeführten, dann auch von anderen Orden übernommenen Exerzitien brauchen Katholiken nur aus freiem Willen zu absolvieren. Anders bei Jesuiten. Für sie sind sie Pflicht. Wenigstens zweimal in seinem Leben hat ein Angehöriger der Gesellschaft Jesu die großen, d.h. die dreißigtägigen Exerzitien abzuleisten. Einmal als Novize und einmal nach Abschluß seiner Studienzeit, als junger Priester. Unabhängig davon muß ein Jesuit jedes Jahr einmal die Exercitia acht Tage lang in verkürzter Weise durchführen.

Diese Auflage stammt von fünften General des Ordens Claudio Aquaviva. Er ordnete sie an, um der Abtrift des Ordens in politisches Fahrwasser Einhalt zu gebieten und ihm dadurch eine weitere Stabilisierung als geistlicher Gesellschaft zu geben.

Seit vierhundert Jahren werden die Exerzitien des Ignatius von Gläubigen absolviert. Keine anderen geistlichen Übungen können so großen Zuspruch aufweisen. Welche Bedeutung die katholische Kirche dieser Anleitung zur Gewissenserforschung und zur Versenkung ins Gebet auch heute noch beimißt, beleuchtet eine Erklärung Paul VI.

vom 24. Oktober 1968: „Die Exerzitien des Heiligen Ignatius werden immer eines der wirksamsten Mittel für die geistige Wiedergeburt der Welt und ihre volle Hinordnung auf Gott sein, aber nur unter der Bedingung, daß sie wirklich ignatisch sind."

1. PS — die letzten fünf Worte haben es in sich! Diese Abschwächung zeigt den Vorbehalt, den dieser Papst den Jesuiten gegenüber hatte und aus dem er nie einen Hehl gemacht hat.

2. PS — Heutige Jesuiten jedoch, aus Gesinnung und Gelübde dem Papst treu ergeben, bieten eine andere Deutung an: „Der Papst wollte wohl eher ein kritisches Wort gegenüber Formen der Exerzitien sagen, wie sie außerhalb des Ordens praktiziert wurden." Sie waren und sind eben die treueste Garde des Heiligen Vaters.

IV.

BLICK HINTER DIE KULISSEN
oder
VERBÜNDETE UND FINANZEN DES ORDENS

"Schütze deine Frau vor den Mönchen und dein Geld vor den Jesuiten."
(Spanisches Sprichwort)

"Da man nicht machen konnte, daß das was gerecht ist, mächtig sei, hat man gemacht, daß das, was mächtig ist, gerecht sei."
(Blaise Pascal — 1623-1662)

Wie groß ist die Fünfte Kolonne des Papstes?
oder
Die Affiliierten der Gesellschaft Jesu

Affiliieren — ein ungebräuchliches Wort. Der Duden verrät: es heißt „Beigestellte". Mit diesem Ausdruck bezeichnete man jene „unsichtbaren" Jesuiten, die angeblich vom Orden ausgebildet und zur Wahrung seiner weltlichen Belange als „Jesuiten im kurzen Rock" ohne irgendwelche geistlichen Gelübde in allen Berufen und bürgerlichen Schichten eingesetzt werden, um für den Orden zu spionieren, ihn mit nützlichen Informationen zu versorgen oder die Moral des Gegners zu untergraben.

Die Gerüchte um diese Fünfte Kolonne des Heiligen Stuhls sind unausrottbar und unbewiesen. Noch 1874 sagte Bismarck im Reichstag, Jesuiten hätten 1870 den Deutsch-Französischen-Krieg entfesselt und setzte hinzu: „Über das alles bin ich völlig in der Lage, Zeugnis ablegen zu können." Er blieb das Zeugnis schuldig. Sowohl auf dem Rednerpult als auch in seinen „Gedanken und Erinnerungen".

Ebensowenig konnte (und wollte sicherlich) das Oberkommando der Wehrmacht (OKW) die in einem Rundschreiben „Nur für Offiziere" am 14. August 1941 aufgestellte Behauptung belegen, daß seit 1916 eine Gruppe von Jesuiten als Viehhändler, Ingenieure usw. verkleidet besonders in der Ukraine tätig gewesen sei und daß der Vatikan im Ersten Weltkrieg versucht hätte, „soviele Priester wie möglich in die besetzten Gebiete Rußlands zu schicken, um den Boden für weitgehende Pläne der vatikanischen Politik gegenüber Rußland vorzubereiten".

Auch heute noch kann man in Caféterias, im Schatten des römischen Amtssitzes vom Jesuitengeneral, im Borgo Santo Spitito 5, davon flüstern hören, daß zur gleichen Zeit, da Jesuiten mit Atheisten auf Symposien diskutierten, andere Patres mit gefälschten Pässen per Fallschirm über Territorien abgesprungen seien, um diese Gebiete dem katholischen Glauben zurückzugewinnen.

Wieso müssen sich Jesuiten auch heute noch solche Verdächtigungen gefallen lassen? Die Geschichte des Jesuiten-Ordens ist schuld.

Wer im dem Ruf steht, mit angeklebten Bärten, in abenteuerlichen Verkleidungen, mit falschen Pässen, als Bombenleger, Untergrund-Kämpfer und Drahtzieher hinter den Kulissen quer durch die Jahrhunderte Politik mitgestaltet zu haben, dem bleibt nicht erspart, daß ihm auch heute noch solche und schlimmere Praktiken angedichtet werden. Was an solchen Behauptungen wahr, was Verleumdung ist, wäre höchstens aus den internen Ordensberichten der vergangenen Jahrhunderte zu ersehen. Die aber liegen wohlverwahrt in den Archiven der Gesellschaft Jesu.

Vielleicht werden eines Tages diese doch geöffnet, und wir können nachprüfen, ob es die „Beigestellten" wirklich gab oder ob sie ihr Leben nicht doch vorzugsweise als literarische Erfindung zwischen Bücherdeckeln fristeten.

Lassen wir die „Affiliierten", die geheimen Jesuiten, in der Sprach-Mottenkiste, und halten wir uns an die

Sympathisanten des Ordens. Die hat er nun wirklich und immer gehabt. Die engagiertesten unter ihnen waren Frauen. In keinem Jahrhundert hat es den Jesuiten an weiblichem Zuspruch gefehlt. Auch heute noch geht von diesen bestechenden Formulierern im grauen Flanell mit dem römischen Kragen, die über weltliche Dinge so fromm und über religiöse Themen so weltlich sprechen können, eine Faszination aus, die ihre Wirkung gerade auf intellektuelle Frauen nicht verfehlt.

So erinnere ich mich jenes Jesuiten-Paters, der sich in den fünfziger Jahren bemühte, bei uns jungen Mitarbeitern des Senders NWDR-Berlin das Gespür für das richtige Verhältnis zwischen dem Spaß an irdischen Vergnügungen und dem Respekt vor beständigen Werten zu wecken. Er tat dies so salopp, daß uns bald eine journalistische Kumpanei mit ihm verband. Dann war er plötzlich nicht mehr da. Um die Wahrheit zu sagen: wir vermißten ihn erst nach einigen Wochen, dann aber doch so, daß wir herumtelefonierten, bis wir erfuhren: er lag nach einer Operation in einem Krankenhaus. Natürlich besuchten wir ihn, und beim Abschied sagte eine unserer kessesten Reporterinnen einen Satz, der mir die Meinung der Frauen über die Patres in allen Jahrhunderten einzufangen scheint: „Schade, Pater, daß Sie biologisch ausfallen!"

Sie fallen nicht nur biologisch aus. Eine der Ordensregeln verbietet ihnen auch die seelsorgerische Betreuung von Frauen, „weil die zuviel Zeit verlangt". Nicht einmal bei Nonnen durften Jesuiten ständige Beichtväter sein, allerdings steht „der gelegentlichen Anhörung von Bekenntnissen bei speziellen Fragen nichts entgegen". Doch auch die Kirchengeschichte läßt keinen Treppenwitz aus. Ausgerechnet die Jesuiten, die keine Seelsorge bei Frauen übernehmen wollten, wurden mit der Reform der Nonnenklöster beauftragt!

Ignatius wußte wovon er sprach, als er seine Ordensbrüder anwies: „Wir müssen uns immer unter Kontrolle haben und dürfen uns nicht auf die Bekehrung von Frauen einlassen..." Schließlich war er in seinen ekstatischen Jugendjahren durch fanatische Frauen wiederholt mit der Inquisition in Konflikt gekommen. Aber Ignatius hatte seit damals auch dazugelernt, deshalb schränkte er seinen antifeministischen Satz durch die Worte ein: „...es sei denn, sie sind von vornehmem Geblüt."

Natürlich war „vornehmes Geblüt" kein Schutz gegen Anfechtungen, eher im Gegenteil, aber Ignatius wußte: es gab (und gibt) keinen sicheren Weg, um Einfluß auf Herrscher zu gewinnen als über Frauen. Ganz gleich, ob sie zur rechten oder zur linken angetraut waren (oder sind).

Eine der ersten Frauen „vornehmen Geblüts", die einen Jesuiten zum Beichtvater hatte, war Johanna, Erbtochter Ferdinands des Katholischen, deren Hof in Kastilien „mehr einem Kloster glich" und die dafür sorgte, daß alle wichtigen Positionen an den Universitäten des Landes mit Jesuiten besetzt wurden. Als Dank für ihre Verdienste um den Orden ernannte Ignatius sie zum geheimen Mitglied der Gesellschaft Jesu. Ähnliches hatte er bereits mit Damen getan, die ihn in Barcelona unterstützt hatten.

Es blieb nicht bei derartigen Ausnahmefällen. In den Anfangsjahren war die Anziehungskraft der Jesuiten so groß, daß – ohne Unterstützung der Gesellschaft Jesu – Nonnenorden nach der Jesuitenregel gegründet wurden. Noch im Staatszeitungs- und Conversationslexikon von 1759 steht zu lesen: „Jesuitinnen sind Nonnen, welche in dem 16. Seculo von einer Weibsperson, Elisabetha Rosella genannt, ihren Ursprung genommen, und in allen Stücken den Jesuiten nachzuahmen suchten. Weil aber allerhand Unordnung unter ihnen eingerissen, so hat Papst Urban VIII. selbige aufgehoben, jedoch werden dieselben noch hin und wieder zu Cölln und in den Niederlanden gefunden."

Diese Jesuitinnen – auch Jesuitessen genannt – halten einige Historiker für die Vorläufer der „Englischen Fräulein", die ihren Namen nicht von den Engeln des Himmels, sondern von ihrer Gründerin, der englischen Ordensfrau Maria Ward aus Yorkshire haben, die 1609 in Anlehnung an die Regel des Jesuiten-Ordens im französischen Saint Omers die Frauenkongregation „Englische Fräulein" gründete. Bereits 1620 unterhielten die „Englischen Fräulein" Kollegien in London, Rom, Neapel, Perugia, Köln, Wien, München, Augsburg und Prag. Ihr guter Ruf stand denen der Jesuiten-Kollegs in nichts nach.

Mary Ward muß eine ziemlich couragierte und für ihr Jahrhundert erstaunlich emanzipierte Person gewesen sein, die resolut ihre Meinung vertrat. Das wurde ihrem Orden zum Verhängnis: 1631 wurde er durch eine päpstliche Bulle aufgelöst, sie selbst kam in München in Klosterhaft. Ihr Vergehen: sie hatte für die Abschaffung der Klausur plädiert. Das reichte, um in päpstliche Ungnade zu fallen.

Die Jesuiten haben zu keiner Zeit irgendwelche organisatorischen Kontakte zu den „Englischen Fräulein" unterhalten. Außer um Frauen „vornehmen Geblüts" kümmerten sie sich nur noch um die gestrauchelten. Sie haben schon immer die Gegensätze geliebt, die Patres der Gesellschaft Jesu.

Gold ist verschwiegen
oder
Die Finanzen des Ordens

Kein Außenstehender wird je erfahren, wie reich die Jesuiten wirklich sind. In dieser Verschwiegenheit über ihre Finanzen sind sie sich – bei aller gelegentlichen Spannung – immer mit dem Vatikan einig gewesen. Allerdings hat in den letzten Jahrzehnten der Orden in seiner Finanzpolitik gegenüber jener des Vatikans eines voraus: peinliche Untersuchungen, wie sie die Geschäftsbank des Vatikans, das „Institut für religiöse Werte" (IOR), in den achtziger Jahren unseres Jahrhunderts über sich wegen dubioser Geldgeschäfte ergehen lassen mußte, blieben ihm erspart.

Dafür wuchern wilde Gerüchte. Die einen erklären den

Universalgenie zwischen Himmel und Erde: Athanasius Kircher. Der deutsche Jesuiten-Pater wurde mit 16 Jahren Jesuit, mit 27 Professor. Seine Forschungen und Entdeckungen erstreckten sich auf alle Gebiete, vom Ätna bis zur Zahlensymbolik.

Erleuchtung durch gebündeltes Licht: Athanasius Kircher erfand u.a. die Laterna Magica mit Sammellinse. So wurde er zum Vater des Kinos.

Einig mit Galilei: Der bayerische Jesuiten-Pater Christoph Clavius, führender Astronom und Mathematiker seiner Zeit, bestätigte Galileis Sonnenberechnungen. Ein Mondkrater ist nach ihm benannt.

Der Pestalozzi der Jesuiten: Petrus Canisius (Pieter de Houndt). Sowohl Pädawie Demagoge und zugleich Luthers Gegenspieler. Schulen und Universitäten waren seine Kanzel.

Orden für arm und besitzlos, wie er eigentlich seiner Bezeichnung nach als „Bettelorden" sein müßte, seine Gegner wiederum dichten ihm Beteiligungen an fast allen weltlichen Multis an. Die „Prawda" und den „Playboy" vielleicht ausgenommen.

Selbst Pedro Arrupe, Ordensgeneral bis 1981, dem der Ruf vorausging, daß er offener über alles in der Gesellschaft Jesu sprach als seine Vorgänger, drückt sich unpräzis aus, wenn es um die Finanzen des Ordens geht: „Man sagt auch gelegentlich, daß die Jesuiten sehr reich seien. Natürlich haben wir viele Schulen und Häuser für unsere apostolischen Arbeiten. Aber von den Schulgebäuden wird man nicht reich, und ich betone immer wieder, daß unsere Schulen allen offenstehen sollen und nicht nur einer bestimmten Gruppe."

Wenn in dem „daß"-Satz das „sollen" fehlen würde, gefiele er mir besser. Denn die Kollegien waren schon immer kräftig sprudelnde, allerdings zweckgebundene Einnahmequellen. So schrieb 1664 der polnische König Johann Sobieski – der den Jesuiten wohlgesonnen war! – an General Oliva: „Ich fühle mich verpflichtet, Euer Ehrwürden zu ersuchen, die Jesuiten von Polen vor der Ansteckung durch die Habsucht und die Herrschsucht zu bewahren, die andernwärts im Orden nur zu offenkundig sind. Die Rektoren suchen ihre Kollegien mit allen Mitteln zu bereichern. Das ist ihre einzige Sorge."

Wie reich die Jesuiten waren, als ganz Europa um ihre Gunst buhlte, ist unbekannt, daß sie mit Geld umzugehen wußten, daran gab es keinen Zweifel. Wechselgeschäfte zwischen den einzelnen Provinzen, Zahlungen und Kredite der Ordenskasse für ausländische Regierungen waren üblich. August der Starke, Sachsens König, profitierte ebenso davon wie spanische Kaufleute in China und protugiesische in Japan.

Während der Regierungszeit des deutschen Generals Goswin Nickel hatte die Zinsschraube des Ordens über dreißig Prozent erreicht, und er forderte in einem Zirkularschreiben die Ordensprovinzen auf, wieder auf den Pfad apostolischer Armut zurückzukehren. Es half nichts. Das spanische Sprichwort „Don Dinero es muy Catolico" (Geld ist erzkatholisch) verdankt seine Existenz nicht zuletzt den monitären Methoden der Jesuiten.

Wenn es schon keine Belege für den Reichtum des Ordens gibt, so läßt er sich doch indirekt beweisen: durch sein Verbot in allen katholischen Ländern. Mit solchen Maßnahmen sind Regierungen immer dann rasch zur Hand, wenn sich dabei ein finanzieller Schnitt für die Staatsfinanzen und für das Portefeuille der Herrscher machen läßt. Mit anderen Worten: reiche Orden werden eher verboten als arme, wie sich bereits vierhundert Jahre vor dem Jesuiten-Verbot am Beispiel der Templer-Orden-Auflösung zeigte.

Erst aus den letzten Jahren vor dem Verbot der Gesellschaft Jesu, so um 1772, gibt es genauere Unterlagen über seinen Besitz. So soll allein das österreichische Vermögen der Jesuiten mehr als fünfzehn Millionen Gulden betragen haben. Solche vielnulligen Zahlen kommen für uns erst im Vergleich mit anderen zeitgenössischen Geldwertangaben in eine vorstellbare Größenordnung. Hier ist ein solcher Vergleich: 1791 kostete die Beerdigung Wolfgang Amadeus Mozarts sechzig Gulden. Sein Nachlaß betrug fünfhundertzweiundneunzig Gulden und zwei Kreuzer. Im Vergleich zu diesen Beträgen bekommen fünfzehn Millionen Gulden ihren respektablen Stellenwert, und auch die drei Millionen Gulden Aktiva des deutschen Renommier-Collegs Ingolstadt zeigen: arm war der Orden nicht.

Vieles hat sich seitdem bei der Gesellschaft Jesu geändert. Die Fähigkeit, Vermögen gewinnbringend anzulegen, aus Geld Geld zu machen, blieb ihr jedoch anscheinend über die Jahrhunderte erhalten. So behauptet Rolf Hochhuth in seinem Stück „Der Stellvertreter" im 4. Akt in einem Dialog zwischen dem Papst und seinen Beratern, die Gesellschaft Jesu habe in den dreißiger und vierziger Jahren unseres Jahrhunderts das Welt-Monopol für Quecksilber besessen, was im Zweiten Weltkrieg zu der kaum vorstellbaren Situation führte, daß die US-Army ihren Quecksilberbedarf bei den Jesuiten in Texas kaufen mußte, während die Deutschen und Italiener ihr Quecksilber aus den Minen in der Toskana bezogen, die ebenfalls dem Orden gehörten und Stalin aus den spanischen Minen bei Almadén mit Quecksilber beliefert wurde, deren Aktienmehrheit der Orden ebenfalls gehabt haben soll. Patres, die diesen Manuskript-Teil lasen, meinten, Hochhuth sei einer obskuren Quelle aufgesessen. Übrigens: nicht nur die Gesellschaft Jesu verwehrt der Kurie Einblick in ihre Bücher, das praktizieren andere Orden auch.

Das „Soll und Haben" bleibt im Safe, umso unbefangener sprechen Jesuiten über das ökonomische Prinzip in ihrem Orden. Der Jesuiten-Orden hat keine Zentralkasse, sondern jedes Haus schreibt seine eigene Buchführung. Ein festgelegter Betrag der Hauseinnahmen geht an die Leitung der Provinz, die ihrerseits Gelder an die Ordensführung nach Rom überweist, deren Höhe ihr freigestellt bleibt.

Alle Einnahmen eines Jesuiten fließen in die Hauskasse, die ein Pater Ökonom nach dem Prinzip verwaltet: kein Ordensbruder erhält mehr als der andere. Der Pater SJ, der einen Bestseller geschrieben hat, erhält ebenfalls nur das Lebensnotwendige, genau wie sein Ordensbruder, der täglich zwanzig Kilometer zu seiner Lehrstelle in einer Zwergschule radelt. Beide aber wissen: der Orden wird bei Krankheit und im Alter für sie sorgen, ob sie Einnahmen haben oder nicht.

Glaubt man den vagen Angaben, die an verschiedenen Stellen über die gegenwärtige finanzielle Situation der Gesellschaft Jesu mehr oder weniger versteckt gemacht werden, dann steht es nicht allzu rosig — materiell betrachtet — um jenen Orden, der einmal Europa beherrschte und die Neue Welt dem katholischen Glauben — und den europäischen Kaufleuten! — erschloß und in dessen vierhundertjähriger Geschichte es mehr Stürme als Ruhepausen gegeben hat. Oft genug waren die Jesuiten selbst daran schuld. Meist durch Arroganz, wegen Dummheit fast nie.

V.

DIE KUNST, SICH BELIEBT ZU MACHEN
oder
PREDIGT UND BEICHTE DER JESUITEN

"Der Eingang mag sein, wie er will, der Ausgang muß immer unser sein."
(Ignatius von Loyola)

"Beichte nur bei Jesuiten, denn sie schieben Dir Kissen unter Knie und Ellenbogen."
(Volksmund)

Wie es euch gefällt
oder
Die jesuitische Standespredigt

Tatenlos zu warten, bis Menschen von sich aus den Weg zur Kirche finden, widerspricht dem offensiven Charakter der Societas Jesu. Ignatius bereits hatte die Parole ausgegeben: Geht den verlorenen Schafen nach, kämpft um ihre Seelen an allen Orten mit allen Methoden. Also mit anderen Worten: Der Zweck heiligt die Mittel?

Da steht der Satz, der jahrhundertelang als unmoralisches Jesuiten-Motto galt, und dessen Urheberschaft Ignatius in die Schuhe geschoben wurde. Er stammt nicht von ihm.

Unverständlich, wieviel Geist, Zeit, Papier und Tinte die klügsten Jesuitenköpfe aufgewendet haben, um ihre Gesellschaft Jesu von dem Vorwurf zu befreien, in ihrem Reihen sei der Satz vom Zweck, der die Mittel heiligt, zum ersten Mal formuliert worden. Heute sind Herkunft und moralischer Anspruch dieser fünf Worte längst kein Thema mehr. Lediglich der philologischen Genauigkeit zuliebe sei festgestellt: Die geistige Vorlage für diesen Satz stammt von Niccolò Machiavelli, der in seiner Schrift „Il Principe" („Der Fürst") im 18. Kapitel formulierte: „Es muß des Fürsten einziger Zweck sein, sein Leben und seine Herrschaft zu erhalten. Man wir alle Mittel, deren er sich hierzu bedient, rechtfertigen und jeder wird ihn loben; denn der Pöbel hält sich nur an den äußeren Schein und beurteilt die Dinge nur nach ihrem Erfolg".

Aber es war nicht Machiavellis Text, der die Jesuiten so störte, sondern es ärgerte sie, daß dieser Satz im Top-Bestseller seiner Zeit einem Jesuiten-Pater in den Mund gelegt wurde. Am Anfang des siebenten „Lettres à un Provincial des ses amis" („Briefe an einen Provinzial von seinen Freunden") heißt es: „Wir reinigen wenigstens die Absicht, wenn wir die Handlung selbst nicht verhindern können, und so bessern wir durch einen guten Zweck die Schlechtigkeit der Mittel." Für Zweifler, hier die Stelle im französischen Original: „Nous corrigeons le vice du moyen par la pureté de la fin."

Vielleicht, ach was, sicherlich, hat im Bekehrungseifer hier und da in der Geschichte der Gesellschaft Jesu der Zweck die Mittel geheiligt — wer wagt den ersten Stein zu werfen? Heute kann man dem alten Vorwurf durch einen Worttausch einen neuen Sinn geben. Heute heiligt der Zweck die Plätze, an denen gepredigt wird. Jesuiten waren unter den ersten, die erkannten: Predigen kann man überall, nicht nur von einer Kanzel. Das Wort Gottes muß zu den Menschen gebracht werden und nicht umgekehrt.

Bereits die ersten Jesuiten-Generation predigte nach der Devise: es kommt nicht darauf an, mit kunstvoll gedrechselten Sätzen dogmatische Probleme zu zerpflücken, sondern „daß man beim Volk mehr durch die Glut des Geistes und der Augen wirke als durch gewählte Worte". Dieser Satz des Ignatius gehört zu allen Zeiten in das Stammbuch jedes Demagogen. Besonders wichtig war er zu seinen Lebzeiten, denn die Reformation hatte ihre großen Erfolge nicht zuletzt durch ihre volksnahen Redner, die „den Leuten aufs Maul schauten", wie Luther es ausdrückte. In der katholischen Kirche fand Ignatius kaum Beispiele für diese Art der Volkspredigt.

Mit der Volks- und Straßenpredigt begründeten die Jesuiten ihren Ruf, mit einer anderen Predigtform ihren Einfluß: sie entwickelten die Standespredigt. Schon sehr früh in der Ordensgeschichte hatte Franz Xavier, einer der sechs Pariser Freunde, die Weisung ausgegeben: „Bemühen Sie sich vom ersten Tag an stets, zu erfahren, welche Art von Geschäften an jedem Ort getrieben werden." Und warum sollten das die frommen Patres tun? Damit sie in ihren Predigten auf die speziellen Probleme des jeweiligen Standes oder Landes eingehen konnten. Durch die Standespredigt wurde jede Gruppe auf ihre ureigensten Sorgen angesprochen, unverbindliche Gemeinplätze vermieden.

Anpassung an die Gegebenheiten — eine der Jesuiten-Parolen quer durch die Jahrhunderte bis in unsere Tage. Etwas von dieser geistigen Mimikry war in den Predigten zu spüren, die in den fünfziger Jahren die Patres Riccardo Lombardini und Rotondi in Italien überall, nur nicht in Kirchen hielten und deren deutsches Pedant Pater Leppich war. Fünfunddreißigtausend hörten ihn in Köln, vierzigtausend in Fulda, er sprach von Baukränen und in Oktoberfestzelten. Wie unterschiedlich auch die Themen und der Zuhörerkreis seiner Predigten waren — nie nahm der „schwarze Goebbels", der „Draufgänger Gottes" ein Blatt vor den Mund.

In den Archiven deutscher Funkhäuser liegen hunderte von Tonbändern mit seinen Reden, die scheinbar kunstlos aufgebaut waren, in Wahrheit jedoch so gut konstruiert sind, daß sie heute noch wirken.

Heute ist Pater Leppich — hochbetagt und von Herzattacken getroffen — nicht mehr aktiv, die Zeit der Massenveranstaltungen ist für ihn vorbei. Von Darmstadt aus leitet er nominell die „Aktion 365 internationalis", deren Stützpunkte in zahlreichen Städten der Bundesrepublik von ihm mit Meditations- und Diskussionsvorlagen versorgt wurden. Auch die Hinweisschilder an Ortseingängen mit den katholischen Gottesdiensten entstanden nach einer Anregung von ihm.

Also sprach Pater Leppich
(Auszüge aus seinen Predigten bei Massenveranstaltungen Mitte der fünfziger Jahre in deutschen Großstädten.)

Es gab mal eine Zeit, da schickte das deutsche Volk Missionäre in die Welt – und heute sind es dafür Schönheitsköniginnen... Kommen Sie doch nich mit der Entschuldigung, der Körper brauche aus „Gesundheitsgründen" den sexuellen Ausgleich. Ich kenne keinen Menschen, der an Enthaltsamkeit erkrankt wäre – aber ich habe in Krankenhäusern und Asylen Tausende gesehen, die an ihrer freien Liebe unheilbar erkrankt sind und lebendig dahinsiechen.

Gestern bekam ich einen Brief von einem Kommunisten, der schrieb: Pater, Du kannst mit Deinen Reden einpacken, wenn Du es nicht fertigbringst, einem armen Teufel einen Sack Kartoffeln in den Keller zu stellen. Sie können nach der Predigt Geld und Pakete abgeben. Wenn Sie nichts abgeben, breche ich morgen abend meinen Vortrag ab... Ein Mädel, das in der Diaspora arbeitet, braucht ein Fahrrad. Schenken Sie ihm ein Fahrrad, es wird für den lieben Gott noch lange strampeln. Oma, Du kannst das Fahrrad auf dem Boden ja doch nicht gebrauchen.

Es werden gleich junge Männer herumgehen und sammeln. Wenn Du fünf Pfennig reinwirfst, dann schäm Dich, dann brauch ich Dich nicht, wenn Du reich bist. Wenn Du arm bist, dann komm zu mir, dann geb ich Dir was...

Straßenprediger wie Lombardini und Leppich sind keine Asphalt-Blüten. Sie stehen auf dem festen Boden einer Jesuitentradition. So heißt es bereits in einer Predigt des Pater Jeremias Drexel: „Der Mißbrauch der großen Bankette ist, daß man den Überfluß an den Armen und dem Hausgesind erspart. Es ist ja bekannt, daß man nach vollendetem Bankett immer sagt: Wir haben große Kosten getan, man muß den Säckel zuziehen, die Tafel besonders für das Gesind etwas ringern, damit die geschehenen Unkosten wieder einkommen. Den Gästen stopft man die Speisen bald mit einem Stempel ein, und das Hausgesind kann den Hunger kaum stillen." Vor 250 Jahren wurde diese Predigt gehalten!

Vor allem aber auf dem schwierigsten seelsorgerischen Terrain — im militärischen Bereich — haben Jesuiten als Soldatenpriester schon immer ihren Mann gestanden. Jesuiten waren als Kaplane an Bord der spanischen und italienischen Schiffe, die 1571 die Türken bei Lepanto schlugen. Als Ungarn eine türkische Provinz war — Ende des 16. Jahrhunderts — predigte der Jesuitenpater Georg Scherer, daß Seuchen und Krankheit schlimmere Kriegsübel sind als Verwundungen: „Es kann nicht christlich noch evangelisch sein, die armen kranken Kriegsknechte auf freiem Feld und Gassen oder sonst hinter einer Stauden oder auf einem Misthaufen wie einen zerbissenen Hund ohne alle Wartung liegen, sterben und verderben lassen."

Claudio Aquaviva*, der 5. Ordensgeneral, diktierte 1591 Instruktionen für Feldkaplane, in denen er diese u.a. anwies: „Sie selbst werden nicht bei fürstlichen Personen im Heer die Messe lesen, weil dies gewöhnlich großen Zeitverlust und andere Nachteile im Gefolge hat."

Im Dreißigjährigen Krieg gehörten Feldkaplane zum festen Inventar jedes Heeres. Die Feldherren, die ja ihre Truppe aus eigener Tasche bezahlen mußten, waren in ihren Anforderungen nicht schüchtern. Bis zu sechzig Patres verlangten sie für einen Feldzug, weil sie „bei unseren Völkern (Landsknechten)... zu Menniglichs Satisfaktion ihr Amt verrichtet, daß sie bei bemelt (erwähnten) Völkern noch ferner verlangt werden..."

Auch als die Kriege zu Materialschlachten wurden, blieb es dabei. Jesuiten stellten die besten Feldgeistlichen. Bereits im August 1915 schlägt ein protestantischer Divisionskommandeur seinen katholischen Militärpfarrer für das Eiserne Kreuz Erster Klasse vor. Bis Anfang Dezember zieht

---

* Claudio Aquaviva wurde bereits mit 37 Jahren Ordensgeneral. Wurde ihm vorgehalten, er sei zu jung für dieses Amt, so antwortete er, er verspreche, diesem Fehler selbst im Schlaf entgegenwirken zu wollen. Während seiner vierunddreißigjährigen Amtszeit wurden wesentliche Ordensgesetze formuliert. Viele Historiker sehen in ihm den eigentlichen Gesetzgeber des Ordens, und Leopold V. Ranke meint, mit dem Tod Aquavivas sei auch die große Zeit des Ordens zu Ende gegangen.

sich die Bewilligung dieses Vorschlags hin, weil man „höheren Orts" in Berlin gern vermieden hätte, daß ausgerechnet einem Katholik als ersten das EK 1 verliehen wurde. Doch schließlich erhielt es doch der Württemberger Rupert Mayer, Pater jenes Jesuiten-Ordens, den Majestät noch wenige Jahre zuvor als „vaterlandslos" und „reichsfeindlich" bezeichnet hatte.

Pater Rupert Mayer muß Zeit seines Lebens den rechten Ton dafür getroffen haben, um Soldaten zu packen: Herbst 1936, also in einer nicht kirchenfreundlichen Zeit, hielt er vor eintausendachthundert deutschen Luftwaffen-Soldaten eine Kasernenpredigt. Am nächsten Tag meldeten sich eintausendzweihundert zur Beichte. Freiwillig. Damit hatte dieser Münchner Volksprediger erreicht, was seit Ignatius erklärtes Ziel jeder Jesuiten-Predigt ist: die Gläubigen zum Bekenntnis, zur Beichte zu führen. Um dies zu erreichen, haben die Jesuiten nicht nur die Predigt, sondern auch die Beichte geändert.

Wasch mich – aber mach mich nicht naß
oder
Die Beichtpraxis der Jesuiten

Im Jahre 1215 brachte das vierte Laterankonzil zum ersten Mal Ordnung in die bestehende katholische Beichtpraxis. Es bestimmte, daß jeder Katholik wenigstens einmal im Jahr zur Einzelbeichte gehen muß. Als Hilfe für die Beichtenden stellten als erste die Dominikaner ein systematisch geordnetes Handbuch mit vielen Beispielen geistiger und vor allem fleischlicher Sünden zusammen.

Damit war zwar grob geklärt, was gebeichtet werden mußte, offen blieb jedoch, wie der einzelne Beichtvater auf das Bekenntnis der Sünden reagierte, welche Strafen er verhängte. Wie immer sie auch ausfielen, sie wurden mit der Androhung höllischer Qualen verbunden, falls das Beichtkind nicht in Zukunft ein gottgefälligeres Leben führen würde. Die Angst vor dem Fegefeuer war so groß, daß die Gläubigen nach einem Ausweg aus dieser Drohung suchten. Sie fanden ihn. Sie gingen so wenig wie möglich zur Beichte. Die meisten nur zu Ostern.

Erst den Jesuiten gelang es, bei den Gläubigen wieder die Bereitschaft zur Beichte zu wecken, indem sie die Beichtpraxis von den Wurzeln her veränderten. Sie setzten ihre Reformen von drei Seiten aus an.

Erste Änderung: Hauptthema der Beichte war nicht mehr das Bekennen einzelner Sünden, sondern die Offenlegung des gesamten Seelenzustandes. Der Beichtvater wurde vom Richter zum Ratgeber. Ignatius, mit seinem psychologischen Einfühlungsvermögen, hatte eine Parole ausgegeben, die in ihrer Einfachheit revolutionierend wirkte und die auch heute noch ihre Wirkung tut: Kein Jesuit darf einen Beichtenden ganz ohne Trost aus dem Beichtstuhl entlassen.

Zweite Änderung: Wer beichten wollte, konnte sich seinen Beichtvater selbst aussuchen. Eine Wahlfreiheit, die bewußt zum Vorteil des Beichtenden eingeführt wurde. Daran ließen die Jesuiten in ihren Schriften keine Zweifel aufkommen: „Niemand ist zu verdammen, der zu mehreren geht, bis er einen findet, der ihm günstig ist, wenn nur dieser klug, fromm und nicht ganz vereinzelt zu sein scheint." Oder noch deutlicher: „Wenn eine Meinung vertretbar ist, ist es erlaubt, ihr zu folgen, selbst wenn die gegenteilige Meinung richtiger ist." Der Weg zum Beichtstuhl bot von nun an viele Ausweichkurven.

Dritte Änderung: Die Anweisungen des Beichtvaters sollten den Lebensverhältnissen und dem geistigen Niveau des Beichtenden angepaßt werden. Damit war in Ergänzung zur Standespredigt auch die Standesbeichte erfunden, das antike „Quod licet Jovi non licet Bovi" („Was dem Jupiter erlaubt ist, ist dem Rindvieh (noch lange) nicht erlaubt") hatte offiziell Einzug in die Beichtpraxis gehalten.

Mit diesen Änderungen gelang es, die Beichtwilligen leichter in die Beichtstühle der Jesuiten-Patres zu locken, deren Geschicklichkeit im Bagatellisieren einzelner Sünden bald in aller Munde war. Verblüffende Beispiele für diese auswegreichen Beichtpraktiken finden sich in dem siebenbändigen Beichtspiegel „Theologia Moralis Universa" des spanischen Jesuiten Antonio Escobar y Mendoza. Hier wenigstens ein Beispiel: „Kaufleuten ist die Benutzung falscher Gewichte dann nicht als Sünde anzurechnen, wenn der offizielle Preis für eine Ware so niedrig festgelegt ist, daß seine Einhaltung den Ruin des Kaufmanns bedeutete."

Kein Wunder, daß die großzügigen Jesuiten fast ein Jahrhundert lang das Monopol als königliche Beichtväter in Portugal, Spanien, Frankreich, Österreich, Polen und — allerdings nur für kurze Zeit — in England hatten. Sie bedienten ihre königlichen Beichtkinder außerordentlich wohlwollend. So wurde Ludwig XV. ein harter Fastentag auferlegt, an dem das Menü nur aus fünf statt acht Gängen bestehen durfte und nur drei Glas Wein zur Mahlzeit erlaubt waren. Die Wahl, wie groß die drei Gläser sein durften, blieb dem König überlassen. Standesbeichte!

In der von der Gesellschaft Jesu herausgegebenen Festschrift zum ersten Jahrhundert des Ordens, der 1640 erschienenen „Imago primi saeculi", feierten die Jesuiten ihre Beichterfolge: „Dank der Societas Jesu werden jetzt Sünden schneller und eifriger gebüßt als je vorher; es ist Gewohnheit geworden, monatlich oder sogar wöchentlich einmal zur Beichte zu gehen; viele Gläubige können es kaum erwarten, eine eben begangene Sünde zu beichten."

Bei aller Lobhudelei, von der diese Schrift triefte, diese Feststellung stimmte. Die Änderungen in Beichtprinzip und die Anpassung der Bußen an den freizügigen Zeitgeist hatten verblüffend großen Erfolg. Man ging nicht nur wieder zur Beichte, sondern man ging *gern* wieder in den Beichtstuhl, der — dank der Jesuiten-Praxis — in einigen Kirchen überhaupt erst wieder aus Winkeln hervorgeholt werden mußte, in denen er seit Jahrzehnten verstaubte.

Die Schreiner und Tischler erlebten einen Beichtstuhl-

Boom. Die neuen Modelle waren von zweckmäßiger Sachlichkeit. Das heute noch übliche Beichtstuhlmodell — damals ist es entstanden. 1648 gab es im Antwerpener Professhaus sechzehn Beichtstühle, und selbst die reichten an Festtagen nicht aus. Sechs weitere standen bei starkem Andrang in Reserve. Beichten war wieder Mode...

An Gegenstimmen zu dieser jesuitischen Beichtpraxis fehlte es selbstverständlich nicht. Hauptvorwurf: die Jesuiten-Beichtväter verfälschten die klare, einfache Moral der Bibel durch talmudistische Verschlagenheit. Da war nicht ganz von der Hand zu weisen, denn das Moralgebäude, das solche geschmeidigen Bußpraktiken erlaubte, stand natürlich nicht auf solidem Fels, sondern auf einem verästelten System hintersinniger Theorien.

Dadurch wurde es den Gegnern der Jesuiten leicht gemacht, nun gleich die gesamte Morallehre der Gesellschaft Jesu in Bausch und Bogen als ein Produkt aus philosophischen Taschenspielertricks abzuqualifizieren.

Zu Recht? Zu Unrecht? Es lohnt, sich die einzelnen Begriffe genauer anzusehen, die durch die Jesuiten in der Ethik und Moral der Kirchenlehre zu Bedeutung kamen.

Der berühmteste und verrufenste Jesuiten-Moralbegriff ist die Reservatio mentalis, die lateinische Bezeichnung für unser deutsches Wort „Notlüge". Etwa so wie Rhinitis normalis die medizinisch-lateinische Bezeichnung für einen ordinären Wald- und Wiesenschnupfen ist.

Wörtlich übersetzt bedeutet „Reservatio mentalis" „Vorbehalt in Gedanken", exakter: „heimlicher Vorbehalt in Gedanken". Die praktische Nutzanwendung besteht darin, daß man eine unangenehme Frage nicht mit einer ganzen Lüge, sondern nur mit der halben Wahrheit beantwortet. Den unangenehmen oder schädlichen Teil der Antwort denkt man zwar, aber man spricht ihn nicht aus.

Ein Beispiel für diesen Vorbehalt in Gedanken aus dem Gerichtsalltag: Ein Mann ist angeklagt, in ein Büro eingebrochen zu haben. Der Richter fragt ihn: „Sie sind also durch das Fenster in das Büro eingedrungen?" Angeklagter: „Nein, das bin ich nicht!" Seine Reservatio mentalis — die er nur denkt, aber nicht sagt: „...sondern ich bin durch den Lichtschacht gekommen".

In der Juristerei ist solche Haarspalterei natürlich ohne Wert, aber in der Beichtpraxis des Mittelalters, in dem die kleinsten Vergehen zu Sünden aufgebauscht werden konnten und in dem die Angst, seiner Sünden wegen verdammt zu werden, größer war, als die vor der Pest und Cholera, haben Hilfskonstruktionen wie diese willkommene Gummiauslegungen ermöglicht.

Zur Reservatio mentalis gehört ein zweites Fremdwort: Amphibolie, zu deutsch „Doppeldeutigkeit". Die ideale Ergänzung der Reservatio.

Beispiel für eine Amphibolie: Ein Jesuit möchte an einem Freitag Fleisch essen. Er weiß, eigentlich darf er es nicht. Wenn er aber erklärt, daß ein guter Katholik freitags nur etwas ißt, das im Wasser lebt, dann kann er sich einen saftigen Entenbraten servieren lassen. Der deutsche Jesuit Hermann Busenbaum — einer der Begründer der jesuitischen Moralphilosophie — soll beide Bezeichnungen 1645 erfunden haben.

Außerdem stellten Beichtväter aller Länder Sündenkataloge zusammen, die nach dem Motto „Was tue ich wenn..." zum jeweiligen Vergehen auch gleich die entsprechende Therapie, in diesem Falle also die entsprechende Buße, vermerkten. Keiner der Autoren fragte nach den Ursachen für die Sündenfälle oder nach den Motiven für die Verfehlungen, sondern die braven Patres glaubten, diesem uferlosen Thema am ehesten dadurch beizukommen, indem sie möglichst viele Beispiele anführten.

Der Erfolg: Die „Handbücher" schwollen bis zu zehn Bänden in Großfolio (21×33 cm) an, und die Fälle wurden immer abstruser und lebensfremder. Auf allen Gebieten, besonders aber auf einem, in dessen Bereich sich im Laufe der Jahrtausende die Spielarten nicht geändert haben und auf dem die Patres doch wohl ohne rechte Erfahrung waren: dem Sexuellen. Immer, wenn in einem Land der

Pornographie-Paragraph gelockert oder aufgehoben wird, werden diese „Handbücher" neu aufgelegt, weil sie bis ins Detail alle sexuellen Spielarten beschreiben. Sozusagen eine mittelalterliche „Verkehrs-Sünder-Kartei".

Nach damaliger Meinung war es jedoch keine Sünde, unanständige Bücher zu lesen, wenn durch die Lektüre die sinnliche Erregung nicht bewußt erzeugt werden sollte. Außerdem war genau festgelegt, wieviele Seiten einer unzüchtigen Schrift pro Tag gelesen werden durften. Strenge Beichtväter meinten drei, nachsichtigere sechs Seiten. Beide aber waren sich einig: nach drei Tagen muß ein unzüchtiges Buch aus dem Haus. Nur, was ein unzüchtiges Buch ist, das hat keiner von ihnen definiert.

Zum immer aktuellen Thema „ Steuern" gibt es in diesen Sündenregistern Auffassungen, die ich mit Freuden meinem Finanzbeamten in die Steuererklärung schriebe:

„Steuern zahlen", schreiben einige Jesuiten-Moralisten, „sei eine widerwärtige Sache", eine „Res odiosa". Wer will da widersprechen? Aber es geht noch weiter: Es ist keine Sünde, wenn man eine Steuer nicht entrichtet, die nach „einer wahrscheinlichen Meinung" ungerecht ist. So steht es bei dem spanischen Jesuiten Escobar. Er zieht seine vernünftige Folgerung aus seiner Meinung: Finanzbeamte, die einen Steuerzahler großzügig einstufen, sollen vom Beichtvater milde behandelt werden, „besonders, wenn sie in einer unbedeutenden Sache nachsichtiger handeln, vorzüglich gegen Arme und auch gegen solche, die sonst fleißig zahlen".

Die offenherzigen Kleider der Damen, die damals Mode waren, ließen den Beicht-Theoretikern keine Ruhe. Eine schwere Sünde war es, wenn die zarte Haut der Brüste „größtenteils oder zur Hälfte" unbedeckt blieb. „Wenn dies aber nicht so übermäßig ist, mag die Gewohnheit leicht eine schwere Sünde entschuldigen." Das Zentimetermaß als Sünden-Messer.

Neben solchen komischen Auswüchsen, stehen auch durchaus vernünftige Ratschläge in diesen Büchern. So heißt es zum Thema Ehebruch in dem Beichtbuch von Gury: „Eine Ehebrecherin ist nicht verpflichtet, ihren Fehltritt dem Gatten zu gestehen, da sie hierdurch Gefahr läuft, den Haß des Mannes zu erwecken und damit ihr Leben aufs Spiel zu setzen oder zumindest schwere Nachteile für sich heraufzubeschwören."

Die Beichte, eben wieder entdeckt, wurde zum moralischen Spießrutenlaufen wegen Verfehlungen, die man bisher weder dem Namen noch der Sache nach kannte und die nun in diesen Kompendien gesammelt waren, wie die Präzedenzfälle in unseren Kommentarbänden zum Strafgesetzbuch. In der Tat entscheiden unsere Richter nach ähnlichen Schulbeispiel-Sammlungen wie damals die Beichtväter nach den Sündenkommentaren.

Doch unsere Richter – so steht zu hoffen – sind sich ihrer Unzulänglichkeit bewußt, während die meist schlecht ausgebildeten Patres und Priester sich an die gedruckten Vorgaben hielten, als seien sie Gottes Wort und nicht nur ein Leitfaden mit Beispielen, die dem jeweiligen Fall angepaßt werden müssen.

Ein anderer Vorwurf, der den Jesuiten seit Jahrhunderten anhängt, ist die Behauptung, sie hätten die Ermordung von Tyrannen gut geheißen. Heute ist das ein Vorwurf von Vorgestern. Über die Berechtigung eines Attentats auf Diktatoren gibt es spätestens seit dem 20. Juli 1944 in Deutschland keine Diskussionen. Man kann schließlich nicht den Tag des Attentats auf Hitler zum nationalen Gedenktag erklären, die Tat selbst aber verdammen. Wohl aber ist die Frage erlaubt, ob es unbedingt die Aufgabe einer Gesellschaft Jesu ist, die sich der christlichen Nächstenliebe verschrieben hat, eine moralische Wattierung für politischen Mord zu liefern. Wodurch haben sich die Jesuiten eigentlich diesen Vorwurf eingefangen?

So fing es an: 1598 stirbt Philipp II., König von Spanien. Sein Sohn, gerade zwanzig Jahre alt und ohne politischen Ehrgeiz, muß als Philipp III. die Staatsgeschäfte übernehmen. Auf diese Aufgabe hatte ihn sein Erzieher, der spanische Jesuiten-Pater Juan de Mariana vorbereitet; unter anderem durch eine Schrift, die eine Art Leitfaden für Regierende war. Darin steht schwarz auf weiß als Warnung für einen jungen, schwachen Herrscher:

„Denn es ist ein heilsamer Gedanke, daß die Fürsten wissen, daß sie nicht nur rechtmäßig, sondern auch durch lobenswerte und ruhmwürdige Maßnahmen beseitigt werden können, wenn sie das Volk unterdrücken oder durch ihr lasterhaftes Leben unerträglich werden. Danach soll der Fürst sein Leben einrichten. Vielleicht hält ihn diese Furcht zurück, sich nicht ganz durch Genuß und Schmeichelei verderben zu lassen, sondern sich Mäßigung aufzuerlegen. Wichtig vor allem ist, daß der Fürst niemals zweifelt, daß die Größe des Staates entscheidender ist, als seine eigene Macht. Diese unsere Meinung kommt aus aufrichtigem Gemüt; aber da ich, wie jeder Mensch, mich täuschen kann, so will ich dem danken, der mir das Gegenteil beweist."

Das ist der Text, auf den die Gegner der Gesellschaft Jesu ihre Behauptung von der Meuchelmörder-Moral der Jesuiten begründen. Dabei läßt Mariana keinen Zweifel, daß der Einzelne nur unter ganz besonderen Umständen das Recht hat, den „Tyrannen zu töten wie einen anderen Mörder oder Straßenräuber".

Entschuldigung, die letzten neun Worte stammen nicht vom Jesuiten Mariana, sondern vom Protestanten Luther, der den Tyrannenmord ebenfalls für berechtigt hielt. Nicht nur die Jesuiten und der deutsche Reformator zogen am gleichen Strang, an dem man Tyrannen aufknüpfen durfte. Selbst die Kurie vertrat diese Auffassung. Im Dezember 1580 kam folgende Antwort auf eine Anfrage aus England, ob ein Mordanschlag auf die reformatorische Queen Elisabeth erlaubt sei: „Da diese schuldbeladene Frau über zwei so edle Reiche der Christenheit herrscht und so manchen Schaden, der dem katholischen Glauben zugefügt wird, und den Verlust so vieler Millionen Seelen verursacht, besteht kein Zweifel, daß, wer sie aus dieser Welt befördert, in der frommen Absicht, Gott einen Dienst zu erweisen, nicht nur keine Sünde begeht, sondern sich ein Verdienst erwirbt."

Es war keine jesuitische Spezialität, es war der Zeitgeist, der Mord als politische Waffe für erlaubt hielt. Wahrscheinlich wäre auch die Lehrschrift Marianas mit ihrem Tyrannen-Mord-Alibi genauso verstaubt wie tausend andere Manuskripte zu ähnlich überholten Themen, wenn das französische Parlament nicht mit diesem Stück Papier seinen Angriff gegen den Jesuiten-Orden eingeleitet hätte. Eine Manipulation, die nicht ohne Geschick eingefädelt worden war: ein junger Mann namens Franz Ravaillac zückte am 14. Mai 1610 seinen Dolch gegen Heinrich IV. Der Stich war tödlich. Wenige Jahre vorher hatte ein Dominikaner-Mönch — also der Bruder eines Ordens, der den Jesuiten alles andere als freundlich gesinnt war — Heinrich III. ermordet. Das hielt das französische Parlament nicht davon ab, beide Morde mit Marianas Schrift in Verbindung zu bringen und die verhaßten Jesuiten als Propagandisten des Tyrannenmordes und als Schreibtischtäter dieser Attentate, herauszustellen. Marianas Buch wurde öffentlich verbrannt, und der fünfte Jesuiten-General Claudio Aquaviva, beeilte sich, im Namen des Ordens von den Ansichten Marianas abzurücken.

Heute klingen alle Aufregungen um Sündenrechtfertigung und Beichterleichterung wie viel Lärm um nichts. In unserem durchorganisierten Jahrhundert sind auch die Rechte und Pflichten eines Beichtvaters geregelt: Nach Paragraph 139 StGB ist „ein Geistlicher... nicht verpflichtet anzuzeigen, was ihm in seiner Eigenschaft als Seelsorger anvertraut worden ist", auch einen geplanten Mord nicht!

Solche juristische Rückendeckung entstand nicht aus rechtlicher, sondern aus einer theologischen Voraussetzung, die überhaupt erst die Sündenvergebung durch die Beichte ermöglicht. Alles, was im Beichtstuhl dem Beichtvater anvertraut wird, ist nicht ihm, sondern unmittelbar Gott gebeichtet. Der Geistliche weiß im theologischen Sinn nicht, was er vom Beichtenden gehört hat. Deshalb gibt es den Paragraphen 139, denn der Priester kann „unter Eid aussagen, daß er nichts wisse, weil ja nur Gott es weiß". Das ist kein Zitat aus einem Kommentar zum StGB, sondern das Wort ist gut siebenhundert Jahre alt. Thomas von Aquin, der berühmteste Theologe der katholischen Kirche (1225 - 1274), hat es niedergeschrieben.

Auch heute noch gilt: „Beichthören ist eine der hauptsächlichsten Pflichten seelsorgerischer Tätigkeit der Jesuiten, neben Unterricht und Predigt." So Ludwig Koch SJ im Jesuitenlexikon 1933. Im Jahrbuch der Gesellschaft Jesu für 1983 sind viele Seiten dem Thema Beichte gewidmet. Deutsche Jesuiten zitieren dazu die alte Erfahrung: „Einen Beichtstuhl muß man sich ersitzen", und berichten, daß Patres jahrelang (!) jeden Abend über Stunden in den Beichtstühlen warteten, ohne daß mehr als einige fromme Frauen kamen, um die einsamen Väter zu befragen. Doch das Warten zahlte sich aus – immer mehr Menschen kamen.

Dennoch scheint der Beichtstuhl, dieser Jesuitenthron, aus der Mode zu kommen. Der Stuhl, doch nicht die Beichte! Für sie werden neue Formen erprobt. Beichtzimmer wurden geschaffen, in denen Gläubige Auge in Auge mit den Patres auch außerhalb der Kirche komplizierte Probleme besprechen können. Natürlich sind derartige Neuerungen den Traditionalisten ein Dorn im Auge, die dadurch schon den Beichtstuhl durch die Couch des Jesuiten-Psychiaters ersetzt sehen. Dem halten die Männer mit dem SJ hinter dem Namen ihre Erfolge bei dieser neuen Form der Beichte entgegen, die sie damit erklären, daß es nach ihrem Verständnis bei der Beichte nicht nur um Sündenvergebung, sondern vor allem um Seelenführung geht.

Außerdem – was auch alles an Neuerungen kam und noch kommen mag – eines bleibt: kein anderer Mensch, nur ein Priester, hat die Legitimation zu sagen: „Ego te absolvo a peccatis tuis in nomine patris et filii et spiritus sancti" („Ich spreche dich von deinen Sünden frei im Namen des Vaters, des Sohnes und des Heiligen Geistes").

VI.

ERSTER AUFTRITT AUF DER WELTBÜHNE
oder
DIE JESUITEN AUF DEM KONZIL VON TRIENT

„Die Gegenreformation erhielt ihr entgültiges Gesicht durch Ignatius von Loyola und das Konzil von Trient, das er geistig beherrschte."
(Oswald Spengler – 1880-1936)

„Ich soll nicht auf meine freie Zeit Rücksicht nehmen noch wegen Mangel an Zeit eilen, d.h. bei den Diskussionen nicht an meine Bequemlichkeit denken..."
(Ignatius v. Loyola an die Jesuiten auf dem Konzil)

Vorspiel
oder
Luther-Thesen gegen Tetzel-Spesen

Die Jesuiten hatten ihren ersten Auftritt auf einer Weltbühne, die ihre Bretter in einer Provinzstadt aufgeschlagen hatte. Doch das Theater verfügte über ein Star-Ensemble. Zu ihm gehörten die führenden Kirchenmänner ihrer Zeit. Die Jesuiten debütierten und brillierten auf dem Konzil von Trient, der 19. ökumenischen Kirchenversammlung.

Dieses Stück Kirchengeschichte lief nach der klassischen dramaturgischen Gliederung ab: Vorspiel – Haupthandlung – Nachspiel. Für den jungen Orden war es die Premiere, und wie bei den meisten Premieren waren auch in Trient die Pausen wichtiger als das Stück.

Der Schauplatz ist Deutschland, genauer: Wittenberg. Am 31. Oktober 1517 schickt der Augustiner-Mönch Doktor Martin Luther auf dem Dienstweg eine Eingabe an seinen Vorgesetzten, den Erzbischof von Mainz und Magdeburg, Albrecht von Brandenburg. In diesem Schreiben prangert er die Mißstände innerhalb der Kirche an und ersucht höflich um deren Beseitigung. Entgegen landläufiger Meinungen hat er weder an diesem noch an einem anderen Tag 96 Thesen an die Kirchentür von Wittenberg angeschlagen, so daß keineswegs „die Schläge seines Hammers aufweckend über die deutschen Gefilde schallten", wie es Kaiser Wilhelm II., blumenreich und formulierungsschwach wie meist, auszudrücken versuchte.

Luther war dreiunddreißig Jahre alt, als er mit seiner Eingabe vor allem gegen den schwungvollen Ablaßhandel – das Freikaufen von Sündenstrafen durch Geldspenden – protestierte. Ähnliches hatten vor ihm bereits andere getan, denn die Behauptung, man könne sich von der Bestrafung für begangene Sünden freikaufen, war nicht neu. Sie beruhte auf der Ansicht, daß die Heiligen und Märtyrer aller Jahrhunderte einen Überschuß an gottgefälligen Werken „produziert" hatten, über den der Papst nach Gutdünken verfügen könne. Gibt der Heilige Vater einem Gläubigen von dem gottgefälligen Überschuß der Heiligen etwas ab, so verkürzt sich dadurch der Aufenthalt dieser armen Seele im Fegefeuer. Strafen, die er sonst ertragen müßte, werden ihm also nach- oder abgelassen. Daher der Name „Ablaß". Der Nachname „Handel" braucht wohl kaum erklärt zu werden, denn auch die Kirche gewährte nichts umsonst, die Ablässe kosteten Geld; es war ein Handel, und wie bei jedem lukrativen Handel in jener Zeit hatte Jacob Fugger seine Finger im Spiel.

Der erfolgreichste Ablaß-Händler war der Dominikaner-Mönch Johann Tetzel, der mit seinem Slogan: „Sobald das Geld im Kasten klingt, die Seele in den Himmel springt" innerhalb von acht Jahren dreißigtausend Dukaten[*] eintrieb. Eine immense Summe!

---

[*] Ein Dukat: Feingoldmünze im Gegensatz zu weniger reinen „Gulden". Der Feingoldgehalt eines Dukaten betrug 3 441,905 mg, was einem heutigen Wert von ca. 120,– entspricht.

Von der Inquisition beschützt, schlug Tetzel an jedem Ort eine Art Marktbude auf und verkaufte Ablässe für bestimmte Sünden nach Preisliste. Die folgende Aufstellung ist nicht erfunden, sondern bitterer Ernst jener Zeit:

Sodomie: 12 Dukaten
Kirchenraub: 9 Dukaten
Hexerei: 6 Dukaten
Elternmord: 4 Dukaten

Tatsächlich: Für einen Kirchenraub mußte tiefer in die Tasche gegriffen werden als für einen Elternmord! Allerdings, die Ablaßhändler waren in ihren Preisen beweglich; verriet Kleidung, Schmuck und Gehabe des Sünders eine gut gefüllte Geldkatze, dann schlugen sie rasch ein paar Dukaten und mehr auf den normalen Preis auf. Vorsorgliche kauften in einer Art Eichhörnchen-Aktion Ablässe auf Vorrat. Für Sünden, die sie erst noch begehen wollten.

Fünfzig Prozent der Ablaß-Einnahmen gingen nach Rom, der „großen Zehntscheuer der Welt", wie Ulrich von Hutten schrieb, die andere Hälfte erhielt Karl V. zur Abdeckung seiner Schulden bei Jacob Fugger.

Gegen diese Auswüchse zog Luther vom Leder. Dabei schrieb er nur, was alle Welt wußte. Die meisten Mönche und Priester galten als gierig und bestechlich, als wollüstig und verlogen. Luther wollte die Beseitigung dieser Mißstände – nichts weiter. Doch weder in Mainz und Magdeburg, noch in Rom griff man seine Anregungen auf, sondern reagierte darauf mit einer Schärfe, die Luther weder gewollt noch erwartet hatte. Doch da es nun mal so war, nahm er den Fehdehandschuh auf und dehnte seine Kritik und seine Reformvorschläge auch auf das Haupt der Kirche aus.

· Er verwarf die Unfehlbarkeit des Papstes und des Konzils, die seit der Kirchenversammlung von Konstanz (1414 - 1418) sogar noch über der des Papstes stand.

- Er verringerte die Zahl der Sakramente* von sieben auf zwei. Zur Auffrischung:

Katholisch:	Protestantisch:
Taufe	Taufe
Eucharistie	Abendmahl
Firmung	
Buße	
Priesterweihe	
Ehe	
Letzte Ölung	

- Er forderte die Mönche und Nonnen auf, die Klöster zu verlassen.
- Er wetterte gegen Wallfahrten und Heiligenverehrung.
- Vor allem aber – und das wissen heute die wenigsten Lutheraner – versicherte er immer wieder, allein die Gnade Gottes könne den Menschen von Sünden erlösen. Deshalb wurde seine Lehre auf die Dreier-Formel gebracht: allein die Gnade, allein die Schrift, allein der Glaube. Tatsächlich ging Luther und mit ihm die protestantischen Theologen davon aus, daß das Menschengeschlecht durch die Erbsünde für immer der Verdammnis anheimgefallen sei, und der Sünder könne Rettung nur von der göttlichen Gnade erhoffen. Mit einem Wort, der menschliche Wille kann die Gnade Gottes nicht herbeizwingen.

Rom hatte weder Auge noch Ohr für die Forderungen und Klagen Luthers. Am 3. Januar 1521 schloß Papst Leo X. Martin Luther durch eine Bulle aus der Kirche aus. Durch

---

* Sakramente: nach katholischer Lehre die von Christus eingesetzten äußeren Zeichen, durch die, jedesmal wenn sie vollzogen werden, die innere göttliche Gnadenspendung bewirkt wird.

den Kirchenausschluß waren Lutheraner nicht nur religiöse Rebellen, sondern für jeden guten Katholiken Feinde der bestehenden Ordnung: Terroristen. Die Auseinandersetzung verlagerte sich auf beiden Seiten unter die Gürtellinie. Luther ließ den Papst „Kardinäle scheißen", in katholischen Agitationsschriften wurde er dafür als „verhurter Stier", „feistes Schwein aus der Herde Epikurs" bezeichnet.

Nun ja, im ersten Überschwang der Leidenschaften können Vorwürfe schon mal so ausufern. Inzwischen haben sich die Wogen längst geglättet. So mußte 1967 ein Petrus Maria Appel in der von ihm verfaßten Traktätchen-Broschüre „Katholik, das mußt du wissen" den Satz „Luther sei nicht Herr über die eigenen Begierden" gewesen auf Anordnung von oben durch die Bemerkung ersetzen, Luther habe „welthistorische Bedeutung und auch deutliche Züge menschlicher Größe" gehabt.

Im Zuge dieser Öffnung zu dem protestantischen Zweig des Christentums, verlangten damals aufgeschlossene Katholiken die Aufhebung des anachronistischen Kirchenbanns gegen Luther, und in den USA pointierte der Jesuiten-Pater Richard McSorley: „Wäre der Augustinermönch (Luther) katholisch geblieben, so wäre er wahrscheinlich einer unserer größten Heilgen."

Doch die Hoffnungen auf eine Annäherung der beiden christlichen Kirchen verflogen rasch. Besonders seit 1980. Damals erschien anläßlich des Papstbesuches in der Bundesrepublik eine katholische „Kleine deutsche Kirchengeschichte", in der Luther als „Ketzer und Volksverhetzer" hingestellt wurde, dessen Ehe mit einer ehemaligen Nonne „durch Unzucht und Gelübdebruch befleckt und durch Blut soviel tausend Ermordeter besudelt worden" sei. Wer diese „soviel tausend Ermordeter" waren, verschwieg man vorsichtshalber. Die Toten der Inquisition dürften jedoch kaum gemeint sein. Trotz heftiger EKD-Proteste änderte keine katholische Stelle diese Formulierung. Auf Luther liegt weiter der Kirchenbann von 1521.

Martin Luther zum Feind der Kirche zu machen, war im doppelten Sinne ein Kardinalfehler. Sein Ausschluß hatte politische Weiterungen, mit denen offenbar niemand in Rom gerechnet hatte. Als 1529 Kaiser Karl V. dem Reichstag in Speyer befahl, das acht Jahre alte Edikt von Worms, durch das der katholische Ritus in allen Ländern wieder eingeführt werden sollte, nun endlich durchzusetzen, protestierten mehrere Fürsten und vierzehn Städte. Seitdem gibt es für Lutheraner die Bezeichnung „Protestanten". 1530 überreichte Melanchthon dem Kaiser und dem Reichstag das „Augsburgische Bekenntnis", eine Schrift der lutherischen Reichsstände, die — abgeändert — zu jenem Bekenntnis wurde, auf dem die lutherischen Kirchen basieren.

Um einen Krieg der dreihundert unabhängigen deutschen Staaten und Städte zu vermeiden, versprach Karl V. dem Reichstag, sich beim Papst für die Berufung eines allgemeinen Konzils einzusetzen. Versprochen war das schnell, doch dann dauerte es nochmals fünfzehn(!) Jahre, während der sich drei Päpste — Leo X., Hadrian VI. und Clemens VII. — auf dem Stuhl Petri ablösten, bis Paul III., der auch den Jesuiten-Orden bestätigt hatte, sein Placet für ein solches Konzil gab. Mit dieser Entscheidung war das Vorspiel jedoch keineswegs zu Ende, nun stritt man sich erst einmal jahrelang über den Ort, an dem das Konzil einberufen werden sollte. Rom nannte italienische Städte, die Lutheraner deutsche — das geographische Tauziehen endete mit einem Kompromiß: beide Parteien einigten sich auf die Südtiroler Bischofsstadt Trient (Trento), die zwar zum Reich gehörte, in der aber der deutsche Bevölkerungsanteil geringer war als der italienische.

Auch als der Tagungsort feststand, konnte das Konzil noch lange nicht beginnen. Karl V. war daran schuld. Er hatte einen Krieg gegen Frankreich begonnen.

Hauptaktion
oder
Der Auftritt der Jesuiten

Am 13. Dezember 1545 war es endlich soweit. Der Vorhang öffnete sich für jene Kirchenversammlung, durch die der Zwiespalt in der abendländischen Christenheit beseitigt werden sollte.

Zuerst beschäftigten sich die drei Kardinäle und fünfundzwanzig Bischöfe, von denen lediglich einer kein Italiener war, mit Verfahrensfragen und der Verdammung der protestantischen Lehrmeinungen. Diese Prozedur dauerte bis März 1547, dann vertagte sich das Konzil bis Mai 1551. Ende des ersten Aktes.

Der zweite Konzilakt dauerte von Mai 1551 bis April 1552, dann gab es eine erneute Unterbrechung, weil Karl V. seinen Krieg gegen Frankreich verloren hatte und die zum Konzil gekommenen protestantischen Reichsstände in ihre Länder zurückkehren mußten, um dort nach dem Rechten zu sehen. Diesmal wurde die nächste Verhandlungsrunde gleich um ein ganzes Jahrzehnt verschoben. Erst im Januar 1562 wurde der dritte entscheidende Konzilakt eingeläutet.

Schon in den beiden ersten Konzilakten waren auch Jesuiten aufgeteten und hatten vom ersten Moment an dafür gesorgt, daß sie nicht übersehen wurden, selbst wenn sie keinen großen Text zu sprechen hatten. Sie waren die jugendlichen Helden dieses Konzil-Theaters. Bereits im Mai 1546, ein halbes Jahr nach der Eröffnung, trafen die beiden jüngsten der Pariser Freundesrunde Alfonso Salmeron, einunddreißig Jahre, Diego Lainez, vierunddreißig Jahre sowie der französische Jesuit Claude Le Jay, einunddreißig Jahre, in Trient ein. Paul III. hatte Ignatius darum gebeten. Die drei waren eine junge Mannschaft, die nichts zu verlieren, aber alles zu gewinnen hatte. Sie waren klug, sie waren fleißig, sie waren nicht korrumpiert, und sie hatten in Ignatius einen General, der dafür zu sorgen wußte, daß ihr jugendlicher Eifer und Ehrgeiz nicht über das Ziel hinausschoß.

Die Anweisungen, die Ignatius seinen Konzil-Jesuiten mit auf den Weg gegeben hatte, zeigten in ihren immer wiederkehrenden Ermahnungen zur Zurückhaltung, die große Wandlung des einstigen Fanatikers. Wie oft in seinen Anweisungen, belehrt er auch in dieser, die „fünf Tage nach der Ankunft in Kraft treten" soll, in der ersten Person: „Ich soll lieber Nutzen zu ziehen suchen durch ruhiges Anhören..., damit ich um so besser antworten kann, wenn es mich trifft, oder um desto besser schweigen zu können... Wenn die Sache, die zur Debatte steht, so augenscheinlich recht und gerecht ist, daß man nicht schweigen kann und darf, dann soll ich meine Meinung mit der größten Gelassenheit sagen und schließen mit den Worten: Vorbehaltlich eines besseren Urteils... Versucht die Führer der Gegner euch zu Freunden zu machen, haltet Kontakt mit jenen, die Einfluß auf Häretiker und schwankende Katholiken haben und erlöst diese von ihrem Irrtum durch Weisheit und Liebe."

Um sich von anderen Konzil-Teilnehmern zu unterscheiden, war den Jesuiten jedes Mittel recht. Es begann bei so alltäglichen Dingen wie wohnen und essen. Trient war viel zu klein, um die oft erstauliche große Gefolgschaft der Konzilväter aufnehmen zu können. So hatte einer der Kirchenfürsten seinen Hofstaat von einhundertfünfzig Mann mitgebracht. Und das nicht etwa als abschreckendes Beispiel für jene Auswüchse, die auf dem Konzil bekämpft werden sollten, sondern weil er ohne diese Hilfeleistungen kein menschenwürdiges Leben glaubte führen zu können.

Die Trienter Kaufleute nutzten natürlich die Gunst der Stunde und trieben die Preise für Logis und Kost der frommen Männer in himmlische Höhen, so daß bei aller Zerstrittenheit die Konzil-Teilnehmer wenigstens in einem Punkt einig waren: „All ding saint über die massen teuer." Die Jesuiten machten daraus einen Publicity-Effekt und quartierten sich in einem „engen, verräucherten Backofen" ein.

Ihre Soutanen waren so geflickt und speckig, daß die Patres anderer Orden sich schämten, mit ihnen gesehen zu werden. Der Zweck war erreicht, die Jesuiten hatten mit Bescheidenheit Aufmerksamkeit geweckt. Vor allem Diego Lainez wurde zum Musterbeispiel für die beiden Jesuiteneigenschaften: Fleiß und public relations.

Für seinen Fleiß spricht, daß er während des Konzils 2 379 Briefe schrieb. Alle in Ordensangelegenheiten.

Seinen Sinn für Publicity bewies er, indem er auf einem Maulesel, dem er ein Bündel Stroh aufgebunden hatte, von Ort zu Ort zog – eine ausreichende Schlafstätte, wie er auch noch als Ordensgeneral jedem Fragenden erklärte. Berühmt ist seine Philippika gegen Parfum, Friseur und Kosmetik, die in dem Hinweis gipfelte, die dafür verschwendeten Gelder lieber als Spenden für die Armen zu verwenden.

Ein Jahr nach der Konzil-Eröffnung stieß ein vierter Pater zu dem Jesuiten-Trio: der in Nijmwegen geborene Pieter de Houndt, der seinen Namen, wie es Mode war, latinisierte und sich Petrus Canisius* nannte. Von ihm wird in Zusammenhang mit den pädagogischen Aktivitäten der Jesuiten in Deutschland zu reden sein.

In Trient blieb Pater Canisius noch im Hintergrund. Um die Präsenz der Jesuiten nicht zu sehr ins Rampenlicht zu rücken, hatte Lainez den sechsundzwanzigjährigen als „Übersetzer" eingestellt. In dieser Eigenschaft bombardierte er die Konzil-Teilnehmer mit „objektiven" Übersetzungen protestantischer Schriften, in denen er deren dogmatische Irrtümer besonders hervorhob.

In der zehnjährigen Pause zwischen dem zweiten und dritten Akt versuchten Katholiken wie Protestanten Terrain zurückzugewinnen. Wenn Rom dabei erfolgreicher war, konnte es sich dafür bei den Jesuiten bedanken, die schneller als andere die Möglichkeiten zu nutzen wußten. Das begann 1552 mit der Gründung einer speziellen Aus-

---

* canis (lat.) = Hund

bildungsstätte für deutsche Jesuiten in Rom, dem Germanicum, und auch die Ergebnisse des Augsburger Religionsfriedens von 1555 wußten sie besser als andere zu nutzen.

Dieses Konfessions-Arrangement haben Juristen einer späteren Generation auf die knappe Formulierung „cius regio, eius religio" (Wessen Gebiet, dessen Religion) gebracht. Nach diesem Beschluß konnte jeder Herrscher zwischen Katholizismus und Luthertum wählen. Die Herrscher-Wahl war dann auch für die Stände – nicht für die Untertanen, wie meist behauptet wird! – verbindlich. So knebelnd uns diese Auflage heute erscheint, damals war sie ein Fortschritt in der Behandlung der Untertanen. Für die Jesuiten bedeutete dies: es genügte, die Landesherren für die katholische Sache zu gewinnen – die ständisch organisierten Untertanen mußten automatisch dieser Entscheidung folgen oder auswandern. Natürlich erst nachdem sie ihr gesamtes Hab und Gut unter dem Wert verkauft hatten.

Nicht zuletzt um diese neue Möglichkeit der Rückführung zum katholischen Glauben rasch nutzen zu können, teilte Ignatius Deutschland 1556 in die Ordensprovinzen Ober- und Niederdeutschland auf. Dadurch konnte der Kampf gegen die Ketzer aus zwei Hauptquartieren geführt und besser den landsmännischen Gegebenheiten angepaßt werden.

Auch für diesen Pausenkampf erhielten die Konzil-Patres von Ignatius genaue Regieanweisungen: „...Unsere Väter... werden die größere Ehre Gottes in den Seelen am besten fördern, wenn sie predigen, beichthören, Kinder unterrichten, die Armen in Spitälern besuchen. Bei alledem sollen sie den Nächsten durch Beispiele und Mahnung dazu ermuntern, für das Konzil und die Kirche zu beten."
Der Erfolg ließ nicht auf sich warten. Bereits 1560 hatten die Jesuiten der katholischen Kirche in Bayern, Franken, Tirol, Österreich und den Rheinprovinzen wieder die Oberhand verschafft, und die römische Seite ging aus einer wesentlich günstigeren Ausgangsposition als die Protestanten in den dritten Akt des Konzils.

Kein Wunder, daß in dieser Session das große Thema nicht mehr die Suche nach Möglichkeiten der Aussöhnung zwischen den beiden Konfessionen war, sondern die klare Formulierung der Abgrenzung gegeneinander.

Nun, da das Ende des Konzils sich abzeichnete, war auch eine Wertung der Jesuiten-Auftritte möglich. Jeder der jungen Patres hatte ein Solo gehabt. Lainez hatte mit Drei-Stunden-Reden brilliert*, Canisius durch seine Schriftsätze, Salmeron durch geschickte Repliken, und Le Jay lieferte durch caritative Taten immer wieder Beispiele jesuitischer Lebenshaltung. Um es im Theaterkritikerjargon auszudrücken: das Stück war schwach, die Ensemble-Leistung mittelmäßig, aber die Jesuiten-Soli von bemerkenswerter Präsenz.

Nachspiel
oder
Die Ergebnisse des Konzils

Am 4. Dezember 1563 fiel endgültig der Vorhang über dieses Schauspiel der Mächtigen. Es endete wie so viele Stücke, von denen Bert Brecht schrieb: „Vorhang zu und alle Fragen offen." Das Konzil, das zur Begegnung und Annäherung mit den Protestanten hätte führen können, schrieb die Abspaltung bis in unsere Tage fest. Damit hatte die katholische Seite gesiegt.

Die Beschlüsse des Konzils – auch darin heutigen Gipfeltreffen nicht unähnlich – lasen sich zwar höchst eindrucksvoll, in der Realität jedoch wurden sie kaum oder nur sehr zögernd zur Kenntnis genommen. In Frankreich zum Beispiel hat man sie erst gut fünfzig Jahre später, 1615, veröffentlicht.

---

* In einer seiner Reden korrigierte Lainez die Meinung eines Kardinals so überlegen, daß der Wortlaut der Rede im offiziellen Bulletin aufgenommen wurde.

Wie verschieden die Deutungen der Ergebnisse des Konzils waren, zeigt folgendes Beispiel: Protestantische Historiker meinen, daß in Trient die Meinung gesiegt habe, der Papst besitze als Stellvertreter Gottes auf Erden persönliche Unfehlbarkeit und daß mit dieser Erklärung der Beschluß der Kirchenversammlung zu Konstanz (1414 - 1418) aufgehoben wurde, der die Unfehlbarkeit eines Konzils über die des Papstes gestellt hatte.

Genau das Gegenteil aber, daß eben durch Trient die Position des Heiligen Vaters nicht gefestigt worden sei, sondern daß das Verhältnis von Papst und Konzil in der Schwebe blieb, ist bei katholischen Historikern nachzulesen.

Einig sind sich beide Seiten, daß sowohl für den Sinn wie für die Form des christlichen Glaubens der Alleinanspruch der katholischen Kirche verankert wurde. Wörtlich im Schluß-Communiqué:

Zum Sinn: „...daß niemand auf die eigene Klugheit gestützt wider den Sinn, den die Heilige Mutter Kirche festhält, deren Sache es ist, über den wahren Sinn und Verstand der heiligen Schriften zu urteilen, oder auch wider die einstimmige Meinung der Väter die Heilige Schrift zu deuten wage...".

Zur Form: „Wer da sagt, die Zeremonien, Gewänder und äußeren Zeichen, deren sich die katholische Kirche bei der Feier der Messe bedient, seien eher ein Weg zur Gottlosigkeit als ein Mittel zur Frömmigkeit, der sei verdammt."

Diesen grundsätzlichen Feststellungen folgte eine Kette von Einzelbestimmungen, durch die beispielsweise alle katholischen Bildmotive kontrolliert und standardisiert werden sollten, um zu verhindern, daß Bilder „von einem irrigen Dogma inspiriert sind, wodurch einfache Menschen in die Irre geführt werden oder vom rechten Glauben abkommen könnten" oder daß die Bilder durch „Unkeuschheit und aufdringlichen Liebreiz" die Betrachter verführen. Der Ablaßhandel, das Fegefeuer, das Klostergelübde und das Zölibat wurden ausdrücklich bestätigt.

Allerdings: Als Zeichen der Erneuerung wurde eine Warnung vor Aberglauben bei der Verehrung von Heiligen und Reliquien ausgesprochen, und der Index aller für Katholiken verbotener Bücher wurde eingeführt. Was damals galt, gilt noch heute: katholische Autoren, die über dogmatische Fragen schreiben, müssen die Manuskripte der Kirche vorlegen, um das „nihil obstat" (nichts spricht dagegen) und „imprimatur" (kann gedruckt werden) zu erlangen.

Die Jesuiten erzielten für ihren Orden einen zusätzlichen Sieg. Ausdrücklich wurde in einem der Abschlußkommentare darauf hingewiesen, daß für den Schuldienst, besonders für die theologischen Seminare, Jesuiten als Lehrkräfte den Angehörigen anderer Orden vorzuziehen seien. Ein Pyrrhus-Sieg. Diese Lehrtätigkeit widersprach den Absichten Ignatius, der immer wieder betont hatte, daß seine Patres *mobile* Kämpfer für Christus sein sollten; ohne festen Wohnsitz, ohne ständige, ortsgebundene Aufgaben.

Zum ersten Mal hatte sich die geistige Mobilität der Gesellschaft Jesu als wichtiger erwiesen als geographischer Platzwechsel. Die Jesuiten der Gegenreformation zögerten keine Stunde, diesen neuen Auftrag zu übernehmen. Sie waren selbstbewußt genug, zu glauben, auch die Lehrtätigkeit besser zu können als irgend ein anderer Orden.

Doch keiner der dreitausendfünfhundert Patres der Gesellschaft Jesu noch sonst jemand ahnte, daß am Tag, als der eiserne Vorhang sich über die Trientiner Bühne senkte, der nächste Schauplatz bereits auf dem Welt-Theaterzettel stand: die Schlachtfelder des Dreißigjährigen Krieges.

VII.

IHR THRON WAR DAS KATHEDER
oder
DEUTSCHLAND –
PÄDAGOGISCHE PROVINZ DER JESUITEN

„Oh, Jahrhundert, oh, Wissenschaften! Es ist eine Lust zu leben... Die Studien regen sich, und die Geister blühen auf. Du aber, Barbarei, nimm einen Strick und erwarte deine Verbannung!"
(Ulrich v. Hutten)

„Handeln ist mehr wert als Nachdenken."
(Papst Innozenz III.)

Viel Feind – Viel Ehr'
oder
Jesuiten in Deutschland

Im Zeitalter der Reformation gleicht Deutschland einem Fleckerl-Teppich aus städtischen und fürstlichen Landesobrigkeiten. Von der Nordsee bis zu den Alpen bietet es ein Bild politischer und kirchlicher Zersplitterung. Das genaue Gegenteil zu den westeuropäischen Machtstaaten, die ihre einheitliche, katholische Religion als Machtinstrument bei ihren diplomatischen Bemühungen zu nutzen wußten, während sich die deutschen Fürsten neben ihren anderen Aufgaben auch noch das Regiment über ihre Landeskirchen aufbürdeten.

So zerrissen das Land politisch war – überall wehte im Geistesleben ein frischer Wind. Ein großes, befreiendes Aufatmen in Städten und Dörfern im ganzen Heiligen Römischen Reich Deutscher Nation, zu dem auch die dreizehn Kantone der Schweiz gehörten, und das römisch war nach seinem Ursprung, christlich nach dem Glauben und deutsch nach Sprache und Lage. Ulrich von Hutten traf überschwenglich, aber genau das Zeitgefühl, als er jubelte: „Oh, Jahrhundert, oh, Wissenschaften! Es ist eine Lust zu leben!... Die Studien regen sich, und die Geister blühen auf."

Der gesamte Nordwesten Deutschlands gehörte der Reformation, neun Zehntel der Bevölkerung waren zum Protestantismus übergetreten. Die bayerischen Wittelsbacher blieben die einzigen, die „ihre Ehre nie durch Sympathien für die sogenannte Reformation kompromittiert" haben.

Der schwarze Stolz, der aus solchen Sätzen spricht, hatte Gründe: war doch selbst das nahe österreichische Graz schon fast zur Gänze eine protestantische Stadt. Vom jungen Erzherzog Karl hieß es, er sei der einzige Grazer, der das Abendmahl noch nach katholischem Ritus nahm. Von ihm soll ein Satz stammen, der fatal an den Ausspruch eines anderen Österreichers unseres Jahrhunderts erinnert: „Ich will lieber ein verwüstetes als ein verdammtes Reich." Der Wahrheit die Ehre: falls Erzherzog Karl diesen Satz gesagt haben sollte, dann sicher erst, nachdem die Jesuiten ihm Hilfsgelder aus Rom zur Tilgung seiner Schulden verschafft hatten.

Solche Zuwendungen halfen nicht viel. In Rom machte man sich mit dem Gedanken vertraut, daß Mitteleuropa aus der großen katholischen Staatenfamilie ausscheiden würde. Daß es nicht dazu kam, ist vor allem der Pädagogik und der Diplomatie der Jesuiten zuzuschreiben. Diese Rückeroberungsoffensive, etwas widersinnig als Gegenreformation bezeichnet, kam nicht lautstark, sondern auf leisen Sohlen.

Es waren die Sohlen an den Schuhen des Paters Peter Faber, der 1540 als erster Jesuit deutschen Boden betrat. Er, der älteste aus dem Pariser Freundeskreis des Ignatius, kam als Begleiter des kaiserlichen Orators zum Religionsgespräch nach Worms. Ein Gastgelehrter in Sachen Religion. Er predigte vor Studenten, erteilte Exerzitien und beschenkte Arme. Beim Religionsgespräch war er lediglich Zuhörer. Vier Jahre später gründete er die erste Niederlassung der Jesuiten in Köln. Nur sechs Jahre war er in Deutschland tätig. 1546 ist er in Rom gestorben. Peter Faber hat in diesen wenigen Jahren drei Voraussetzungen geschaffen, ohne die alle Bemühungen die Gegenreformation wahrscheinlich umsonst gewesen wären.

Erste Voraussetzung: er diagnostizierte die Ursachen des Erfolgs der Reformation so klar und ohne Schönfärberei, wie kaum ein anderer Zeitgenosse. In einem Brief an Ignatius schreibt er: „ Es ist nicht so, daß die Lutheraner durch die Scheingründe ihrer Lehren so viele Völker zum Abfall von der römischen Kirche gebracht hätten; die größte Schuld an dieser Entwicklung trifft vielmehr unsere Geistlichkeit selbst. Gebe Gott, daß sich in dieser Stadt Worms auch nur zwei oder drei Priester fänden, die nicht in unerlaubten Verbindungen oder in anderen, öffentlich bekannten Lastern lebten!"

Faber übertrieb mit keinem Wort, Land auf, Land ab das gleiche Bild. Die meisten Priester lebten in wilder Ehe, so daß man „in den verkommenen Pfarrhöfen eher auf Pfarrerskinder denn auf Bücher stieß", Trunkenheit, Unbildung, Bestechlichkeit – das alles gehörte zum Bild, das sich der einfache Mann von einem Priester machte, und in den gelehrten Kreisen gebrauchte man das Wort „Curtisanen" für jene kirchliche Pfründen, die statt mit deutschen Anwärtern mit römischen Günstlingen besetzt werden.

Die Schlußfolgerung aus diesen Erkenntnissen war leicht zu ziehen, doch schwer zu realisieren. Zuerst einmal galt es, die Mißstände in der eigenen Kirche zu beseitigen, bevor man sich an die Rückgewinnung der Lutheraner machte.

Die zweite Voraussetzung waren für Faber die Folgen der Bevölkerungsexplosion. In der Zeit von 1450 bis 1600 hat sich – nach heutigen Schätzungen – die Bevölkerung Europas um siebzehn Millionen auf etwa fünfzig Millionen erhöht. Faber erkannte: dies verlangte eine neue Form der

Sozialleistungen, die in jenen Jahrzehnten fast ausschließlich bei der Kirche lagen. Der Heilige Martin von Tours († 379), der ohne vom hohen Roß zu steigen, seinen Mantel per Schwertschlag für einen Bettler halbierte, konnte kein Vorbild mehr sein. Nicht milde Gaben, sondern tätige Opfer waren gefragt. Das Jahrhundert forderte nicht nur den ganzen Mantel, sondern den ganzen Menschen. Zu den wenigen, die dies begriffen und in die Tat umsetzten, gehörten die Theatiner und die Jesuiten, die in Predigten und Taten für die sozial Schwachen eintraten.

Die dritte Voraussetzung galt speziell für Deutschland. Hier hatte der Bürger und der Bauer dank Luther und Gutenberg seine deutsche Bibel, seine deutschen Kirchentexte. Wer die ihm nehmen wollte, war sein Feind. Zum ersten Male zeigten sich in diesem zerrissenen Land Ansätze von Nationalstolz. Peter Faber begriff, daß niemand, der hier Erfolg haben wollte, dieser nationalen Beschwingtheit die Flügel beschneiden durfte. Daß diese drei Voraussetzungen trotz Fabers frühem Tod in die Tat umgesetzt werden konnten, war das Verdienst eines Mannes, den Faber für die Gesellschaft Jesu gewonnen hatte.

Blitzkarriere
oder
Petrus Canisius — der Pestalozzi der Jesuiten

Der Name dieses Mannes: Petrus Canisius. Von ihm war bereits im Kapitel über das Konzil zu Trient die Rede. Canisius trat der Gesellschaft Jesu am 8. Mai 1543 bei. Das Datum wird von Jesuiten auch heute noch so wichtig genommen, daß es in keiner Ordensgeschichte fehlt. Canisius war gerade zweiundzwanzig Jahre alt geworden. Jung, und doch nicht zu jung für eine Blitzkarriere, die erst so richtig gewürdigt werden kann, wenn man den mühsamen Aufstieg über viele Jahre und Stationen zum Vergleich heranzieht, den heutige Jesuiten zu absolvieren haben. Bei Canisius ging das so: sieben Jahre nach seinem Eintritt in die Gesellschaft Jesu, mit neunundzwanzig Jahren, war er bereits Rektor der Universität Ingolstadt. Sechs Jahre später, 1556, wurde er Provinzoberer in Deutschland, dem damals auch die Schweiz, Österreich und Ungarn unterstand.

Ein Energiebrocken. Ein universeller Pädagoge. Ohne ihn hätte es wahrscheinlich keine Gegenreformation, sondern bestenfalls eine innerkirchliche Restauration gegeben.

Canisius hielt sich genau an die drei Voraussetzungen, die Faber aufgestellt hatte, und begann mit der Säuberung in der katholischen Priesterschaft. Für diese Phase konnte er der Unterstützung seiner Oberen sicher sein. In einem Schreiben, das er 1556 an den Generalassistenten Hieronymus Nadal richtete, dominierte zwar der Konjunktiv, aber das war nichts weiter als eine juristische Floskel der Höflichkeit. In Rom verstand man, was damit gemeint war: helft sofort, sonst ist Deutschland protestantisch.

Hier ein Auszug aus dem Schreiben: „Man erlebt die schlimmsten Ärgernisse beim hohen und niederen Klerus hierzulande, aber es *würde* einen großen Umschwung bedeuten, wenn wenigstens einige wenige mit einem beispielhaften Leben und durch das Wort ihrer Unterweisung uns mit Ausdauer zu Hilfe kommen *wollten*. Indessen *scheint* man in Rom davon nichts zu ahnen... Entweder hat man dort keine Kenntnis über die hiesige Lage, oder man hält die ganze Situation für verzweifelt."

Neun Jahre später, als die Zustände in der eigenen Kirche sich gebessert hatten und nun mit der eigentlichen Aufgabe, dem Angriff auf die geistigen Bastionen der Lutheraner begonnen werden konnten, klingen die Sätze desselben Petrus Canisius ganz anders. In einer Analyse der politischen Zustände, die er 1565 der zweiten Generalkongregation vorlegt, läßt er es nicht an Deutlichkeit fehlen:

„Da nun die Fürsten und Stadtmagistrate in Deutschland gar viel vermögen, müssen wir mit Sorgfalt alles vermeiden, was bei diesen hohen Herren Abneigung und Mißstimmung gegen uns erzeugen könnte. Viel mehr muß man geflissentlich all das betreiben, was zur Erhaltung und Förderung des Wohlwollens dieser hochmögenden Herren beiträgt. Dazu gehört, daß wir gute Prediger, bedeutende Theologieprofessoren, tüchtige Schriftsteller, erfahrene Leser, eifrige Beichtväter und beim Volk beliebte Priester in Deutschland einsetzen...".

Da gibt es kein „man müßte", „man sollte" mehr, da forderte einer, der die Situation übersieht, „die besten, die bedeutendsten, die tüchtigsten, die eifrigsten, die erfahrensten und beliebtesten" Vertreter ihres Faches. Der Kampf um den Glauben wird aus der Kirche und der Betstube in den Alltag hineingetragen: Canisius hatte die Lektion, die Luther der katholischen Kirche erteilt hatte, genau gelernt.

Dieser Canisius ist Pragmatiker. Er bedient sich aller Mittel, die ihm für seine Aufgabe geeignet erscheinen, und er läßt jene, von denen er sich keine rasche Wirkung verspricht, zuerst einmal links liegen. Die Exerzitien zum Beispiel. Natürlich ist er dafür — welcher Jesuit wäre das nicht? —, aber den Jubel, mit dem Peter Faber noch von ihrer Wirkung schwärmte, teilt er nicht. Faber war überzeugt: „Den Exerzitien, welche sich viele von den Deutschen unterzogen, ist beinahe all das Gute zu verdanken, das später in Deutschland geschehen ist." Canisius hält mehr von der schulischen Erziehung. Sein Ziel ist weiter gesteckt, als es das von Faber war. Er will nicht nur diese, vor allem will er die nächste Generation, die jetzt fünfzehnjährigen, dem Katholizismus zurückgewinnen.

So wurden für und durch ihn die Schulstuben und die Universitätshörsäle die wichtigsten Kampfplätze, auf denen um die deutschen Gläubigen gerungen wurde. Die Jesuiten verfügten für diesen Kampf über Einrichtungen, die sich bereits an anderen Plätzen und in anderen Ländern bewährt hatten: ihre Kollegien.

Syphilis vor Aristoteles
oder
Jesuiten-Kollegien in Europa

Diego Lainez soll es gewesen sein, der die „Collegien" erfunden hat, jedenfalls erklärte Ignatius dies auf eine entsprechende Anfrage. Ignatius griff die Idee auf, sah darin jedoch nur Vorbereitungsseminare für Ordensstudenten. Die Kollegien sollten das Sieb sein, durch das der Spreu vom Weizen gesondert wurde. Das änderte sich im Zuge der Gegenreformation. Die Kollegien wurden zu geistigen Transformationsstätten für Schüler aller Schichten und sogar beider Konfessionen.

Über die pädagogische Methode der Kollegien ist viel und meist Widersprüchliches geschrieben worden. Gegner der Jesuiten sahen in ihnen nur Dressuranstalten, in denen ein Scheuklappen-Wissen vermittelt wurde und die darauf ausgerichtet waren, die Zöglinge bereits vor dem Eintritt in den Orden dem Elternhaus zu entfremden.

Die Kollegien dienten der Wissensvermittlung und der Glaubensstärkung. Jene, die als Internate geführt wurden, boten durch die Kasernierung der Halbwüchsigen außerdem einen weiteren pädagogischen Nutzen. Sie schirmten die Zöglinge gegen alle sündigen Verlockungen ab. So jedenfalls meinten die tugendsamen Patres...

Doch scheint auch damals gegen jugendliche Neugier kein Kraut gewachsen gewesen zu sein, so hohe Internatsmauern wird es wohl nie geben! Vom Pariser Kolleg jedenfalls berichtet der skeptische Montaigne*: „An die einhundert Schüler** hatten sich bereits die Syphilis geholt, noch ehe sie mit dem Aristoteles zu lesen begannen." Das klingt heute boshafter als es gemeint war. Die Lustseuche war da-

---

* Michel-Eyquem Seigneur de Montaigne (1533 - 1592) franz. Philosoph und Schriftsteller. Begründete die Gattung des Essays. Ein Jesuit über M.'s Werk: „Sanft wie mit einer Seidenschnur erdrosselt es das Gefühl für Religion."
** Zum Vergleich: 1620 gab es zweitausend Schüler am Pariser Kolleg.

mals in Europa stärker verbreitet als heute Aids. Besonders die Geißel Europas und besonders in Universitätsstädten, gleich welcher Nation oder Konfession.

Die Kollegien waren ohne Frage ein bemerkenswerter pädagogischer Schritt nach vorn, sie aber an heutigen Schulen messen zu wollen, hieße Postkutschen mit Autos vergleichen.

- Von einem geregelten Unterricht konnte kaum die Rede sein, an vielen Kollegien gab es mehr Vakanz- als Unterrichtstage in der Woche, dazu „Hundsferien" im Sommer und „Kälteferien" im Winter. 1649 mußte der Ordens-General sogar eine strenge Ordination über die Begrenzung der Vakanztage erlassen.
- Fand Unterricht statt, dann begann er morgens um sechs, dauerte drei Stunden am Vormittag und nochmals drei Stunden am Nachmittag. Außerdem gab es Hausaufgaben. „Glocke neun war schon jeder zu Bett, die Patres ausgenommen, die sich eben erst in einem der Regentenzimmer versammelten, um, ohne Ärgernis zu geben, so im stillen ein Gläschen Wein miteinander zu verzehren", schrieb ein Eleve in einem — selbstverständlich zensierten — Brief an seine Eltern.
- Unterrichtssprache war Latein, das damals durchaus keine tote Sprache war, sondern die Umgangssprache unter Gelehrten, Theologen und Diplomaten. Das tägliche Latein war auch an prostetantischen Schulen durchaus üblich. Die lutherische Renommieranstalt Schulpforta* führte Deutsch als Unterrichtssprache erst 1808 ein.
- Die Schüler wurden nicht nach Altersstufen, sondern nach ihrem Wissensstand und ihrer Aufnahmefähigkeit in Klassen zusammengefaßt. Erst wenn ein Schüler das Klassenpensum beherrschte, wurde er in die nächsthö-

---

* Schulpforta wurde 1543 gegründet und war in vielen Einrichtungen für die deutschen Jesuiten-Kollegien vorbildlich.

here Klasse versetzt. Auch an den Jesuiten-Kollegien waren Klassen mit mehr als hundert Schülern keine Seltenheit.
- Für jede Klasse war ein Lehrer verantwortlich. Damals entstand der Begriff des „Klassenlehrers". Doch weder er noch ein anderer Lehrer durfte bei Vergehen die Schüler körperlich strafen. Das war revolutionär in einer Zeit, da Leibeigene und Soldaten die Prügelstrafe als etwas Gottgewolltes ertragen mußten. Natürlich gab es auch in den Kollegien die Prügelstrafe, doch besorgte dies der „Blaue Mann", meist war dies der Schuldiener, der sich eine blaue Maske überstülpte, bevor er den Rohrstock schwang, um damit kund zu tun, daß er die Hiebe nicht als Privatperson, sondern als ausführendes Organ der Schuljustiz auf den Allerwertesten der Lausbuben herabzischen ließ.
- Fester Bestandteil der Jesuiten-Kollegien waren die Klassenspione. Petzer, durch die die Lehrer alles erfuhren, was hinter ihrem Rücken an der Schule vorging. Diese Bespitzelung war keine geheime Aufgabe, im Gegenteil: sie wurde zu einer Auszeichnung hochstilisiert. Diesem Überwachungssystem des einen durch den anderen blieb jeder Jesuit sein Leben lang ausgeliefert.

Auch die Auswahl und der Aufbau des Lernpensums waren einheitlich gesteuert. Nur das, was an Texten und Theorien von der Kirche gutgeheißen wurde, durfte gelehrt werden. Eigenes Denken, selbständiges Forschen war unerwünscht. Verboten war viel, erlaubt nur wenig.

So konnte geschehen, daß ein Musterschüler beim Verlassen des Kollegs zwar fließend lateinisch und griechisch parlierte, vom Geist und Sinn antiken Denkens aber nichts gelernt hatte.

Einige Historiker haben erstaunt registriert, wie wenig Platz der Religionsunterricht im Lehrplan der Jesuiten-Kollegien einnahm. Die Verwunderung verfliegt, wenn man den Lehrstoff untersucht, der in den einzelnen Fächern behandelt wurde. Dann nämlich wird aus den täglichen sechs Unterrichtsstunden ein einziger Religionsunterricht. Die Glaubenslehre dominierte über jedem Fachwissen, und es wäre sicher nicht ohne Witz, könnte man anhand eines Unterrichtsprotokolls nachlesen, wie dieser Grundsatz etwa bei der Lehre über den Festungsbau verwirklicht wurde, die nach dem Dreißigjährigen Krieg an einigen Kollegien zum Lehrplan gehörte. Aber auch die Glaubenslehre selbst war in ein Korsett gezwängt. Lehrbücher, auch wenn Jesuiten sie verfaßt hatten, wurden an Kollegien nicht zugelassen, falls sie in Glaubensfragen die Vernunft zu sehr herausstellten.

Die Ausbreitung jesuitischer oder von Jesuiten beherrschter Lehranstalten vollzog sich so vehement, und konsequent, daß in einigen Geschichtswerken von einem gezielten Aufbau eines Kollegien-Netzes nach einem Generalstabsplan gesprochen wird. Doch damit überschätzt man die Weitsicht der Gesellschaft Jesu. Zumindest auf pädagogischem Gebiet.

Deutschland, diese „Brutstätte des Protestantismus", war der pädagogische Hauptkampfplatz der Jesuiten. Ein Glücksfall für ihre Bestrebungen, daß ihnen in Pater Canisius ein Mann zur Verfügung stand, der das geistige Rüstzeug wie das organisatorische Talent besaß, die „Bitten" seines Generals in Taten umzusetzen. Canisius erfüllte, was Ignatius wünschte: „Die Vervielfältigung von Schulen der Gesellschaft Jesu über viele Gegenden, hauptsächlich an Punkten, wo sich ein guter Zulauf von Schülern erwarten läßt, wäre das beste Mittel, um der Kirche in einer bedrängten Lage zu Hilfe zu kommen..."

Die von Canisius geschaffenen Jesuiten-Kollegien wurden eine wesentliche Grundlage für das spätere deutsche Schulwesen. Er wiederum fand einen pädagogischen Grundstock vor, den Martin Luther geschaffen hatte, auf dessen Anregung hin in vielen deutschen Landen bereits Volksschulen eingerichtet worden waren. In den achtziger Jahren des 16. Jahrhunderts gehörte es auch unter Protestanten zum guten Ton, ihre Söhne zu den Patres in die Schule zu schicken. „Denn", schrieb ein protestantischer Pfarrer verärgert, „wie viele von den unsrigen sind so gelehrt und wohlunterrichtet wie die Jesuiten? Wie viele so eifrig und geschickt im Unterricht der Jugend, wie diese Sendlinge des römischen Antichrist?"

In diesen Jahrzehnten deckten sich die Pläne der Gesellschaft Jesu voll mit denen des Heiligen Vaters. Gregor XIII. blieb auch als Papst – er war bei seiner Wahl bereits siebzig – ein Mann der Wissenschaften. Von den zwei Millionen Scudi, die er für Schulgründungen ausgab, floßen beträchtliche Beträge in die Kollegien der Jesuiten, vor allem in Deutschland.

Das Geld war gut angelegt. Canisius, auch hierbei ein treuer Schüler des Ignatius, hielt sich an dessen „Bitte": „Gebt euch nicht damit zufrieden, den Geist der Schüler zu bilden, gewinnt ihre Seelen, damit sie euch für immer gehören." Er machte jedes Kolleg zu einem Forum der Bekehrung, und er sorgte dafür, daß der Einfluß der Kirche auch nach der Schulzeit anhielt, indem er die „Marianischen Kongregationen" ausbaute. Jene Vereine, die die Marienverehrung als Spezialkult pflegen. Durch sie nahm und nimmt die Kirche Einfluß auf Gesinnung und Lebensführung der heranwachsenden Jugend. Die Kollegien und die „Marianischen Kongregationen" wurden zu den erfolgreichsten Waffen der Gegenreformation.

Ignatius hatte mit der Gewichtsverlagerung der Aufgaben seines Ordens auf den pädagogischen Sektor Abschied von ursprünglichen Zielen genommen. Noch im ersten Entwurf der Ordenstatuten hatte es klipp und klar geheißen: „Weder Studien noch Vorlesungen in der Gesellschaft Jesu." Doch inzwischen hatte er erkannt: „Der Nutzen, den der Orden für die römische Sache zu stiften vermag, beruht viel weniger auf den Predigten als auf den Kollegien."

In der zweiten Hälfte des 16. Jahrhunderts waren in Italien vier und im deutschsprachigen Raum dreiunddreißig

Seminare den Jesuiten anvertraut. Keines dieser Kollegien hatte die Gesellschaft Jesu einen Heller gekostet. Alle waren Stiftungen von Laien, von Fürsten, Städten oder Bischöfen.

Es hätten unschwer doppelt so viele sein können, so groß war die Nachfrage. Doch die ersten fünf Generäle genehmigten nur solche Schulen, deren finanzieller Status gesichert und für die genügend qualifizierte Lehrer vorhanden waren. Auch darin getreue Nachfolger des Ignatius, der die Maxime aufgestellt hatte: „Die Vorsicht ist wichtiger als der Eifer."

Meist war Lehrermangel der Grund für die Ablehnung. Wer mochte auch gern Lehrer sein und „mit der unruhigen, unbändigen, mutwilligen und besonders in dieser Zeit meisterlosen Jugend Jahr und Tag umgehen, großen Gestank und Unlust stetig dabei einnehmen und verschlucken, unaussprechliche Geduld in deren Unterweisung und Abstrafung üben". Da war es doch viel verlockender, als Missionar in ferne Länder zu ziehen! General Carafa mußte 1646 seine Patres ermahnen: „Da sich so viele um die Wette anbieten, ihr Blut in Indien zu vergießen, so hoffe ich, daß sich viele melden, die Schulen mit ihrem Schweiß zu begießen, um so in einem langdauernden Martyrium die Krone zu erringen, die zwar nicht so köstlich in den Augen der Menschen, wohl aber ebenso glänzend in den Augen der Engel ist."

Als die Protestanten erkannten, wie ihnen die nachwachsende Generation leise aber stetig abgeworben wurde, war es zu spät. Ihnen blieben nur noch wütende Angriffe gegen den Religionsfeind Nummer eins, „diesen lateinischen Hund von einem Mönch" und seine Kollegien und Kongregationen. Die aber wurden mehr und mehr. Nach Wien, Prag, Köln, Ingolstadt wird 1559 das Kolleg in München gegründet.

Petrus Canisius findet die Stadt „schön, aber verdorben". Und noch 1613 ist in den Stadtannalen von den zahlreichen Priester-Konkubinen an der Isar zu lesen. Als die Jesuiten eintreffen, ist der Lehrbetrieb der Stadt fest in den Händen der Evangelischen. Deren achtzehn Schulmeister haben die meisten Schüler. Doch bald heißt es: „lauffen alle den Jesuiten zue".

Diese Patres waren keine Stubenhocker und Steißtrommler, sondern durchaus weltoffene, praktische Zeitgenossen. So dauerte es zwar seine Zeit, bis sie — an italienischen Wein gewöhnt — Geschmack am bayerischen Bier fanden, doch als sie es zu schätzen wußten, ließen sie es nicht beim konsumieren, sondern brauten ihr eigenes Bier und verkauften es billiger als andere Brauereien, über deren hohe Preise sie sich geärgert hatten.

Diese Patres verstanden nicht nur viel von Hopfen und Malz, sondern sie wußten auch wo ihr Platz war, wenn es zu helfen galt. Als München 1572 von der Pest heimgesucht wurde, standen sie nicht mehr hinter dem Katheder, sondern an den Krankenlagern.

Von 1580 an haben die Jesuiten das pädagogische Monopol in Europa. Von Polen bis Portugal haben Jesuiten die wichtigsten Lehrstühle inne. Ihre Kollegien gelten mehr als Festungen. Das ist nicht übertrieben! Lesen Sie, was Alexander Farnese, der Statthalter Philipp II. in den Niederlanden, 1578 seinem König schrieb: „Ew. Majestät haben den Wunsch geäußert, daß ich in Maastricht eine Zitadelle aufführen lassen sollte. Ich habe aber erachtet, daß ein Jesuitenkollegium eine Festung wäre, viel geeigneter zur Verteidigung der Einwohner gegen die Feinde des Altars und des Thrones, und so habe ich ein solches erbaut."

In Deutschland werden die Universitäten Ingolstadt, Wien, Prag, Köln, Mainz, Freiburg im Breisgau und Dillingen faktisch von Jesuiten beherrscht. Würzburg und Graz werden eigens für sie gegründet, ebenso Akademien zu Bamberg, Fulda, Münster, Paderborn, Molsheim im Elsaß, Breslau und Braunsberg (Westpreußen). Nie wieder hat eine Organisation über Jahrhunderte einen so maßgeblichen Einfluß auf den europäischen Universitätsbetrieb nehmen können. Der Erfolg ist eindeutig. In Europa wird an Wissen offiziell nur noch gelehrt, was in das Weltbild der allein seligmachenden Kirche paßt. Das konnte auf die Dauer nicht gut gehen. Der Geist läßt sich nicht gängeln und steuern. Außenseiter mit neuen Lehren setzten sich auch ohne die Autorität eines akademischen Lehrstuhls durch. Europa begann seinen jesuitischen Schulmeistern über den Kopf zu wachsen. In der geistigen Bevormundung des Universitätsbetriebs durch die Jesuiten liegen die frühesten Wurzeln für den Widerstand gegen diesen Orden.

Es spricht jedoch für die Lebenskraft, die damals noch in der Gesellschaft Jesu steckte, daß sie selbst spürte, sie könne die starre Doktrin der Scholastik nicht mehr aufrecht erhalten. Die Jesuiten entschlossen sich zu einer – leichten – Kursänderung. Dazu diente eine 1599 unter unter Claudio Aquaviva erlassene „Ratio atque Institutio Studiorum Societatis Jesu 1599", die alle Grundsätze fixierte, die für die Leitung der Kollegien befolgt werden sollten. Diese „Ratio Studiorum" war ein jesuitischer Seiltanz zwischen Scholastik und Humanismus, mit dem Ziel, die Autorität der Kirche zu erhalten und gleichzeitig den neuen geistigen Bewegungen einen streng begrenzten Spielraum einzuräumen.

Mit der Veröffentlichung einer „Ratio Studiorum" war der Weg frei, daß auch an den einzelnen Kollegien längst aufgestaute äußerliche Reglementierungswünsche zu Papier gebracht wurden. Verständlich: ein Orden, der so sehr für Abgrenzungen im Geistigen ist, der wird dies auch im äußeren Erscheinungsbild seiner Schüler demonstrieren wollen. So liest sich die Anweisung, die der oberrheinische Provinzial 1629 für das Mainzer Kolleg erließ, wie eine vorweggenommene preußische Militär-Haarschnitt-Verordnung: „Bei Beginn des Schuljahres sollen alle Lehrer mit guten Gründen den Schülern beibringen, daß sie das zu lange und wilde Haar nach der Sitte der Stall- und Landsknechte entfernen; ein mäßig herabhängendes Haar, welches das Gesicht nicht verdeckt und nicht über die Schultern fällt, kann leichter geduldet werden."

Die Münchner waren noch differenzierter. Sie erlaubten an ihrem Kolleg langes Haar bei Baronen „und bei solchen, die es nach Ansicht der Ärzte bedürfen". Schwer zu sagen, in unserer Zeit der dauergewellten männlichen Wuschelköpfe, was mit dieser Formulierung gemeint war.

Bis 1832 blieb diese Studienordnung an den Jesuitenkollegien in Kraft. Erst in diesem Jahr wurde die „Ratio Studiorum" von 1599 überarbeitet.

Papstschule und Bischofsfabrik
oder
Die Gregoriana und das Germanicum

Römer, die ihren Weg am 22. Februar 1551 an den bescheidenen Wohnhäusern am Fuße des Kapitols vorbeiführte, konnten an diesem Dienstag – vorausgesetzt sie waren des Lesen kundig – auf einem einfachen Holzschild neben dem Eingang lesen: „Schule für Grammatik, humanistische Fächer und christliche Lehre – gratis". Ignatius von Loyola hatte dieses Schild anbringen lassen. Es war die einzige Ankündigung, daß in diesem Hause das Collegio Romano der Gesellschaft Jesu eröffnet worden war, aus dem dann die Päpstliche Universität Gregoriana hervorging, deren 1930 vollendeter Neubau an der Piazza Pilotta nahe jenes Platzes ist, an dem das Collegio Romano stand und der noch heute den Namen „Piazza della Collegio Romano" trägt.

Der Zustrom der Schüler war vom ersten Tag an groß. Das hatten die Jesuiten erwartet, denn der Hinweis „gratis" war eine Lockung, der kaum der Vater eines Sohnes im Schulalter widerstehen konnte. An den anderen römischen Schulen nämlich mußten die Schüler ihrem Lehrer jede Woche einen „Baiocco" geben, da der Pauluspfennig, den der Senat seinen Lehrern zahlte, zum Sterben zu viel und zum Leben zu wenig war.

Jedoch: viele Schüler – viele Neider. In öffentlichen

Disputen mußten die Lehrer des Collegiums ihre Qualifikation beweisen, und in einer Grammatik-Diskussion sollen sie ihre Gegner derart in die Enge getrieben haben, daß von da an niemand mehr wagte, etwas gegen dieses Kolleg zu sagen.

Der Geist des „Collegio Romano" blieb bis heute in der Gregoriana lebendig, deren wichtigste Professoren dem Jesuiten-Orden angehören. Im Laufe von vier Jahrhunderten haben sechs Heilige, dreißig Selige, zwölf Päpste und hunderte von Kardinälen und Bischöfen an dieser Universität studiert, deren Konzept Johannes Paul II. am 15. Dezember 1979 vor den zweitausendfünfhundert Studenten so umriß: „Die Geschichte eurer Universität zeigt, daß hier Theologie nie als isolierte Disziplin aufgefaßt wurde. Sie blieb immer eingebettet in ein Gefüge von Unterrichtsfächern... Dadurch sollte die Eingliederung des theologischen Forschens und Wissens in das Gesamt der für eine Epoche charakteristischen Kenntnisse gesichert werden..."

Ignatius sah die Aufgabe des „Collegio Romano" pragmatischer. In einem Brief an Franz Borgia erklärte er, daß hier die geeignetsten Unterrichtsformen erprobt werden und daß von diesem Institut aus die Studienpläne und die wichtigsten Lehrbücher an alle Kollgien hinausgehen sollten.

Dieses Führungskolleg unterschied sich zwar in der Qualität, aber nicht im Prinzip von den anderen Kollegien: wissenschaftliche Brillianz vereinigte sich auch hier mit weltanschaulicher Engstirnigkeit. Das „Collegio Romano" war der Mittelpunkt für die außerdeutschen europäischen Kollegien. Das Kolleg von Coimbra (Portugal) steuerte die Jesuitenschulen in den überseeischen Missionsgebieten.

Für Deutschland, dem gegenreformatorischen Hauptkampfplatz, gab es bereits an 1552 ein eigenes Ausbildungszentrum in Rom, das „Collegium Germanicum". Hier sollte die Elite Deutschlands unter den Augen des Heiligen Vaters „gute Sitten lernen und gediegene katholische Lehre erhalten", damit sie – wie es in der Gründungsbulle hieß – „...das verborgene Gift häretischer Lehren aufdecken, widerlegen und den entwurzelten Glauben wieder pflanzen" konnte.

Auch beim Germanicum sorgte Gregor XIII. durch feste Zuschüsse dafür, daß über hundert deutsche Schüler aus allen Kreisen die Vorlesungen der Jesuiten besuchen konnten. Doch waren Bürgerliche über zwei Jahrhunderte in der Minderheit, während das „Collegium Germanicum" beim katholischen Adel Deutschlands und Österreichs so beliebt war, daß kaum eine der großen Familien unter den Zöglingsnamen fehlt.

Aus dem „Collegium Germanicum" sind siebenundzwanzig Kardinäle, sechs Kurfürsten, siebenundvierzig Erzbischöfe, zweihundertachtzig Bischöfe und fünfundzwanzig Äbte hervorgegangen. Sogar ein Papst, nämlich Gregor XV. Er war es auch, der Ignatius von Loyola heiligsprechen ließ. Heute ist das Germanicum in einem Neubau aus der Zeit des Zweiten Weltkrieges untergebracht, und von der gelegentlich kritisch apostrophierten Bezeichnung „Bischofsfabrik" möchte man nichts mehr hören. Das Hauptgewicht liegt auf der wissenschaftlichen Ausbildung, vorrangig für Weltpriester, aber auch ein so kritischer Kopf wie der Tübinger Theologie-Professor Hans Küng war „Germaniker".

Bis 1966 hatten die deutschen Studenten des Germanicums bei den Römern den Spitznamen „Gambri Cotti" („Gekochte Krebse"). Eine Anspielung auf ihre roten Gewänder, die 1966 endgültig abgeschafft wurden. Sehr zum Leidwesen der Fremdenführer und Fotografen.

Im 16. Jahrhundert wurden drei weitere nationale Priesterseminare in Rom eröffnet, das griechische, das maronitische und das englische Seminar. Doch keines hatte so große Erfolge wie das Germanicum. Keine fünfzig Jahre nach seiner Gründung waren die Bistümer von Salzburg, Breslau, Olmütz, Augsburg, Triest, Würzburg und Passau mit „Germanikern" besetzt, und der Nuntius am Wiener

Hof wußte dem Papst zu berichten: „Die nächste Ursache unserer Erfolge ist das Wirken der in Rom ausgebildeten Zöglinge gewesen."

So wie an diesen Priesterseminaren neben der scholastischen Theologie schon sehr früh eine – allerdings wohldosierte – Ausbildung in den humanistischen Fächern erfolgte, weil die Jesuiten als erste begriffen hatten, daß ohne dieses Wissen die „verführerischen Meinungen der Zeit" nicht erfolgreich zu bekämpfen waren, so versuchten sich die Jünger des Ignatius auch auf einem Gebiet, das in der Vorstellung der meisten Zeitgenossen als Tummelplatz des Teufels galt. Einige Patres verfaßten nicht nur Theaterstücke, sondern inszenierten sie auf den Brettern, die für sie zwar nicht die Welt bedeuteten, aber zur Welt gehörten.

VIII.

GLORIA DEI UND GLORIA MUNDI
oder
DIE KUNST UND DIE JESUITEN

"Bauen ist so gut wie Almosen geben."
(Papst Gregor XIII. − 1572 - 1585)

"Die Menschen bedienen sich der Religion nur, um zu tun, was sie wollen."
(Michel de Montaigne − 1533 - 1592)

Die Bühne als moralische Anstalt
oder
Das Jesuitentheater

Vom Schnürboden schwebt ein Engel, Lichteffekte verändern die Farbe seines Gewandes, langsam beugt er sich über Cenodoxus, den Titelhelden, dessen Seele es zu retten gilt. Über vier Stunden lang müht sich der Schutzengel mit dieser schwierigen Aufgabe ab. Vergeblich. Der Professor Cenodoxus aus Paris ist zu überheblich. Er glaubt, sich selbst vor Gott verstellen zu können. Also muß er zur Hölle fahren. Der „verdambte Doctor" ist ein akademischer Jedermann. Tatsächlich kannte Hofmannsthal dieses Jesuitendrama vom begabtesten der zahlreichen stückeschreibenden Patres, von Jakob Bidermann (1578 - 1639). Zeitgenossen verglichen ihn sogar mit Shakespeare, was nicht unbedingt für deren literarisches Urteil spricht.

Von einer Aufführung seines „Cenodoxus" aus dem Jahre 1609 in München ist folgender Bericht überliefert: „Wie wohl dieses Stück die Lachmuskeln der Zuschauer so in Bewegung versetzte, daß die Stühle in Gefahr gerieten, so machte es doch auf die Zuschauer einen so heilsamen

Eindruck, daß man vierzehn derselben, hochgestellte Persönlichkeiten am bayerischen Hofe, an den folgenden Tagen sich in die Einsamkeit zurückziehen sah, um Exerzitien zu machen und ihr Leben zu ändern; hundert Predigten hätten keinen solchen Erfolg gehabt."

Das ist eine Wirkung, wie sie sich jeder Dramatiker erträumt. Allerdings behaupten einige Historiker, diese Beschreibung stamme von Bidermann selbst, was ihre Glaubwürdigkeit erheblich mindern würde. Doch aus anderen Berichten, die nachweislich von Dritten stammen, ist bekannt, daß die Wirkung der Jesuiten-Aufführungen im 17. Jahrhundert beachtlich gewesen sein muß. Das Stück „Cenodoxus" ist so ziemlich das einzige aus jener Zeit, das – wenn auch unter dem Sauerstoffzelt religiöser Verehrung – die Jahrhunderte überdauerte. 1958 stand es in München auf dem Programm fürs Stadtjubiläum. Allerdings in stark gekürzter Fassung.

Das Jesuitentheater ist ein Wechselbad aus Zufall und Pädagogik. Seine Wiege stand in den Rhetorik-Klassen der Kollegien. Dort übten sich die Schüler in Deklamationen und öffentlichen Diskussionen, aus denen – zuerst schulinterne, später öffentliche – Schüleraufführungen von dramatisierten christlichen Themen wurden. Ziel dieser Aufführungen war damals das gleiche wie bei ähnlichen Unternehmungen heute: das Selbstvertrauen, die Formulierungskraft und die Gestik der Schüler sollte gefördert werden.

Aus der Schularbeit wurde Vergnügen, an dem Eltern und Honoratioren Anteil haben sollten. Die Aula bekam ein Podium, das Podium einen Vorhang – die Bühne war fertig. Das Theaterspielen konnte beginnen. Und wo begann es? Dort, wo das Theater auch heute noch zu Hause ist, in Wien. Nur in Wien konnte so rasch aus dem Kollegien-Lehrstoff „Schüleraufführung", pralles, buntes Barock-Theater werden.

Im dortigen Profeßhaus fand 1555 die erste große Theateraufführung statt. Von Wien aus pflanzte sich dieser Spaß am Spiel die Donau hinauf nach Ingolstadt und München fort. Aber auch im lebenslustigen Niederrheinischen findet die theatralische Umsetzung der Glaubenslehre ein begeistertes Publikum. Über fünfhundert Aufführungen sind von 1597 bis 1773 in einundzwanzig niederrheinischen Orten verbürgt, und wer will, kann noch heute zweihundert verschiedene Theaterstücke in gedruckten Textbüchern nachlesen. 1987 ist eine neue Buchausgabe von Bidermanns „Cenodoxus" erschienen. Nicht viele Stücke erfreuen sich solcher Langlebigkeit.

Sicher hat es den Patres selbst Spaß gemacht, Theater zu spielen, vor allem aber spürten sie: „Es gibt kein besseres Mittel, die Deutschen zu gewinnen, die Ketzer und Feinde der Kirche zu Freunden zu machen und die Schulen zu füllen, als lustige Stücke", wie es in einem Bericht des Münchner Kollegs an die Ordensleitung in Rom hieß. Doch bevor uns die Brust über den Kunstverstand unserer Altvorderen zu sehr schwillt – auch aus Indien wurde fast wörtlich Gleiches in einem Missionsbericht nach Rom gemeldet: „Nichts hat die Inder, die die Reim- und Dichtkunst so sehr lieben, nachdrücklicher angezogen als unser Schauspiel."

Die Wirkung der Theateraufführungen in den Missionsländern hielt sich jedoch in Grenzen. Kein Wunder, die Texte waren lateinisch. In Europa, vor allem aber in Deutschland und da wieder besonders in München, hatten die Jesuitenstücke jedoch einen solchen Zulauf, daß bereits die Generalproben ausverkauft waren.

Diese Aufführungen waren echte Theatererlebnisse, denn nicht die Stücke, meist biedere, biblische Zeigefingertexte, lockten die Zuschauer an, sondern die Inszenierungen. Als die Jesuiten erkannt hatten, daß von der Bühne aus tiefere Eindrücke und emotionalere Wirkungen zu erzielen waren als von Kanzel und Katheder, wurden sie auch als Theatermacher Perfektionisten. Nicht der Text, sondern die Aktion auf der Bühne waren für sie das Wichtigste, wie es sich für theaternärrische Menschen gehört. In Ausstattung und Bühnentechnik übertrafen sie weltliche Wandertruppen bei weitem. Die im Grünen Wagen herumziehenden Komödianten waren den Jesuiten-Ensembles nur in einem überlegen. Sie boten bereits Aufführungen „mit echten Frauenzimmern", während bei den Jesuiten Frauenrollen noch von Jünglingen gespielt wurden.

Die frommen Theatermänner ersetzten bei ihren Aufführungen die Attraktion „echter Frauenzimmer" durch Prunk und verblüffende Illusionstechnik. Die war notwendig, um die lateinischen Texte auch für jene interessant zu machen, die sie nicht verstanden. Da stürzten Paläste ein, echtes Feuer wütete, Flugmaschinen hoben sechs Darsteller gleichzeitig in die Luft, das Meer wogte nicht nur, sondern veränderte auch seine Farbe. Man konnte „eine Wolke sich senken lassen, die sich in drei Teile teilt und beim Aufsteigen wieder vereinigt". Die Laterna magica, eben vom Jesuiten-Pater Athanasius Kircher verbessert, diente zu Vortäuschung von Feuersbrünsten, und 1640 wurde bei einer Aufführung gar eine Puppe, die die protestantische Häresie darstellte, von echten Hunden auf der Bühne in Stücke gerissen.

Und modern waren die Theater-Patres! So haben sie bereits in einer Münchner Inszenierung Schauspieler im Publikum verteilt, die sich plötzlich in die Handlung mengten und sich mit den Darstellern auf der Bühne stritten. 1945 kam uns das rasend neu vor.

Barocke Maßlosigkeit bestimmte die Dauer der Aufführungen und den Masseneinsatz der Komparserie. In den Anfangsjahren begannen die Aufführungen nach dem Mittagessen und dauerten zwei, später bis zu acht Stunden. Waren fürstliche Herrschaften unter dem Publikum, wurde das Spiel abgebrochen, wenn die Hochwohlgeborenen ermüdeten. Als selbst acht Stunden nicht mehr ausreichten, um die theatralische Glaubensbotschaft zu verkünden, wurden zweitägige Aufführungen eingeführt. „Den halben theil nembt heut verguet, den übrigen morgen man hallten thuet", hieß es beim Zwei-Tage-Werk „Konstantin", und 1577 überbot das Prunkstück „Esther" alle Rekorde. Die Aufführung in München erstreckte sich über drei Tage „mit großem Apparat".

Was damit gemeint war, wird klar, wenn man die achtzehn Seiten des eng beschriebenen Darsteller-Verzeichnis durchblättert: es nennt fast zweitausend Mitwirkende — bei zwanzigtausend Einwohnern! Die Bühne war auf dem Marienplatz aufgeschlagen. Neben den dreihundert Hauptpersonen traten so ungewöhnliche Wesen auf wie Teufel, Menschen mit Löwenköpfen, Neptun, ein Elefant, Mohren, Delphine, ein Tiger, ein Wolf, ein Lindwurm, den zwei Jungfrauen führten, Jäger, Janitscharen, „Arteleria mit ihren Phyxenmaistern".

Die Aufzählung zeigt: Aus dem Drama war unversehens eine Revue geworden. So erklärt sich auch der enorme Zulauf, den diese Spektakel an allen Orten fanden. Bis zu dreitausend Zuschauer sollen es in theaternärrischen Wien gewesen sein, und in Hildesheim mußte noch 1737 die Stadtpolizei einschreiten, um den Andrang des Publikums einzudämmen. Zehn Jahre später, am 14. September 1747, saß sogar der König von Preußen, der „Alte Fritz", unter den Zuschauern einer Aufführung des Jesuiten-Seminars und -Gymnasiums in Groß-Glogau. Gespielt wurde eine Lobhudelei auf des Königs Taten in lateinischen Versen, die ein Simultan-Dolmetscher dem König übersetzte. In Französisch.

Bei den Marathon-Aufführungen, die ohnehin mehr einem Volksfest glichen, bedurfte es keinen Übersetzer. Zwar wurde auch da lateinisch deklamiert, in den Zwischenspielen, den sogenannten Entreacts, aber sprachen die Akteure deutsch. Das war des Volkes wahrer Himmel, hier war es zu Hause. Kein Wunder, daß diese Entreacts immer länger, die Extempores immer deftiger und die Scherze immer gewagter wurden. Diese Zwischenszenen, die aufwendige Ausstattung und die Musik führten dazu, daß das Jesuitentheater, aus Schulaufführungen entstanden, als Zweck- und Beeinflussungstheater weiterentwickelt, nun zum Selbstzweck wurde. Auch die Theater-Patres waren nicht davor gefeit, „ihren Affen Zucker zu geben", wie es im Theaterjargon heißt, wenn sie die Bretter betraten, die die Welt bedeuteten. Daß es nicht ihre Welt war und sein durfte, daran ließ der General in mehreren Ermahnungen keinen Zweifel. Ob es viel genützt hat? Wer das Theater kennt, wird daran zweifeln.

Noch Goethe, der nur die Spätform des inzwischen recht akademischen Jesuitentheaters kennenlernte, war davon angetan. Nach einer Aufführung im Regensburger Jesuiten-Kolleg notierte er im Tagebuch seiner „Italienischen Reise":

„Auch diese öffentliche Darstellung hat mich von der Klugheit der Jesuiten aufs neue überzeugt. Sie verschmähten nichts, was irgend wirken konnte und wußten es mit Liebe und Aufmerksamkeit zu behandeln. Hier ist nicht Klugheit, wie man sie sich in abstracto denkt, es ist eine Freude an der Sache dabei, ein Mit- und Selbstgenuß, wie er aus dem Gebrauche des Lebens entspringt... und wie durch gefälligen Prunk sich ihre Kirchen auszeichnen, so bemächtigen sich hier die einsichtigen Männer der weltlichen Sinnlichkeit durch ein anständiges Theater."

Mit keinem Wort erwähnte Goethe die Musik. Möglicherweise sah er eine Aufführung ohne musikalische Begleitung. Die aber waren selten, meist gehörte Musik zu den Stücken und oft auch Ballett, das als Einlage in die Aufführungen eingebaut wurde. Selbstverständlich standen auch bei diesen tänzerischen Darbietungen nur Männer auf der Bühne, meist Schüler aus dem Kolleg.

Die Kompositionen lieferten die Musiklehrer der Jesuitenschulen oder die kirchlichen Kapellmeister. Sie hatten ein erstaunliches Niveau, so war das Germanicum in Rom eines der bedeutendsten Zentren für Barockmusik, und am Münchner Kolleg unterrichtete Orlando di Lasso, Hofkapellmeister Herzog Albrechts von Bayern. Er war der erste und blieb lange Zeit der einzige Musiker, der vom Kaiser geadelt wurde. Eine der stärkste musikalischen Begabungen des nicht eben mit kompositorischen Genies gesegneten 16. Jahrhunderts.

Orlando di Lassos Werke kennen heute nur noch Musik-Feinschmecker und auch von denen wissen wahrscheinlich nur wenige, daß Wolfgang Amadeus Mozart 1767 — er war gerade elf Jahre alt! — das Zwischenspiel für eine Aufführung am Jesuiten-Kolleg zu Salzburg komponierte. Der Theaterzettel erwähnt ihn in bombastischem Neulatein: „Auctor operis musici nobilis dominus Wolfgangus Mozart, undecennis, filius nobilis ac strenui domini Mozart, Capellae Magistri".

Im Jesuitentheater spiegelte sich zum letzten Mal ein gesamteuropäischer Theaterstil. Die Aufklärung hat den Kontakt zu dieser Darstellungsform des Barock unterbrochen. Heute vergilben die Textbücher in Bibliotheken, keiner der großen Dramatiker hat durch das Jesuitentheater wesentliche Impulse erhalten — es war ein Feuerwerk, bunt, schillernd, schön und schon vorbei, noch ehe es recht begann — wie fast alles, was aus der Gesellschaft Jesu an Kreativem hervorgebracht wurde.

Gedanken in Druck
oder
Die Jesuiten und die Literatur

Von Pater Canisius stammt der Satz: „Ein Schriftsteller zählt in Deutschland mehr als zehn Professoren." Eine erstaunliche Behauptung, denn das Bücherschreiben lag uns Deutschen damals weniger als das Bücherdrucken. Das war ein lohnendes Geschäft. Um 1500 gab es in Europa schätzungsweise bereits neun Millionen Bücher, mehr als die Hälfte davon kamen aus deutschen Druckereien. Fünfzig Jahre vorher kursierten nicht einmal hunderttausend handgeschriebene Manuskripte von einer Gelehrtenstube zur anderen. Von den Autoren jedoch waren keine zehn Prozent Deutsche und auch mit dem, was sie zu sagen hatten, blieben sie weit unter dem Niveau ihrer Kollegen aus Frankreich, Spanien und England.

Viele Jesuiten gehörten zur schreibenden Zunft, aber die Gesellschaft Jesu hatte wenig Glück mit ihren Renommier-Autoren. Entweder waren sie gute Schreiber, aber schlechte Jesuiten oder umgekehrt. Im Laufe der Jahrhunderte wurde die literarische Leistung konserviert, die Probleme jedoch, die diese Schreiber mit ihrem Orden hatten, fielen unter den großen Tisch der Geschichte.

Ein Beispiel dafür ist der Spanier Balthasar Gracian (1601 - 1658). Mit Recht wird dieser Leiter des Jesuiten-Kollegs zu Tarragona als eine der großen schriftstellerischen Begabungen des Barock gefeiert, doch die Gesellschaft Jesu hat wenig Anlaß, ihn als guten Jesuiten hochleben zu lassen.

Er hatte immer wieder Ärger mit seinen Vorgesetzten. Schließlich beschuldigten sie ihn, er habe mit der Androhung, er werde beim nächsten Unterricht einen Brief aus der Hölle vorlesen, das Fegefeuer lächerlich gemacht und seine Schüler dazu verführt, die Bedrohung durch den Teufel nicht ernst zu nehmen.

Das war ein törichter Vorwurf. Er diente auch nur als Vorwand, um die eigentliche Anklage des Ordens gegen Gracian zu kaschieren: der Pater hatte aus eigener Erfahrung die Verknöcherung des Unterrichts in den Kollegien scharf kritisiert. Der Ordensprovinzial stellte den Jesuiten über den Schriftsteller und verbot Gracian jede Veröffentlichung weiterer Werke. Gracian reagierte höchst ungewöhnlich. Er bat, vom Ordensgelübde entbunden zu werden. Die Gesellschaft Jesu lehnte ab. Er starb in totaler Isolierung, die Jesuiten aber können unwidersprochen sagen, einer der ihren zähle zu den bedeutendsten Barockschriftstellern.

Gracians Buch „Handorakel", eine Sammlung von Lebensmaximen, wird auch heute immer wieder neu verlegt. Vor allem in Deutschland. Dies verdankt es nicht zuletzt der Übersetzung von Felix Trollmund. Ein Mann, der die deutsche Sprache perfekt beherrschte und ein sicheres Stilgefühl besaß. Wenn er selbst unter Bücherfreunden kaum bekannt ist, so liegt dies daran, daß Trollmund nur das Pseudonym eines unserer Großen ist: Arthur Schopenhauer.

Im Vorwort zur deutschen Ausgabe schrieb Schopenhauer einige Sätze, aus denen seine Wertschätzung für dieses „Handorakel" zu erkennen ist. Es sei, schreibt er, besonders jenen zu empfehlen, „die in der großen Welt leben, ganz vorzüglich aber jungen Leuten, die ihr Glück darin zu machen bemüht sind, und denen es mit einemmal und im voraus die Belehrung gibt, die sie sonst erst durch lange Erfahrungen erhalten".

Schon beim Querlesen der Ratschläge zeigt sich: Schopenhauer hat recht. Was 1635 geschrieben wurde, gilt noch heute. Außerdem aber steckt fast in jeder Maxime das, was halb anerkennend, halb verachtend als Jesuiten-Moral bezeichnet wird:

„Was Gunst erwirbt, selbst verrichten; was Ungunst, durch andere."
„Mit der fremden Angelegenheit auftreten, um mit der seinigen abzuziehen."
„Seinen heutigen Freunden so trauen, als ob sie morgen Feinde sein würden."
„Sein Nein durch eine gute Art versüßen; die Daumschrauben eines jeden zu finden wissen."
„Immer den glücklichen Ausgang im Auge behalten, da der Sieger keine Rechenschaft abzulegen braucht."
Und schließlich die Maxime Nr. 251, die am deutlichsten den Geist des Ignatius ausdrückt:
„Man wende die menschlichen Mittel an, als ob es keine göttlichen, und die göttlichen, als wenn es keine menschlichen gäbe."

Es lohnt auch heute noch, in diesem „Handorakel" zu lesen. Man begreift, warum Schopenhauer es so gern übersetzt hat und ahnt, warum die Jesuiten es ihrem Pater Gracian so übel genommen haben.

Auch in der Biographie des prominentesten deutschen Jesuiten-Literaten der Gegenreformation, Friedrich Spee von Langenfeld, gibt es einige Merkwürdigkeiten, die Zweifel aufkommen lassen, ob sein Verhältnis zur Gesellschaft Jesu wirklich so ungetrübt war, wie meist dargestellt.

Dies ist die offizielle Leseart: Geboren 1591 in Kaiserwerth, Besuch der Jesuitenschule, 1610 Eintritt in die Gesellschaft Jesu. Statt, wie er sich sehnlichst wünschte, als Missionar nach Indien gehen zu können, muß er Domprediger und Beichtvater bei Hexenverbrennungen werden. 1635 ist er gestorben, an einem Fieber, das er sich bei der Verwundetenpflege in Trier — die Kaiserlichen hatten die Stadt erobert — geholt hatte.

Sein Hauptwerk ist die Liedersammlung mit dem wundersamen Titel „Trutz Nachtigal — oder Geistlichs-Poetisch Lust Waldlein, desgleichen noch nie zuvor in Teutscher sprach gesehen. Allen geistlichen gottliebenden Seelen und sonderlich den poetischen Kunst-Liebhabern zur erquieckung durch einen Priester des societas Jesu". Den Vier-Zeilen-Titel erklärte Spee in einem Zwei-Zeilen-Vorwort: „Trutz Nachtigal wird diß Büchlein genand, weil es trutz allen Nachtigalen süß und lieblich singet, und zwar aufrichtig Poetisch."

Die Literaturkritik lobt in Spees „Trutz Nachtigal" Ansätze unverkrampfter Glaubenslyrik, verzichtet aber meist auf den Hinweis, daß dieses Buch des Jesuiten-Paters erst 1649, also sechzehn Jahre nach seinem Tod, veröffentlicht wurde. An mangelndem Interesse kann es nicht gelegen haben, denn kaum war die „Trutz Nachtigal" erschienen, erreichte sie in kurzer Zeit mehrere Auflagen. Es lag auch nicht am Inhalt dieser Liedersammlung, sondern an einer anderen Schrift, die Friedrich Spee zu Lebzeiten veröffentlicht hatte und durch die er in Konflikt mit seinem Orden geraten war. In diesem Text hatte Spee seine Erfahrungen als Beichtvater verurteilter „Hexen" zu einer Anklage gegen die Methode der Hexenprozesse formuliert. „Cautio criminalis", also etwa „Vorsicht im Strafprozeß" war der Titel dieser Schrift, die 1631 erschien. Allerdings ohne Spees Namen. Gedruckt wurde das Manuskript von einem protestantischen Drucker.

Ob dies eine Vorsichtsmaßnahme Spees war oder ob es sich um einen frühen Raubdruck gehandelt hat, konnte bis heute nicht geklärt werden. Fest steht, daß dem Pater Spee, als seine Autorenschaft offenkundig war, die Entlassung aus der Gesellschaft Jesu angedroht wurde, zu der es lediglich nicht kam, weil er „nachwies", daß ohne sein Wissen ein Freund das Manuskript in Druck gegeben hatte. Glücklich, wer solche Freunde hat! Lassen wir dem Freund sein Verdienst.

Spees anonymer Kampf gegen die Praktiken der Hexenprozesse brachte ihm zwar Ungelegenheiten, den Angeklagten jedoch vorläufig keine faireren Prozesse. Auch für Spee gab es keinen Zweifel an der Existenz von Hexen; was er anklagte, war nicht deren Verurteilung, sondern die Methoden, deren man sich dabei bediente! So fand ich eine Notiz über ein Gespräch, das der Jesuiten-Pater und Beichtvater Spee mit Johann Philip von Schönborn, dem späteren Kurfürsten von Mainz, hatte. Danach wurde Friedrich Spee gefragt, wieso er bereits mit vierzig Jahren ergraut sei, Spee antwortete: „Der Gram hat mein Haar grau gemacht, darüber, daß ich soviele Hexen[*] habe müssen zur Richtstatt begleiten und habe unter allen *keine* gefunden, die *nicht unschuldig* war." Dreifache Verneinung — also hat Spee keine gefunden, die schuldig war!

Zu allen Zeiten hatte die Gesellschaft Jesu ihre Probleme mit dem gedruckten Wort. Immer wieder verließen Patres den Orden, weil sie mit dem Zwiespalt zwischen Gehorsamspflicht und journalistischem Gewissen nicht fertig wurden.

Diesen Abwanderern steht die lange und beachtliche Liste

---

[*] Spee begleitete als Beichtvater ca. zweihundert „Hexen" bei ihrem Gang zum Scheiterhaufen. Als Folge von Spees Ausführungen hat der Fürstbischof von Würzburg und später von Mainz auf seinem Gebiet keine Hexenprozesse mehr durchführen lassen.

jener Bücher von Jesuiten gegenüber, die die Jahrhunderte überdauerte. Dauer-Seller von einer Langlebigkeit, von der Verleger nur träumen können.

An der Spitze der „Kleine Katechismus", den Pater Canisius um 1558 schrieb und der bis zu Anfang unseres Jahrhunderts im Religionsunterricht benutzt wurde.

Hermann Busenbaum, jener Kölner Jesuit, der angeblich das Wort vom Zweck, der alle Mittel heiligt, formuliert haben soll, schrieb 1650 seine Gedanken zur Moraltheologie nieder. Das Buch erreichte in einhundertzwanzig Jahren zweihundert Auflagen!

Ein Buch — käme es wieder auf den Markt — könnte wahrscheinlich ebenfalls ein Auflagen-Spitzenreiter werden: Das Buch wurde 1756 vom bayerischen Jesuiten-Pater und Professor der Philologie Ignaz Weitenauer veröffentlicht. Der brave Mann war seiner Zeit weit voraus. Er schrieb — vor mehr als zweihundert Jahren — einen Schnellkursus zur Erlernung von Fremdsprachen. Ein Lehrbuch mit Anleitungen, „die modernen und antiken abendländischen Sprachen, zuzüglich hebräisch, chaldäisch und syrisch in einer oder zwei Stunden soweit zu lernen, daß man mit Hilfe eines Lexikons die Bücher versteht". Was hätte der polyglotte Ignaz aus seinem „Nürnberger Trichter" in unserer Zeit des Ferntourismus und der Tonbandkassetten an Kapital schlagen können!

Prunk statt Andacht
oder
Der Jesuitenstil in der Architektur

Zu keiner anderen Zeit hat die römische Kirche so viele und so prunkvolle Gotteshäuser gebaut wie während der Gegenreformation. Sie waren die architektonische Antwort auf den Purismus der Protestanten. Pathos und Dekoration statt Andacht und innere Erbauung.

Eine der ersten Kirchen in dieser neuen Stilrichtung, die

die Renaissance ablöste und die wir Barock nennen, ist die Jesuiten-Kirche Il Gesu in Rom. Mit ihrem Bau wurde 1568 begonnen; an jenem Platz, neben der Kirche Santa Maria della Strada bei San Marco den 1544 Ignatius von Loyola erworben hatte. Michelangelo hatte bereits 1554 Ignatius versprochen, „aus Liebe zu Gott" diese Kirche der Gesellschaft Jesu zu entwerfen. Der Neunundsiebzigjährige starb jedoch, bevor der Bau ins Planungsstatium gelangte.

Weil die Barock-Architektur an der Kirche Il Gesu zum ersten Mal innen und außen bewußt durchgehalten wurde und weil der Grundriß dieser Kirche mit den zahlreichen seitlichen Kleinkapellen für Sonderandachten bei vielen Kirchen übernommen wurde, haben einzelne Kunsthistoriker der Gesellschaft Jesu eine Art Patenschaft für diese Barock-Architektur angedichtet. Entweder kannten sie sich in der Kunst- oder in der Ordensgeschichte nicht aus.

Ein Blick in die Protokolle der ersten Generalkongregation im Jahre 1558 hätte die Verfechter der Gleichung Barock = Jesuitisch eines Besseren belehrt. Damals wurde beschlossen, daß alle Jesuitenbauten − selbstverständlich auch die Kirchen − weder überladen noch zu prunkvoll oder verschwenderisch sein dürften. Die Pläne für jeden Neubau mußten vom General gebilligt werden. Wie wenig sich die Jesuiten vom Barockrausch mitreißen ließen, zeigte sich in der kurzen Generalszeit des Spaniers Vincenzo Carafa (1646 - 1649). Er ließ aus seinem Amtszimmer alle Bilder entfernen und untersagte eine Sammlung zur Ausschmückung der Kapelle des Ignatius mit dem ausdrücklichen Hinweis, daß er es für richtiger hielte, das Geld den Armen zu geben.

Nein, die Jesuiten haben das Barock nicht erfunden, aber sie verstanden es, diese Stilrichtung zu nutzen. Wenn schon − fanden sie − das Barock sich in Begeisterungstaumel und greller Effekthascherei gefiel, wenn Gold und Marmor den guten Geschmack erdrückten, dann sollte dies alles wenigstens zur größeren Ehre Gottes geschehen. Aus Gotteshäusern wurden Repräsentationsstätten für die

Machtposition Roms. Die Gesellschaft Jesu, die bereits die Standespredigt erfunden hatte, die im Jesuitentheater das Revuehafte betonte, brachte mit diesen Kirchen eine neue Predigtform auf: die Augenpredigt. Nur: ein „Jesuitenstil" war das Barock gewiß nicht.

Goethe, dieser Augenmensch, hat dies gespürt. In seiner „Italienischen Reise" beschreibt er seinen Eindruck vom Inneren barocker Jesuitenkirchen so: „Als Dekoration ist nun Gold, Silber, Metall, geschliffene Steine in solcher Pracht und Reichtum gehäuft, der die Bettler aller Stände blenden muß. Hie und da fehlte es auch nicht an etwas Abgeschmacktem, damit die Menschheit versöhnt und angezogen werde... noch nie habe ich es aber mit so viel Verstand, Geschick und Konsequenz ausgeführt gesehen als bei den Jesuiten. Alles trifft darin überein, daß sie nicht, wie andere Ordensgeistliche, eine alte, abgestumpfte Andacht fortsetzen, sondern sie dem Geist der Zeit zuliebe durch Prunk und Pracht wieder aufstutzten...".

„Dem Geist der Zeit zuliebe", hat Goethe geschrieben, es war nicht nur der Geist der Zeit, es war auch die Anpassung an die Landschaft, die Jesuitenkirchen nie zu Fremdkörpern werden ließen. Die Gesellschaft Jesu hatte für ihre Kirchen zwar Standardmodelle, doch sie paßte sie in Einzelheiten der jeweiligen Umgebung an. An diesen Veränderungen im Detail liegt es, daß uns die Jesuitenkirchen, wie Aachens Michaelskirche, wie Sankt Michael in München oder die Kollegienkirche von Regensburg, Dillingen, Konstanz, Innsbruck, Hall oder Eichstätt nicht wie Fremdkörper im Stadtbild vorkommen. Anpassung – auch in der Architektur eine Stärke des Ordens. In Belgien und Norddeutschland ging es so weit, daß Jesuitenkirchen in Backstein-Gotik errichtet wurden.

Jesuiten haben ihre Kirchen nicht nur geplant, sie haben als Steinmetze, Kunstschreiner, Orgelbauer und Altarbauer mit ihrer Hände Arbeit und ihrem Kunstverstand Zeugnisse des künstlerischen Ausdruckswillens der Gesellschaft Jesu geschaffen.

Doch betrachtet man alle Leistungen auf kreativem Feld, so bleibt auf künstlerischem Gebiet ein Defizit für die Gesellschaft Jesu. Kein Schriftsteller, kein Maler, kein Komponist, kein Architekt, der – sei er nun Angehöriger des Ordens oder nur durch dessen Kollegien beeinflußt worden – hat Überzeitliches aus jesuitischen Geist geschaffen. Diesen künstlerischen Fehlanzeigen stehen auf wissenschaftlichem Gebiet brillante Leistungen gegenüber. Als Gelehrte, Forscher, Historiker, Astronomen und Pädagogen haben Jesuiten mehr geleistet als Angehörige aller anderen Orden zusammengenommen.

Verfrühter Heiligenschein. Auf dieser Darstellung von der Bestätigung der „Gesellschaft Jesu" durch Papst Paul III. (1540) hat der fromme Kupferstecher Ignatius mit Heiligenschein dargestellt. Heilig gesprochen wurde er erst 1622; 66 Jahre nach seinem Tod.

Seine Freunde vermißten in diesem Ignatius-Portrait „das Feuer der Überzeugungskraft in seinen Augen". Gemalt hat es Sanches de Coello, Hofmaler Philipp II. von Spanien. Allerdings nur nach der Totenmaske.

Söhne des Heiligen Vaters beim Sohn des Himmels. Jesuitenmissionare in China. Links: Pater Matteo Ricci, den die Chinesen voller Verehrung „Dr. Li" nannten. Er übersetzte als erster Konfuzius-Texte in Latein und den christlichen Katechismus ins Chinesische.

Kleidete sich nicht nur chinesisch — sondern dachte auch so. Pater Peter Schall aus Köln. Nicht ein christliches Symbol ist auf dem Stich zu sehen! Die Chinesen nannten ihn Jam-Jo-Vam.

Francesco Xavier wurde zu einem der glühendsten Apostel der ignatianischen Lehre.

IX.

AMEN EST OMEN
oder
JESUITEN UND DIE WISSENSCHAFT

„Der Glaube aber befreit die Vernunft von allen Irrtümern und erleuchtet, stärkt und vollendet sie auf wundersame Weise, indem er sie die göttlichen Dinge erkennen läßt."
(Pius IX. in der Enzyklika „Qui pluribus")

„Die Philosophie ist die Magd der Theologie."
(wahrscheinlich Thomas von Aquin — 1225 - 1274)

Missions-Souvenirs
oder
Jesuiten als Exotik-Importeure

Wenn jemand in der Familie Fieber hat, holt heut die besorgte Hausfrau Chinin aus der Apotheke. Ein synthetischchemisches Präparat, wie die meisten Pharma-Erzeugnisse. Stieg zu Großmutters Zeiten das Thermometer auf über achtunddreißig Grad, kaufte sie Chinarinde beim Apotheker oder Drogisten. Urgroßmutters Großmutter wiederum bekämpfte fiebrige Erscheinungen mit Jesuitenpulver, das es beim Kaufmann an der Ecke gab.

Vor dreihundert Jahren schwor man auf dieses probate Mittel. Warum kann man es nicht mehr kaufen? Weil unsere Chinintabletten nichts anderes sind als die chemischen Nachkommen der Chinarinde, die anfangs Jesuitenpulver hieß, denn Patres der Gesellschaft Jesu hatten sie in Indien entdeckt, wo sie von Eingeborenen als Naturmedizin gegen Malaria benutzt wurde. Missionare der Gesellschaft Jesu benutzten sie in China, von dort brachte 1649 ein Jesuiten-Pater die ersten Rinden des Chinchona Succiruba-Baums nach Europa, die bald als bitterschmeckendes „Jesuitenpulver" bei Wechselfieber in keiner Hausapotheke fehlten. Diese Erweiterung der europäischen Arznei-Auswahl war kein Einzelfall. Aus allen Ländern, in denen Jesuiten als Missionare arbeiteten, schickten sie unbekannte Medizin in die alte Welt, deren Heilkunde dadurch neue Behandlungsmethoden entwickeln konnte. Zimt, Nelken, Ingwer, Muskatnuß, Matétee, auch Rhabarber und Vanille brachten die Patres von ihren Missionsreisen mit.

Pater Georg Joseph Kamel († 1706) schickte dem schwedischen Botaniker Carl von Linné, ungeachtet dessen protestantischer Konfession, von den Philippinen das Exemplar einer unbekannten Blume, die der große Pflanzensystematiker in seine Ordnung aufnahm und als Referenz an Pater Kamel „Kamelie" nannte.

Noch heute heißen in einigen französischen Dialekten Truthähne „Jésuits", weil Patres der Gesellschaft Jesu die ersten Exemplare nach Frankreich gebracht haben.

Regenschirme, Sämaschinen, Porzellanfabrikationsformeln und Farbmischrezepte waren die „Abfallprodukte" jesuitischer Missionstätigkeit in aller Welt, die sie — aufgeschlossen für alle Forschung — europäischen Interessenten weitervermittelten. Natürlich wäre die zivilisatorische Entwicklung Europas auch ohne diese exotischen Jesuiten-Importe weitergegangen. Aber um einiges langsamer. Geographie und Ethnographie wären niemals so früh seriöse Wissenschaftszweige geworden, hätte nicht Forscherdrang Jesuiten-Missionare in Abenteuer auf Leben und Tod bei der Erkundung unerschlossener Ländereien gelockt.

Per Pedes Apostolorum
oder
Die Jesuiten und die Geographie

Es waren Jesuiten, die als erste das Innere Nordamerikas, der Mongolei, Chinas, Tibets, Mexikos, Kaliforniens, des

Amazonasgebietes und Äthiopiens erforschten und geographisch erfaßten. Eine vollständige Aufzählung der geographischen Entdeckungen durch Jesuiten-Patres füllte Seiten. Hier die wesentlichsten:

- Pater Jacques Marquette befuhr 1673 als erster zusammen mit sechs Gefährten eintausendsiebenhundert Meilen des Mississippi. Neun Jahre später erforschte ein anderer Jesuiten-Pater den noch unentdeckten Teil dieses Stromes. Im Capitol zu Washington stehen noch heute die Standbilder der beiden Jesuiten-Missionare.
- Pater Eusebio Kühn aus Tirol, der sich in Amerika Kino nannte, entdeckte 1694 die Mündung des Rio Grande und korrigierte durch Augenschein die Vorstellung, Kalifornien sei eine Insel.
- Der tschechische Pater Samuel Fritz bezwang auf sich gestellt die Anden und führte die erste kartographische Vermessung des Amazonas durch. Drei Monate lag er vom Fieber geschüttelt in einer durch Überschwemmung von der Umwelt abgeschlossenen Indio-Siedlung: „Ratten bissen mir in die Füße, zernagten meinen (hölzernen) Löffel und den Griff meines Messers." Als Alexander Humboldt fast ein halbes Jahrhundert später (1799 - 1804) seine berühmte Südamerikareise antrat, waren die Karten von Pater Fritz und die anderer Jesuiten-Missionare in seinem Reisegepäck eine „unschätzbare Bereicherung".
- Der portugiesische Jesuit Antonio de Andrade († 1634) durchquerte als erster Europäer den Himalaya und stieß bis Tibet vor. Er lieferte eine erste, erstaunlich detaillierte Beschreibung dieses Landes.
- Pater Paez († 1662) entdeckte die Nilquellen und Pater Tiefentaller († 1785) gilt wegen seiner exakten Vermessungen als Vater der modernen indischen Geographie.
- Die größte Leistung aller expeditionsfreudigen Patres und eines der kühnsten Unternehmen der Entdeckungsgeschichte überhaupt gelang Pater Bento de Goes, einem

ebenso guten Jesuiten wie Bergsteiger: von Indien aus drang er über den Khaiberpaß, die Pamirpässe, den Wakhierpaß (5 411 m!) durch die mongolische Wüste bis zur Chinesischen Mauer vor. Damit hat er den Landweg von Indien nach China entdeckt! Sein nüchterner Kommentar nach vierjähriger Plackerei: „Die Reise ist sehr lang, sehr schwierig und voller Gefahren gewesen. So soll nie wieder jemand aus der Gesellschaft Jesu sie zu wiederholen suchen."

Genug der Aufzählungen, die nicht dazu verführen darf, zu glauben, aller europäischer Forschermut wäre nur unter dem Siegel der Gesellschaft Jesu anzutreffen und die Missionsreisen wären nur ein Vorwand für Dschungelabenteuer gewesen. Die Patres waren nicht in fremde Länder gekommen, um geographische Ruhmestaten zu vollbringen, sondern um Heiden zu bekehren. Voraussetzung dafür aber war die sprachliche Verständigungsmöglichkeit mit den Eingeborenen, und da auch auf diesem Gebiet des Jesuiten-Prinzip galt, keine Sache halb zu tun, waren die Jesuiten allen Zeitgenossen weit voraus.

Jesuiten schrieben die ersten Grammatiken des Chinesischen, studierten als erste das Sanskrit der Inder, in Brasilien schufen sie ein Wörterbuch mit Ausdrücken, die alle Indianerstämme verstanden und legten damit den Grundstein für die „Lingoa geral", die heute noch als Basisverständigung unter Stämmen dient, die durch Sprachbarrieren getrennt sind. Die ersten Bibelübersetzungen in äthiopisch, persisch, ungarisch und tschechisch besorgten Jesuiten. Für 95 − in Worten: fünfundneunzig! − Sprachen lieferten die Arbeiten der Patres den Grundstock für spätere Wörterbücher und Grammatik.

Das Universalgenie
oder
Pater Athanasius Kircher SJ

Pater Athanasius Kircher (1601 - 1680), der Forscher und Erfinder, war das Allround-Genie der Gesellschaft Jesu. Kein Mann des Studierzimmers, sondern der aktiven Erforschung durch Augenschein.

Als er 1638 die Tiefe europäischer Vulkane auszuloten versucht, läßt er sich in den Schlund des Stromboli abseilen. Ein geophysikalisches Unternehmen, dem er lediglich im letzten Satz seines plastischen Berichts von dieser Höllenfahrt eine religiöse Deutung zu geben versucht: „Unter furchtbarem Heulen stiegen an elf verschiedenen Orten vom Schlund und aus den Seiten des Berges Rauchsäulen empor, untermischt mit fahlen Flammen. Ich bete voll Ehrfurcht die göttliche Allmacht an, und es schauderte mir bei dem Gedanken an die Schrecknisse des Jüngsten Gerichts."

Hübsch gesagt, doch der Eindruck bleibt, daß bei diesem Abenteuer nicht der Zweck die Mittel heiligte, sondern den geologischen Mitteln zur Tarnung ein religiöser Zweck vorgeschoben wurde.

Seine Haupterfindung sichert Pater Kircher einen Stamm- und Ehrenplatz in der Geschichte der Filmtechnik: Der deutsche Jesuitenpater ist der Vater des Kinos. Er erfand zwar nicht, wie meist behauptet wird, die Laterna magica, wohl aber hat er sie durch die Verwendung einer Sammellinse wesentlich verbessert, da durch sie der Lichtstrahl gebündelt wurde und die Bilder schärfer an die Projektionsfläche geworfen werden konnten. In seinem Buch „Ars Magna Lucis et Umbrae" schrieb er 1646 zum ersten Mal darüber.*

---

* Die Urform der Laterna magica, allerdings ohne Sammellinse, die nur mit Sonnenstrahlen arbeitete, hatte Johann Baptist Porta bereits 1589 in seinem Buch „Magie naturalis libri Viginti" beschrieben. Leonardo da Vinci zeichnete bereits eine Laterne mit Konvex-Linse.

Kirchers Vita beginnt wie die vieler Genies mit einer Fehleinschätzung seiner Fähigkeiten durch seinen Lehrer. Ein Schulzeugnis bescheinigt, er sei „von langsamer Fassungskraft". Aber mit achtundzwanzig Jahren ist er bereits Professor der Philosophie und Mathematik an der Universität Würzburg. Sein Weg dorthin ist genau zu verfolgen. Jedes Jesuitenkolleg, das er während seiner Ausbildung besuchte, hatte bei seinem Weggang eine Sonnenuhr, die genauer eingestellt war als vorher.

Der Lebenslauf des Paters beweist, welch ein Säkulum der Wissenschaften das 17. Jahrhundert war: er wird von jedwedem Lehrbetrieb befreit, um sich ganz seinen Forschungen widmen zu können. Anerkennung und finanzielle Hilfe erreichen ihn von allen Seiten. Vierundvierzig Bände umfaßt sein Lebenswerk, als er neunundsiebzigjährig in Rom stirbt.

Ein erfülltes, ein glückliches Leben, sollte man meinen. Allein, sein sehnlichster Wunsch war − zum Segen der Wissenschaft − nicht in Erfüllung gegangen. Er wollte als Missionar „ohne Begleiter und ohne Reisegeld" in die Fremde geschickt werden. General Vitelleschi lehnte Kirchers Gesuch ab. Was auch immer der Grund war − wir können ihm dafür nur danken.

In einem Beitrag für die Ordenszeitschrift „Canisius", die von deutschen Jesuiten zweimal jährlich an Freunde verschickt wird, hat dreihundert Jahre später Pater Franz Lennartz zusammengestellt, was Athanasius Kircher alles entdeckt, erforscht und konstruiert hat:

„Er konstruierte eine der ersten Rechenmaschinen.

Er entdeckt, daß man mittels einer Waage die Stärke eines Magneten bestimmen kann.

Er wußte schon, daß das Meereis beim Auftauen Süßwasser liefert.

Zur Messung der Temperatur verwendete er erstmalig Quecksilber.

Er macht auf die sogenannten psychologischen Farben aufmerksam.

Er kennt schon die Gabelung des atlantischen Äquatorialstromes bei Brasilien und sein Eindringen in den Mexikanischen Golf.

Als Kircher sein erstes großes Sprachrohr ausprobiert, eilen zweitausend Menschen herbei.

Als 1656 in Rom die Pest wütet, untersucht er das Blut eines Kranken und kommt zu dem Resultat, daß „die Pestverbreiter kleine Tierchen sind, so klein, dünn und subtil, daß sie nur durch ein sehr gutes Mikroskop wahrgenommen werden können."

Die Aufzählung ist unvollständig. Sie erwähnt nicht, daß Kircher als erster notierte, welche Faszination Kreidestriche auf Hühner ausüben. Er lieferte damit frühe Überlegungen zur Ursache hypnotischer Effekte.

Sie läßt aber auch jene genial falschen Arbeiten Kirchers aus, in denen ihm ebenso große wie interessante Fehler unterliefen. Den Rekord an Irrtümern dürfte er mit seinem vierbändigen Wörterbuch für die Übersetzung der Hieroglyphen aufgestellt haben. Nicht eine seiner Übersetzungen entspricht dem tatsächlichen Sinngehalt der altägyptischen Zeichen. Schuld daran war nicht Unfähigkeit, sondern Kirchers falsche Ausgangstheorie: er hielt die Hieroglyphen für eine Bilderschrift. Immerhin kam er durch die falsche Voraussetzung auf den Gedanken, eine Zeichenschrift für Taubstumme zu entwerfen.

Auch auf dem ureigensten Gebiet eines Ordensmannes, dem biblischen, lag Kircher mit seinen Theorien im Argen. Da war er ohne jeden Abstrich ein Kind seiner Zeit, die biblischen Angaben nicht nur für wahr, sondern auch für historisch wirklich nahm. Ergebnis solcher Einstellung: Kircher fertigte eine detaillierte Rekonstruktion der Arche Noah an, einschließlich aller sanitären Einrichtungen für Menschen und Tiere sowie eine „exakte" Berechnung, wann sich die Sprachverwirrung beim Turmbau von Babel ereignete. Genau im Jahre 1984, nicht nach Christus, sondern nach Erschaffung der Welt!

Diese wissenschaftliche Fehlleistungen werfen Schlaglichter auf die Grenzen, durch die damals jede Forschung, besonders aber die jesuitische, eingezäunt war. Der Glaube war die höchste Stufe aller Erkenntnis, und jede Forschung diente der Herrin Theologie als Magd.

So blieben auch die fleißigen, klugen und von profunder Sachkenntnis getragenen Ausführungen der Patres im Grunde unwissenschaftlich, denn so weit und klar ihr Blick auch war, sie trugen Scheuklappen. Durch keine der neuen Erkenntnisse durfte die Lehre der Bibel und der Kirchenväter angetastet werden. Damit diente all ihre Forschung nicht dem freien Ausbau menschlichen Wissens, sondern zuförderst und vor allem hatten ihre Entdeckungen das Gedankengebäude der Kirche gegen alle empirischen Forschungsergebnisse zu verteidigen.

„Und sie bewegt sich doch!"
oder
Die Jesuiten und die Astronomie

Auch bei der Wahl ihrer wissenschaftlichen Lieblingsbetätigungen machten die Jesuiten ihrem Necknamen „Himmelsgrenadiere" alle Ehre. Der bestirnte Himmel war eines der Hauptgebiete für ihre Forschungen. Sie betrieben seine Eroberung auf vielfältige Weise.

So versuchte bereits 1670 der italienische Pater Franceso Lanaterzi, nach dem Beispiel Otto von Guerickes, die Luft aus Metallkugeln zu saugen, um mit Hilfe dieser evakuierten Behälter von der Erde abzuheben und über den Boden zu schweben. Der Versuch mißlang. Wahrscheinlich hat dies dem Pater der frühen Aviatik das Leben gerettet! Denn als fünfzig Jahre später der portugiesische Jesuiten-Pater Lorenco Gusmao den „Drang nach oben" erfolgreicher in die Tat umsetzte, indem er in der Gondel unter einem Papierballon Feuer entfachte und mit ihm tatsächlich in die Luft stieg, verhaftete die Inquisition den Himmelsstürmer wegen Zauberei.

Ein halbes Jahrhundert später wiederholten die Gebrüder Montgolfier das Experiment bei Paris. Ob sie für die Idee, Heißluft als Antriebsenergie zu benutzen, Anregungen in den Aufzeichnungen des Paters fanden, ist nicht überliefert. Anders der portugiesische Pater. In seinem Tagebuch schildert er, wodurch er zu seinem waghalsigen Luftabenteuer angeregt worden ist. Als Missionar hatte er in Peru mit eigenen Augen Indianer in solchen Ballons aufsteigen sehen!

Flugpioniere bildeten die Ausnahme unter den jesuitischen Himmelsstürmern. Die Mehrzahl waren Astronomen. Ein fleißiger Pater hat zusammengerechnet, daß in der modernen Mondgeographie zweiunddreißig Jesuitennamen als Bezeichnungen verwendet werden. So trägt ein Mondkrater noch heute den Namen des bayerischen Jesuiten-Paters Christoph Clavius (auf gut deutsch: Christoph Klau). Er war Professor am Collegio Romano (der heutigen Gregoriana) einer der führenden Mathematiker und Astronomen seiner Zeit. Er war maßgeblich an der 1582 unter Gregor XIII. durchgeführten Reform des Julianischen Kalenders beteiligt, die mit einer Bulle vom 24. Februar 1582 in Kraft trat und eine Fehlerspanne von zehn Tagen beseitigte, die sich durch die Zeitspanne seit Cäsar ergeben hatte.

Für seine Himmelsbeobachtungen bediente sich der bayerische Pater eines Gerätes, von dem wir nicht mehr mit Bestimmtheit sagen können, wer es erstmals konstruiert hat. Das Fernrohr war eine jener Erfindungen, die „in der Luft lagen". Auf jeden Fall gehörte der deutsche Jesuiten-Pater Christoph Scheiner zu jenen Bastlern, die erstmals eine Anzahl Linsen so hintereinander anordneten, daß Entferntes nah erschien. 1613 bastelte er nach Keplers Angaben ein Fernrohr. 1630 entdeckte er damit die Sonnenflecken.

Kepler wiederum, ein überzeugter Protestant, der den katholischen Glauben für „Unkraut unter dem wahren Weizen apostolischer Lehre" hielt, bekam sein erstes Fernrohr vom Jesuiten-Pater Zuechi geschenkt. Solche Unterstützung von ungewohnter Seite war für Kepler nicht nur wissenschaftlich, sondern auch moralisch von größtem Wert, denn seine protestantischen Glaubensgenossen beobachteten seine Forschungen voller Mißtrauen und brachten gegen sie die gleichen biblischen Argumente vor, deren sich später auch die Inquisition bediente.

Nicht nur in katholischen, auch in protestantischen Landen war es riskant, mit neuen Theorien an dem alten Lehrgebäude zu rütteln. Die Engstirnigkeit borniter akademischer Kollegen kannte keine konfessionellen Grenzen. Musterbeispiel dafür war der Domherr Nicolas Copernicus. Bereits 1507 hatte er seine Version niedergeschrieben, nach der sich alle Planeten, einschließlich der Erde, um die Sonne drehten. Dies war genau das Gegenteil von dem, was die gültige Lehre behauptete, die auf Aristoteles (384 - 322) und Ptolemäus (ca. 140 n.Chr.) basierte. Beide vertraten die Ansicht, Sonne, Mond und Sterne drehten sich um die Erde.

Copernicus' Angst, wegen seiner entgegengesetzten Theorie „ausgelacht und von der Bühne gezischt" zu werden, war so groß, daß er sein Manuskript sechsunddreißig Jahre nicht zur Veröffentlichung freigab! Erst als Papst Clemens VII., selbst astrologisch interessiert, Copernicus „höchst nachdrücklich" bitten ließ, seine „Entdeckung der gelehrten Welt zugänglich zu machen", gab er den Text zum Druck frei. 1543, im Todesjahr des Copernicus, wurde es veröffentlicht.

Herausgegeben hat das Werk Andreas Osiander, ein lutherischer Theologe, der in seinem Vorwort die Lehre Copernicus' ablehnte und bestritt! Osiander war kein Einzelfall. Bei der Aufregung um den Prozeß gegen Galileo Galilei wird meist übersehen, daß die Ablehnung des heliozentrischen Systems (Erde dreht sich um die Sonne) keine katholische Spezialität war, sondern daß auch führende Protestanten, Luther selbst, aber auch Melanchthon und Osiander, nicht wahrhaben wollten, daß sich die Erde um die Sonne dreht.

Einige Kulturgeschichten stellen die Veröffentlichung der copernicanischen Schrift „De revolutionibus orbium coelestium"* als aufsehenerregende Großtat heraus. Sie hat weder Aufsehen erregt, noch war sie eine Großtat. Sie besaß nämlich zwei wissenschaftliche Schönheitsfehler. Sie steckte voller magischer und mystischer Bezüge, vor allem aber blieb sie den Beweis schuldig. Sie war eine Hypothese, deren Überlebenschance nur darin bestand, daß spätere Astronomen sie zu beweisen in der Lage sein würden. Achtzig Jahre verstaubte die Schrift in Bibliotheken, bis ein italienischer Astronom glaubte, den Beweis für diese Theorie erbringen zu können. Es war der 1564 in Pisa geborene Galileo Galilei.

Auch er hat lange gezögert, sich zum „Erde dreht sich um die Sonne"-System des Copernicus zu bekennen. Erst als er durch die Entdeckung der Jupitermonde beweisen konnte, daß die Erde nicht für alle Himmelskörper der Mittelpunkt ist, trat er öffentlich für die Theorie ein. Das aber scheuchte die Theologen beider Konfessionen auf. Denn Galilei, damals fünfzig Jahre alt, war nicht irgendwer, sondern als Mathematiker am Hofe des Herzogs von Florenz ein angesehener Astronom. Aber wenn selbst jemand wie er sich zu Copernicus bekannte, reichte das für viele seiner Kollegen immer noch nicht aus! Einige lehnten es sogar ab, Galileis Theorie zu überprüfen. So entgingen sie der Gefahr, etwas bestätigen zu müssen, was gegen die gültige Ansicht war.

Es muß für Galilei eine große Genugtuung gewesen sein, als ein führender Kopf der damaligen Astronomie seine mathematisch-astronomischen Berechnungen nachprüfte, sie an Exaktheit überbot und schließlich bestätigte. Der Name des Mannes war Christoph Clavius, jener sternkundige deutsche Jesuiten-Pater, der bereits erwähnt wurde. Tatsächlich: ein Jesuit bestätigte Galileis Berechnungen.

In diesem Satz ist das Wort „Berechnungen" wichtig.

---

* „Über die Umläufe der Himmelskörper".

Diese bestätigte der Pater, aber nicht Galileis Theorie! Galilei beachtete diesen feinen Unterschied nicht, er genoß es, fachkundige Gesprächspartner bei den Patres gefunden zu haben. Bald war er in dem Römischen Kolleg der Gesellschaft Jesu ein gern gesehener, hochgeehrter Gast. Papst Paul V. empfing ihn, und beide diskutierten auf hohem fachlichem Niveau. Auch der folgende Papst Urban VIII. wurde interessierter Gesprächspartner Galileis, ja, beide Männer soll Freundschaft verbunden haben.

Jesuiten und Päpste als Freunde Galileis. Spätestens an dieser Stelle werden viele Leser ihre Köpfe schütteln. Schließlich haben wir in der Schule gelernt, daß Galilei wegen seines Eintretens für die copernicanische Theorie von der Inquisition in den Kerker geworfen und unter Folterung zur Rücknahme seiner Behauptungen gezwungen wurde. Der Prozeß gegen Galilei gilt als eines der großen Beispiele für die Vergewaltigung des freien Geistes durch die Kirche. Moralischer Sieger jedoch blieb Galilei, der zwar abschwor, gleichzeitig aber – ein Marquis Posa der Wissenschaft – dem Gericht sein „E pur si muevi!" („Und sie bewegt sich doch!") entgegenschleuderte. Erst seit einigen Jahren wissen wir: So ist es nicht gewesen. Jahrzehntelang haben Dominikaner Material gesichtet – darunter Dokumente aus den geheimen Archiven des Vatikans, die erst jetzt zur Einsicht freigegeben wurden – und danach eine belegbare Darstellung der Vorgänge um Galilei präsentiert. Dies sind die wesentlichsten Punkte des Berichts:

· Es gab zwei Prozesse gegen Galilei. Der erste beschäftigte sich mit der theologischen Gefahr, die Galileis Theorie heraufbeschwor, der zweite, ein Inquisitionsprozeß, untersuchte den persönlichen Glauben des Galileo Galilei.
· Galilei war weder im Kerker noch wurde er gefoltert. Mit seinem Diener bewohnte er als Gefangener der Inquisition eine Drei-Zimmer-Wohnung mit Blick auf die vatikanischen Gärten.

- Der Satz „und sie bewegt sich doch" fiel nicht während des Prozesses. Er wurde Galilei einhundertachtundzwanzig Jahre später in den Mund gelegt — von dem französischen Jesuiten-Abbé Trailh.
- Der geistige Meuchelmord jesuitischer Finstermänner am aufrechten Forscher fand zwar nicht statt, doch sind Jesuiten am zweiten Prozeß gegen Galilei und an seiner Verurteilung beteiligt gewesen.
- Wie bei vielen Gerichtsverfahren scheint auch bei diesem Jahrhundert-Prozeß die Vorgeschichte interessanter als die Gerichtsakten.

Dies war die Vorgeschichte: Galilei schwamm auf einer Woge der Zustimmung. Er hielt seine und des Copernicus' Theorie für bewiesen. Als befreundete Jesuiten ihn darauf aufmerksam machten, daß dies nicht der Fall sei und die Kirche seine Theorie, solange er den Beweis dafür schuldig bliebe, nur als Arbeitsformel akzeptieren könne, polterte Galilei — er war ein Grobian — alle, die nicht an das Copernikanische System glaubten, seien „ geistige Pygmäen, die es kaum verdienten, menschliche Wesen genannt zu werden".

Dabei war ihm mit dem Hinweis auf eine „Arbeitsformel" ein Weg gezeigt worden, wie er seine Forschungen ungestört hätte fortsetzen können. Doch Galilei ging nicht über diese Brücke, sondern verlangte, seine Gegner sollten ihm beweisen, daß seine Theorie falsch sei. Eine unsinnige und unakademische Forderung.

Seine Theorie war in der Welt, die Kirche mußte sich mit ihr auseinandersetzen. Die Meinung seiner Jesuitenfreunde war Galilei bekannt. Kardinal Robert Bellarmin, einer der besten Köpfe der Gesellschaft Jesu in dieser Zeit, hatte am 4. April 1615 an Galileis Schüler Foscarini geschrieben: „Es scheint mir, daß Sie und Galilei gut daran täten, nicht absolut, sondern ex suppositione (hypothetisch) zu sprechen, wie es meiner Überzeugung nach Copernicus selbst getan hat...", dann wird der Kardinal so konkret, wie man es für einen Kirchenmann seines Jahrhunderts kaum für möglich hält: „Wenn ein echter Beweis dafür vorhanden wäre, daß die Sonne im Zentrum des Universums sich befindet, und daß nicht die Sonne um die Erde, sondern die Erde um die Sonne sich drehe, dann müßten wir bei der Auslegung jener Bibelstellen, welche das Gegenteil zu besagen scheinen, größte Vorsicht walten lassen und lieber sagen, wir verständen sie nicht, als eine Anschauung für falsch erklären, die als wahr bewiesen wurde. Ich bin indessen der Meinung, es gäbe keinen solchen Beweis, da mir keiner vorgelegt wurde."

Mit dieser Darstellung begnügte sich schließlich auch das Inquisitionsgericht im ersten Prozeß, der sich mit der Theorie des Galilei beschäftigte.

Galilei nahm sich Bellarmins Rat zu Herzen. Allerdings auf hinterhältige Weise. Er stellte zwar – wie vorgeschlagen – seine Copernikanische Himmelskörper-Bewegungslehre als Hypothese dar, tat dies aber auch mit der gültigen, von der Kirche anerkannten Lehre, nach der sich die Sonne um die Erde drehte. Er „degradierte" sie damit ebenfalls zur Theorie. Die Schrift, in der er beide Hypothesen gegeneinander ausspielte, schrieb er in Dialogform, ein damals oft angewandter Kunstgriff. In diesem Falle war es außerdem ein kluger Schachzug, denn dadurch befolgte Galilei in Form und Inhalt die Auflagen, die das Dekret vom 5. Mai 1616 des Heiligen Offizium* verlangt hatte. Durch dieses Dekret war es zwar verboten, die Erde als Stern zu bezeichnen, und die Lehre von der Bewegung der Erde wurde als „falsch und in allen Punkten der Heiligen Schrift widersprechend" verurteilt, aber die Gegenüberstellung verschiedener Ansichten war nicht verboten. Genau das hatte Galilei in seiner Schrift getan. Für keinen seiner drei Gesprächspartner hatte er Partei ergriffen. Meinte er jedenfalls.

---

* Das Heilige Offizium wurde 1542 als Nachfolger der Inquisition gegründet. Es hat die Aufgabe, alle Abweichungen von der katholischen Lehre zu verurteilen. Der von ihm herausgegebene Index verbotener Bücher erschien bis 1966. Das Offizium ist inzwischen aufgelöst.

Aber das war naiver gedacht, als die Inquisition* erlaubte. Dem Verteidiger des offiziellen, von der Kirche gestützten Weltbildes hatte Galilei den Namen „Simplicius" gegeben, dessen törichte Argumente seinem Namen alle Ehre machten. Neider und Gegner Galileis flüsterten dem Papst ein, sein „Freund" Galilei habe mit diesem Dummkopf ihn gemeint. Daraufhin wurde Galilei — auch Päpste sind nicht gegen Eitelkeit gefeit — am 12. April 1633 erneut vor ein Inquisitionsgericht zitiert. Der Siebzigjährige kniete im Büßerhemd im Kollegiensaal des Klosters Santa Maria Spora Minerva vor seinen Richtern.

Da es bei Inquisitionsprozessen keine Anklageschrift gab, erfuhr er erst vor Gericht, wessen er beschuldigt wurde: Ketzerei. Er sei durch seine Schrift in seinem persönlichen Glauben von der Lehrmeinung der Kirche abgewichen. An diesem zweiten Prozeß waren Jesuiten als Ankläger beteiligt, und als Anklagedokument diente dem Gericht eine Gesprächsnotiz Bellarmins aus dem Jahre 1616. Aus ihr ging hervor, daß Bellarmin Galilei verboten hatte, die Copernikanische Lehre „in irgendeiner Weise fortzuhalten noch zu verteidigen oder zu lehren". Da zeigte sich wieder einmal, wozu eine geordnete Ablage gut ist! Jahrzehnte später zauberte man aus ihr zur rechten Zeit das richtige Schriftstück.

Galilei kroch zu Kreuze, schwor der Lehre ab, „daß die Sonne der Mittelpunkt der Welt und unbeweglich und die Erde nicht Mittelpunkt sei und beweglich", außerdem gelobte er, „daß ich geglaubt habe, jetzt glaube und mit Gottes Hilfe auch in Zukunft glauben werde, alles, was die Heilige Katholische und Apostolische Römische Kirche überliefert, predigt und lehrt".

Die Kirche hatte erreicht, was sie wollte. Galilei schwieg

---

* Die Inquisition ist eine Einrichtung der Dominikaner, an der sich später auch die Franziskaner beteiligten. Jesuiten haben sich — bis auf einen Inquisitor ihres Ordens in Portugal — nie daran beteiligt. Ignatius und einige andere waren Opfer der Inquisition und ihrer oft barbarischen Methoden.

von nun an, und die Gestirne liefen wieder so, wie es die Kirche wollte. Galilei bekam wegen seiner Bußfertigkeit (sagt die Kirche), wegen seines Meineids (sagen die Wissenschaftler) die Kerkerhaft erlassen; als „heilsame Buße" wurde ihm lediglich auferlegt, „in den drei folgenden Jahren wöchentlich einmal die sieben Bußpsalmen zu sprechen".

Die Diskrepanz zwischen Glauben und Wissen war damit zwar vertuscht, aber aus der Welt war sie nicht. Mit diesem Prozeß war die Trennung von Naturwissenschaft und Theologie vollzogen. Die Einengung der freien Forschung war für Jahrhunderte festgemauert. Gedacht und erforscht durfte nur werden, was in das Weltbild der Römischen Kirche paßte. Doch die Wissenschaftler hielten sich immer weniger daran, und von Jahrhundert zu Jahrhundert wuchs der Schatten des siebzigjährigen Galilei mehr und mehr, bis schließlich Johannes Paul II. 1979 erklärte, Galilei sei „ein Mann des Glaubens" gewesen, der „viel durch die Männer und Organe der Kirche zu leiden hatte". Er ging noch einen Schritt weiter, er beauftragte eine vatikanische Kommission mit der Untersuchung der Prozeßakten des Falles Galilei, „damit" — Originalzitat Johannes Paul II. — „Fehler erkannt werden können, von wem auch immer sie begangen wurden". Anfang Mai 1983 empfing der Papst eine internationale Wissenschaftlergruppe bei einer Audienz im Vatikan. Die Teilnehmer waren handverlesene, erste Wahl: Forscher aus Großbritannien, China, Italien, der Sowjetunion und den USA, unter ihnen dreiunddreißig Nobelpreisträger, flankiert von zweiundzwanzig Kardinälen. Wie erwartet, nahm Johannes Paul II. vor diesem Auditorium Stellung zum Skandal Galilei und dem Riß, der seitdem zwischen Kirche und Wissenschaft klafft. Nachstehend die Kernsätze aus der Ansprache des Papstes:

„Wir geben zweifellos zu, daß er seitens der Organe der Kirche zu leiden hatte."

Sicher ist, „daß die Erfahrung, die die Kirche anläßlich und nach der Affäre Galilei gemacht hat, eine Reifung und ein tieferes Verständnis der ihr eigenen Autorität mit sich gebracht hat".

Es kam noch deutlicher: „...die Kirche ist überzeugt davon, daß es zwischen Wissenschaft und Glaube keinen wirklichen Widerspruch geben kann, da jede Wirklichkeit letztendlich von Gott, dem Schöpfer herkommt."

In diesen Sätzen steckt – aus der Perspektive des Heiligen Vaters – ebensoviel Bekennermut wie Verklausulierung. So war das Echo aus den Reihen der Wissenschaftler denn auch eher verhalten. Einige meinten, es sei wohl mehr um eine Rehabilitierung der Kirche gegangen als für Galilei.

Er kam indirekt durch die Nachforschungen in den Geheimarchiven des Vatikans ebenfalls noch einmal zu Wort. Unter den Niederschriften seines Prozesses fand sich ein Stück Papier, dessen wenige Worte zu den erschütterndsten Dokumenten menschlicher Hilflosigkeit gegenüber einer anonymen Organisation gehören. Mit zittriger Hand hat der Greis Galilei auf diesem Papier seinen Inquisitionsrichtern geschrieben: „Ich bin in Euren Händen. Tut mit mir, was Euch beliebt."

Ein anderer, tragischerer Galilei spricht aus diesen Worten als der Bilderbuch-Heros des „Und sie bewegt sich doch". Ein menschlicherer Galilei. Für mich ist dieser Zettel wichtiger als alle anderen Dokumente, die durch die Fleißarbeit der Dominikaner ans Licht der Öffentlichkeit kamen und die doch nur belegen, was ohnehin bekannt war: Der Fall Galilei ist alles andere als ein Ruhmesblatt kirchlicher Aufgeschlossenheit.

Wie engstirnig bis weit ins 19. Jahrhundert wissenschaftlicher Arbeit kirchliche Grenzen gesetzt waren, dafür liefern die astronomischen Forschungen der Jesuiten ein beschämend trauriges Beispiel. In fünfzehn Städten um den Erdball unterhielt die Gesellschaft Jesu Observatorien, nämlich in Marseille, Lissabon, Prag, Wien, Mailand, Florenz, Parma, Pont-à-Mousson, Graz, Lemberg, Tyrnau, Wilna, Schwetzingen, Mannheim, Peking. Doch so sehr auch die Teleskope verbessert wurden — bis 1822 durfte nichts entdeckt werden, das die Copernikanische Theorie bestätigt hätte! Erst von diesem Jahr an galt das Index-Verbot nicht mehr für Bücher, „in welchen von der Beweglichkeit der Erde und der Unbeweglichkeit der Sonne gemäß der allgemeinen Ansicht der mondernen Astronomen gehandelt werde".

Kaum durften die Patres ohne Zensur-Scheuklappen ihre Fernrohre zur Milchstraße richten, schon entdeckte einer der ihren, der Pater Franz von Vigo, die beiden erdnächsten Saturn-Satelliten, deren Existenz die Kirche seit 1822 erlaubte.

Doch auch heute noch ist die Auffassung nicht ausgeräumt, daß im Konflikt zwischen einer Lehre der Kirche und beobachtbaren, erwiesenen Tatsachen die Kirchenlehre recht hat und nicht die Fakten. Getreu dem Grundsatz: Umso schlimmer für die Tatsachen, wenn sie mit der Kirchenlehre nicht übereinstimmen. Wie sehr dies noch immer gilt, zeigt ein Fall mit beschämender Deutlichkeit: die Aktion der Kirche — des Ordens? — gegen die Forschungen des französischen Jesuiten-Paters Pierre Teilhard de Chardin.

Die Erbsünde
oder
Der Teilhard de Chardin-Skandal

Pierre Teilhard de Chardin (1881 - 1955), französischer Jesuit, Paläontologe, Philosoph und Theologe mit internationaler Reputation, beschäftigte sich mit Fragen der Evolution, also der organischen Entwicklung des Universums als ein gewachsenes, organisiertes Ganzes. Er suchte nach einer Synthese des christlichen Schöpfungsgedankens mit der anthropologisch verstandenen Evolution.

Dabei ging er davon aus, daß am Anfang der Entwicklung ein potentielles Sein als Gegenpol zu Gott existiert haben könne. Das aber hieß, daß Gott bei der Schöpfung nicht absolut frei hätte handeln können.

Kühne, aber überlegenswerte Gedanken. Pater Teilhard brachte sie zu Papier, veröffentlichen aber durfte er sie nicht. Pius XII. fand, daß sie mit der traditionellen Lehre der Kirche unvereinbar seien.

Der Fall liegt klar: Wenn ein Pater der Gesellschaft Jesu als Naturwissenschaftler die Meinung vertritt, die Entwicklung des Universums sei wissenschaftlich belegbar, muß er damit rechnen, mit dieser Ansicht in seiner Kirche auf Widerstand zu stoßen. Wenn – wie hier geschehen – der Heilige Vater die Erkenntnisse des Naturforschers Teilhard de Chardin mit der Lehre der Kirche unvereinbar hält, dann hat sich der Jesuit Teilhard de Chardin zu fügen und seine Schriften in der Schublade zu verschließen. So weit ist alles zwar nicht gut, aber doch verständlich.

Teilhard, ein Wissenschaftler unseres aufgeklärten Jahrhunderts, reihte sich in die Reihe demütiger Jesuiten ein, die sich durch die Jahrhunderte zieht. Er beugte sich den Anordnungen seiner Oberen. Dieser gefragte Disskussionsredner, diese Kultfigur der Philosophiestudenten, dieser Denker mit dem Vokabular eines Dichters akzeptierte, daß seinem Hauptwerk „Le Milieu Divine" die Druckerlaubnis entzogen wurde. Kardinal Merry del Val, damals Sekretär des Heiligen Offiziums, verlangte außerdem, Teilhard solle seine Ansichten über die Erbsünde schriftlich widerrufen.

Teilhard de Chardin hat widerrufen. Wissend, daß er sich damit vor seinen wissenschaftlichen Kollegen der Lächerlichkeit preisgab. Ohne Widerspruch befolgte er auch die „Bitte" seines Generals und ließ sich ans andere Ende der Welt, nach China, verschicken. Von 1923 an lebte er fast dreißig Jahre im Reich der Mitte. Während dieser Zeit war er an der Entdeckung des „Sinanthropus Pekinensis" beteiligt und schrieb von dort so mutige Sätze wie: „Ich finde soviel Schönes außerhalb des Katholizismus, was man nicht gehen lassen kann, was man unbedingt hereinholen muß, das wir anerkennen müssen..."

Solche Gedanken brachten natürlich den alten Vorwurf, Jesuiten-Missionare hätten sich schon immer viel zu weit in die Kulturen der Heiden hineingedacht, wieder auf den Plan. Aber statt sich zu Teilhards Gedanken und der eigenen Vergangenheit zu bekennen, nabelte sich die Gesellschaft Jesu von Teilhard de Chardin ab und sprach mit Erklärungen wie „die Gesellschaft Jesu ist kein Orden von Bahnbrechern" der vierhundertjährigen eigenen Geschichte Hohn. Die Jesuiten, ohnehin ohne rechte Selbstdarstellung in jenen Jahren, beugten sich wieder einmal in bedingungslosem Gehorsam vor der Entscheidung des Heiligen Vaters, statt sich den Auseinandersetzungen mit Naturwissenschaftlern zu stellen.

Das alte Lied — durch Teilhard de Chardins Schreibverbot wurde es um eine Strophe länger. Je strenger etwas verboten ist, desto mehr wird es unter der Hand verbreitet. So kursierten bald quer durch Europa hektographierte Texte von ihm mit Sätzen wie: „Es gibt eine Gefahr, eine große, daß man aus Liebe zu den göttlichen Dingen die Erde vergißt, und das wäre der Tod. Und das ist unser Problem und mein Problem", oder jenen, den er als Soldat im Ersten Weltkrieg geschrieben hat: „Es wird uns vielleicht gelingen, auf den Mond hinaufzukommen, aber was haben wir davon? Da können wir nur vorauserleben, was unser aller Schicksal ist."

Pater Teilhard hat die offiziellen wie die inoffiziellen Querelen mit bewundernswerter Gelassenheit ertragen. Das Äußerste, was er an Kommentar abgab, war die Erklärung, er könne „an den sofortigen und greifbaren Wert offizieller Direktiven und Entscheidungen nicht mehr glauben". (Welch feine Nuance! Es ist nur vom *„sofortigen* und *greifbaren* Wert" die Rede!) Natürlich wurden die Werke Teilhard de Chardins nach seinem Tode doch veröffentlicht.

Sind diese offiziellen Fakten schon wenig positiv für den Jesuiten-Orden, so kommt das, was an Hintergrundinformationen durchsickerte, einer moralischen Bankrott-

Erklärung gleich. Pater Teilhard soll sowohl in Paris wie in China nach Methoden bespitzelt worden sein, die jeder Geheimpolizei einer Diktatur zur Unehre gereichten. Manuskripte sollen von seinem Schreibtisch verschwunden und — welch ein Zufall — in Rom aufgetaucht sein, wo sie Zeile für Zeile geprüft wurden. Ein unbequemer Denker wurde der permanenten Kontrolle des „Großen Bruders" George Orwell'scher Prägung ausgeliefert.

Der Pater, der diesen Teil des Manuskriptes las, schrieb an den Rand: „Das alles sind Hintertreppen-Geschichten." Hoffen wir's, denn allein schon der Entschluß, mit einem Druckverbot unbequeme Meinungen zu unterdrücken, macht den Fall Pierre Teilhard de Chardin zu einem unrühmlichen Kapitel der jüngsten Ordensgeschichte.

Die folgende ist *keine* Hintertreppen-Geschichte, sondern offizielle Verlautbarung aus dem Vatikan: 1962, also sieben Jahre nach Pierre Teilhard de Chardins Tod, wurde sein Werk mit einer kirchlichen Rüge belegt. Zu seinem einhundertsten Geburtstag 1981 wurde sie weitgehend zurückgenommen. Immerhin ein Beweis, daß man auch in Rom zu lernen bereit ist. Im Fall Galilei brauchte man für den Sinneswandel noch dreihundertfünfzig Jahre.

Und Teilhards Orden, die Gesellschaft Jesu, wie reagierte sie? Pedro Arrupe, der 1965 zum Ordensgeneral gewählt worden war, setzte sich als erster offiziell für die Rehabilitierung seines „falsch" denkenden Paters ein. Er erklärte: „Es ist möglich, daß er (Teilhard) nicht all die Auswirkungen und Folgen voraussah, die sich aus einigen seiner Ansichten ergeben konnten. Es muß jedoch betont werden, daß die positiven Elemente die negativen oder anfechtbaren in der Arbeit Pater Teilhards bei weitem überwiegen... Es ist unmöglich, den Wert der Botschaft Teilhards für unsere Zeit nicht zu sehen." Noble Worte. Für Pater Teilhard kamen sie zu spät. Er starb 1955 in New York.

Arrupes Ehrenerklärung wurde 1966 veröffentlicht. Aber für die Gesellschaft Jesu kam sie nicht zu spät. Einige Jesuiten verstanden sie als Signal, aus ihrem Orden doch (wieder) eine Gemeinschaft von Bahnbrechern zu machen. Darüber mehr im letzten Kapitel.

Inzwischen wurde Pater Teilhard mit einer ungewöhnlichen Auszeichnung bedacht: 1982 brachte das Postministerium der englischen Kanalinsel Jersey eine Briefmarke ihm zu Ehren heraus. Sie zeigt sein Porträt mit römischem Kragen, einem Tropenhelm, einem Gesteinshammer und die für ihn typische Geologentasche. Vor allem aber sein so lange verbotenes Buch „ Le Phénomène humain" mit deutlich lesbarem Titel.

Es entbehrt nicht der Komik, wenn in der 1983 erschienenen offiziellen Festschrift der Gesellschaft Jesu, „Jesuiten", diese Briefmarke abgebildet und Pater Teilhard mit den Worten vorgestellt wird: „Sein Ruf ist in der ganzen Welt ausreichend bekannt; es bedarf keiner weiteren Einführung."[*]

Auf diplomatische Formulierungen haben sich die Patres der Gesellschaft Jesu schon immer verstanden.

---

[*] Die Briefmarke mit Teilhard de Chardin, der eine Zeit lang auf Jersey gelebt hatte, war auch politisch nicht ohne Anspielung. Sie gehörte zu einer Serie „Links with France". Mit ihr dokumentiert die britische Insel ihre Verbundenheit mit Frankreich.

X.

DREISPITZ UND DREIFALTIGKEIT
oder
DAS CORPS DIPLOMATIQUE DER JESUITEN

"Wenn die Mitglieder der Gesellschaft Jesu so weiter machen, dann wird, was Gott verhüten möge, der Tag kommen, an dem die Könige Europas wünschen, ihnen entgegenzutreten, dazu aber nicht mehr in der Lage sind."
(Melchior Cano, spanischer Dominikaner — 1549)

"Wer verlangt, daß mit offenen Karten gespielt wird, hat gewöhnlich alle Trümpfe in der Hand."
(Graham Greene)

Irdische Macht — ein himmlisches Vergnügen
oder
Jesuitendiplomatie in deutschen Landen

Glauben Sie niemandem, der Ihnen einzureden versucht, die Jesuiten seien es gewesen, die den Dreißigjährigen Krieg — den ersten um Glaubensfragen — vom Zaun gebrochen hätten.

Doch zweifeln Sie genauso, wenn man Ihnen beweisen will, daß an diesem Völkermord die Jesuiten unschuldig wie Lämmlein gewesen seien, da zur damaligen Zeit die Kapuziner und Franziskaner an den Höfen viel stärker vertreten gewesen wären als die Gesellschaft Jesu.

Wie meist, liegt auch hier die Wahrheit in der Mitte: Die Jesuiten waren tatsächlich zahlenmäßig viel schwächer als die anderen Orden, aber dafür saßen die Angehörigen der Gesellschaft Jesu in Schlüsselstellungen. Stärker als die anderen Orden konnten sie die Herrscher indirekt durch deren Erziehung und direkt durch ihre Positionen beeinflussen.

Indirekt beeinflußt waren beispielsweise die beiden großen Feldherren dieses Krieges, Tilly und Wallenstein, beide waren Jesuiten-Zöglinge, und ihre Frömmigkeit trieb oft seltsame Blüten. So taufte zum Beispiel Tilly seine zwölf schwersten Geschütze auf die Namen der zwölf Apostel.

Direkten Einfluß hatten die Jesuiten auf Ferdinand II. (1578 - 1637), Kaiser des Heiligen Römischen Reiches Deutscher Nation. Nicht nur weil er im Jesuiten-Kolleg zu Ingolstadt erzogen worden war, sondern weil er auch in politischen Fragen auf den Rat seines Beichtvaters, des Luxemburger Jesuiten-Paters Wilhelm Lamormaini, hörte.

Ohne Frage, ein außerordentlicher Mann, hochbegabt, integer und von spartanischem Lebensstil. So weigerte er sich, an höfischen Festen teilzunehmen und nahm selbst vom Kaiser keinerlei Geschenke an. Seine Loyalität — oder sein Machtgelüst? — ließ ihn gelegentlich die politischen Angelegenheiten seines Beichtkindes wichtiger nehmen als die Sorge um dessen Seelenheil. Der Ordensgeneral mußte ihn und den Beichtvater Maximilians von Bayern daran erinnern, daß sie die Interessen der Gesellschaft Jesu und nicht die ihrer Herrscherhäuser zu vertreten hätten. Aus Beichtvätern waren Diplomaten geworden.

Wer in Lamormainis Wiener Wohnung kam, fühlte sich eher in die Dienststelle eines Kanzlers des Heiligen Römischen Reiches Deutscher Nation versetzt, als in die Zelle eines Jesuitenpaters. Bis unter die Decke stapelten sich Briefe und Aktennotizen aus allen Bereichen des politischen Lebens. Jeder Diplomat wußte, daß der Weg zum Kaiser nichts nützte, wenn nicht vorher Lamormaini konsultiert worden war. Seine Informationen waren lückenlos, sein Rat ausgewogen, sein Einfluß auf den klugen Kaiser bedeutend.

Solche Machtfülle mußte Neider und Gegner auf den Plan rufen. Sie beschwerten sich in Rom beim Ordensgeneral Muzio Vitelleschi über Lamormainis politische Schlüsselposition und ließen durchblicken, daß es Dokumente gäbe, die seine Mitwisserschaft bei der Ermordung Wallensteins belegten. (Bis heute gibt es dafür jedoch keine Belege.) Der General war in der Zwickmühle – der Orden konnte und wollte nicht auf Lamormaini und seine Informationen verzichten, andererseits konnten die Vorwürfe nicht einfach unter den Teppich gekehrt werden. Was tun? Vitelleschi schrieb Lamormaini einen Brief, der mit einem Vorschlag schließt, der jedem, der Sinn für „jesuitische Lösungen" hat, ein anerkennendes Schmunzeln abnötigt.

„Man tadelt", schreibt der General, „Ihren großen brieflichen Verkehr, und obwohl ich darin an und für sich nichts Tadelnswertes sehen kann, scheint es mir doch angemessen, dieses Briefarchiv entweder ganz zu entfernen oder es doch wenigstens durch einen Vorhang den Augen der Besucher zu entziehen."

Perfekte Abwandlung der Spruchweisheit: „Was ich nicht weiß (in diesem Falle sehe), macht mich nicht heiß." So geschah es denn auch, und Lamormaini ließ Vorhänge vor seinen Regalen anbringen und blieb dreizehn Jahre in unmittelbarer Nähe des deutschen Kaisers. Zum Nutzen des Reiches, des Ordens und der Kirche, die Ende des 16., Anfang des 17. Jahrhunderts besonders fähige Diplomaten brauchte, um ihre politische Position gegen den in allen europäischen Staaten aufblühenden Nationalismus zu verteidigen. Daß dies längere Zeit nicht nur im Deutschen Reich und den katholischen Staaten Italien, Spanien und Portugal gelang, sondern auch in den Ländern mit verschiedenen Konfessionen, ist das Verdienst von Jesuiten, die erkannt hatten, daß Europas Herrscher nicht mehr mit Direktiven aus Rom, sondern nur noch durch Ratschlag und Information gelenkt werden konnten.

Paris ist eine Messe wert
oder
Die Jesuiten in Frankreich

Vom ersten Tag ihrer Zulassung im Jahre 1561 haben sich die Jesuiten in Frankreich schwer getan. Vor allem die Professoren der Sorbonne und das Parlament waren gegen die Patres. Das hatte hauptsächlich politische Gründe, die aus der selbstbewußten Haltung der französischen Könige dem Papst gegenüber resultierten. Paris war ihnen immer wichtiger als Rom. So untersagte zum Beispiel Karl IX. seinen Bischöfen, an der dritten Session des Konzils von Trient teilzunehmen.

Als es schließlich zur Spaltung in Katholiken und Hugenotten* kam, war es nur noch eine Frage der Zeit, wann das französische Pulverfaß explodieren würde. Am Morgen des 24. August im Jahre 1572, als die Glocken der Kirche St. Germain L'Auxerrois läuteten, zündete der Sprengsatz. Es war Bartholomäustag, und er sollte, wäre es nach Katharina von Medici gegangen, ein Tag der Aussöhnung werden. Um das Wohlwollen der Hugenotten zu gewinnen, hatte sie die Heirat ihrer Tochter Margarethe von Valois mit Heinrich von Navarra, dem nominellen Führer der Hugenotten, arrangiert. Heinrich hatte nach Katharinas Kindern als erster einen Anspruch auf den Thron Frankreichs.

Aus der Versöhnung wurde die berühmte Bluthochzeit, weil Katharina von Medici (und nicht ihr Sohn, Karl IX., wie oft zu lesen ist) den Befehl gab, alle zur Hochzeit in Paris anwesenden Hugenotten zu töten. Über zehntausend Protestanten fanden bei diesem Gemetzel, das sich über ganz Frankreich ausbreitete, den Tod. So schlimm soll es gewesen sein, „daß auch das Blut nicht hat in den Häusern ver-

---
* Die Herkunft des Wortes Hugenotten ist umstritten. Die einen leiten den Namen von einem König Hugo ab, der nachts als Gespenst durch die Straßen von Tours geisterte – ähnlich den Protestanten, wenn sie von ihren nächtlichen Versammlungen kamen, andere sehen in der Bezeichnung eine Verballhornung des Wortes „Eidgenossen".

borgen bleiben können, sondern es ist herausgeronnen und auf die Straßen geflossen, so daß die Mordbuben die Füße davon besudelt gehabt".

Für solche Bluttat mußten Anstifter gefunden werden. Das Gemetzel wurde den Jesuiten in die Schuhe geschoben. Ein Beweis mehr, welche Greueltaten man ihnen zutraute. Tatsächlich fand sich jedoch bis heute kein Dokument, das die Jesuiten auch nur der geistigen Mittäterschaft überführte, statt dessen gibt es zeitgenössische Berichte, wonach Jesuiten einige Hugenotten Unterschlupf gewährt haben, um sie vor der Ermordung zu retten.

Hoffentlich hat dies Papst Gregor XIII. nicht erfahren, denn der... doch lesen Sie am besten, was Kardinal von Como dem päpstlichen Nuntius am 8. September 1572 nach Paris antwortete:

„Da seine Heiligkeit dem Heiligen Kollegium eine so glückliche Nachricht (das Massaker an zehntausend Hugenotten) mitzuteilen wünschte, ließ sie öffentlich die Briefe (des Nuntius) selbst verlesen. Seine Heiligkeit sprach dann über den Inhalt und schloß, daß man in diesen von so vielen Unruhen erfüllten Zeiten sich keine bessere und großartigere Kunde hätte wünschen können... Seine Heiligkeit und das ganze Kollegium waren höchst befriedigt und voll Freude bei der Verlesung dieser Nachricht. Noch an demselben Morgen begab sich seine Heiligkeit mit dem ganzen Kardinalskollegium nach der Kirche des Heiligen Markus, um das Tedeum singen zu lassen und Gott für eine so glückliche, dem christlichen Volke geschenkte Gnade zu danken..."

Ein Souvenir dieser blutigen Ereignisse zeigte der Heilige Vater jedoch dem Kardinalskollegium nicht vor: Fanatiker hatten den Kopf von Admiral Coligny, dem Führer der Hugenotten, nach Rom geschickt. Gregor XIII. nahm ihn in Empfang und ließ eine Münze zum Gedenken an diese gnadenreiche Tat prägen.

Was in den anderen Ländern mit katholischer Mehrheit so reibungslos funktionierte — die Beeinflussung der Herrscher durch ihre (meist jesuitischen) Beichtväter, stieß Ende des 16. Jahrhunderts am französischen Hof auf immer neue Schwierigkeiten. Am leichtesten hatte es da noch Jesuiten-Pater Edmund Auger als Beichtvater Heinrich III. (1574 - 1589). Er brauchte sich nur mit den weibischen Allüren dieses homosexuellen Königs und seiner „Mignons" — so der Spitzname seiner Lustknaben — abzufinden und dafür zu sorgen, daß des Königs Sympathie für die Hugenotten sich in Grenzen hielt.

Die Schwierigkeiten für die Jesuiten begannen mit der Ermordung Heinrich III. Sie wurden beschuldigt, das Attentat angestiftet zu haben. Beweis? Nein. Begründung? Ja, denn diese Tat paßte nahtlos zu „ihrer" Theorie von der Berechtigung des Tyrannenmordes. Daß der Mörder kein Jesuit, sondern ein Dominikanermönch war, nahm man dabei als kleinen Schönheitsfehler in Kauf. Es ging in Wahrheit auch gar nicht um irgendeine Theorie, sondern um die Praktiken der Macht, die die Jesuiten bei Hofe so perfekt zu nutzen wußten.

Das gilt auch für den nächsten König, Heinrich IV. (1589 - 1610). Während seiner Regierungszeit wuchsen die Schwierigkeiten für die Gesellschaft Jesu weiter an. Zwei Aussprüche haben diesen König über die Jahrhunderte im Gedächtnis der Nachwelt erhalten. Erstens: „Paris ist eine Messe wert" (Paris vaut bien une messe"). Der protestantische Heinrich aus dem Hause Bourbon sagte dies, nachdem er zum Katholizismus übergetreten war, um als Herrscher Frankreichs in Paris einziehen zu können, das von spanischen Truppen verteidigt wurde. Der zweite Ausspruch sicherte dem König noch heute Popularität unter der französischen Landbevölkerung. Er hatte jedem Bauern sonntags „sein Huhn im Topf" versprochen.

Dieser König war für Frankreich ein Segen, für die katholische Kirche aber ein kaum zu berechnender Faktor, so wechselte er aus diplomatischen Gründen nochmals seine Konfession. Eben noch hatten die Jesuiten diesen ketzerischen König bekämpft, der ihren Orden in Frankreich aufgelöst hatte, da kehrte er in den Schoß der katholischen Kirche zurück, und die Gesellschaft Jesu mußte ihre besten Diplomaten — Robert Bellarmin und Antonio Possevino — einsetzen, damit der Papst die Exkommunikation Heinrich IV. aufhob. Die Bemühungen hatten Erfolg. Der Papst „entbannte" den König.

Aber auch als katholischer Herrscher hat es dieser fleißige, prunklose König den Jesuiten nicht leicht gemacht. Das Wohl Frankreichs war ihm wichtiger als das der Kirche. Hauptziel seiner Bestrebungen war die Beseitigung der konfessionellen Konflikte in seinem Volk. Obgleich er wußte, daß er die Aufhebung der päpstlichen Bannbulle jesuitischer Diplomatie zu verdanken hatte, machte er die Wiederzulassung der Gesellschaft Jesu in Frankreich von Bedingungen abhängig, wie sie noch kein anderer Herrscher zu stellen gewagt hatte. Die Jesuiten bekamen zum ersten Mal den Wind des jungen Nationalismus direkt ins Gesicht.

Sie mußten sich verpflichten, niemals etwas gegen den König oder gegen das Reich zu unternehmen. Ein Pater mußte ständig am Hof leben, quasi als Geisel dafür, daß der Orden sich tatsächlich an diese Abmachung hielt.

Damit war die Wiederzulassung des Ordens in Frankreich eher eine Strafe als eine Gunst. Jedenfalls meinte dies der Ordensgeneral und — akzeptierte die Auflagen. Was vielen 1603 als ein Zeichen der Schwäche erschien, erwies sich bereits wenige Jahre später als wohlüberlegte Langzeit-Diplomatie. Denn der Pater, der als Hof-Geisel-Jesuit zu Heinrich IV. geschickt wurde, war mit Vorbedacht ausgewählt worden. Es dauerte nicht lange, und Pater Pierre Coton wurde durch seine Ratschläge und seine detaillierten Kenntnisse dem König unentbehrlich. Der jesuitische Einfluß war hergestellt. Der Umweg über den Geisel-Status hatte sich gelohnt. Damals kam das Bonmot auf: „Der König hat Cot(t)on* im Ohr."

---
* Wortspiel mit Cot(t)on = Watte

Pierre Coton brauchte für sich selbst einen großzügigen Beichtvater, um all die weltlichen Sünden, die er am Hofe mit ansehen mußte, ohne Schaden für sein Seelenheil zu verkraften. So hatten König und Königin ihren Spaß und wohl auch ihre Lust daran, dem minderjährigen Dauphin weibliche Gespielinnen — mal seine Schwester, mal ein pralles Dienstmädchen — ins Bett zu legen, um amüsiert die ersten sexuellen Tastversuche des Knaben zu beobachten. Daß Heinrich IV. eine Geliebte hatte, war nichts Ungewöhnliches in dieser Zeit der laxen Sitten, daß deren Schwester einem Nonnenkloster vorstand, hatte schon eher einen pikanten Reiz, daß die schwesterliche Äbtissin — ihr Name war Angelique d'Estée — Mutter von zwölf Kindern war, dürfte selbst zur damaligen Zeit Aufsehen erregt haben. Doch die Sitten waren aus den Fugen und kirchliche Institutionen keine Inseln der Ordnung mehr.

Das alles belastete Pater Cotons Seele nicht so sehr wie die Sorge, daß sein Beichtkind Heinrich IV. — mehr Franzose als Katholik — an einem Bündnis mit deutschen protestantischen Fürsten arbeitete, um gemeinsam mit ihnen gegen die katholischen Habsburger Krieg führen zu können. Die Frage war, ob dem in Glaubensdingen beweglichen König als Preis für die protestantische Unterstützung ein nochmaliger Konfessionswechsel akzeptabel erscheinen könnte.

Die Antwort blieb die Geschichte schuldig. Ein Provinzjurist namens Ravaillac erdolchte den König. Die Gefahr einer Stärkung der protestantischen Front durch Frankreich war gebannt. Wie ernst Rom diese Gefahr genommen hatte, zeigt der Ausruf, mit dem Papst Paul V. die Nachricht von dem Attentat kommentiert haben soll: „Der Herr der Heerscharen hat ihm (Ravaillac) die Hand geführt." Den Jesuiten, die damals immer dafür gut waren, daß ihnen ungeklärte Giftmorde, Kindsunterschiebungen oder Bestechungen als Mittel totaler Diplomatie angehängt werden konnten, wurde auch dieser Königsmord angekreidet. Doch die Stellung der Patres am Hof war inzwischen so gefestigt, daß bei Maria von Medici, die für ihren zehnjährigen Sohn, dem späteren Ludwig XIII., die Regierungsgeschäfte führte, alle Angriffe gegen den Orden abprallten.

Von 1624 an änderte sich dies jedoch von Grund auf. In und für Frankreich wurde wieder regiert. Ein Kardinal hatte diese Aufgabe übernommen: Armand du Plessis de Richelieu (1585 - 1642). Ein Kardinal, doch keineswegs ein Freund der Jesuiten. Auch er mehr Franzose als Kirchenmann, wie es sich bald in jeder seiner Entscheidungen und in seinem Bekenntnis widerspiegelte: „Kein Katholik ist so verblendet, daß er in Sachen des Staates einen Spanier (damit war der Jesuiten-General gemeint) für besser hält, als einen französischen Hugenotten."

Als dem schwerkranken achtundfünfzigjährigen sein Beichtvater riet, vor seinem Tode allen Feinden zu vergeben, schüttelte er nur den Kopf: „Ich habe keine Feinde außer denen, die auch Frankreich hat." Zu diesen rechnete er auch die Jesuiten.

Den Franzosen im Kardinalspurpur störte vor allem die Macht der jesuitischen Beichtväter am französischen und am Turiner Hof. Den königlichen Beichtvater Caussin ließ er, als dieser Richelieus Pläne zu stören versuchte, kurzerhand in die Provinzstadt Rennes strafversetzen. Aber auch die Methoden der Jesuiten-Kollegien paßten nicht in das Langzeit-Konzept dieses weitsichtigen Politikers. Nicht das Unterrichtsprogramm fand seine Mißbilligung, sondern die Aufnahme von Bauern- und Handwerkersöhnen in diese Schulen. Er sah darin eine Störung des Gleichgewichts in der soziologischen Struktur Frankreichs. In diesem Punkt hielt es der Kirchenmann mit dem Freidenker Voltaire: „Die unteren Klassen sollen geführt, aber nicht gebildet werden."

Die Jesuiten, gewohnt selbst die Figuren im großen Schachspiel der europäischen Diplomatie zu schieben und zu setzen, sahen sich nun von einem Großmeister des diplomatischen Spiels selbst als Bauern benutzt. Sie konnten nicht verhindern, daß Richelieu die protestantischen deutschen Fürsten unterstützte, weil er Frankreich nicht mit einem politisch und religiös geeinten Deutschland konfrontiert sehen wollte.

Andererseits nahm der Orden mit Verwunderung zur Kenntnis, daß Richelieu in die Verträge mit protestantischen Staatsmännern die Klausel aufnehmen ließ, daß sie die Jesuiten in allen Gebieten zu schützen hätten, die er ihnen überlasse. Ein Beispiel mehr, wie sehr die Jesuiten zu Schachfiguren Richelieu'scher Politik degradiert worden waren.

Die Diplomaten der Gesellschaft Jesu hatten ihren Meister gefunden. Die Jesuiten übten sich in Zurückhaltung. Wahrscheinlich in der Hoffnung, daß sie nach Richelieus Tod wieder ihren alten Einfluß würden herstellen können. Doch die Rechnung ging nicht auf, und schuld daran waren die Jesuiten selbst. Denn nun, da nach Richelieus Tod kein starker Gegner mehr existierte, gefiel sich der Orden am Hofe Ludwig XIV. im rechthaberischen Pochen auf seine Machtposition.

Die Beichväter am Hofe von Versailles schienen von allen guten jesuitischen Gaben der Diplomatie verlassen. Statt auszugleichen und zu glätten, donnerte der wortgewaltige Jesuiten-Hofprediger Louis Bourdaloue in seiner Osterpredigt 1675 vor dem gesamten Hofstaat auf den verschreckten Ludwig XIV. ein: „Fliehen Sie jene angenehmen Orte, deren Luft für Sie gefährlich ist, Ihre Leidenschaft aufs Neue zu entflammen!" Wer gemeint war, wußte jeder in der Kapelle. Nämlich des Königs liebstes „Bett-Spielzeug" Madame de Montespan.

Der Pater erreichte, was er wollte. Der König trennte sich von der Bettgenossin, doch ihre Nachfolgerin, die "Betschwester" Madame de Maintenon, bereitete fast noch mehr Kopfzerbrechen. Deren puritanisch-antiprotestantische Bestrebungen gingen sogar dem Jesuiten-Pater de la Chaise zu weit, und er versuchte, die gröbsten Auswirkungen, wie das Verbot aller Theateraufführungen, zu verhindern.

So sahen Japaner die Ankunft Pater Francesco Xaviers in ihrem Land. Xavier ist das Vorbild guter Missionierung bis heute. Das Bild ist eine Darstellung auf dem „Barbarenschirm", etwa 1590.

Im 16. Jahrhundert erbaut, heute noch für den gleichen Zweck benutzt: eine Jesuitenmissionsstation in Brasilien.

Zu allen Zeiten — in allen Ländern: Folter gegen die Botschafter des Glaubens. In Japan wurden Jesuiten-Patres gekreuzigt, „damit sie so starben wie der, von dem sie ständig erzählen".

Schwarzröcke bei den Lederstrümpfen: Ein Jesuitenmissionar wird von einem Irokesen-Indianer getötet. Die Canada-Mission forderte von jedem einzelnen besonderen Mut und vom Orden die größten Opfer an Menschenleben.

P. Natalis Chabanel ein Frantzoß S. J. ist von ein Abtrünnigen Barbaren auß Haß deß Glaubens Neu-Franckreich in einem Wasser ertränckt worden. A. 1649. 8. December.

Den verhängnisvollsten Fehler begingen zwei jesuitische Beichtväter, als Madame de Pompadour die Favoritin Ludwig XV. geworden war. Zwei Vertreter eines Ordens, der über Jahrhunderte seine Beichterfahrungen mit liebestollen, perversen, homosexuellen Herrschern hatte, lagen ausgerechnet diesem folgsamen König ständig in den Ohren, sich von seiner Favoritin, Madame de Pompadour, geborene Jeanne Antoinette Poisson, zu trennen, statt daß sie sich ihrer – wie es doch mit Erfolg die Jesuiten allerorts taten und getan hatten – bedienten, um über sie Einfluß auf den König zu nehmen. Bei Madame de Pompadour versagte die vielgerühmte, geschmeidige Jesuiten-Diplomatie. Und das lag eindeutig nicht an Madame, die viel darum gegeben hätte, mit den Jesuiten ins Reine zu kommen.

Doch warum es zu keiner Verständigung zwischen Madame und den Patres kam und was daraus entstand – das ist ein Kapitel für sich.

Zwei Königinnen und ein Thron
oder
Jesuiten in England

Touristen, die sich am 5. November in England aufhalten, erleben ein seltsames Spektakel: Kinder ziehen verkleidet durch die Straßen und singen:

> *Please remember the 5th of November*
> *Gunpowder Treason and Plot*
> *We see no reason why Gunpowder Treason*
> *Should ever be forgot.*

Auf deutsch sinngemäß:
> *Bitte vergiß nicht den 5. November*
> *Schießpulver-Verrat und Verschwörung*
> *Wir sehen keinen Grund, weshalb der*
> *Schießpulver-Verrat jemals vergessen werden sollte.*

Und dabei lassen sie Feuerwerkskörper knallen.

Was auf Fremde wie verfrühtes Faschingstreiben wirkt, ist die Erinnerung an einen Sprengstoffanschlag, der am 5. November 1605 in letzter Minute verhindert wurde. Der sogenannte „Gunpowderplot", der immer noch als „Guy-Fawkes-Day" begangen wird.

Die Kinder, die an diesem Tag mit Lärm und Knallerei feiern, haben den „Guy-Fawkes-Day" zum „Gay-Fox-Day" (fröhlicher Fuchstag) verballhornt, denn nur wer im Geschichtsunterricht aufgepaßt hat, weiß daß Guy Fawkes einer der Verschwörer war, die König James I., seine Familie und das gesamte Parlament in die Luft sprengen wollten.

Es war der letzte von vielen Versuchen, mit Gewalt und List die anglikanische Kirche abzuschaffen und den Katholizismus auf der Insel wieder einzuführen. Oder war das ganze Pulver-Attentat vom Parlament nur vorgetäuscht, wie die britischen Jesuiten heute noch meinen, ohne jedoch Beweise dafür vorlegen zu können.

Das Komplott wurde verraten, die monatelang mühsam in den Keller des Parlaments gerollten Pulverfässer – drei Tonnen sollen es gewesen sein – wurden abtransportiert, die Terroristen, meist englische Edelleute, hingerichtet.

Die Spannung zwischen Katholiken und Engländern – nicht nur mit deren Kings und Queens! – reicht weit zurück. Bis zu Heinrich VIII. (1509 - 1547). Daß die Kluft ein Jahrhundert später eher größer geworden war, lag an der Fehleinschätzung der englischen „Los-von-Rom"-Bewegung durch die vatikanischen Außenpolitiker. Am Tiber glaubte man die Illustrierten-Version, der liebestolle Heinrich VIII. habe sich nur von Rom gelöst, um Anna Boleyn heiraten zu können. Dabei hätte Papst Clemens VII. sicher auch unter diese Ehe-Ungültigkeitserklärung seine Unterschrift gesetzt, wie viele seiner Vorgänger es bei ähnlichen amoureusen Engpässen anderer Herrscher getan hatten.

Die Ungültigkeitserklärung einer königlichen Ehe durch den Papst war damals nichts besonderes. Nur ausgerechnet bei Heinrich VIII. waren dem Papst die Hände gebunden, da der mächtige deutsche Kaiser Karl V. ihn wissen ließ, seine Armeen würden gegen Rom marschieren, sollte er diese Scheidung gutheißen. So kam es zur Ablehnung und damit zur Gründung der anglikanischen Hochkirche, die in der bischöflischen Verfassung und der Form des Gottesdienstes katholisch, in der Lehre jedoch protestantisch war. Diese Lehren der Reformation aber fanden erst nach dem Tod Heinrich VIII. in England ihr Echo. Denn die episkopale Hochkirche, die High Church, wurde 1547, im Todesjahr Heinrich VIII. gegründet. Diese Lösung von Rom entsprach dem englischen Nationalcharakter, der schon immer eine Bevormundung durch den Kontinent ablehnte. Die High Church ist auch vom Geist her eine echte englische Erfindung. Bei allen Kämpfen in den folgenden Jahrzehnten diente der Glaube nur als Vorwand. Und zwar für beide Seiten, sowohl für die katholischen Stuarts wie für die abtrünnigen Tudors. Beide sagten Sakrament und meinten Thron.

Nach Eduard VI. Staatskirchen-Regierung wurde Maria, die Tochter Heinrich VIII. aus seiner ersten Ehe mit Katharina von Aragon, zur Königin gekrönt. Diese kleine, gehemmte Prinzessin, das Aschenputtel am Hofe Heinrich VIII., wußte nichts besseres mit der unverhofften Macht anzufangen, als das, was ihr persönlich Trost gegeben hatte, nun auch als Regierungsprogramm zu verkünden: den katholischen Glauben. So kam sie zu ihrem Namen „Maria, die Katholische". Weil aber ihre vier Millionen Untertanen nicht ohne weiteres bereit waren, in den Schoß der allein seligmachenden Kirche zurückzukehren, wurde das Land mit Ketzerprozessen und Scheiterhaufen überzogen. Folterknechte und Henker arbeiteten im Akkord. Dreihundert Hinrichtungen in kurzer Zeit sind verbürgt. Das brachte der Aschenputtel-Queen ihren zweiten Namen ein: „Bloody Mary".

Nicht nur in England, in ganz Europa waren Menschenleben wohlfeil in jenen Jahrzehnten. Aber es bleibt dennoch unverständlich, daß dreihundertfünfzig Jahre später der deutsche Jesuiten-Pater Athanasius Zimmermann in der Jesuiten-Zeitschrift „Stimmen aus Maria Laach" die „Bloody Mary" fast zu einer „Holy Mary" hochlobt, ohne ein Wort über die Verfolgungen und Verbrennungen zu verlieren, die in ihrem Namen geschahen. 1890 war das, im selben Jahr, in dem der Papst in der Enzyklika „Rerum novarum"* zur Arbeiterfrage Stellung nahm und sich für soziale Reformen aussprach und in dem es füglich für Jesuiten wichtigere Aufgaben gegeben hätte; doch zu dieser Zeit fehlte dem Orden jedes Gefühl für das Notwenige.

Nach Maria bestieg 1558 Elisabeth den Thron, und wieder überzogen Religionsgerichte und Glaubensschnüffler das Land. Nur wurden jetzt die Katholiken gejagt. Elisabeth setzte die anglikanische Kirche wieder als Staatskirche ein. Unter Elisabeths Obhut bewiesen dieselben Reformatoren, die einst ihre Freiheit dadurch errungen hatten, daß sie sich gegen die bestehende Ordnung aufbäumten, daß auch sie nicht bereit waren, Opposition zu dulden, nachdem sie die Oberhand hatten.

Das Volk mochte diese Queen trotz ihrer Geldgier und Schmucksucht. Doch statt sie „Elisabeth die Große" zu nennen, gab man ihr den Beinamen „die Jungfräuliche". Von drei Möglichkeiten, diesen Titel verliehen zu bekommen, trafen bei ihr lediglich zwei zu: sie war nie verheiratet und sie war am 7. September 1533 − also im Zeichen der Jungfrau − geboren.

Für Rom war „The good Queen Bess" ein großes Ärgernis. Bei der Suche nach Abhilfe gegen diese Ketzer-Königin entwickelten außenpolitische Berater des Papstes ein Paptentrezept: Elisabeth brauchte nur zu sterben, dann wurde Maria Stuart, die katholische Königin von Schottland, nach Herkunft und Erbfolge auch Königin von Eng-

---

* Enzyklika (lat. epistola encyclica = Rundschreiben des Papstes über Fragen der Glaubens- und Sittenlehre). Zur Unterscheidung der einzelnen Enzykliken werden die ersten lateinischen Worte ihres Textes als Kennzeichnung angeführt.

land. Eine Katholikin auf dem Thron von England aber hieß, England war wieder ein katholisches Land.

Die Überlegungen waren ebenso richtig wie unenglisch. Die päpstlichen Berater bewiesen damit, daß sie ihre Lektion aus den letzten fünfzig Jahren englischer Geschichte nicht gelernt hatten. Sie begriffen noch immer nicht, daß Engländer immer einer hausgemachten Glaubenslehre gegenüber einer importierten den Vorzug geben würden.

Den Sturz der Königin und wenn es sein mußte, auch ihren Tod zu arrangieren, war eine Aufgabe, wie geschaffen um von der Gesellschaft Jesu gelöst zu werden. Die Jesuiten als „Eingreif-Reserve" an die Kanalfront. Die Patres übernahmen auch diese Aufgabe — obgleich darauf völlig unvorbereitet — mit jenem Stoizismus und jener Energie, durch die sie berühmt und berüchtigt geworden sind. Jeder Jesuit, der in das England der jungfräulichen Elisabeth kam, wußte, daß er im doppelten Sinn auf ein „Himmelfahrtskommando" ging.

Eine Jesuiten-Tugend jedoch, nicht weniger geschätzt als Stoizismus und Energie, fehlte diesmal: die Sorgfalt. Zwar wurden in Rom und in mehreren französischen Seminaren Jesuiten für den Einsatz in England ausgebildet, doch ohne klares Konzept. Viele jesuitische Untergrundkämpfer hatten gerade eben das Noviziat absolviert, als sie bereits nach England geschmuggelt wurden.*

Die erste Welle der Patres landete im Juni 1580 in Dover. Die Jesuiten wurden erwartet. Nicht nur von treuen Katholiken, sondern auch von der Geheimpolizei der Queen. Das große Versteckspiel zwischen Polizei und Jesuiten begann. Die Patres erlernten rasch die Taktik des Maquis. Sie zogen von Grafschaft zu Grafschaft, hörten Beichte, machten Stimmung gegen Elisabeth, gingen als Ärzte getarnt zu Maria Stuart nach Schottland, um sie vor protestantischen

---

* Der Pater, der diesen Teil des Manuskriptes las, legt Wert auf die Feststellung, daß natürlich auch Patres, stark an Glauben, Idealismus und Intelligenz am englischen Abenteuer beteiligt waren. Dies ist auch meine Meinung, deshalb heißt es auch im Text „viele" und nicht „alle".

Einflüsterungen abzuschirmen, spendeten das Sakrament und wechselten täglich Namen, Kleidung und Quartier. Jeder von ihnen ein Robin Hood zur größeren Ehre Gottes. Die bestellten Häscher der Queen waren schließlich so entnervt, daß sie bei Hausdurchsuchungen mit Hammer und Spitzaxt zu Werke gingen. In dem Brief eines Jesuiten nach Rom heißt es: „Nicht nur die Mauern werden aufgerissen, sondern auch die Fußböden, bis in die Nebengebäude und Ställe; sie stießen ihre Schwerter in die Weizenschober und andere Getreidehaufen und gruben die ungepflasterten Teile des Gartens und Hofes mit eisernen Stäben auf."

Wer die zahlreichen Geheimanweisungen liest, die Ratschläge über die Herstellung von Tinte, die unsichtbar wird, über Vorschläge zur Tarnung durch Kleidung, Sprachfärbung und Perücken, wird das Gefühl nicht los, daß dieses „Pater- und Gendarm"-Spiel zum Selbstzweck geworden war. Doch auch der war tödlich. Von den hundertzweiundachtzig Katholiken, die unter Königin Elisabeth wegen ihres Glaubens oder wegen Hochverrats hingerichtet wurden, waren elf Jesuiten. Acht Seminaristen traten, nachdem ihnen die Todesurteile verkündet worden waren, der Gesellschaft Jesu bei. Welche Faszination muß von diesem Orden ausgegangen sein, daß noch auf der Schwelle zur Ewigkeit die Aufnahme in den Orden Gläubigen Kraft für den letzten Gang gab.

Doch aller Opfermut war vergeblich, der römische Angriff auf England kam zum Erliegen. Am 18. Februar 1587 ordnete Queen Elisabeth die Enthauptung ihrer Cousine Maria Stuart an. Die Bedrohung der Insel durch die spanische Armada schließlich ließ die konfessionelle Kluft vergessen. Ganz England scharte sich um Elisabeth. Schlechte Zeiten für eine Rekatholisierung.

In der Glaubensschlacht um England setzten die Papst-Treuen nun ihre letzte Hoffnung auf Maria Stuarts Sohn. 1603 besteigt er als James I. den englischen Thron. Die Hoffnung war nicht aus der Luft gegriffen. James I. (1603 - 1625) hatte vor seiner Thronbesteigung die Wiedereinführung des

Katholizismus versprochen. Doch dieser „gelehrteste Narr Europas" besaß zwar ein großes Wissen, aber offenbar ein schlechtes Gedächtnis. Kaum trug er die Krone, war mit keinem Wort mehr von einer Rekatholisierung die Rede, vielmehr verwendete er viel Zeit und Papier darauf, nachzuweisen, daß Gott den Königen höchste Autorität in weltlichen wie in geistlichen Dingen verliehen habe. Mit anderen Worten, James I. war überzeugt, daß kein Papst einen Herrscher ein- oder absetzen konnte. Die schlechten Zeiten für Katholiken dauerten an.

Katholische Fanatiker versuchten durch terroristische Verzweiflungstaten, wie den Gunpowderplot vom 5. November 1605, doch noch eine Wende zu erzwingen. Vergeblich. Am 5. November 1688 – auf den Tag genau dreiundachtzig Jahre später – bricht der Versuch, England mit Hilfe der Gesellschaft Jesu zum katholischen Glauben zurückzuführen, endgültig zusammen. An diesem Tag flieht der katholische König James II. in einem Fischkutter nach Frankreich. Das Parlament setzte den geflohenen König ab, weil er „ auf den Rat von Jesuiten und anderen Personen" die Verfassung habe stürzen wollen. Von nun an ist das katholische Haus Stuart von der englischen Thronfolge ausgeschlossen.

Vor der Flucht zu Schiff nach Frankreich gab es um den König James II. noch einen Verwechslungsschwank, der dadurch nicht besser wurde, daß er in einem königlichen Wochenbett spielte. James II. war ein katholischer König so recht nach Jesuitengeschmack – an seinem Hof hatten sie alle wichtigen Ratgeberpositionen inne – nur eine winzige Kleinigkeit fehlte, damit auch nach seinem Tode das englische Königshaus katholisch blieb: James II. brauchte einen Sohn und zwar einen katholischen, denn seine beiden Töchter waren protestantisch in Gesinnung und durch eheliche Bindung.

Bei ihren Überlegungen, wie dem abzuhelfen sei, kamen die Patres auf so ausgefallene Ideen, wie jener, die englische Thronfolge dem französischen König Ludwig XIV.

anzuvertrauen, „da es für die katholischen Engländer besser wäre, Vasallen des Königs von Frankreich zu sein als Sklaven des Teufels". Doch im letzten Moment hatte der Himmel ein Einsehen mit England und ersparte ihm das Schicksal, französische Kolonie zu werden. Der Himmel half ein weiteres Mal: seine zweite Frau schenkte James II. einen katholischen Prinzen von Wales.

Die Jesuiten sahen ihre Gebete erhört, die Protestanten aber witterten Unrat. Klatschsucht und Volkszorn verdichteten sich zu Gerüchten, die erst geflüstert, dann erzählt und schließlich auf Flugblättern und Bilderbogen — der yellow press jener Zeit — verbreitet wurden: der König sei nicht der Vater, die Königin nicht die Mutter dieses Kindes, vielmehr hätten die Jesuiten (man beachte den Plural!) eine Nonne geschwängert und das Wechselbalg der Königin untergeschoben.

So absurd die Geschichte war, das Sprichwort „Nur immer kühn verleumden, etwas bleibt immer hängen" bestätigte sich auch diesmal. Die Engländer sympathisierten nicht mehr mit ihrem katholischen König, sondern mit dem calvinistischen Prinzen von Oranien, der versprochen hatte, mit dem „päpstlichen Unwesen" Schluß zu machen. Rom hatte die Schlacht um England endgültig verloren.

Schwedische Gardinenpredigten
oder
Jesuiten in Stockholm

Der König von Schweden und der Rat von Zürich gehörten zu den ersten, die sich zur Reformation bekannten. 1523 bereits. Das hinderte die Jesuiten aber nicht, über alle diplomatischen Vorder- und Hintertüren sich Zugang in diese Länder zu verschaffen.

Die Tür zum schwedischen Hof war unter Johann III. am leichtesten zu öffnen, denn die Königin hieß vor ihnen Vermählung Katharina Jagellona und war eine polnische, katholische Prinzessin gewesen. Sie hatte ihren Beichtvater mit nach Stockholm gebracht. Die Vermutung liegt nahe, daß er ein Jesuit war, und die meisten Historiker halten sich auch an diese Version — warum soll auch ausgerechnet in Polen *kein* Jesuit Hofbeichtvater gewesen sein?! —, aber der zuverlässige Ludwig Pastor bestreitet dies mit Quellenbeleg in seiner Papstgeschichte (IX, 686). Ob nun Jesuit oder nicht, diesem Beichtvater gelang es, den protestantischen König so zu beeinflussen, daß dieser sich Rom zuwandte. Vorerst im stillen Kämmerlein. Doch dann beginnt 1574 eine Aktion, die sich wie ein historischer Kolportageroman liest:

Als Höfling verkleidet kommt ein (weiterer?) polnischer Jesuit an den schwedischen Hof, verhandelt mit dem König hinter verschlossenen Türen, und zwei Monate später wird in den schwedischen Kirchen die katholische Liturgie wieder eingeführt.

Noch ehe die protestantische Geistlichkeit dagegen protestieren konnte, wird sie von dem grüblerischen, introvertierten König durch eine Entscheidung beruhigt, die das Gleichgewicht zwischen beiden Kofessionen sichert. Auf königlichen Befehl wird ein protestantischer Theologie-Professor namens Laurits Nielsen an das neugegründete theologische Institut in Stockholm berufen. Er hält dort Vorlesungen über die Lehren Martin Luthers. Dieser norwegische Professor muß ein eloquenter Mann gewesen sein: sprach er, war der Hörsaal überfüllt. Selbst der König besuchte Laurits Nielsens Vorlesungen, in denen dieser Luthers Lehren erklärte, aber auch nicht verschwieg, was gegen sie vorgebracht werden konnte.

Im Laufe des Semesters ereignete sich fast unmerklich folgendes: Das Verhältnis pro und contra Luther verschob sich immer mehr zu Gunsten des Contra, so daß der theologisch gebildete König in die Diskussion eingriff, um die Luther-Thesen gegen den Professor zu verteidigen. Zum Jubel der Zuhörer gewann der Professor die Diskussion.

Als der Jubel verflogen war, kam der Katzenjammer.

Jetzt erst begriffen die protestantischen Theologie-Studenten, daß der König mit den Thesen Luthers unterlegen war, der Professor aber hatte mit Argumenten für die verhaßte römische Kirche obsiegt. Warum mußte sich auch ein König auf ungewohnter Disput-Ebene mit einem Theologie-Professor messen!

Die Enttäuschung wäre in Empörung umgeschlagen, hätte das Auditorium damals bereits gewußt, was erst später offenbar wurde. Alles war ein abgekartetes Spiel zwischen dem König und dem Professor, von dem zwar Name und Nationalität stimmten, nicht aber die Konfession, Laurits Nielsen war Katholik, genauer: Jesuit.

Doch das war erst der Auftakt. Das weitere Vorgehen der Jesuiten in Schweden wurde zum Musterbeispiel, wie geschickt Akteure und Handlungsebenen gewechselt wurden. Eine Falltür- und Vorhangsdiplomatie par exellence nahm ihren Lauf. Laurits Nielsen hatte seine Pflicht getan und die geistige Überlegenheit der katholischen Glaubenssicht demonstriert, er wurde abberufen, und die Szene wechselte vom Hörsaal aufs höfische Parkett. Antonio Possevino hieß der neue Akteur. Possevino war Italiener, Sekretär beim vierten Ordensgeneral Mercurian, er war also in jener Vertrauensstellung, die bei Ignatius Juan Polanco gahabt hatte. Doch größere Gegensätze als zwischen beiden Sekretären waren kaum zu denken. Polanco war in seinen Pflichten aufgegangen und immer im Hintergrund geblieben. Possevino liebte den Glanz der Mächtigen, wußte um die Wirkung seiner dunklen, immer leicht verschleierten Augen. Kein Diplomat seiner Zeit kannte die großen und die kleinen Geheimnisse der europäischen Höfe so gut wie Possevino. Genau wie Nielsen kam Possevino mit falschen Papieren und falscher Kleidung nach Schweden. „In habito secolare con spada e cappa" (in weltlicher Kleidung, mit Schwert und Umhang) trat er als Gesandter des Kaisers vom Heiligen Römischen Reich Deutscher Nation auf; sicher in jeder höfischen Geste, vom Dreispitz ziehen bis zum Kniefall vor der Königin.

Possevinos Auftrag war, den König und damit Schweden für den Katholizismus wiederzugewinnen. Er arbeitete bei diesem Plan mit Zuckerbrot und Peitsche.

Das Zuckerbrot: er übermittelte die Zusage Philipps II., des Königs von Spanien, auf zweihunderttausend Dukaten als „Beihilfe" für jene Unkosten, die beim Religionswechsel in Schweden entstehen könnten.

Die Peitsche: Possevino versäumte nicht, dem König mit flammenden Worten immer wieder alle Höllenqualen zu schildern, die ein Ketzer zu erwarten hatte. Und reden konnte Antonio Possevino.

Ob die Dukaten oder die Höllenqualen das bessere Argument waren, sei dahingestellt. Johann III. wurde katholisch. Bevor er jedoch auch seine Untertanen in den Schoß der katholischen Kirche führte, stellte er zwölf Bedingungen, die Rom als Vorleistungen akzeptieren sollte. Die Bedingungen waren für Rom nicht neu. Es waren die üblichen Forderungen, die seit der Reformation vorgebracht wurden. Neu war die Bereitschaft Roms, sieben dieser zwölf Auflagen zu akzeptieren. Nicht erfüllen konnte der Heilige Vater so revolutionäre Forderungen wie:

- Die Messe sollte nicht in lateinisch, sondern in der Landessprache, also in Schwedisch gehalten werden.
- Die Kommunion sollte in beiderlei Gestalt erfolgen.
- Das Zölibat sollte aufgehoben werden.
- Das Weihwasser und die Gebete für die Verstorbenen sollten abgeschafft werden.

Possevino, der sich inzwischen klar als Jesuit zu erkennen gegeben hatte, pendelte zwischen Rom und Stockholm, nichts ließ er unversucht, um den König von seinen Forderungen abzubringen. Vergeblich. Die Bischöfe, die Familie, vor allem aber seine zweite Frau Gunilla Bilke – eine Protestantin, so resolut wie ihr Name – setzten dem König so zu, daß dieser wieder protestantisch wurde.

Schweden blieb protestantisch, die Jesuiten gingen in

den Untergrund. Als italienische Mausefallenhändler zogen sie auf Bauernhöfe, um dort zu missionieren, da ihnen der Königshof verschlossen blieb, bis Sigismund, der Sohn Johann III., den Thron bestieg. Unter diesem Jesuiten-Zögling sollen einige Patres als Militärberater an den schwedischen Hof zurückgekehrt sein. Wenn es stimmt, zeigt es: in der Politik ist schon alles dagewesen. Sogar die Militärberater-Diplomatie unserer Tage.

Zwei Menschenalter später ist Schweden unter Gustav Adolf (1611 - 1632) die protestantische Führungsmacht in Europa. Von Gustav Adolf soll das Wort stammen: „Drei L's möchte ich gern hängen sehen: den Jesuiten Lamormaini, den Jesuiten Lamayn und den Jesuiten Laurentius Forer."

Als 1632 Gustav Adolfs siebzehnjährige Tochter Christine Königin von Schweden wird, sehen die Jesuiten eine Möglichkeit für einen neuen Versuch, Schweden zu rekatholisieren. Sie versuchen, Einfluß auf die den Wissenschaften zugetane Königin zu nehmen. Bald verband eine enge Freundschaft Christine mit dem Beichtvater des portugiesischen Botschafters, dem Jesuiten-Pater Antonio Macedo. Zwei weitere Jesuiten reisen auf ausdrückliche Bitten Christines als Kaufleute getarnt mit falschen Pässen, nach Stockholm. Ihre Aufgabe war, als Gesprächspartner die Königin zum katholischen Glauben zu bekehren.

1655 war es soweit: Christine wurde katholisch. Die Freude in Rom blieb jedoch nicht ungetrübt. Zwar wird die Tochter des großen Gustav Adolf am 6. November 1655 in Innsbruck mit pompösen Konversionsfeierlichkeiten in den Schoß der Kirche aufgenommen, doch Schweden bleibt protestantisch, denn bereits ein gutes Jahr vorher — 1654 — hatte Christine auf die schwedische Krone verzichtet.

Eine bemerkenswerte Frau in jeder Weise. Sie beherrschte acht Sprachen. Der erste europäische Blaustrumpf. Aber auch die erste Herrscherin, die in ihrem Lande Hexenprozesse verbot. Nach den Schilderungen von Zeitgenossen dürfte sie jedoch kaum Ähnlichkeit mit ihrer Landsmännin Greta Garbo gehabt haben. Weder war sie schön, noch sanft. Im Gegenteil, mit kurz geschorenen Haaren war sie auf der Jagd die Verwegenste, auf dem Fechtboden brillierte sie ebenso wie bei wissenschaftlichen Disputen. Um dem Gerücht, sie sei ein Zwitter, entgegenzutreten, soll sie nach einem Reitunfall mit hochgeschobenem Rock liegen geblieben sein, damit die herbeieilenden Höflinge sich von ihrer Weiblichkeit überzeugen konnten. 1689 ist sie in Rom gestorben.

Der falsche Demetrius
oder
Jesuiten in Rußland

Pater Antonio Possevinos diplomatische Glanzleistung lieferte er 1580 am Hofe des ersten „Zaren von Gottes Gnaden und Selbstherrscher von ganz Rußland", Iwan IV. (1530 - 1584), dem die Geschichte den Beinamen „Iwan der Schreckliche" gab, ein eher zu harmloses Wort für diesen Herrscher, der in Anfällen wahnsinniger Grausamkeit ganze Dörfer ausrottete, viele seiner Freunde und sogar seinen Lieblingssohn erschlug. Ein schwerer Stock war seine bevorzugte Mordwaffe.

Possevinos Verhandlungstaktik diesem Zaren gegenüber gehörte als Lehrstoff in jedes Seminar für Diplomaten, die auf östliche Posten vorbereitet werden sollen.

Die Aufgabe, die Possevino lösen sollte, schien einfach. Es galt, den Krieg zwischen Polen und Rußland zu beenden. Ein Wunsch, den beide Seiten hatten, nachdem keine der beiden Armeen einen entscheidenden Sieg erringen konnte. Aber genau das war die Schwierigkeit. Keine der beiden Seiten wollte der Verlierer sein.

Possevino begann seine Verhandlungen in Moskau, da er hoffte, vom Zaren außer der Bereitschaft zum Frieden auch die Zustimmung für den Wechsel vom orthodoxen zum römischen Katholizismus zu erreichen. Das war ein Ziel, nicht weniger wichtig wie die Rückgewinnung der

Protestanten. Rom hatte es nie aus den Augen verloren, doch die Vielfalt der gegenreformatorischen Aktivitäten Roms verstellte für Jahrzehnte den Blick für die Aktionen der Kurie in den orthodoxen Ländern.

Iwan der Schreckliche machte Possevino Hoffnungen auf seinen und seiner Untertanen Übertritt zum römisch-katholischen Glauben, und Possevino verhandelte und verhandelte... Doch seine russischen Partner spielten auf Zeitgewinn. Glaubte Possevino ein Schrittchen weiter gekommen zu sein, baten die Minister um Unterbrechung, weil sie die neue Lage erst mit dem Zaren besprechen müßten. Das dauerte Tage. Danach entschuldigten sie sich, daß es so lange gedauert habe und präsentierten das Ergebnis: eine nichtssagende Erklärung.

Possevino verzweifelte. Dann besann er sich auf die jesuitische Methode der Anpassung. Von nun an hatte er noch mehr Zeit als die Russen, er entwickelte ein protokollarisches Verfahren, das Stunden füllte. Nannten die Russen alle Titel des Zaren, bitte, auch der Papst hatte genug Bezeichnungen, die Possevino bei jeder Gelegenheit einflocht: „Unser Heiliger Vater, Papst Gregor der Dreizehnte, Oberhirt der allumfassenden Kirche, Statthalter Jesu Christi auf Erden, Nachfolger des Heiligen Petrus, Beherrscher zahlreicher Länder und Provinzen, Diener der Diener Gottes, Herrscher aller Herrscher".

Was zeigt: Verhandlungen mit den Russen verlangten schon damals starke Nerven. Possevino hatte sie. Der Zar bat ihn schließlich, beim polnischen König Stephan um Frieden nachzusuchen und nicht nur das. Er ernannte Possevino zum Unparteiischen bei den Friedensverhandlungen. Ein triumphaler Erfolg für Possevino. Aber auch für seinen Orden und die katholische Kirche? Schließlich war es Possevinos Ziel gewesen, Rußland für Rom zu gewinnen, der ausgehandelte Friede war nur als diplomatische Morgengabe gedacht. Doch als Iwan IV. seinen Frieden hatte, war bei ihm von einer Hinwendung nach Rom keine Rede mehr. Possevinos Verhandlungsgeschick hatte

Rußland und Polen genützt, der römischen Sache jedoch nicht.

Dennoch feiern die meisten Historiker Possevino als den erfolgreichsten Diplomaten der Gesellschaft Jesu. Gönnen wir ihm die gute Presse über die Jahrhunderte. Sein General sah die diplomatischen Leistungen offenbar in einem anderen Licht. Claudio Aquaviva „bat" Possevino, vom diplomatischen Parkett abzutreten. Der Star-Diplomat des Ordens wurde wieder Lehrer in Padua.

Zwei Jahrzehnte später ergab sich für die Patres der Gesellschaft Jesu eine ebenso ungewöhnliche wie verlokkende Möglichkeit, Rußland doch noch für den katholischen Glauben zu gewinnen. 1630 tauchte in Kiew ein junger orthodoxer Mönch namens Grischka Otrepjew auf. Als er erkrankte, entdeckte man unter seiner Kutte ein diamantbesetztes goldenes Kreuz, das einst dem Zarewitsch gehört hatte. Der war wahrscheinlich nach Iwan des Schrecklichen Tod von Boris Godunow getötet worden, der selbst zum Zaren gekrönt werden wollte.

Boris Godunow war bei den russischen Fürsten so verhaßt, daß sie ungeprüft glaubten, was sie so gern für wahr halten wollten: dieser Mönch Grischka mußte einfach der Zarensohn Demetrius (Dimitrij) sein! Um dem Anspruch auf den Zarenthron Seriosität zu verleihen, brauchten die Demetrius-Förderer die Unterstützung der Kirche. Polnische Jesuiten erkannten als erste, daß sich ihnen hier die Möglichkeit bot, zu vollenden, was Possevino nicht erreicht hatte. Alles verlief wie gewünscht. Demetrius versprach, in Rußland die römisch-katholische Religion einzuführen, die Jesuiten sagten dafür ihre Unterstützung bei seinem Kampf um den Thron zu. Bis heute weiß niemand mit Sicherheit zu sagen, ob es ein gezieltes Betrugsmanöver mit einem falschen Zarewitsch war oder ob dieser Mönch der legitime Sohn des Zaren gewesen ist.

Als Boris Godunow während einer Audienz an einem Blutsturz starb, galt dies als Gottesgericht, durch das die echte Abstammung von Demetrius bestätigt wurde. Er zog als Zar in Moskau ein, immer von jesuitischen Ratgebern umgeben. Zu seinen ersten Anordnungen gehörte die Eröffnung von Jesuiten-Kollegien und römisch-katholischen Kirchen. Doch Demetrius hielt sich kein Jahr auf dem Thron. Im Mai 1606 wurde er von Bojaren und Fürsten ermordet. Keiner in seiner Umgebung wollte nun in ihm noch den Sohn Iwan des Schrecklichen sehen, sondern nur noch einen Betrüger, der ein williges Werkzeug der Jesuiten und des Königs von Polen war. Sein Leichnam wurde zerstückkelt, der Traum vom römisch-katholischen Rußland, vielleicht gar vom Zusammenschluß der beiden großen Kirchen, war endgültig ausgeträumt. Eines der spektakulärsten Kapitel der Jesuiten-Diplomatie war damit zu Ende.

Besonders diese Episode mit dem — falschen? — Demetrius zeigt: es hat den Jesuiten-Diplomaten weder an Mut, noch an Phantasie, noch an Energie gefehlt. Auf tagespolitischem Feld haben sie erstaunliche Einzelerfolge erzielt, doch in keinem von Rom abtrünnigen Land gelang ihnen der große Durchbruch. Zwei Gründe dürften die Ursachen dafür gewesen sein:

Erstens: entgegen der weitverbreiteten Meinung gab es keine einheitliche Linie der Jesuiten-Diplomatie. General Vitelleschi versuchte zwar, sie zu schaffen, aber seine Anordnungen lähmten in ihrer Überbürokratisierung die Aktivitäten derart, daß sie genauso befolgt wurden wie die meisten praxisfernen Richtlinien. Nämlich überhaupt nicht.

Zweitens: die Jesuiten ließen sich — getreu ihrem Gelübde — von einer schlecht informierten und durch Macht korrumpierten Papst-Bürokratie in diplomatische Missionen treiben, deren Voraussetzungen falsch und deren Zielsetzungen unerreichbar waren. So mußten die Jesuiten auf europäischem Boden ihr großes Ziel verfehlen. Doch in der gerade entdeckten — aus europäischer Sicht geschichtslosen — Neuen Welt galt dies nicht. Wie erfolgreich waren Jesuiten als Apostel des katholischen Glaubens in Übersee?

XI.

TAUF MICH ODER ICH FRESS DICH
oder
DIE MISSIONSTÄTIGKEIT DER JESUITEN

„Idealismus ohne Macht ist eine impotente Phantasie."
(Niccolò Machiavelli)

„Laßt uns Jesuiten frühstücken."
(Voltaire in „Candide")

Taufen macht Spaß
oder
Erobern und Bekehren

Jesuiten sind die besten Missionare. Diese Behauptung hält sich seit Jahrhunderten. Das spricht dafür, daß sie möglicherweise stimmt. Oder aber — daß Vorsorge getroffen wurde, alles aus dem Blickfeld zu räumen, was dieses positive Bild trüben könnte.
    Beides ist richtig.
    Zuerst einmal stimmt, daß keine anderen Europäer von vergleichbarer Bildung wie die Jesuiten-Patres den Opfermut aufbrachten, sich im 16. Jahrhundert pädagogisch und sozial in Gebieten zu engagieren, von denen in Europa nicht viel mehr bekannt war, als daß es dort Drachen gab.
    Der zweite Grund war, daß die Gesellschaft Jesu lediglich positive Missionsberichte zur Veröffentlichung frei gab. Schattenlose Schokoladenseiten-Information. Das, was man gern verbreitet sehen wollte, wurde so geschildert, wie es gern gelesen wurde. Nachrichten über Mißstände, über menschliches Versagen und über Irrtümer wurden möglichst zurückgehalten. Punkt eins ist zu bewundern, Punkt zwei nicht zu verurteilen.

Die Jesuiten-Missionare, die ab 1541 in Übersee ihre Tätigkeit aufnahmen, waren keineswegs die ersten christlichen Missionare. Vor ihnen hatten bereits Dominikaner und Franziskaner erste Missionierungsschritte auf exotischem Gebiet unternommen.

Auch waren die Jesuiten der ersten Missionswelle, entgegen landläufiger Meinung, nicht besser für ihre Aufgaben ausgebildet als die Patres anderer Orden. Das änderte sich erst unter General Claudio Aquaviva, dem großen Organisator der Mission in Paraguay, China und Kanada.

In einem jedoch übertrafen die Jesuiten alle anderen Missionare: in ihrem Opfermut. Wer sich entschloß, Jesuit zu werden, wollte Gefahren bestehen und Heiden bekehren. Genau in dieser Reihenfolge. Bekehrung war seit Barcelona das große Ziel des Ignatius von Loyola. Erinnern wir uns. Sein Drang nach Jerusalem, der Schwur der sechs vom Montmartre, die Betonung der Missionierung in den Ordenskonstitutionen – all das zeigt, wie wichtig für Ignatius die Heidenbekehrung war.

Das lag in seinem Charakter, aber auch im Geist jener Zeit, die wir das Zeitalter der Entdeckungen nennen, obgleich von der ersten Fahrt des Kolumbus bis zur gelungenen Erdumsegelung 1522 nur drei Jahrzehnte vergingen; ein halbes Menschenalter. Fernweh, wirtschaftliche Entdeckungen und geistige Expansion verschmolzen zu einem einzigen großen Abenteuer. Nie wieder war eine Zeit von ihrem Antrieb her so europäisch wie diese. Der Vorstoß ins Unbekannte, das Wagnis auf wissenschaftlichem Gebiet, der Wille, das Salz der Erde sein zu wollen, machten die Eroberung zur Mission und die Mission zur Eroberung. Zum ersten Mal war Europa nicht mehr die Welt, sondern nur ein Teil von ihr.

Taufen – das war in diesen Jahrzehnten kein Privileg der Priester, sondern aller Europäer. Bereits Kolumbus taufte die ersten Indianer. Die Priester, die mit den ersten Seeleuten und Soldaten an Land gingen, müssen hartgesottene Kerle gewesen sein. Sie hatten nicht nur Strapazen zu ertragen, vor allem mußten sie die Grausamkeiten mitansehen, die christliche Seefahrer Heiden antaten. Das Letztere dürfte die größere Prüfung gewesen sein.

Papst Alexander VI., einer der weltlichsten und wohl auch korruptesten Päpste, hatte die neue Welt zwischen Portugal und Spanien aufgeteilt. Auf sehr großzügige Art. Er zog einfach hundert Seemeilen westlich der Azoren eine Linie von Pol zu Pol. Alles, was westlich dieser Linie lag, gehörte von nun an Spanien, alle östlichen Gebiete Portugal.

Über den reichsten Gebieten der neuentdeckten Welt wehte die portugiesische Flagge. Ihre Seefahrer hatten die besten Schiffe – neuentwickelte „Caravellas" mit wenig Tiefgang, die aber dennoch gut am Wind lagen – und die genauesten Seekarten. Sie wurden wie Staatsgeheimnisse gehütet. Der König von Portugal war es auch, der 1540 Papst Paul III. bat, Jesuiten als Priester in die indischen Kolonien zu entsenden. Nicht etwa um die Eingeborenen zu bekehren, sondern „um das Leben der portugiesischen Siedler ehrenwert und christlich" zu gestalten.

Es ist das Verdienst dieser frühen Jesuiten-Missionare, daß sie – allem Druck zum Trotz – die Lehre von der Gleichheit aller Menschen konsequent in die Tat umsetzten und sich nicht nur um das Seelenheil der europäischen Siedler kümmerten, sondern auch um das der Eingeborenen. Jesuiten-Missionierung verfolgte zwei Ziele. In der neuen Welt bekehrten sie Heiden zur christlichen Lehre, in Europa demonstrierten ihre Erfolgsberichte die Macht des Christentums in aller Welt. So sind in vielen barocken Kirchen auf Wandgemälden Asien und Amerika als christliche Kontinente dargestellt, und in der Kirche Il Gesu fällt ein Lichtstrahl von Gott auf Jesu, von diesem auf Ignatius, der das Licht über Europa, Afrika, Asien und die beiden Amerika verteilt.

Der Schreiblust der Patres sei Dank und ihrem Einfallsreichtum, wie ihre Briefe am sichersten den Empfänger erreichten. Nur durch ihre Berichte, auch wenn sie zensiert wurden, haben wir eine Vorstellung von fernen Ländern und Menschen jener Zeit, wie auch von den Missionsmethoden.

Wie schwierig wir uns auch immer die Briefbeförderung der damaligen Zeit vorstellen – in Wirklichkeit war sie noch komplizierter. Ein Brief aus Indien war rasch in Rom, wenn er nur drei Jahre unterwegs war. Nicht selten wartete ein Briefschreiber bis zu sieben Jahre auf Antwort. Das zwang, nur Wesentliches zu schreiben, nur solche Fragen zu stellen, die auch nach Jahren noch einer Antwort wert waren. Viele dieser Briefe waren literarische und philosophische Arbeiten, die in mehreren Abschriften den Kapitänen verschiedener Schiffe mit unterschiedlichen Routen anvertraut wurden, weil nur so die Hoffnung bestand, daß wenigstens eine der Abschriften die Gefährdung durch Seeräuber, Taifune und Postkutschenüberfälle überstand und ihren Empfänger erreichte.

Kam dann endlich die Kopie eines solchen Briefes in Europa an, wurde dies gebührend gewürdigt. Dutzende von Abschriften kursierten – alle im gleichen Wortlaut, der aber nicht unbedingt mit dem des Originalschreibens übereinstimmen mußte. Die Zensur eliminierte unangenehme Passagen.

König Johann III. von Portugal hielt die Briefe von Pater Franz Xavier aus Indien für so wichtig, daß er sie von allen Kanzeln seines Landes verlesen ließ. In einem zur Veröffentlichung freigegebenen Xavier-Brief vom Januar 1545 schildert er die Missionsarbeit in Indien:

„Ich kann berichten, daß ich im Königreich Travancor... in einem einzigen Monat mehr als zehntausend Männer, Frauen und Kinder taufte... Ich zog von Dorf zu Dorf und machte Christen. In jedem Ort ließ ich eine Abschrift unserer Gebote und Gebete in ihrer Sprache zurück."

Kein Wort von Strapazen, Todesgefahren, Seuchen. Die Verbreitung des Christentums liest sich wie der Erfolgsbericht eines Handelsvertreters, der eine begehrte Ware zu offerieren hat.

Diese Berichte entfachten einen Missionstaumel unter

der Jugend Europas. Niemand wollte mehr studieren, „auf den Knien liegend und heiße Zähren vergießend" drängte die Jugend als Missionare nach Indien.

Um aus Heiden Christen zu machen, genügten damals ein paar Spritzer Weihwasser. Verständnislos stehen wir heute vor soviel Oberflächlichkeit, die offensichtlich den Patres gar nicht bewußt wurde. Pater Nicolas Lancilloto ist da eine rühmliche Ausnahme. Er berichtete nach Rom: „Die meisten, die sich taufen lassen, tun dies eines Vorteils wegen. Sklaven von Arabern und Hindus lassen sich taufen, um dadurch ihre Freilassung zu erreichen oder beschützt zu werden vor Tyrannen oder auch nur um einen Turban oder ein Hemd zu erhalten. Viele um einer Strafe zu entrinnen... Wer aus innerer Überzeugung das Heil in unserer Lehre sieht, wird als verrückt angesehen... viele kehren bald nach der Taufe zu ihrem früheren Heidentum zurück..."

Sicher war dies den Missionaren bewußt. Aber um der wenigen willen, die in der Taufe den Beginn für ein neues Leben sahen, resignierten sie nicht. Schon damals war jede Mission so gut wie die Männer, die sie betrieben, und die Gesellschaft Jesu hat gerade unter den Männern der ersten Stunde einige, deren Glauben und deren Opfermut zum Maßstab für alle wurden, die ihnen nachfolgten. Bis heute. Einer von ihnen, Franz Xavier, der bereits in Paris zu den sechs Freunden des Ignatius gehörte, wurde zum Vorbild für alle katholischen Missionare.

Wenn das Glöcklein ruft
oder
Die Jesuiten in Indien

Der baskische Jesuiten-Pater Francesco Xavier gilt als Schutzheiliger aller katholischen Heidenmissionen. In Schriften mit Imprimatur wird er „als der bedeutendste christliche Heidenprediger seit Paulus" bezeichnet. Das ist wohl doch etwas hoch gegriffen. Richtig ist jedoch: Von allen Missionaren hält er den Kilometer-Rekord. Keiner reiste mehr, keiner weiter. Und auch dies stimmt: Er gehörte zu jenen Europäern, die im 16. Jahrhundert als erste über die Grenzen ihres Kontinents hinaus vorstießen.

Durch keine spezielle Ausbildung war er auf diese Aufgabe vorbereitet worden. Der Zufall — oder in diesem Fall doch wohl richtiger: Gottes Fügung — hatte es so eingerichtet, daß er am 7. April 1541 in Lissabon an Bord eines portugiesischen Schiffes ging, das Kurs auf Ostindien nahm.

Eigentlich sollte Nikolaus Bobadilla nach Indien fahren, doch der wurde krank. Wir werden wohl nie erfahren, ob dies eine diplomatische Krankheit gewesen ist. Denn eines steht fest, wenn dieser Brausekopf aus dem Pariser Freundeskreis die Mission in Indien begonnen hätte, wäre sie wahrscheinlich bereits nach Monaten gescheitert.

Ob nun Bobadilla wirklich krank war oder nicht: Ignatius — der noch nicht zum Ordensgeneral gewählt war! — schickt den zufällig — zufällig? — in Rom weilenden Francesco Xavier nach Indien. Ich vermute allerdings, dieser Franz Xavier steckte so voller Reiselust, daß er nichts unversucht gelassen hat, um diesen Auftrag übertragen zu bekommen. Xavier trat die Reise an, „das Gewand, das er am Leib trug, das Brevier und einiger Mundvorrat bildeten seine ganze Habe". In vielen Büchern finden sich Sätze wie dieser, aber durch ständige Wiederholung wird die Behauptung nicht richtiger. Ganz so armselig reiste er denn doch nicht. Drei Co-Patres begleiteten ihn, vor allem aber gehörten zwei außerordentliche Vollmachten zu seinem Reisegepäck: die eine war ein päpstliches Breve, das ihn praktisch zum Legaten machte, dem die gesamte Geistlichkeit in den ostindischen Kolonien unterstellt war. Die zweite war ein „Generalbefehl" des Königs von Portugal, der sämtliche Beamten anwies, den 31jährigen Pater in jeder Weise zu unterstützen.

Xavier nutzte diese Vollmachten sehr geschickt. Nämlich gar nicht. Denn was bringt es, im fernen Indien auf das königliche Siegel zu pochen? Lissabon ist weit, und der Möglichkeiten, einem Neuling Schwierigkeiten zu machen, sind viele. Xavier wußte das und wohnte bewußt bescheidener als alle anderen Priester in Goa; er bezog eine Zelle im Hospital dieser Hafenstadt, die erst dreißig Jahre zuvor, 1510, von Portugiesen erobert worden war.

Doch vorher mußte er die Seereise um das Kap der Guten Hoffnung, der Südspitze Afrikas, überstehen, die zu den beschwerlichsten Schiffsrouten der damaligen Zeit gehörte. Die Stürme waren daran ebenso schuld wie die kaum noch seetüchtigen Caravellen. In ihren Planken saß der Bohrwurm, und unter der Besatzung wütete der Skorbut, denn „das Brot war hart wie Stein, ungesalzen, voll von Würmern, das Fleisch stinkend, so schon vor einem Jahr eingemachet, alles aus Gesparigkeit des Kapitäns, so der gerechte Gott sogleich gestrafft, indem fast alles Vieh von Pest erkranket und über Bord geworfen ward. Gestank und Faulnis überall, das Kleid in Fetzen", wie es in einem Bericht aus dem Jahr 1691 hieß*.

Am 6. Mai 1542 erreichte Xaviers Schiff den Mandavi-Fluß, an dessen rechtem Ufer Goa lag, die größte portugiesische Siedlung in Indien. Xavier war begeistert: die Stadt schien ihm ein Klein-Lissabon, in der Dominikaner und Franziskaner für ein geordnetes christliches Leben sorgten. Er fand auch unter den Indern mehr Christen, als er in seinen kühnsten Träumen erwartet hatte. Begeistert schrieb er an Ignatius: „Goa ist ganz von Christen bevölkert... Wir müssen Gott dem Herrn sehr dankbar sein, daß der Name Christi auf diesem fernen Boden und unter diesen Massen von Ungläubigen so herrlich erblüht ist!" Xaviers Freude verflog rasch. Sie beruhte auf einem sprachlichen Irrtum. Er hatte das indische Wort „Krishna" für die verstümmelte Version von „Christus" gehalten. Es sollte im Laufe seiner

---

* Die Kapitäne hatten ein probates Mittel gegen Ausfälle unter der Besatzung: sie heuerten immer die doppelte Anzahl Matrosen an als ihr Schiff brauchte, denn mehr als die Hälfte starb selten während der sechs bis acht Monate auf See.

Missionsarbeit nicht bei diesem einen Flüchtigkeitsfehler bleiben...

Kein halbes Jahr blieb Xavier in Goa, dann trieb es den ewig Ruhelosen weiter. Er hatte von den Paravern gehört, einem Volksstamm im äußersten Süden Vorderindiens; zu denen wollte er. Diese Menschen, die von Perlenfischerei lebten, waren zwar bereits getauft, aber seit Jahr und Tag hatten sie keinen Priester zu sehen bekommen. Eigentlich waren sie auch nur durch einen Zufall Christen geworden. Dies war geschehen: Vor etwa zehn Jahren hatten die Paraver in Goa um Schutz gegen islamische Piraten nachgesucht. Die Portugiesen schickten ein kleines Geschwader, das die Seeräuber vertrieb. Als Preis für diese Säuberungsaktion mußten sich alle Paraver taufen lassen und jährlich zwei Bootsladungen mit Perlen nach Goa schicken.

Das Sortieren der Perlen dauerte länger als die Massentaufe. Bei dieser fragte ein Priester lediglich auf lateinisch, ob alle bereit seien, sich taufen zu lassen, und die Eingeborenen antworteten in Tamil, ihrer Landessprache. Keiner dürfte also den anderen verstanden haben. Dann erhielt jeder Perlenfischer einen Zettel, auf dem sein neuer christlicher Name stand. Nach der kurzen Taufzeremonie gab es auf der Welt mit einem Schlag 20 000 Christen mehr. Während die portugiesische Verwaltung sehr genau die Einhaltung der materiellen Seite der Abmachung überwachte und Jahr für Jahr die Bootsladungen Perlen kassierte, war es um die Seelsorge weniger gut bestellt: der erste Priester, den diese Christen östlich von Kap Komorin zu sehen bekamen, war Pater Franz Xavier.

Er hatte aus der Verwechslung von „Krishna" und „Christus" gelernt und sich besser auf dieses Missionsabenteuer vorbereitet. Er lernte Gebete und Predigten in Tamil auswendig. Solcher Blitz-Sprachkursus konnte nicht ohne Schnitzer bleiben, so hatten seine Dolmetscher die christliche „Messe" mit dem Wort „Misei" übersetzt, das aber bedeutete „Schnurrbart".

Über Xaviers Missionsbemühungen ist viel geschrieben

worden. Mehr Negativ-Spöttisches als Positives. Auf den ersten, oberflächlichen Blick hatten die Spötter recht: Xavier ging mit einer Handglocke am Strand entlang und bimmelte so lange, bis die Kinder aus der Umgebung zusammengelaufen waren, dann predigte er zu ihnen und lehrte sie beten.

Der Schwarzrock mit der Glocke – die perfekte Karikatur eines nicht ernst zu nehmenden Missionars. Diese Vorstellung und das Zitat aus einem Brief an Ignatius, daß ihm „oft der Arm vom Taufen müde geworden sei, weil er in einem Monat wohl an Zehntausend das heilige Sakrament der Wiedergeburt gespendet habe", waren für Missionsgegner willkommene Beispiele für die Oberflächlichkeit, wenn nicht gar Sinnlosigkeit solcher Missionsarbeit.

Vielleicht aber war das Glöcklein am Meeresstrand genau das Richtige, um auf sich und seine Botschaft aufmerksam zu machen? Wer auffällt, hat den ersten Schritt zur Be-Achtung getan, an ihm ist es, aus der Be-Achtung Achtung werden zu lassen, sagt eine Regel für Jung-Manager in unserem Erfolgszeitalter. Xaviers Glockenbimmeln tat seine Wirkung.

Nein, nicht das Glöcklein und auch nicht den müden Taufarm und schon gar nicht die Übersetzungsfehler darf man Xavier zum Vorwurf machen. Dergleichen Irrtümer sind einem Mann der ersten Stunde nicht anzukreiden. Etwas anderes jedoch – und wie ich fürchte, Schlimmeres – ist ihm vorzuwerfen: sein Mangel an Geduld. Denn Geduld, eine der höchsten christlichen Tugenden, besaß dieser Heilige nun wirklich nicht. Die Unruhe seines Zeitalters steckte in ihm. Er war mehr Eroberer als Bekehrer.

An keinem Ort schlug er Wurzeln, nirgends versuchte er, Begonnenes zu Ende zu führen. Als er 1549 erkennen mußte, daß die Christianisierung in Indien nicht so rasch voran ging, wie er es sich gewünscht hatte, schrieb er dem König von Portugal, Johann III., die bitteren Zeilen: „Ich habe erkennen müssen, daß Eure Majestät über nicht genug Macht verfügt, um das Vertrauen in Christus in Indien zu verbreiten... weil dem so ist, begebe ich mich nach Japan, um nicht noch mehr Zeit zu verlieren."

„Um nicht noch mehr Zeit zu verlieren" — in diesen sieben Worten steckt der ganze, immer getriebene Xavier. Und auch „Japan" ist ein Stichwort für sein Charakterbild: Keine sechs Jahre war es her, daß die ersten Weißen auf Nippon gelandet waren, und schon wollte er auch hier unter den ersten Europäern sein, die dieses Inselreich erkundeten. Über zwei Jahre missionierte Xavier in Japan, dann trieb es den Rastlosen wieder weiter — nach China. Ein Reisender aus Passion.

Franz Xavier an Ignatius von Loyola:

„Wenn Gott, unser Herr, uns auch durch weite Räume getrennt hält, so vereint uns doch das Bewußtsein einer so tiefen Verbundenheit im gleichen Geiste, in gleicher Liebe, daß, wenn ich es recht erkenne, die äußere Entfernung weder Entfremdung noch Vergessen für jene bedeuten kann, die sich in Gott lieben. Denn es scheint mir, wir können uns dennoch im Geiste allzeit unterhalten, wie wir es früher gewohnt waren".
Geschrieben 1543 in Goa (Indien)

Während seiner Indien-Zeit hat Xavier für seine Missionshilfen Anweisungen niedergeschrieben, aus denen Stärken, aber auch Schwächen dieses baskischen Paters zu erkennen sind:

„Bemerken die Geldleute, daß man in Dingen des täglichen Lebens ebenso bewandert ist wie sie selbst, dann empfinden sie Bewunderung und Zutrauen; andernfalls werden die Ermahungen des Geistlichen nur verlacht."

Oder:

„Sprechen Sie mit den Sündern über deren Vergehen unter vier Augen, reden Sie stets mit lachendem Gesicht, ohne Heftigkeit, in liebendem und freundlichem Ton. Der

Persönlichkeit entsprechend, werden Sie den einen umarmen und sich vor dem anderen demütigen müssen..."

Jede dieser Zeilen bestätigt die Maxime des Ignatius „allen alles zu sein". Die beiden Basken dachten, fühlten und handelten auf gleicher Wellenlänge. Aber diese Anweisungen zeigen außerdem, daß sie aus europäischer Sicht für den Umgang mit Europäern formuliert sind. Xavier fand keinen Zugang zur Gedankenwelt fremder Religionen und Kulturen.

Xavier war es anfangs unverständlich, daß für einen Brahmanen, einem Angehörigen der obersten Kaste, jeder Europäer unrein war, wenn er Fleisch aß, Wein trank und mit den Angehörigen aller Kasten, sogar der niedrigsten, den Parias, verkehrte. Später sah er den Fehler ein und paßte sich an.

Wer Brahmanen für das Christentum gewinnen wollte, mußte mit ihnen und so wie sie leben, denken und meditieren. Diesen Weg, der bald zu einer religiösen Gratwanderung wurde, ging Pater Robert de Nobili, der 1605 nach Indien kam.

Nobili lernte, zuerst einmal sorgfältig Schrift und Geist der indischen Glaubenslehre, er kleidete sich wie ein Brahmane in orangefarbene Gewänder, klebte sich das Brahmanenzeichen auf die Stirn, schor sich den Kopf kahl und trug schwere Ohrringe. Von allen anderen Europäern getrennt, lebte Nobili als Einsiedler genau nach den Riten der Brahmanen.

Er trieb seine Anpassung so weit, daß er zwar noch an einer Halskette ein Kreuz trug, sonst aber kaum noch Christliches an – und möglicherweise auch in – sich hatte. Zwar reichte er den Parias die Hostie, aber heimlich und an einem Stab aufgespießt, damit er keinen Paria berühren mußte, denn das hätten ihm selbst getaufte Brahmanen nie verziehen.

Nobili war der erste Jesuiten-Missionar, der im Interesse eines Missionserfolges Konzessionen an andere religiöse Vorstellungen machte. Diese Öffnung anderen Religionen gegenüber ist ein immer wiederkehrender Vorwurf gegen die Jesuiten-Missionen im Fernen Osten. Doch ohne diese Chamäleon-Methode wäre es nie möglich gewesen, in die festgefügte Glaubenswelten Indiens, Japans, Chinas christliche Breschen zu schlagen. Wahrscheinlich ist aber auch, daß alle Patres, die sich solcher Methoden bedienten, von sich aus für diese fernöstliche Gedankenwelt aufgeschlossen waren. Einigen von ihnen hat wohl auch das rechte Augenmaß gefehlt, um beurteilen zu können, wann aus dem Anpassen ein Akzeptieren fremden Kultur- und Glaubensgutes wurde.

Bereits Nobili hatte seine Schwierigkeiten mit Rom. 1623 wurde er vom Ordensgeneral wegen seiner buddhistischen Lebensweise getadelt, Papst Gregor XV. jedoch billigte Nobilis Missionsart. Später war es meist umgekehrt, da tadelte der Papst und der General billigte.

Charakterlich waren Xavier und Nobili absolute Gegensätze. Der erste: rastlos, ungeduldig; der zweite: ganz nach innen lebend, sorgfältig und abwägend — beide aber waren Gottesmänner ohne politische Nebeninteressen. Die hatte eine dritte Missionsgruppe, die neben Xavier und Nobili in Indien einen — fast ist man versucht zu sagen: europäischen — Weg zu gehen versuchte. Die Patres dieses Missionsteams machten sich als Berater und Gesprächspartner dem Großmogul Akbar (1542 - 1605) genauso unentbehrlich, wie in Paris der Pater Coton Heinrich IV. und in Wien Pater Lamormaini dem deutschen Kaiser Ferdinand II.

Ein indisches Gemälde aus dem Jahr 1605 zeigt in der für diesen Stil typischen unperspektivischen Darstellung diese Jesuiten-Patres zu Füßen Akbars. Der Text zu dem Bild besagt, daß die Jesuiten dem Herrscher anboten, mit der Bibel in der Hand ohne Zögern in loderndes Feuer zu springen, wenn er genau soviel Vertrauen zu seinem Koran hätte, um es ihnen gleichzutun.

Die Bibel als Asbestanzug? Bevor wir diese „Wetten, daß..."-Methode zur Propagierung der Vorzüge des Christentums als unseriös abtun, sollten wir bedenken: Für die

Inder war diese seltsame Wette interessant genug, um sie im Bilde festzuhalten! Wenn es also den Patres darum ging, mit dieser Feuerprobe Aufmerksamkeit für das Christentum zu wecken, dann hat das Mittel seinen heiligen Zweck erfüllt.

Das Ziel dieser Jesuitengruppe war klar. Wenn es gelänge Akbar, der ein vorzüglicher Regent war und mehr als mancher andere Herrscher den Beinamen „der Große" verdient hätte, zum Christentum zu bekehren, dann würde ganz Indien christlich. Die Voraussetzungen waren günstig: Akbar hatte sich so an seine jesuitischen Gesprächspartner gewöhnt, daß sie ihn sogar auf seinen Kriegszügen begleiten mußten. Ohne Rücksicht auf ihre Lehre der Nächstenliebe zu nehmen, beauftragte er die Patres, ihm schwere Artillerie zu beschaffen. Keinen Hinweis fand ich, ob sie diesen großkalibrigen Wunsch erfüllten. Wie auch immer. Ihre Missionsmühen waren umsonst, Akbar starb ungetauft, Indien wurde nicht christlich. Auf leisen Sandalen drang in den folgenden Jahrhunderten der Islam in jene Bastionen, die Xavier, Nobili und all die namenlosen Patres dem Christentum erschlossen hatten.

Schlimmer noch: Indien blieb nicht nur seinen heiligen Kühen treu, in unserem Jahrhundert exportierte es Krishna-Sektierertum in die christliche Welt und offerierte Kultstätten als Zuflucht für Obdachlose des Glaubens. Aus der Missionsoffensive wurde christliche Defensive. Krishna ante portas, Christus kam nur bis Manipur.

Rosenkranz und Perlenschnur
oder
Die Jesuiten in Japan

Von Beginn der Mission bis auf den heutigen Tag sind Japan und die Gesellschaft Jesu auf besondere, meist tragische Weise verbunden. So ist die Stadt Nagasaki, auf die am 11. August 1945 die zweite Atombombe abgeworfen wurde, 1579 von und für Jesuiten gegründet worden. Unter den 73 000 „Kernenergie-Toten" waren auch die Lehrer des dortigen Jesuiten-Kollegs, und zu den 140 000 Opfern von Hiroshima gehören auch die deutschen Jesuiten-Patres dieser Stadt. Der Ordensgeneral Pedro Arrupe hat jahrzehntelang – von 1939 bis 1965 – in Japan missioniert. Über Jahrhunderte war der Begriff „Jesuiten" in Japan gleichbedeutend mit „Christen".

Doch als Johannes Paul II., der „Papst zum Anfassen", 1981 auf seiner Fernostreise zum ersten Mal in der Geschichte der katholischen Kirche eine Seligsprechung außerhalb Roms vornahm, war unter den 16 Japan-Märtyrern (14 Männer und zwei Frauen) nicht ein einziger Jesuit. Alle gehörten der dominikanischen Ordensfamilie an.

Wer darin einen (weiteren) Beweis für die Distanz sieht, die dieser Papst zur Gesellschaft Jesu hält, irrt. In diesem Falle entsteht der falsche Eindruck, weil die Jesuiten schon viel früher ihre Heiligen und Seligen unter den Japan-Märtyrern bekamen. Im ganzen 36! Die frühe Heiligsprechung der Jesuiten-Missionare entspricht auch der Chronologie der Japan-Mission. Franz Xavier und seine drei Gefährten betraten am 15. April 1549 als erste Missionare in Kagoshima (Insel Kiushiu) ein Land, von dem zu jener Zeit gelehrte Europäer nur wußten, was Marco Polo* in China über den Inselstaat Japan gehört hatte; das war wenig und meist falsch.

Über die Gefahren einer Schiffsreise nach Japan machte sich Xavier keine Illusionen. In einem Brief an Mitbrüder in Europa heißt es: „Diese Fahrt nach Japan ist sehr gefährlich, voll schwerer Stürme, vieler Klippen und vieler Räuber, besonders wegen der Stürme, denn wenn von einem Hafen dieser Gegenden drei Schiffe abfahren und zwei derselben heil ankommen, dann ist das ein großes Glück."

Die Abreise erfolgte nach vielen Verzögerungen am 24. Juni 1549 auf einer Dschunke, deren chinesischer Be-

---

* 1254 - 1324 oder 25

sitzer seinem aufschlußreichen Spitznamen „o Ladrao" (der Pirat) alle Unehre machte. Diese Dschunken waren unförmige, viereckige Kästen von 250 bis 300 Tonnen. Sie brachten es bei nicht zu rauher See auf fünf bis sieben Seemeilen pro Stunde, so daß man zwei Wochen für die Fahrt von Indien (Malakka) bis Japan rechnete. Tatsächlich war Xaviers Dschunke fast zwei Monate unterwegs, bevor sie im Hafen von Kagoshima festmachen konnte.

Xavier war für diese Mission gut ausgerüstet. Außer Geschenken für den Kaiser soll er 30 Bahârs (etwa 120 Zentner) des besten Pfeffers an Bord gehabt haben, für den in Japan hohe Preise erzielt werden konnten. Das ist aufschlußreich, denn nach Kirchenrecht waren dem Pater Handelsgeschäfte verboten. Nicht nur ihre materielle Versorgung war gesichert, auch von der inneren Einstellung her waren Xavier und seine Begleiter besser auf die Begegnung mit japanischen Sitten vorbereitet, als bei der Ankunft in Indien. In dem schon erwähnten Schreiben heißt es: „... die Patres der Japaner* könnten Anstoß nehmen, wenn sie uns Fleisch oder Fisch essen sähen. Wir gehen darum mit dem Entschluß, lieber ständig Diät beim Essen zu halten, als daß wir irgend jemand Anstoß geben."

Es blieb dann noch genug, was sie in den ersten Monaten auf japanischem Boden lernen mußten. Das meiste war völlig anders, als man in Europa annahm. Japan war zwar ein Kaiserreich, regiert aber wurde es nicht vom Mikado, sondern von den Landesfürsten, den Daimyos. Auf dem Kaiserthron saß der Tenno Geo-Nara. Doch wenn auch noch immer sein Eßgeschirr vom feinsten Porzellan nach einmaliger Benutzung zerschlagen wurde – in den hauchdünnen Schüsseln lag nur kargste Arme-Leute-Kost. Der Kaiser war arm, und wer arm war, war machtlos. In Japan galt dies noch mehr als anderswo.

Franz Xavier paßte sich dieser Gleichung „arm = machtlos" an. Zur Empfangsaudienz beim mächtigen Daimyo

---

* Gemeint sind Bonzen = Buddhistische Priester

von Yamagushi erschien er in seinem kostbarsten Meßgewand. Nur so konnte er erwarten, genau so wichtig genommen zu werden wie die Bonzen, deren Gewänder aus feinster Seide waren. Der Antrittsbesuch wurde ein voller Erfolg. Weniger wegen der Grußbotschaft des Papstes, die Xavier dem Fürsten überreichte, sondern weil er Geschenke mitbrachte, die die Japaner entzückten. Begeistert pinselte der Hofchronist eine Lister aller Geschenke auf eine Schriftrolle: „Eine Uhr, die zwölfmal am Tag und zwölfmal in der Nacht schlägt. Ein Musikinstrument, das ohne daß man es berührt, wunderbare Klänge von sich gibt (eine Spieluhr), Gläser für die Augen, mit deren Hilfe ein Greis ebenso scharf sehen kann wie ein junger Mann."

Als der Daimyo fragen ließ, womit der Xavier seine Dankbarkeit für diese Herrlichkeiten bezeugen könne, nannte dieser einen Wunsch, der für den japanischen Fürsten so absonderlich war, daß er ihn sogleich, allerdings kopfschüttelnd, gewährte. Xavier bat darum, daß die „Baternen" — so der japanische Ausdruck für Pater — ihre Glaubenslehre in öffentlicher Predigt vortragen durften und wer immer es wünsche, von ihnen durch Taufe in die christliche Gemeinschaft aufgenommen werden könne.

Der Daimyo konnte die Erlaubnis ohne Bedenken erteilen, denn in Japan war und ist der Wechsel von einer Buddhisten-Sekte zu einer anderen problemlos, und Xavier scheint ihm das Christentum als eine Abart der buddhistischen Lehre erklärt zu haben — und dies nicht als Anbiederungstrick, sondern aus Überzeugung. Er hatte anfangs von äußerlichen Ähnlichkeiten bei beiden Religionen auf deren innere Verwandtschaft geschlossen. Doch bald mußte er erkennen, daß es zwar eine Ähnlichkeit zwischen den buddhistischen Gebetsperlenketten und dem katholischen Rosenkranz gab, daß aber die Lehren selbst nicht nur unterschiedlich, sondern gegensätzlich sind. So ist für den Buddhisten höchstes Ziel nicht das ewige Leben, sondern das völlige Eintauchen ins Nichts, ins Nirwana.

In Japan war Xavier kein demütiger Pater mehr, der in

einer nackten Zelle lebte, hier zog er nicht mehr mit der Handglocke auf Seelenfang. Kostbar gekleidet nahm er „hinter der Maske des Stolzes" (Xavier über Xavier) die japanische Herausforderung auf geistigem Gebiet an und verblüffte seine Gesprächspartner durch sein Wissen und sein Auftreten. Als bei einem Gespräch einige japanische Edelleute und Bonzen ihn verächtlich duzten, befahl er seinem Dolmetscher, in gleicher Form zu antworten. Der gehorchte zitternd, erwartete wohl, daß einer der Gesprächspartner ihn köpfen würde. Xavier erklärte ihm: „Wenn jene Leute uns nicht höher achten als ihre Bonzen, die sie so hoch ehren, dann werden sie uns unmöglich glauben und unsere Lehre annehmen. Darum müssen wir ihnen unsere Todesverachtung zeigen." Xavier hatte sehr bald erkannt, daß Demut als Schwäche gilt und: „Nur weil sie glaubten, daß wir Gelehrte seien, waren sie bereit, unsere Reden über Religion anzuhören." Ein wissensdurstiges Volk, die Japaner, nicht erst im Zeitalter der Technik. Einer von Xaviers Begleitern berichtete nach Rom: „Diese Japaner sind so neugierig, daß seit unserer Ankunft kein Tag vergangen ist, ohne daß nicht von früh bis abends Bonzen und Laien gekommen wären, um uns alle Art von Fragen zu stellen."

Die Fragen hatten es in sich! Xavier mußte sein ganzes Gottvertrauen und alle philosophische Spitzfindigkeit — er hatte in Paris Dialektik studiert — zu Hilfe nehmen, um keine Antwort schuldig zu bleiben.

Aus einem langen Bericht über dieses Religions-Quiz habe ich einige Fragen und Antworten zusammengestellt, die typisch für japanisches Denken, aber auch für den hohen Stand ihrer Kultur sind:

Die Bonzen fragten: „Was ist Gott?"

Antwort: „Von allen Dingen, die es gibt, wissen wir, daß sie einen Anfang hatten. Wir wissen aber wohl, daß sie nicht aus sich selber ihren Anfang nahmen. Darum gibt es ein Prinzip, das ihnen allen ihren Anfang gab. Dies hatte keinen Anfang und wird auch kein Ende haben, und dies nennen wir in unserer Sprache Gott."

Frage: „Hat Gott einen Körper, kann man ihn sehen?"

Antwort: „Jene Dinge, die einen Körper haben, und die man in dieser Welt sieht, sind aus den Elementen gemacht. Gott hat die Elemente geschaffen, und darum kann er keinen Körper haben, der aus den Elementen gemacht ist. Denn wenn er einen Körper aus den Elementen hätte, könnte er nicht der Schöpfer sein."

Frage: „Aus welcher Materie erschaffte Gott die Seelen?"

Antwort: „Als Gott die Welt erschuf, brauchte er, um die Elemente Sonne, Mond usw. zu machen, keine Materie zum Erschaffen zu suchen, sondern einzig mit seinem Wort und Willen schuf er sie neu. Ebenso erschaffte er auch die Seelen ohne jede Materie, einzig durch sein Wort und durch seinen Willen."

Frage: „Welche Farbe und Form hat die Seele?"

Antwort: „Sie hat weder Farbe noch Körper; denn nur die Elemente Himmel, Sonne, Mond und Sterne haben einen Körper."

Zusatzfrage: „Wenn sie weder Körper noch Farbe hat, dann ist sie doch nichts?!"

Gegenfrage: „Gibt es Wind?"

Antwort: „Ja."

Frage: „Hat Wind Körper oder Farbe?"

Antwort: „Nein."

Fazit der Missionare: „So wie mit der gestalt- und farblosen Luft ist es mit der Seele; sie wohnt in den Menschen."

Frage: „Sieht die Seele Gott?"

Antwort: „Die Seele guter Menschen sieht Gott, sobald der Körper stirbt."

Frage: „Warum, wenn sie so gut ist, sieht sie Gott nicht, solange sie im Körper ist?"

Antwort: „Ein kostbarer Stein, soviel er auch glänzen mag, bleibt ohne Glanz und blind, wenn er im Kot begraben ist. So kann auch die Seele, solange sie in diesem schmutzigen Körper festgehalten ist, von ihrer Klarheit und ihrem Schauen keinen Gebrauch machen."

Undsoweiter, undsoweiter.

Als kleine Kostprobe noch ein paar Fragen über den Teufel.

Frage: „Wenn Gott barmherzig ist, wie kommt es, daß er dem Menschen durch den Teufel soviel Böses antun läßt?

Antwort: „Der Teufel kann lediglich den Menschen anstiften, Böses zu tun. Die Menschen aber haben die Erkenntnis des Guten und Bösen, und die Freiheit zu tun, was sie wollen. Die Schuld liegt also auf ihrer Seite, wenn sie Böses tun."

Frage: „Wenn Gott die Hölle im Mittelpunkt der Erde geschaffen hat, auf welchen Wegen kommt der Teufel zu uns in die Welt?"

Antwort: „So wie die Seelen der Bösen, wenn sie sterben, in die Hölle gehen, so geht und kommt der Teufel hierher. Und ferner: das Wasser, obwohl ein Körper, kann von einem hohen Berg bis zu einem Abgrund gelangen. Wenn also dem Wasser, das doch ein körperliches Ding ist, nicht Spalten fehlen, durch die Erde zu rinnen, warum soll dem Teufel und der Seele, die keinen Körper hat, ein Ort fehlen, zur Hölle zu gelangen?"

Genug des teuflischen Spiels.

Nicht immer fand die Missionierung in Japan auf so hohem Niveau statt. Xavier hatte zwar einen Katechismus in Japanisch anfertigen lassen, doch die Übersetzung war kümmerlich. Auch bei den Predigten stießen die falsche Aussprache und die fremden Gesten der Patres die Japaner mehr ab als deren Lehre. Mißverständnisse blieben auch auf diesem Missionsfeld nicht aus: Xavier hatte das japanische Wort „Dainichi" für den christlichen Gott gewählt, weil er glaubte, es bedeute „die große Sonne", am ironischen Lächeln der Bonzen merkte er, daß das offenbar nicht stimmte. Als er dahinterkam, daß mit diesem Wort das männliche Glied bezeichnet wurde, benutzte er fortan das lateinische Wort „Deus", aus dem im Japanischen „Deuso" wurde, das wiederum an „Daiuso" anklang. Die Bonzen schmunzelten erneut. „Daiuso" bedeutet „die große Lüge".

Die Patres standen aber auch vor Problemen, für die wir heute nur ein Kopfschütteln haben. Da damals in Japan kein Wein angebaut wurde, fragten sie in Rom an, ob eine wildwachsende schwarze Weinbeere, die die Japaner nicht aßen, vergoren und als Meßwein verwendet werden dürfe. Sie durfte.

Trotz aller großen und kleinen Probleme, Xavier wurde nicht müde, zu predigen und zu taufen. Die Erfolge beflügelten seine Phantasie, er plante einen Aufruf zu einem heiligen Kreuzzug zur Bekehrung Japans und Chinas. Er „bat" (also befahl), im Jesuiten-Kolleg zu Goa bevorzugt chinesische und japanische Knaben aufzunehmen, damit diese später den Patres als Dolmetscher dienen könnten.

Xavier konnte solche weitreichenden „Bitten" äußern. Am 10. Oktober 1449 hatte ihn Ignatius zum Provinzial des Ostens, d.h. aller Länder jenseits vom Kap der Guten Hoffnung bis Japan und China, ernannt. Das Ernennungsschreiben war über zwei Jahre unterwegs gewesen.

1577 waren bereits über einhunderttausend Japaner getauft, und zwölf Jahre später soll es mehr als 300 000 japanische Christen gegeben haben. Gregor XIII. wußte, was er den Jesuiten-Missionaren verdankte, 1585 bestätigte er in einem Dekret, daß ausschließlich der Gesellschaft Jesu die Verkündigung des Evangeliums in Japan erlaubt sei. Aber heute sind trotzdem nur 0,3 Prozent der japanischen Bevölkerung katholisch. Haben die Jesuiten-Missionare versagt? Nein, ein Roman, der Bestseller „Shogun" von James Clavell, gibt darauf Antwort. Er erzählt, mit vielen Seitenhieben auf die Jesuiten, was sich ab 1603 in Japan ereignete. Damals übernahm das Shogun-Geschlecht der Tokugawa die Macht. Tokio wird Hauptstadt, und parallel zum wirtschaftlichen und kulturellen Aufschwung kapselt sich Japan gegen alle Fremden und alles Fremde ab. 1614 werden die „Baternen" zu Landesfeinden erklärt, und der Tenno befiehlt die Ausrottung des Christentums in seinem Reich.

All das stimmt, und doch war es ein bißchen anders. Wie,

dafür gibt es zwei Versionen. Beide klingen unwahrscheinlich. Die unglaublichste von beiden dürfte der Wahrheit am nächsten kommen.

Zuerst jene, die aus jenem Stoff gewebt ist, aus dem Legenden sind. Vielleicht ist es eine: Ein neuer Kaiser, an sich den Christen wohlgesinnt, ordnete eine Christenverfolgung an, weil einige getaufte Japanerinnen sich unter Berufung auf ihren neuen Glauben weigerten, seinen Harem zu verschönern. Da kannte seine Rache keine Grenzen, 200 000 Christen sollen ihr zum Opfer gefallen sein. Stimmt die Zahl, dann kostete die Standhaftigkeit einiger Jungfrauen mehr Christen das Leben als unter Nero in Rom sterben mußten.

Die zweite Version erscheint auf den ersten Blick noch unwahrscheinlicher. Nach ihr waren nicht Japaner, sondern Christen an der Christenverfolgung schuld. Das klingt zwar unglaubwürdig, da es aber um Neid geht, könnte doch etwas dran sein, denn Neid hat in der Weltgeschichte oft genug Anlaß zu Krieg und Verfolgung gegeben. So kam es dazu: Holländische Handelskapitäne, also Protestanten, hatten inzwischen ebenfalls den Seeweg nach Fernost entdeckt und bemühten sich, bei den japanischen Handelspartnern die lästige Konkurrenz der Portugiesen auszuschalten. Krämerneid vor dem Mikado-Thron.

Die Holländer redeten dem Tenno ein, die Jesuiten-Patres seien nur zur Tarnung Priester, in Wahrheit seien sie Spione des Königs von Portugal, der sie vorgeschickt habe, um eine Invasion Japans vorzubereiten. Zu oft und zu lange hatten die Jesuiten die portugiesische Sache zu der ihren gemacht, als daß bei dem ohnehin allem Fremden gegenüber mißtrauischen Kaiser solche Worte nicht auf fruchtbaren Boden gefallen wären. Aus europäischem Handelshändel wurde die erste große asiatische Christenverfolgung.

Beim Ausdenken immer schmerzhafterer Folterungen waren die Japaner schon immer führend. Jetzt lieferten sie bei den Mißhandlungen an gefangenen Patres obendrein ein makabres Beispiel für ihre Gelehrigkeit in der Übernahme neuer Techniken: die Kreuzigung, die sie erst durch die Predigten der Missionare kennengelernt hatten, praktizierten sie nun an diesen selbst.

Als zweihundert Jahre später, um 1800, die ersten katholischen Missionare wieder nach Japan durften, trafen sie noch immer Gemeinden heimlicher Christen, deren Ur-Ur-Ur-Großeltern das tapfere Sterben der ersten Missionare miterlebt hatten.

Franz Xavier, der Ruhelose, war nicht mehr in Japan, als die Jesuitenverfolgung begann. So wie er einst kurzentschlossen von Goa in das eben erst entdeckte Japan gereist war, so brach er 1552 von Japan nach China auf, weil er überzeugt war, „China muß gewonnen werden, wie einst das Römische Reich".

Diese Erkenntnis hatte er aus Gesprächen mit gebildeten Japanern gewonnen. Sie alle erklärten ihm mehr oder weniger höflich, sein gepriesenes Christentum könne nicht so viel wert sein, da die Chinesen es mit keinem Wort erwähnten. Was aber nicht geprüft war, hatte für Japaner keinen Wert. Xavier begriff: die wahre, einschneidende Christianisierung Japans setzte eine religiöse Eroberung Chinas voraus.

Franz Xavier und seine japanischen Gesprächspartner konnten nicht wissen, daß es in China sehr wohl eine große christliche Gemeinde gegeben zu haben scheint, allerdings bereits im Jahre 781. Das wurde erst 1623 offenkundig, als der französische Jesuiten-Pater Trigault nach Rom berichtete, beim Ausschachten für einen Neubau in der Stadt Si NganFu in Nordwest-China sei eine Steintafel gefunden worden, auf der in chinesischer und syrischer(!) Schrift Nachrichten über eine Christengemeinde der Tang-Zeit eingraviert waren. Diese Information paßte so wenig in das China-Bild, daß der Pater jahrzehntelang der Fälschung bezichtigt wurde. Die Entdeckung gab damals dem Gerücht neue Nahrung, daß der Jünger Thomas nach der Kreuzigung Jesus zur Christianisierung bis nach China gekommen sei. Mehr über Thomas und sein Evangelium kann man in meinem Buch „Was wirklich in der Bibel steht" lesen.

Gesehen hat Franz Xavier China, betreten nicht. Er starb 46jährig auf der Insel Sancian (SanChoan) im Golf von Kanton. Er wartete dort auf eine Dschunke, die ihn heimlich vor der Steilküste des Reichs der Mitte, die zum Greifen nah war, absetzen sollte. Die Dschunke kam nicht. Wahrscheinlich war dem Kapitän trotz der guten Bezahlung — Xavier hatte ihm zwanzig Säcke Pfeffer geboten — das Risiko zu groß.

Von Fieber geschüttelt, ohne Nahrung, starb er in einer Strohhütte, durch die ständig der Wind blies, ziemlich genau zehn Jahre, nachdem er erstmals in den Fernen Osten gekommen war. Kaufleute verscharrten seinen Leichnam am Strand. Später wurde er nach Goa überführt, und dort soll er hundert und mehr Jahre unverändert wie am Todestage erhalten geblieben sein. So will es eine von vielen Legenden, die um diesen rastlosen Geist geflochten worden sind. In der Realität seines Todes steckt mehr Symbolik als in allen frommen Traktätchen: Dieser Missionsvagabund starb im Niemandsland zwischen Abreise und Ankunft. Auch in seiner letzten Stunde ein Wanderer zwischen zwei Welten.

Söhne des Heiligen Vaters beim Sohn des Himmels
oder
Die Jesuiten in China

Franz Xavier war 1552 gestorben. Fünf Jahre später kam als erster der Dominikaner-Pater Caspar de la Cruz bis vor die Stadttore Kantons, an denen Schilder mit goldenen Buchstaben verkündeten, daß „den Männern mit Bärten und den großen Augen" der Zutritt verboten sei. Die Chinesen ließen ihn nicht in die Stadt, sondern schoben ihn als unerwünschten Ausländer nach Macao ab, das sie kurz vorher den Portugiesen als Dank für Waffenhilfe gegen Piraten geschenkt hatten.

Wie in allen portugiesischen Kolonien waren auch in Macao Jesuiten bereits mit den ersten Seefahrern und Kaufleuten eingetroffen. 1562 gründeten sie in Macao ein Kolleg, von dessen 36 Patres 20 Jahre später drei ausgewählt und für die Missionsarbeit in China speziell ausgebildet wurden, damit sie nicht wie der Dominikaner vorm Stadttor zur Umkehr gezwungen werden konnten.

Vorbereitung und Training war für die China-Mission wichtiger als für alle anderen. Zum ersten Mal standen die Jesuiten-Missionare einer Kultur gegenüber, die älter und feinsinniger als ihre eigene war. Über ein Jahr dauerte die Missions-Ausbildung.

Die ausgewählten Missionare lernten, daß die Chinesen die Portugiesen verachteten, also hatten sie zu leugnen, daß sie irgend etwas mit diesen groben Kerlen zu tun hätten.

- Sie lernten die schwierige Fünf-Ton-Skala des Chinesischen zu sprechen und zu verstehen — auch heute noch die Voraussetzung für ein gepflegtes Hochchinesisch.
- Sie lernten Sprache, Schrift, Geschichte, Sitten und Gesetze Chinas, kleideten sich wie buddhistische Mönche, sie wußten schließlich mehr als irgendein Europäer über das Reich hinter der großen Mauer, in dessen Häfen 1513 die ersten portugiesischen Handelsschiffe geankert hatten, um Seide, Gold und — man höre und staune — Rhabarber an Bord zu nehmen.

Doch reichte dies alles nicht aus, um sich Chinesen gegenüber fehlerfrei zu benehmen. Die Informationslücken über das Reich der Mitte waren zu groß und zu zahlreich. Wenn die Patres trotzdem nicht von einem chinesischen Fettnäpfchen ins andere traten, so ist dies vor allem das Verdienst eines Mannes, der als einer der ersten drei für diesen Einsatz gedrillt worden war.

Dieser Mann hatte alle Eigenschaften eines europäischen Intellektuellen des 16. Jahrhunderts. Sucht man nach dem Musterbeispiel einer Bilderbuch-Karriere in jener Zeit, braucht man sich nur die Personalakte dieses Mannes vorzunehmen.

Name:	Matteo Ricci*, chinesisch: Li-ma-teu (später von seinen chinesischen Bewunderern nur noch „Doktor Li" genannt).
Geburtsdatum:	6. Februar 1552, als Sohn eines Apothekers.
Geburtsort:	Macerata in Mittelitalien.
Ausbildung:	Jura-Studium; nach Eintritt in die Gesellschaft Jesu siebenjähriges Studium in Rom (Mathematik und Astronomie bei Christoph Clavius, dem „Euklid seiner Zeit"). Danach ein Jahr Ausbildung im Missionars-Seminar in Coimbra (Portugal).
Tätigkeiten:	Zwei Jahre als Lehrer in Goa, einjähriger Intensivkurs in Macao, schließlich: 16 Jahre Missionstätigkeit in China.
Werke:	Erste lateinische Übersetzung der Sprüche des Kung-Fu-Tsu, den er als erster „Confuzius" nannte, mit einem „Shang" vor dem Namen, was etwa unserem „Sankt" entspricht. Erste Übersetzuung des christlichen Katechismus ins Chinesische. Insgesamt schrieb Ricci über zwanzig wissenschaftliche Werke in chinesischer Sprache.
Tod:	Am 11. Mai 1610 in Peking. Staatsbegräbnis auf Anordnung des Kaisers von China.

Als Pater Matteo Ricci 1582 zum ersten Mal im Kaiserpalast Sin-Ching zu Peking vorsprach, war er gerade dreißig Jahre alt. Er trug kein Priestergewand, sondern die orangefarbene Kutte buddhistischer Bonzen. Sein Chinesisch war

---

* Nicht zu verwechseln und nicht verwandt mit dem 18. General der Gesellschaft Jesu, Lorenzo Ricci (1758 - 1773).

zufriedenstellend. Seinen für Chinesen zungenbrechenden Namen hatte er in „Li-Manteou" abgewandelt. Trotzdem notierte der für fremde Besucher zuständige Mandarin über ihn: „Ein Bettler von unbestimmter Herkunft, der angebliche Name seines Landes ist im kaiserlichen Staatenregister nicht verzeichnet." Er endet mit dem lapidaren Satz: „Man möge ihn in sein Land zurückschicken."

Ricci wurde nicht zurückgeschickt. Denn er hatte, genau wie Xavier in Japan, technische Geschenke für den Kaiser von China in seinem Reisegepäck. Hätte er nichts weiter als Fernrohre, Spieldosen, Meßinstrumente und eine Uhr mit Federwerk bei sich gehabt – alles wäre nach Wunsch verlaufen, denn Kaiser Wan-Li aus der Ming-Dynastie war entzückt von diesen Dingen.

Dann aber überreichte Ricci dem Sohn des Himmels als besondere Kostbarkeit einen Reliquienschrein mit Gebeinen von Heiligen. Was aber sollte ein Chinese, für den der Geist seiner Ahnen immer gegenwärtig ist, mit irgendwelchen Knochen anfangen? Durch die Ahnenverehrung war der Glaube an die Auferstehung bei den Chinesen in einer ganz realen Form existent, die Knochen mußten sie verwirren. So notierte denn auch ein Hofmandarin: „Der Fremde überreicht weiter eine Büchse, die nach seiner Aussage Gebeine von Unsterblichen enthalten soll; als ob die Unsterblichen, wenn sie zum Himmel auffahren, nicht ihre Gebeine mitnähmen..."

Ricci wurde rasch klar, daß den Chinesen das Christentum „nur mit List beizubringen" sei. Er entwickelte für seine Missionsarbeit einen Drei-Phasen-Plan.

In Phase eins kam es darauf an, die Chinesen davon zu überzeugen, daß es außerhalb Chinas noch andere Zivilisationen – Pardon, Ricci hat als echtes Kind seiner Zeit sicher nicht von *Zivilisationen,* sondern nur von der einen Zivilisation gesprochen! – also: noch eine andere Zivilisation gab. Als Anschauungsmaterial zu dieser für Chinesen ungeheuerlichen Behauptung hatte Ricci eine Landkarte in seinem Reisegepäck, die die Welt und deren Aufteilung aus damaliger europäischer Sicht zeigte. Das war für Chinesen revolutionär, denn deren Weltkarten zeigten im Zentrum das Reich der Mitte, das Dreiviertel der Welt ausmachte, und nur an den Rändern gab es unbedeutende Zwergländer.

Es dauerte Jahre, bis Ricci nach Rom melden konnte, „daß alle langsam von unseren Ländern, Völkern und vor allem unseren Gelehrten eine ganz normale Vorstellung bekommen haben". Als der Kaiser ihn beauftragte, eine Karte Chinas nach europäischen Vermessungsmethoden anzufertigen, hatte Ricci seine Missionsphase Eins erfolgreich abgeschlossen, die Chinesen hatten die Existenz einer anderen Zivilisation akzeptiert.

Jetzt mußte Ricci in einer zweiten Phase beweisen, daß diese Zivilisation der chinesischen ebenbürtig war. Mathematik und Geometrie boten sich als geistige Fechtböden dazu an; nicht umsonst hatte schließlich Ricci beim großen Clavius studiert. Er büffelte chinesische Geometrielehrbücher und stieß auf einige gravierende Fehler, die er rechnerisch beweisen konnte. Von da an nannte ihn seine Gesprächspartner „Dr. Li, einen der weisesten und größten Lehrer". Sie glaubten ihm von nun an nicht nur jede Rechnung, sondern auch jedes Wort. Er korrigierte die chinesischen Mathematiklehrbücher und astronomische Meßdaten. Phase zwei, in der die Vorzüge der europäischen Wissenschaft demonstriert werden sollten, war ebenfalls erfolgreich abgeschlossen.

Jetzt konnte er sich dem zuwenden, für das all diese Bemühungen die Voraussetzungen gewesen waren: der Bekehrung der geistigen Elite Chinas zum Christentum. Wir wissen, daß er damit scheiterte. Ein Menschenleben war zu kurz, um in diesem weiten, fremden Land die Saat des Christentums zu pflanzen oder gar zur Blüte zu bringen. Ricci hat das selbst erkannt. Kurz vor seinem Tode gab er an seine Gefährten die Parole aus: „Ich verlasse euch vor einer offenen Tür..." Sie war mehr als einen Spalt breit offen: in seinem Todesjahr gab es bereits dreihundert christliche Kirchen im chinesischen Kaiserreich.

Doch wie das dann so geht im Leben: schon ein paar Jahrzehnte später fragte niemand – auch niemand in seinem Orden – warum Ricci gescheitert war, keiner rechnete nach, daß er von der ersten Audienz beim Kaiser bis zu seinem Tode 1610 nur knapp neun Jahre Zeit gehabt hatte, um seinen Drei-Stufen-Plan zu verwirklichen.

Neun Jahre – eine kurze Zeitspanne, um christliches Glaubensgut nach China zu importieren, aber nicht zu kurz, um das Interesse an chinesischer Kultur in Europa zu wecken. Die Nachrichten der Jesuiten-Missionare und Berichte von Kaufleuten hatten Europa in eine China-Begeisterung versetzt, die bis weit in das Rokoko hinein anhielt.

· Innerhalb von vierzig Jahren erschienen allein in Frankreich 200 Bücher über chinesische Sitten.
· Der englische Philosoph Francis Bacon (1561 - 1626), der alle zehn Jahre mindestens einmal als eigentlicher Verfasser der Shakespeare-Dramen entdeckt wird, schlug ernsthaft vor, eine Universalsprache nach der Art des Chinesischen zu entwickeln.
· Ludwig XIV. schickte französische Geographen, Mathematiker, Maler und Gartenarchitekten zur Ausbildung nach China.
· Und Voltaire schlug die Pointen-Volte, man möge, statt christliche Missionare nach dem Fernen Osten zu entsenden, vielmehr die Chinesen um Missionare bitten, die in Europa das Licht der chinesischen Aufklärung verbreiten sollten.

Dies und noch viel mehr hatte mit Matteo Riccis Wirken am Hof zu Peking seinen Anfang genommen, doch die Kirchenglocken, die zu seiner Beerdigung in China läuteten, verstummten bald. Das war zwar nicht seine Schuld, aber die Missionsbuchhalter in Rom haben es ihm angelastet. Bis heute ist Matteo Ricci nicht heiliggesprochen, über Jahrhunderte haftet ihm der Vorwurf an, er sei ein besserer Mathematiker als Missionar gewesen. 1983 erhielt Pater

Ricci eine seltene weltliche Ehrung: die Republic of China (Taiwan) bildete ihn auf zwei ihrer Briefmarken ab. Beide Male in chinesischer Kleidung.

Was Ricci vorgeworfen wurde, seine Missionsaufgabe zugunsten der Wissenschaft vernachlässigt zu haben, das traf, wenn überhaupt, auf die zweite Missionswelle unter Pater Johann Adam Schall von Bell aus Köln zu. Er hat nun wirklich die Missionsarbeit nur als Mittel zum mathematischen Zweck benutzt, statt nahtlos von den durch Ricci erreichten Positionen aus mit der Phase drei zu beginnen und die Bekehrung voranzutreiben.

So argumentieren jene, die nicht wissen – oder nicht wissen wollen – daß ein Jahr nach Riccis Tod, 1611, ein neuer Kaiser jede Missionstätigkeit verbot. Die Jesuiten wurden nach Macao ausgewiesen und durften erst 1620 zurückkehren. Nicht etwa weil der Kaiser inzwischen vom Wert des Christentums überzeugt worden wäre, sondern weil er die Hilfe der Portugiesen gegen die Tartaren brauchte. Die war ihm viel wert, wiederum jedoch nicht soviel, daß er deshalb keinen Hehl aus seiner Ablehnung des Christentums gemacht hätte. Als die ersten Patres wieder ins Reich der Mitte kamen, waren nicht nur die Gemeinden aufgelöst, sondern sie wurden auch mit einer Denkschrift konfrontiert, die mit den Worten begann: „Die Männer aus dem Westen lehren eine gefährliche Religion..."

Tatsächlich stellte das Christentum Forderungen, die für jeden Chinesen, der mit dem Konfuzianismus und dem Tao (Weg) des Laotse aufgewachsen war, als glatter Unsinn erscheinen mußten. Weder paßte es in chinesische Vorstellungen, daß alle Menschen gleich sind, und für einen Satz wie „liebet eure Feinde" hatten Chinesen bestenfalls ein überlegenes Lächeln.

Um diese Unterschiede zwischen christlicher und chinesischer Glaubenslehre zu überbrücken, haben Jesuiten-Missionare immer wieder Konzessionen an die chinesische Glaubenswelt geduldet. So erlaubten sie getauften Chinesen weiterhin Konfuzius zu verehren und verschwiegen die

Kreuzigung Jesu, weil diese nach chinesischen Vorstellungen unmöglich einem Gott angetan werden konnte.

Aus dieser Missionsakrobatik ist den Jesuiten viel Feindschaft seitens jener Orden erwachsen, die – wie z.B. die Dominikaner und Franziskaner – in einer „Mit-dem-Kopf-durch-die-Wand-Mission" allen Chinesen, die sich nicht taufen ließen, ewige Verdammnis prophezeiten. Wer wollte denn bei solchen Aussichten in den christlichen Himmel statt ins Fegefeuer zu seinen ungetauften Ahnen?

In offiziellen Missionsberichten wird die Zahl der chinesischen Katholiken bis zum Jahr 1664 mit über 320 000 angegeben. Eine erstaunliche Leistung, demnach war Pater Schalls Methode, über die wissenschaftliche Hintertür den Chinesen den Weg zu Christus zu zeigen, doch nicht so falsch, oder...? Oder! Der Taufrekord ist mehr eine registratorische als missionarische Leistung, denn die Patres haben bei diesen Zahlenangaben auch die ausgesetzten Säuglinge mitgezählt, die sie rasch tauften, bevor sie den Hungerstod starben. Außerdem: China hatte damals schon um hundert Millionen Einwohner.

Der Kaiser verachtete das Christentum, aber er schätzte die wissenschaftlichen Kenntnisse der Jesuiten, die bald wieder Beraterpositionen am Kaiserhof inne hatten. Pater Johann Adam Schall, der sich Jam-Jo-Vam nannte, gewann durch sein großes astronomisches Wissen noch stärkeren Einfluß auf diesen Kaiser als es Ricci beim vorhergehenden gelungen war. Allerdings übertraf er ihn auch in der Anpassung an chinesische Lebens- und Geisteshaltung. Er schätzte, haben seine Gegner behauptet, die chinesische Kultur mehr als seinen Glauben. Das mag übertrieben sein, geliebt hat er sie auf jeden Fall.

Es war eine Liebe auf Gegenseitigkeit: der Kaiser machte ihn zum Mandarin Erster Klasse und zum Direktor des Observatoriums zu Peking, vor allem aber ernannte er ihn zum Präsidenten des Mathematischen Tribunals, dessen Aufgabe es war, den Kalender und damit den Ablauf des öffentlichen Lebens festzulegen, 1629 war das.

Außerdem hatte er dem Kaiserhof die Horoskope zu stellen.

Wer heute glaubt, sein Schicksal aus den „chinesischen Horoskopen" mit ihren Schweine-Ratten-Hasen-und-was-weiß-ich-für-Tiertypen vorausgesagt zu bekommen, der soll wissen, daß es der deutsche Jesuiten-Pater Johann Adam Schall war, der dies „berechnete", wie denn überhaupt alles, „was an der astronomischen Wissenschaft der Chinesen von Wert ist, aus den Abhandlungen der römisch-katholischen Missionare übernommen worden ist."
Kein Jesuit, kein Katholik hat das festgestellt, sondern Charles Gutzlaff, ein protestantischer Missionar unserer Tage.

Als Pater Schall dem Kaiser Kang-hi von der Größe und Herrlichkeit des Heiligen Vaters erzählt hatte, war dieser so begeistert, daß er an Clemens IX. einen Brief schrieb. Der Kaiser von China äußert darin die nicht alltägliche Bitte, der Papst möge ihm doch seine Nichte zur Frau – einer von vielen! – geben. Im Archiv des französischen Außenministeriums ist das Schreiben einzusehen. Denn als Napoleon 1809 den Kirchenstaat besetzte, ließ er viele „interessante" Dokumente nach Paris bringen, darunter auch diesen Brief. Er ist lang, ich weiß, aber er ist andererseits so wenig bekannt, daß er hier abgedruckt sei. Noch ein Tip: es empfiehlt sich, die volle Suada chinesischer Wortkaskaden laut zu lesen.

„An Dich, Clemens, gesegnetster aller Päpste, gesegneten und große Kaiser aller Päpste und christlichen Kirchen, Herr über die Könige Europas und Freund Gottes!

Der Mächtigste aller Mächtigen auf Erden, der größer ist als alle Großen unter der Sonne und dem Mond, der auf dem smaragdenen Thron des Kaiserreiches China sitzt, erhoben auf hundert goldenen Stufen, um allen Getreuen das Wort Gottes zu erklären, der das Recht des Lebens und des Todes über hundertfünfzehn Königreiche und hundertsiebzig Inseln ausübt, schreibt diesen Brief mit der jungfräulichen Feder des Straußes.

Heil und langes Leben.

Die Zeit ist gekommen, da die Blüte Unserer königlichen Jugend die Frucht Unseres Alters zur Reife bringen soll, damit zugleich der Wunsch Unserer getreuen Untertanen erfüllt und ihnen zum Schutze ein Thronfolger gegeben werde. Wir haben daher beschlossen, Uns mit einem schönen und vornehmen Mädchen zu vermählen, welches die Milch einer mutigen Löwin und eines zarten Rehes eingesogen hat. Da nun Euer römisches Volk stets als Stammvater der tapferen, keuschen und unübertrefflichen Frauen gegolten hat, wollen Wir Unsere mächtige Hand ausstrecken und eine von ihnen zur Gattin nehmen. Wir hoffen, daß es eine Eurer Nichten sein möge oder die eines anderen großen Priesters, auf die Gott mit dem rechten Auge herabblickt...

Wir wünschen, daß sie die Augen der Taube habe, die den Himmel und die Erde betrachtet, und die Lippen einer Muschel, die sich vom Morgenrot nährt: Ihr Alter soll zweihundert Monde nicht überschreiten; ihr Wuchs soll von der Länge eines grünen Weizenhalmes und ihre Dicke wie eine Handvoll trockenen Getreides sein...

Indem Ihr, Vater und Freund, Unserem Wunsch willfahrt, werdet Ihr ein Bündnis und ewige Freundschaft zwischen Euren Königreichen und Unserem mächtigen Lande herstellen. Unsere Gesetze werden vereinigt sein, wie das Schlinggewächs sich dem Baume anschmiegt. Wir werden selbst Unser königliches Blut nach vielen Provinzen verbreiten und werden das Bett Eurer Fürsten mit einigen Unserer Töchter wärmen, von denen die Madarine als Unsere Gesandten Euch Bildnisse überbringen werden...

Einstweilen erheben wir Uns von Unserem Throne, um Euch zu umarmen. Wir erklären Euch, daß dieser Brief mit dem Siegel Unseres Reiches gesiegelt worden ist in Unserer Hauptstadt der Welt am dritten Tag des achten Mondes im vierten Jahr Unserer Herrschaft."

Die Heirat kam nicht zustande, und leider kennen wir auch den Antwortbrief von Papst Clemens IX. nicht, der — wenn überhaupt — 1668/69 geschrieben worden ist.

In jenen Jahrzehnten gab es für die China-Patres kein Gebiet, auf dem sie nicht erfolgreich taktiert hätten. Die Kochkunst und die Missionierung ausgenommen. Jesuiten-Patres konstruierten Springbrunnen und mechanisches Spielzeug, sie legten Ziergärten an, ja, „es schien plötzlich, als sei die Gesellschaft Jesu eine Innung von Malern und Architekten, und als sei das Christentum lediglich eine Geheimlehre der Gartenkunst", schrieb René Fülöp-Miller und kam der Wahrheit auf Tuchfühlung, denn der Ordensgeneral hatte die Missionsbriefe sorgfältig ausgewertet und schickte nur noch Patres nach China, die künstlerisch, technisch oder architektonisch begabt und ausgebildet waren.

So hängt im Hamburger „Museum für Kunst und Gewerbe" ein auf Seide gemaltes Bild „Hofdamen beim Brettspiel". Es zeigt drei vornehme Chinesinnen in europäischer Kleidung. Das Bild muß vor 250 Jahren, als es entstand, mindestens so bestaunt worden sein, wie die ersten Fotos von Chinesinnen in Jeans. Gemalt hat es aber der italienische Jesuiten-Pater Guiseppe Castiglione, der 1715 in China eintraf. Wenn sich seine Bilder und jene von Lang-Shih-Nuig geschaffenen sehr ähneln, so ist das kein Zufall. Der junge Pater signierte seine Bilder teils mit seinem europäischen, teils mit seinem chinesischen Namen.

Auch bei weniger friedfertigen Aufgaben brillierten die Jesuiten. Als die Mandschuren mit ihren Streifzügen weit nach China hinein dem Sohn des Himmels hart zusetzten, haben Pater Schall und sein Nachfolger Pater Verbiest dem Kaiser geholfen, indem sie statt Kirchenglocken Geschütze gossen, und – da ein Jesuit alles, was er tut, ganz tut – auch gleich Richtkanoniere ausgebildet. Genützt hat es nichts. Die Mandschus stießen 1644 die Mings vom Kaiserstuhl und regierten China bis 1911. Die Jesuiten – im fernen China genauso von der Macht und den Mächtigen fasziniert wie in Europa – erfüllten den alten wie den neuen Kaisern alle Wünsche; oft schon, bevor sie sie aussprachen.

Die Missionswelt schien in jenen Jahren auf den Kopf gestellt: während die Chinesen das Christentum ehrfürchtig die „Religion des großen Schall" nannten, schossen Dominikaner und Franziskaner gleich bündelweise Vorwürfe gegen die Jesuiten-Patres. Und zwar nach zwei Richtungen: nach Peking zum Kaiser, nach Rom zum Heiligen Vater. Für den hatten sie nun auch gleich einen pseudolateinischen Begriff geprägt, unter dem die Verfehlungen der Jesuiten zusammengefaßt wurden: Inkulturation. Damit bezeichnete man das völlig Sichversenken in eine fremde Kulturwelt. Das galt damals als verwerflich.

Aus dem Vorwurfkatalog gegen die Jesuiten-Mission in China ein paar Kostproben:

· Schall habe mit Genehmigung des Ordens eine Chinesin aus einflußreicher Familie geheiratet.
· Schall habe sich mehrere Konkubinen gehalten.
· Schall sei ein Spion, der die Landung einer europäischen Flotte vorbereite. (Wie einfach, das brauchte man nur aus dem japanischen Vorwürfe-Katalog zu übernehmen.)
· Schall erlaube den Neu-Christen weiter Götzenbilder anzubeten, wenn sie an ihnen versteckt irgendwo ein Kruzifix anbrächten.
· Auch der Vorwurf, die Jesuiten läsen die Liturgie nicht in lateinischer, sondern in chinesischer Sprache, war − falls er stimmte − aus heutiger Sicht kein Vorwurf, sondern ein Fortschritt.

Was stimmte, was war erfunden? Müßig, es auseinanderdividieren zu wollen, wichtig war: die ständige Fütterung aus der chinesischen Gerüchte-Garküche verfehlte ihre Wirkung weder beim Kaiser noch beim Papst. Doch ehe Kaiser oder Papst gegen die Jesuiten-Missionare vorgehen konnten, hatten diese Gelegenheit, dem Kaiser von China einen Dienst zu erweisen, den recht zu würdigen erst unsere Generation in der Lage ist.

Dies war geschehen: 1689, als in Rußland Peter I. gerade

zum Zaren gekrönt worden war und sich anschickte, den Beinamen „der Große" wenn schon nicht zu verdienen, so doch zu erwerben, drohten die üblichen Scharmützel an der chinesischen-russischen Grenze sich zu einem großen Krieg auszuweiten.

Es kam zu Verhandlungen, an denen auf chinesischer Seite Jesuiten als Dolmetscher teilnahmen. Ihnen gelang es, einen Friedensvertrag auszuhandeln, den beide Seiten akzeptierten. Es war der erste Vertrag, den das Reich der Mitte mit einer europäischen Macht schloß. Als Dank für die diplomatische Schützenhilfe bestätigte drei Jahre später ein kaiserliches Edikt, daß das Christentum im ganzen chinesischen Reich verkündet und „niemand daran gehindert werden möge, in den Tempel des himmlischen Herrn Wohlgerüche anzuzünden".

Wie schön, wenn mit dem Friedensvertrag und diesem Erlaß das Kapitel der Jesuiten-Mission in China abgeschlossen werden könnte. Aber der Weltgeschichte fehlt leider nur zu oft der Sinn für freundliche Kapitelschlüsse. So auch diesmal. 1704 traf ein päpstlicher Legat in China ein. Seine Aufgabe war es, zu prüfen, ob die sogenannten „chinesischen Riten", die die Jesuiten in ihren Gottesdiensten zugelassen hatten, von der Kirche akzeptiert werden könnten oder nicht.

Mit dieser Aufgabe hatte Clemens XI. den päpstlichen Kammerherrn Charles Thomas Maillard, Comte de Tournon, beauftragt. Aus edelstem französischen Adelsgeschlecht, aber bar jeder diplomatischen Erfahrung und unbelastet von jenem Fingerspitzengefühl, ohne das Verhandlungen im Fernen Osten zum Scheitern verurteilt sind, noch bevor sie beginnen.

Die Jesuiten ahnten, daß durch ihn viel chinesisches Porzellan zerschlagen werden würde, sorgten aber, getreu ihrem Eid dem Papst gegenüber, für eine ehrenvolle Aufnahme seines Abgesandten am chinesischen Hof.

Schon nach ersten Gesprächen bestätigten sich die schlimmsten Befürchtungen. Bei den chinesisch-jesuitischpäpstlichen Verhandlungen machte nur einer eine gute Figur: der nichtchristliche chinesische Sohn des Himmels. Er verteidigte dem Legaten gegenüber die jesuitische Lösung, die den Ahnenkult weiter erlaubte, mit der Begründung, dies sei eine zivilisatorische Zeremonie ohne religiösen Bezug (was sicher nicht der Wahrheit entsprach), und gleichzeitig erteilte der Kaiser von China dem päpstlichen Gesandten eine Lektion in Bescheidenheit, als er mit einem halben Satz darauf hinwies, daß er sich nie anmaßen würde, Gebräuche zu beurteilen, die er nicht kenne.

Der päpstliche Legat blieb auf Konfrontationskurs und verkündete 1707 zu Nanking ein Dekret, das den Missionaren untersagte, bei den getauften Chinesen weiterhin einheimische Riten zu erlauben. Erfolg: der Kaiser schob den Legaten nach Macao zu den Portugiesen ab. Dort starb er, erst 42 Jahre alt.

1742 verbot Papst Benedikt XIV. endgültig die „chinesischen Riten" durch die Bulle „Ex quo aingulari". Alle Missionare mußten von nun an einen besonderen Eid ablegen, mit dem sie schworen, keine chinesischen Riten unter den Getauften zu dulden.*

Dies war das Ende der China-Mission. Alle Christen wurden des Landes verwiesen, nur die Jesuiten, deren Wissen und Können der Kaiser nicht missen wollte, durften an seinem Hof bleiben. Nicht als Missionare, sondern als Künstler, Techniker und Mathematiker.

Damit war Matteo Riccis Phase zwei, die einmal als Mittel zum heiligen Zweck gedacht gewesen war, nun endgültig zum unheiligen Zweck geworden. Bittere Lehre: Es war der Fehler der China-Jesuiten, über dem Studium der Wissenschaften das Handwerk der Menschlichkeit vergessen zu haben. Es war der Irrtum Roms, auch dann noch am Alten festzuhalten, als es bereits veraltet war.

Und heute? Was blieb von der so schwungvoll begonnenen China-Mission der Jesuiten? Doch mehr als man ei-

---

* Erst zweihundert Jahre später wurde dieses Verbot gelockert.

gentlich erwarten kann, nach all den politischen Taifunen, die über dieses Land gefegt sind.

1980 erfuhr der General der Gesellschaft Jesu, daß 120 chinesische Jesuiten in der Volksrepublik lebten. Zwanzig Jahre war man ohne Nachricht von ihnen gewesen. Im April 1983 kündigte die chinesische Tageszeitung „Beijing Ribao" die Wiedereröffnung der alten Jesuiten-Sternwarte in Peking an. Sie war bereits 1296 auf Befehl des Neffen von Dschingis-Khan errichtet und später den Jesuiten anvertraut worden.

Schade, daß der geistige Unruhestifter Pater Teilhard de Chardin das nicht mehr erlebt hat, als er in den fünfziger Jahren wegen seiner entwicklungsgeschichtlichen Schriften vom Pater General für drei Jahrzehnte ausgerechnet in jenes Land in Marsch gesetzt wurde, in dem Jesuiten schon immer wider den römischen Stachel gelöckt haben.

Auch heute noch: die 120 chinesischen Jesuiten ignorieren die Anpassungsformel des II. Vatikanischen Konzils. Sie lesen die Messe weiter in Latein.

Märtyrer am Marterpfahl
oder
Die Jesuiten in Kanada

Als 1611 die ersten Jesuiten-Patres in Kanada landeten, lebten in den Steppen, Wäldern und an den Ufern des Lorenzstroms mehr als 200 000 Indianer. Hundert Jahre später waren es nicht viel mehr als 20 000. Die Gründe für die Ausrottung der Rothäute sind bekannt: Feuerwasser und Schwarze Pocken, dazu ständige Stammesfehden. Weniger bekannt ist, daß die weißen Siedler — fast alles Franzosen — zu Beginn der Kolonisation durch Gesetz berechtigt waren, jeden Indianer ohne Begründung und ohne Vorwarnung abzuknallen wie einen räudigen Hund. Nur wer dies weiß, kann beurteilen, welchen Mut die ersten Missionare — nicht nur Jesuiten — aufbrachten, als sie nur mit

Tauschwaren wie Angelhaken, Brenngläser und Tierfallen „bewaffnet" in Indianerjagdgründe vordrangen, die kaum die kühnsten der Waldläufer zu durchstreiften wagten.

Alle Gefahren und Strapazen nahmen diese Patres gottergeben auf sich, und es hat etwas von einfältiger Größe, wenn in einem der Missionsberichte von Eiswüsten berichtet wird, die schneeblind machen, „so daß es unmöglich war, das Brevier zu lesen". Diese „Schwarzröcke" standen den „Lederstrümpfen" an Tapferkeit in nichts nach und — sie sprachen besser indianisch als diese.

Die Erfolge dieser Einzelgänger-Missionare hielten sich in engen Grenzen. Denn die Indianer waren zwar bereit, sich taufen zu lassen und lateinisch — für sie also unverständlich — zu beten, wie es die Patres verlangten, aber keinesfalls wollten sie sich nur mit einer Frau begnügen. Ließ sich ein Indianer doch nach katholischem Ritus nur mit einer Frau trauen, erhielt er von den Missionaren Geschenke. Richtiger dürfte die umgekehrte Reihenfolge gewesen sein: wer Geschenke wollte, ließ sich trauen.

Von 1620 an war alles anders. Die „Mayflower" brachte 105 puritanische „Pilgerväter" aus England, die sich als Siedler niederließen. Von nun an wurden nationale Antipathien und wirtschaftlicher Neid als Glaubenskrieg zwischen katholischen Franzosen und puritanischen Engländern ausgetragen. Beide Seiten kämpften nicht direkt, sondern ließen kämpfen. Da sich die Franzosen der Hilfe der Huronen* versicherten, ließen die Engländer deren Erbfeinde, die Irokesen**, ihre Tomahawks für die englische Sache werfen.

Nach dieser Frontenbildung mußten auch die Jesuiten-Missionare Unterschiede zwischen Indianern machen.

---

* Huronen: nordamerikanischer Indianerstamm, dessen Jagdgründe am St. Lorenzstrom lagen.
** Irokesen: Gruppe sprachverwandter nordamerikanischer Indianerstämme, deren Jagdgründe im Gebiet der fünf großen Seen lagen. Heute leben in Reservationen noch ca. 15 000 Irokesen.

Diejenigen Patres, die versuchten, weiter bei den „puritanischen" Irokesen zu missionieren, bezahlten das meist mit ihrem Leben. Eine romantische Indianer-Darstellung hat verharmlosende Vorstellung von der Grausamkeit dieser Rothäute geschaffen. Was wirklich an den Marterpfählen geschah, ist in den Missionsbriefen mit buchhalterischer Nüchternheit und gerade deshalb erschütternd festgehalten worden. Diese Berichte lesen sich wie eine Steigerung der japanischen Foltermethoden. So heißt es über die Patres Lalemant und Brébeuf, die 1649 von Irokesen an den Marterpfahl gestellt wurden:

„Die Indianer durchbohrten ihre Hände, rissen ihnen die Fingernägel aus, ritzten Kreuze in ihr Fleisch und drückten glühende Kohlen in ihre Augen. Jean de Brébeuf überwand alle Schmerzen und betete. Da schnitt man ihm die Zunge ab, schüttete siedendes Wasser – als Hohn auf die Taufe – über seinen skalpierten Kopf und verspottete ihn: ‚Du hast uns doch erzählt, daß je mehr einer auf Erden leidet, umso seliger er im Himmel sein wird... wir quälen dich nur, weil wir dich lieben, du solltest uns eigentlich dafür dankbar sein!'"

Der Pater ertrug die Marter ohne einen Laut. Seine Standhaftigkeit fanatisierte einige Indianer derart, daß sie ihm das zuckende Herz aus der Brust rissen, es sofort verschlangen, um sich dadurch seine Tapferkeit einzuverleiben. Nachrichten über diese Grausamkeiten verbreiteten sich wie Lauffeuer bis nach Europa, doch sie schreckten nicht ab. Im Gegenteil, die Bewerbungen um Missionsaufträge nahmen zu. Für den Glauben zu sterben war mehr als für ihn zu leben.

Alle Opfer waren vergeblich, die Mehrzahl der Indianer blieb heidnisch. Vielleicht hätte eine Missionierung mehr Erfolg gehabt, wenn eine Trennung von Rothäuten und Bleichgesichtern, so wie sie fast zur gleichen Zeit im „Jesuitenstaat" Paraguay durchgeführt wurde, auch hier möglich gewesen wäre. Doch die französischen Behörden wollten nichts von einem solchen Plan wissen, im Gegenteil,

sie förderten die Ehen zwischen weißen Siedlern und Indianer-Squaws. Und die Engländer? Sie sahen in den Missionstaten der Patres vor allem den Versuch, die Irokesen für die französische Sache zu gewinnen und hetzten diese gegen sie auf. In unschöner Offenheit bekannte Lord Bellomont, der Gouverneur Neu-Englands: „Ich will die Häuptlinge durch Geld oder größere Geschenke dazu bringen, daß sie mir die bei ihnen lebenden Jesuiten ausliefern..."
Falls jemand diese bemerkenswerte Entgleisung nur mit Jahreszahl glaubt – bitte, hier ist sie: 1699.

Die Indianermission in Nordamerika und Kanada blieb ein Unternehmen der verpaßten Möglichkeiten. Genau wie die Kolonisation. Ein trauriger Rekord jedoch blieb diesen Jesuiten-Patres: sie hatten von allen Missionaren an allen Plätzen der Welt die härtesten Martyrien zu ertragen. Die meisten von ihnen blieben namenlos oder ihre Namen wurden überstrahlt von dem Glanz der Leistungen, die mit Namen wie Franz Xavier, Roberto de Nobili, Matteo Ricci und Pater Schall verbunden sind.

Das heilige Experiment
oder
Die Jesuiten in Südamerika

Auch das ehrgeizigste und revolutionärste Unternehmen der Gesellschaft Jesu, die Mission in Südamerika, ist mit keinem herausragenden Namen verbunden. Dafür ist sie mehr als jede andere Mission mit Legenden, Verleumdungen, Mißverständnissen und Irrtümern überwuchert.

Sie begann wie fast alle Missionen: der König von Portugal bat um Entsendung von Patres der Gesellschaft Jesu in seine „neuindische" Kolonie. Ignatius selbst überwachte die Vorbereitungen, bei denen man von vornherein Fehler zu vermeiden versuchte, die bei früheren Missionsunternehmen erkannt worden waren. Diese „neuindische" Missionsexpedition war die letzte, die der Ordensgründer steuerte. Drei Jahre vor seinem Tod, 1553, konnte Ignatius von Loyola diese neue Provinz in das Ordensgefüge aufnehmen. Damit war sein Jugendtraum von der Heidenbekehrung, den er über die volle Zeit seines Lebens nie aus den Augen verloren hatte, in Asien, Amerika und Neu-Indien Wirklichkeit geworden. Übrigens: Sao Paolo, die heutige Zehn-Millionen-Stadt, ist eine Gründung der ersten sechs Jesuiten-Patres, die als Missionare in dieses Gebiet kamen.

Die Schaffung von Missions-Stützpunkten entsprach der Bekehrungsmethode in Südamerika, die sich in einem wichtigen aber merkwürdigerweise von den Historikern nur wenig beachteten Punkt von der nordamerikanischen unterschied: in Südamerika wurde die Bekehrung von festen Plätzen aus und nicht durch Wandertäufer betrieben.

Das hatte zwei Gründe. Der erste ist in einem Satz gesagt. Der allerdings hat es in sich. Hier ist er ohne Schnörkel: 80 Prozent der Indianer Südamerikas waren Kannibalen. Ihre einzige Hausarbeit bestand darin, ihre Frauen zu mästen und, wenn sie fett genug waren, zu schlachten. Nachzulesen in den hochinteressanten, mitunter allerdings unfreiwillig komischen Erlebnissen „bei den wilden, nakketen, grimmigen Menschenfressern", die ein Hans Staden aus Hamburg 1557 drucken ließ.

Der zweite Grund: die Jesuiten-Patres waren in erster Linie zur seelsorgerischen Betreuung der portugiesischen Siedler nach Brasilien gekommen. Sie sollten ihnen „etwas Anstand und einen Hauch von Religion einflössen", wie es in einem Missionsbrief heißt. Die weißen Siedler waren rauhe Burschen. Sie zählten nicht selten beim Auspeitschen ihrer Sklaven die Schläge am Rosenkranz ab. Zu ihren Statussymbolen gehörte es, sich möglichst viele Indianerinnen als Lustobjekte zu halten. Von den Patres auf das Gotteslästerliche solcher Haremshaltung hingewiesen, behielten sie zwar ihre Vielweiberei bei, ließen aber die Frauen taufen, „damit die Sünde nicht zu groß werde". Der Sittenverfall war mit Predigt und Gebet nicht zu stoppen: „aus Zivilisation wurde Syphilisation".

Da war wenig Hoffnung, diesen Raufbolden „etwas Anstand" beizubringen. Wenn es für die Patres hier überhaupt etwas zu tun gab, dann mußten sie die ihnen gestellte Aufgabe stillschweigend umfunktionieren. Das taten sie. Sie unterdrückten ihren heiligen Zorn gegen die Siedler und kümmerten sich um das Los der Sklaven.

Keine falschen Vorstellungen bitte! Die Jesuiten haben die Sklaverei nicht abgeschafft, sie haben nicht einmal dagegen protestiert. Sie hielten auf ihren Plantagen selbst Sklaven, denen sie, wie es alle Siedler taten, ein Brandmal aufdrückten. Sklavenhaltung war eine Selbstverständlichkeit in jenen Jahrzehnten. Die Kirche hat erst viel später dagegen Stellung bezogen.

Da die Indios körperlich der schweren Arbeit auf Dauer nicht gewachsen waren, wurden schon bald Neger als „schwarze Fracht" importiert. Einer der lebhaftesten Sklavenumschlagplätze war Cartagena im heutigen Kolumbien. Dort betrieb der spanische Pater Pietro Claver eine Sklaven-Missionsstation. Er hatte beim Gouverneur erreicht, daß jeder Neger, der aus dem Zwischendeck auf die Sklavenauktion gepeitscht wurde, erst verkauft werden durfte, wenn er vorher ausreichend im christlichen Glauben unterrichtet worden war. „Ausreichend" war das Zauberwort — die christliche Aufklärung dauerte immer so lange, bis sich die Sklaven wenigstens körperlich erholt hatten.

Später erreichten Jesuiten an einigen Plätzen, daß die Siedler ihren Sklaven einige Stunden für Religionsunterricht freigeben mußten. Heute nimmt man das als Bagatelle achselzuckend zur Kenntnis, aber damals war das eine revolutionäre Tat, vergleichbar etwa mit der Beseitigung der Auswüchse der Kinderarbeit in Europa. Und das geschah erst in unserem Jahrhundert. 1903 gab es ein erstes Kinderschutzgesetz in Deutschland. Wo? Im „reaktionären" Preußen.

Die Siedler in Südamerika waren 1550 von den erzwungenen frommen Ruhepausen ihrer Sklaven ebensowenig entzückt, wie 1903 die Frühindustriellen über das Kinderschutzgesetz. Haß und Wut auf die Jesuiten wuchsen, ein offener Konflikt zwischen Siedlern und Patres schien unvermeidlich, zumal die Kolonialbehörden mehr oder weniger offen mit den Siedlern paktierten.

Was tun Jesuiten in solchem Fall? Glaubt man den „Enthüllungen" über ihre geheime Macht, dann lassen sie ihre glänzenden Verbindungen zwischen Rom und den Herrscherhäusern spielen oder sie intervenieren über diplomatische Kanäle bei Königen und Kaisern, und schon müssen ihre Gegner klein beigeben.

Die Jesuiten in Südamerika wandten sich tatsächlich an den Hof in Madrid. Aber nicht mit der Bitte um Unterstützung, sondern mit einem Vorschlag, der in seiner Einfachheit verblüffend war: sie regten an, Weiße und Indianer voneinander zu trennen, da „die Spanier vielen Lastern ergeben seynd, um welche unsere einfältigfromme Indianer nichts wissen, solche aber durch ihre Gemeinschaft bald erlernen würden..." Es spricht für die Weitsichtigkeit der spanischen Hofbeamten, daß sie dieser revolutionären Idee, Reservationen einzurichten, sofort zustimmten.

Schön wär's.

Nicht sie waren klug und weitsichtig, sondern die Jesuiten, sie hatten nämlich ihre Anregung für Madrid durch den Hinweis schmackhaft gemacht, daß jeder Indianer, der in einer dieser zu schaffenden Siedlungen lebte, eine jährliche Kopfsteuer nach Madrid abzuführen habe. Sogleich fand der König diesen Vorschlag höchst förderungswürdig. Im Interesse des Christentums! Er stimmte auch einem Wunsch der frommen Väter zu, daß ohne deren Genehmigung kein Weißer — außer dem Gouverneur — diese Territorien betreten dürfe.

Die Patres revanchierten sich, indem sie aller Welt die 1609 erteilte königliche Genehmigung für die Einrichtung von Indianersiedlungen als glänzende Idee Philipp II. darstellten:

„Da aber denen neubekehrten Indianern die Gemeinschaft mit denen Spaniern sehr nachteilig ist, weil sie diese arme Leute nicht allein mit zu harter Arbeit peinigen, sondern auch durch ihr zaumloses Leben verdammlich ärgern, als hat der Chatholische König seinen Spaniern allen Umgang mit den Christen scharff verbotten, und diese bey ihrer Freyheit, unter Obsicht unserer Priestern, gelassen."

Die Anlage dieser Siedlung war eine historische Tat. Seine Größe aber bekam dieses „Heilige Experiment" – so der Titel eines Dramas von Friedrich Hochwälder über diesen „Jesuitenstaat" – durch den wirtschaftlichen Mut der Patres. Sie verwarfen in ihren Siedlungen das auf Zwangsarbeit aufgebaute Gewinnsystem der ausgefuchsten Pfeffersäcke und setzten ihm ein anderes, friedlicheres, christlicheres – sagen wir es schon: sozialistisches entgegen: die autarke Selbstversorgung. In diesen Siedlungen gab es kein Geld – jeder zahlte mit Naturalien, die Gemeinschaft versorgte sich selbst. Mitten im Urwald wurde Utopia* Wirklichkeit. Es war nur von außen zu zerstören. Das geschah dann auch. Doch dauerte es immerhin 150 Jahre, bis die Gegner aus den verschiedenen Lagern sich zu gemeinsamen Vorgehen gegen den „Jesuitenstaat" zusammenfanden.

Legen wir das Wort „Staat" in diesem Zusammenhang nicht auf die Goldwaage, es war keiner. Die Ansiedlungen haben nie ein geschlossenes Gebiet gebildet, jede einzelne Siedlung war dem Gouverneur unterstellt. „Jesuitenstaat" ist nur griffiger als „Reduktionen"**, wie die Patres diese Ansiedlungen nannten. Um die Gründung dieses Urwald-Ordensstaates rankt sich eine Legende. Da sie in vielen Missionsberichten wiederholt wird und in keinem der Standardwerke über die Reduktionen widerlegt wurde, kann sie sogar wahr sein. Hübsch ist sie auf jeden Fall.

Dies wird erzählt: Als die ersten Patres in schmalen Ein-

---

* Utopia (griech.) = Land Nirgendwo, Thomas Morus benutzte das Wort als Titel für seine Abhandlung über den idealen Staat.
** Von reducir (span.) = zusammenführen.

bäumen über den Paraná und den Uruguay in die Urwälder vordrangen, sahen sie kaum Indianer. Sie flohen, wenn sich die Weißen näherten; wahrscheinlich hielten sie sie für Sklavenjäger. Doch als die Patres zum Zeitvertreib und vielleicht auch gegen die eigene Angst fromme Lieder sangen, tauchten die Indianer an den Ufern auf. „Sie fielen in die süße Falle, stiegen von ihren Bergen herab, begaben sich an das Ufer der Flüsse, um die berückenden Töne besser zu vernehmen, und viele stürzten sich ins Wasser und folgten schwimmend dem Zauberboot. Pfeil und Bogen entglitten unbewußt den Händen der Wilden; in ihren Seelen hielt das Vorgefühl höherer Lebensformen und die erste Süße der Menschlichkeit ihren Einzug." Ganz so gefühlvoll wird es wohl nicht gewesen sein, aber François Chateaubriand (1768-1848) hat es in seinem „Geist des Christentums" so geschildert.

Tatsache ist, daß bei der späteren Auswahl neuer Missionare für die „Reductiones" jene bevorzugt wurden, die nicht nur handwerklich, sondern auch musikalisch begabt waren und ein Instrument zu spielen verstanden. Sie lehrten die Indianer europäisch zu musizieren, und oft genug waren die arbeitsscheuen Indianer nur durch die Klänge der Musikkapelle zum Arbeitsplatz zu bringen. Bekehrung im Dreivierteltakt.

Etwa 180 000 Guarani — dies der exakte Name dieser Indianerstämme — lebten in der Blütezeit des „Jesuitenstaates" in 31 Reduktionen, die im zentralsten, meerfernsten Gebiet Südamerikas lagen; dort, wo heute Paraguay, Brasilien, Argentinien und Bolivien aneinandergrenzen.

Alle Siedlungen waren nach dem gleichen Plan angelegt: auf dem Marktplatz, der Plaza, stand die Kirche aus lufttrockneten Lehmziegeln, mit einem Glockenturm im üppigen Barockstil. Bis zu 4 000 Indios lebten in einem solchen Pueblo, dem zwei Patres vorstanden. Einer hatte die geistliche, der andere die administrative Leitung. Ein geordnetes Gemeinwesen, in dessen Kirchenarchitektur sich europäischer und südamerikanischer Stil verbanden.

Seit Anfang der siebziger Jahre werden mit UNESCO-Geldern die Ruinen dieser Kirchen freigelegt, Skulpturen und andere sakrale Kunst restauriert und registriert. Zum ersten Mal wird Ende unseres Jahrhunderts der europäische Einfluß auf Südamerikas Kunst aus einem lianenüberwucherten Dornröschenschlaf gerissen sein.

Anfang unseres Jahrhunderts, in den zwanziger Jahren, machte der „Jesuitenstaat" auf einem anderen Gebiet in Europa Furore. Damals war es unter Salonkommunisten Mode, ihn zu feiern als „das einzige System eines kommunistischen Staates, das auch in der Praxis funktionierte und das nur durch äußere Ereignisse und nicht durch sich selbst aufgelöst wurde". Der Wunsch war der Vater dieser Behauptung. Denn dieser Versuch einer Handvoll Jesuiten, Zehntausenden von Indianern eine auf Arbeit basierende friedliche Existenz zu sichern, war kein praktizierter erfolgreicher Kommunismus, sondern bestenfalls ein autarkes Patriachat.

Autarkes Patriarchat. Klingt ganz schön gestelzt. Muß nicht sein. Das läßt sich auch ohne Fremdworte ausdrükken, am überzeugendsten mit einem Wort von Michel de Montesquieu: „Den Jesuiten gelang eine Art Wunder, indem sie die Indianer sowohl glücklich machten und zum Arbeiten anhielten." Wie, das hat ein Beteiligter, der Pater Florian Pauke, in einem seiner illusionslosen Briefe mit gallig trockenem Humor geschildert:

„Ich ergriff den Pflug, fienge an zu ackern, ließe meine Indianer zur Seite stehen, damit sie Obacht hätten, wie dieses geschehen sollte. Ich machte es wohl sehr schlecht, und kunte keine gerade Furche zu wege bringen: sie waren wie der Weg einer Schlangen... Nun kommet her, sagte ich zu ihnen, probieret, wie es euch wird vonstatten gehen. Aber ich bekame bald diese Antwort: Vatter, arbeite nur weiter, du machest es recht gut."

Die Guarani, zeigt dieser Text, waren gelehrig. In jeder Form der zivilisatorischen Anpassung. Zitat aus einem anderen Missionsbrief: „Wir haben dieses Volck, nebst dem

Christentum auch gelehrt Brod backen, Kleider nähen, kochen, malen, Gloggen giessen, Orgel, Zincken, Schallmey, Trompeten..."

Die besten Webstühle, die ergiebigsten Zuckermühlen, die ersten Kerzenzieher, die solidesten Tischler, die ersten Glasbläsereien und die kräftigsten Maultiere — die Jesuiten-Siedlungen hatten sie. Es lohnt diese Aufzählung noch einmal zu lesen. Sie markiert den Sprung von der Steinzeit in die handwerkliche Technik des Barock. Diese Indianer haben ihn in wenigen Jahren geschafft. Außerdem gelang es den Pädagogen im schwarzen Rock so ganz nebenbei, aus den vielen Dialekten der Guarani eine einheitliche Sprache zu destillieren, die heute noch in Paraguay von vielen Indios gesprochen wird. In ihren Reduktionen praktizierten vor 350 Jahren die Jesuiten Missionierung und Entwicklungshilfe in einem.

Wie gut sich die Patres auch auf Gebieten auskannten, die nicht unbedingt ihre Domäne sind, zeigt sich, als sie Indianerfrauen, die sich etwas hatten zuschulden kommen lassen, dadurch straften, daß sie sie eine Zeitlang ins Witwenhaus sperrten, sie also wortwörtlich „aus dem Verkehr" zogen. Den Patres gelang es auch, mit Geschenken und Verlockungen die Vielweiberei abzuschaffen, doch die Mütter zur Kindererziehung anzuhalten, schafften sie nicht. Das war vielleicht ganz gut so, wenn man liest, wie in einem Missionsbericht jesuitische Kindererziehung mit sanktionierter Denunziation gepriesen wird: Ein Knabe erzählte seinem Pater, daß sein Vater heimlich Hexerei betreibe. Als der Vater dies erfuhr, verprügelte er den Jungen, bis er blutete, „doch der Junge ertrug die Schmerzen aus Liebe zu Gott". An Positivem steht dem entgegen, daß in dieser Dschungel-Insel der Seligen die Todesstrafe verboten war und eine Indio-Polizei für Ordnung sorgte. Noch 1748 lobte der französische Staatsphilosoph Baron de la Montesquieu — alles andere als ein Freund der Gesellschaft Jesu — das südamerikanische Experiment: „Es ist rühmlich für den Jesuitenorden, daß er zum erstenmal der

Welt gezeigt hat, daß eine Verbindung von Religion und Menschlichkeit möglich sei."

Bald hatte dieser „Jesuitenstaat" ebensoviele Freunde wie Gegner. Wer die Gegnerschaft nur aus dem Neid über den Erfolg der Jesuiten-Methoden erklärt, macht es sich zu einfach. Die Missionare anderer Orden beispielsweise hatten durchaus ehren- und nachdenkenswerte Einwände. So sahen manche in dem jesuitischen Siedlungs- und Beschäftigungsprogramm die Gefahr, daß aus Heiden nicht Christen, sondern Materialisten geschaffen wurden, für die Christus nur wichtig ist, weil – oder wenn! – er ihnen Brot, Fleisch und Tee bringt.

Andere wieder argumentierten, daß die von den Jesuiten eingeführte bargeldlose Naturalwirtschaft das Priestertum profaniere, es mit der Last und der Verantwortung einer weltlichen Regierung so sehr belaste, daß keine Zeit für die eigentlichen, die seelsorgerischen Aufgaben bliebe.

Die Siedler wiederum waren aus merkantilen Gründen gegen den Jesuitenstaat. Sie störte, daß durch ihn der Nachschub von Sklaven erschwert wurde und dadurch die Preise für Arbeitskräfte stiegen. Um einen Ausweg aus dem Versorgungsengpass zu finden, hetzten sie die Mamelucken* auf, Sklaven aus dem „Jesuitenstaat" zu rauben. Die Mamelucken waren dankbar für den Tip und holten sich die begehrte Ware. Die Patres nahmen auch dies als eine Prüfung Gottes, blieben friedlich und zogen mit ihren Schützlingen den Paraná aufwärts in ein neues Gebiet, wo sie die einzelnen Ansiedlungen dichter aneinander anlegten und befestigten.

Doch die Raubzüge der Mamelucken hörten nicht auf. Da entschlossen sich die Patres zu einem Schritt, der der Anfang vom Ende wurde: sie stellten eine eigene, bewaffnete Truppe unter dem Kommando des Tiroler Jesuiten

---

* Mamelucken: Bezeichnung für jene Mestizen, die Abkömmlinge von weißen Asozialen und Indianerinnen waren und sich zu Räuberbanden zusammengeschlossen hatten.

Der Henker mit der Axt: Marques Pombal. Der portugiesische Premierminister war der erste Staatsmann, der 1760 in seinem Land den Jesuiten-Orden verbot.

Gehorsam bis zum Verbot. Papst Clemens XIV. verkündet 1772 die Aufhebung des Jesuiten-Ordens. Die Nachricht erregte so großes Aufsehen, daß die Verbotsbulle nicht nur in Latein, sondern auch in allen Landessprachen gedruckt wurde.

„Punch", die satirische englische Zeitschrift, veröffentlichte im Juni 1877 diese Karikatur: John Bull schützt die edle Miss Britannia vor einem „Wolf im Schafspelz", einem Jesuiten-Pater.

Das enfant terrible des Ordens: Pater Teilhard de Chardin (1881-1955). Er mußte auf „Bitten" des Generals seine richtigen (!) Erkenntnisse zur Evolution widerrufen. Heute ist er rehabilitiert. Sein Bild ziert sogar ein modernes Kirchenfenster.

Sepp von Seppenburg auf, wie denn überhaupt vor allem österreichische Patres das „Heilige Experiment" leiteten.

Über die Jesuiten-Armee wird in zeitgenössischen Missionsbriefen berichtet. „...Sollte sich eine Gefahr erheben, da könnten wir sogleich dreißigtausend berittene Indianer aufstellen, die es sehr gut verstehen, die Muskete zu führen, den Säbel zu schwingen, eine Schwadron zu bilden und richtig zu manövrieren. Sie alle sind von unseren Vätern ausgemustert und einexerziert worden."

Wie schön, daß man Gedrucktes sofort noch einmal nachlesen kann! Da steht es tatsächlich, kein Druckfehler, sondern bittere Wahrheit: 30 000 bewaffnete Reiter. Der Tagesablauf geregelt zwischen Exerzieren und Exerzitien. So mancher Pater mag, wenn er vor der Front seiner Indio-Kompanie stand, an die frühen Jahre seines Ordensgründers gedacht haben, als er noch Iñigo hieß und ihm das Gefecht wichtiger war als das Gebet.

Madrid unterstützte diese militärischen Eskapaden der wehrfreudigen Patres, denn billiger konnte es nicht zu einer landeskundigen Grenzschutztruppe kommen. König Philipp V. lobte die Ordens-Armee zum „militärischen Voraus-Bollwerk Spaniens" hoch. Alte militärische Erfahrung: solches Lob kostet Opfer. Die Truppe brachte sie: bei einem Feldzug fielen 600 Guarani und ein deutscher Pater. Sie starben in einem sehr frommen Krieg, den der christliche König von Portugal gegen die allerchristlichste Majestät von Spanien führte.

Zitat aus dem Brief eines Paters: „Einer unserer Musketiere feuerte, und der Heilige Xavier lenkte die Kugel so, daß sie einen Portugiesen am Oberschenkel traf und ihn zerschmetterte." Der Heilige Xavier als Richtkanonier... Der Rest ist Schweigen — oder Anlaß zu einer bitteren Pointe, die Voltaire in seinem Roman „Candide" nicht ausließ: „Und wo ist seine Hochwürden, der Pater Provinzial?", fragte Cacambo. „Er ist bei der Parade, nachdem er eben die Messe gelesen hat", antwortete der Sergeant; „Sie werden seine Sporen erst in drei Stunden küssen müssen."

Erstaunlich war: die Patres, die immer „allen alles" sein wollten, waren auch als Militärs erfolgreich. Nach dem Grundsatz, daß der Krieg eine zu ernste Sache sei, um ihn nur den Militärs zu überlassen, zogen sie blank, als 1750 Lissabon und Madrid übereinkamen, ihre ständigen Grenzstreitigkeiten in den „neuindischen" Kolonien auf Kosten der Jesuiten-Missionssiedlungen zu bereinigen. Sieben der östlich vom Uruguayfluß gelegenen Reduktionen sollten aufgegeben und weiter westlich neue Ansiedlungen errichtet werden. Doch die Patres waren nicht bereit, nochmals bei Null zu beginnen, sondern – das ist nun mal die Gefahr bei jeder Bewaffnung – verteidigten ihre Anwesen mit Waffengewalt, als sie angegriffen wurden. Das war zwar nicht christlich, aber erfolgreich. Jahrzehntelang führten sie einen Zwei-Fronten-Krieg, der mit dazu beitrug, daß Spanien und Portugal 1761 die Grenzregulierung wieder rückgängig machten.

Inzwischen aber war der Gesellschaft Jesu ein Gegner entstanden, gegen den weder mit Pulver noch Gebet anzukämpfen war: Papst Benedikt XIV. Er verdammte 1741 in einer geharnischten Bulle „Immensa pastorum" die Sklavenhalterei der Jesuiten und ihre „Missionskniffe". Doch weder der moralische Zorn des Heiligen Vaters noch die politische Tatsache des bewaffneten Widerstands gegen die Staatsgewalt waren Anlaß für Angriffe auf den „Jesuitenstaat", sondern ein Gerücht.

Ein Gerücht, so alt wie die Geschichte selbst, eine Behauptung, die bereits bei der Zerschlagung des Templer-Ordens seine Wirkung nicht verfehlt hatte, wurde erst hinter vorgehaltener Hand, dann offiziell verbreitet: Die Jesuiten hätten in ihren Reduktionen unermeßliche geheime Schätze gehortet.

Solche Andeutungen beflügelten Untersuchungskommissionen viel mehr als moralische Entrüstung. Selten wurden Befehle aus Madrid und Lissabon im fernen Südamerika mit soviel Eifer ausgeführt wie die gewaltsame Auflösung der Reduktionen. Wann dürfen Soldaten schon offiziell nach Gold und Silber suchen! In jedem Pueblo wurde das Unterste zu oberst gekehrt. Die Guarani flohen verschreckt in den Chaco, die Patres wurden gefangengesetzt. Gefunden wurde nichts. Weder Edelsteine noch Silber noch Gold. Aber nichts ist so langlebig wie ein Gerücht: noch heute kann man in Büchern über unentdeckte Schätze lesen, daß jeder während eines Abenteuerurlaubs mit ein bißchen Glück in den Katarakten des Orinoco Reste des Jesuitenschatzes finden könne.

1766 gehörte das erfolgreichste und dauerhafteste Missionsprojekt der Gesellschaft Jesu der Vergangenheit an. Die Patres, die – im Zwischendeck spanischer Schiffe zusammengepfercht – in die alte Welt zurückkehrten, fanden vieles verändert vor. Am meisten hatte sich ihre Gesellschaft verändert. Sie hatte das Vertrauen des Papstes und – was viel schlimmer war – das zu sich selbst verloren. In vielen Ländern warteten Jesuiten-Gegner auf die geeignete Gelegenheit, gegen den mächtigen Orden vorzugehen. Sie wurde gefunden. In einem der entlegensten Winkel der Erde.

Der Pater, der über den Zinsfuß stolperte
oder
Die Geschäfte der Jesuiten auf Martinique

Die westindische Insel Martinique ist wenig mehr als tausend Quadratkilometer groß. Sie gehört zu den kleinen Antillen, die seit 1664 französisch sind. Ausgerechnet auf diesem Pünktchen im Ozean fanden die Gegner der Jesuiten den entscheidenden Ansatzpunkt, von dem aus die Macht des Ordens an den europäischen Höfen gebrochen werden konnte.

Der Vorfall ist schnell erzählt: 1746 übernahm der französische Pater LaValette die Verwaltung der total verschuldeten Mission Martinique. Der Gottesmann war ein noch tüchtigerer Geschäftsmann. Mit geborgtem Geld kaufte er große Pflanzungen, auf denen getaufte Negersklaven Kaffee und Zuckerrohr ernteten, durch deren Verkauf in Frankreich die alten Schulden und die neuen Zinsen getilgt werden sollten. Finanzielle Sanierung durch wirtschaftliche Expansion. Nichts Neues, aber auch — wie gerade wieder einmal jüngste Beispiele zeigen — nichts Ungefährliches.

Die weltlichen Handelsgesellschaften auf der Insel fühlten sich in ihren Verdienstmöglichkeiten durch den geschäftstüchtigen Pater eingeschränkt und beschwerten sich so lange, bis der Ordensgeneral Ignatius Visconti seinen kommerziell begabten Pater nach Rom „bitten" mußte. So weit, so gut. Aber, was nun geschieht zeigt, wie sehr der Orden bereits angekränkelt war: Pater LaValette reiste nicht! Vier Visitoren wurden zur Kontrolle nach Martinique beordert. — Vier! Nicht einer traf dort ein.

Der Pater exportierte weiter. Doch eines bösen Tages kaperten englische Piraten vor Bordeaux ein französisches Handelsschiff, das bis unters Deck mit Waren von den Jesuiten-Plantagen vollgestopft war. Es kam, was kommen mußte: der erste Wechsel platzte, nach dem Schneeballsystem bald auch weitere. Die Gläubiger drängten auf Zahlung. Der Einfachheit halber gleich direkt beim Ordensgeneral. Der weigerte sich und ließ sich verklagen. Die Gläubiger gewannen den Prozeß.

Nun machten die Ordens-Oberen von vielen Fehlern in dieser Angelegenheit ihren größten: sie gingen in die Berufung vor das Pariser Parlamentsgericht. Ausgerechnet zu jenen Anwälten, die seit Jahrzehnten auf eine Gelegenheit warteten, sich mit der Gesellschaft Jesu auf juristischer Ebene auseinandersetzen zu können. Jetzt hatten sie sie. Die Jesuiten-Anwälte liefen ihnen ins offene Florett, als sie argumentierten, daß es nach der Ordensregel verboten sei, Handelsgeschäfte zu betreiben, da Pater LaValette dagegen verstoßen habe, könne der Orden nicht für seine Vergehen regreßpflichtig gemacht werden.

Dabei wußte alle Welt, daß die Jesuiten-Missionen in

Indien, Mexiko und Brailien einen florierenden Handel mit Gewürzen, Schokolade, Tee und anderen Kolonialprodukten aufgezogen hatten und daß sich die Japan-Mission überhaupt nur dadurch finanzieren konnte, daß sie mit dem Geld aus Rom in China Seide kaufte, die dann mit erheblichem Gewinn in Japan weiterverkauft wurde. Es wäre den Parlaments-Advokaten ein Leichtes gewesen, dies durch Handelsverträge zu beweisen, doch das interessierte sie herzlich wenig. Sie verlangten, die Konstitutionen einzusehen, nach denen Handelsgeschäfte verboten waren. So mußten die Jesuiten zum ersten Mal ihre Ordenssatzung offenlegen, die sogleich öffentlich zerpflückt wurde. Am rigorosesten vom bretonischen Advokaten La Chalotais. Er entdeckte, die Ordensregel enthielte „jede Form der Häresie, des Götzendienstes und des Aberglaubens, und sie erzieht zum Selbstmord, zum Königsmord, zur Gotteslästerung, zur Unlauterkeit in jeder Hinsicht, zum Wucher, zur Zauberei, zum Mord, zur Grausamkeit, zum Haß, zur Rache, zum Aufruhr, zum Verrat". Auf Sätze wie diese hatte das französische Parlament lange gewartet. Nun endlich hatte es die Möglichkeit, gegen die Gesellschaft Jesu vorzugehen.

Der eigentliche Prozeß-Gegenstand, die merkantilen Verfehlungen des Paters LaValette wurde zur unwichtigen Nebensache, die rasch erledigt war: Der Pater bekannte sich schuldig, wurde aus dem Orden ausgeschlossen und ging nach England, wo er als Privatmann starb. Wie denn die Engländer überhaupt die lachenden Dritten in dieser Auseinandersetzung waren: sie übernahmen die Jesuitenpflanzungen samt Sklaven und verkauften beide so günstig, daß allein der Gewinn ausgereicht hätte, um die Wechselschulden des Paters zu begleichen.

Zuhaus im Nirgendwo
oder
Was blieb von der Jesuitenmission?

Missions-Bilanz: innerhalb der ersten zwei Jahrzehnte war die Gesellschaft Jesu, die 1540 in einem gemieteten Haus in Rom mit zehn Mitgliedern begann, durch ihre Patres in allen Teilen der Welt vertreten. Ein wahrhaft mobiler Orden. Am wenigsten Erfolg hatten Jesuiten-Missionare im Nahen Osten und Afrika.

Die Schwierigkeiten im Nahen Osten waren verständlich: dort war der Islam zuhaus. Alle Missionsversuche mußten an diesem Bollwerk einer mächtigen, stolzen Religion scheitern. Immerhin beschäftigte man sich mit Mohammeds Lehre. Die erste Übersetzung des Korans in Latein, die sogenannte Refutatio, stammt von dem italienischen Jesuiten Maracci. Sie erschien 1698.

Anders in Afrika. Dort waren die Verhältnisse in den einzelnen „Königreichen" völlig verschieden. In Tetuan, im heutigen Marokko, konnten sich ab 1548 zwei Jesuiten-Patres lediglich um die gefangenen Christen kümmern, während in Manikongo seit 1491 ein christlicher Negerkönig regierte. Als jedoch 1548 vier Jesuiten als Missionare eintrafen, mußten sie bald erkennen, daß das Christentum des Königs nur Tünche war. Er machte ihnen Schwierigkeiten, wo immer es ging. Schließlich lebten sie wie Gefangene in ihren Hütten.

In Äthiopien dagegen konnte jahrelang keine Mission betrieben werden, weil der portugiesische König den Jesuiten ablehnte, den Ignatius als Leiter vorgeschlagen hatte. Begründung: der Pater war Franzose. Die Wahrheit dürfte gewesen sein, daß die äthiopische christliche Kirche – die älteste überhaupt – keine „römischen" Missionare im Land haben wollte.

Eine mühselige, glanzlose Aufgabe war die Bekehrung in diesen Gebieten. Und nicht nur in Afrika, wie aus einem Schreiben hervorgeht, das Pater Koffler 1642 aus Batavia

(Djarkata) seinen Mitbrüdern nach Europa schrieb: „Es ist ein ganz anderes, bey sich selbst in der warmen Stuben den Schluß zu machen, daß man Gott und dem Nächsten zulieb alles leyden wolle: ein anderes, wenn es zur Sach und würcklichen Tat kömmt."

Wie wahr – nicht nur als Weisheit bei der Missionierung.

Trostpflaster und Hoffnungsschimmer gab es auch in diesen „unterentwickelten" Gebieten: Noch 1860 traf der englische Forscher David Livingstone in Portugiesisch-Kongo auf Negerstämme, die von Jesuiten Lesen und Schreiben gelernt hatten.

Die Auflösung des Ordens hat seine Missionsarbeit nicht gestoppt. Die meisten 3 000 Patres, die im Auflösungsjahr 1773 außerhalb Europas tätig waren, blieben auf ihren Posten. Die von ihnen gegründeten Gemeinden waren die Basen, von denen aus nach der Wiederzulassung des Ordens die Missionsarbeit unter neuen Gesichtspunkten wieder aufgenommen werden konnte. Statt der Quantität zählte nun die Qualität der Bekehrung.

Aus dieser neuen Missionssicht kann die Gesellschaft Jesu auf beachtliche Aktiva in ihrer Heiden-Mission hinweisen:

- Wenn heute die katholische Kirche verkündet, daß es auch außerhalb des Katholizismus Schönes und Gutes gibt, das von Christen anerkannt und aufgenommen werden sollte, dann ist dies ein Standpunkt, den die Gesellschaft Jesu als einzige kirchliche Gemeinschaft zu einer Zeit vertrat, als sie deshalb, im sogenannten Ritenstreit, vom Papst gemaßregelt wurde.
- Wenn auch heute noch die Gesellschaft Jesu der größte Missionsorden der katholischen Kirche ist, dann unter anderem deshalb, weil 6 000 Patres in aller Welt auf die ungebrochene Tradition von fast 450 Jahren Missionserfahrung aufbauen können.
- Wenn heute bei jeder Missionsarbeit die Linderung sozialer und seelischer Not vor der Tauf-Erfolgsquote steht,

dann kann dieser Orden für sich in Anspruch nehmen, daß einige seiner Missionare dieses Ziel bereits vor Augen gehabt haben, als es noch höchst unpopulär war.

Jesuitengeneral Pedro Arrupe hat das bereits 1970 auf dem 83. Deutschen Katholikentag in Trier präzisiert: „In Zukunft wird unserer Missionsarbeit noch sehr viel mehr Achtung und Anpassung abverlangt werden. Wir haben diese Anpassung schon einmal versäumt, wir dürfen es nicht ein zweites Mal tun."

Was alles darunter zu verstehen war, wurde kurz danach von zwei Patres demonstriert: sie saßen in einem der Hubschrauber, mit denen die ersten Oiler zu den Bohrtürmen vor den Shetland Inseln geflogen wurden.

XII.

DER HEILIGE VATER VERSTÖSST SEINE SÖHNE
oder
DIE AUFHEBUNG DER GESELLSCHAFT JESU

„Wie Lämmer haben wir uns eingeschlichen, wie Wölfe haben wir regiert, wie Hunde wird man uns vertreiben, wie Adler werden wir uns verjüngen..."
(Francis Borgia, 3. Ordensgeneral — 1565 - 1572)

„Eure Eminenz weiß wie jeder, daß der Sturz des Ordens am meisten in Rom vorbereitet wurde und dort verschlagenere Gegner leben als in Madrid."
(Aus einem Schreiben des Wiener Nuntius Severoli an Kardinal Pacca vom 16. Juni 1804)

Der Schlächter mit der Axt
oder
Das erste Verbot des Ordens in Portugal

Jeder Lissabon-Besucher kennt das Standbild des Marques do Pombal, das die breite Avenida da Liberdade zur Baixa, zur Unterstadt, hinabblickt. Der bronzene Sebastiao, Jose do Carvalho e Melo, Marques do Pombal, portugiesischer Premierminister von 1750 bis 1778, konnte mit Stolz und Recht in diese geometrisch angelegten Häuserblocks schauen: diese Unterstadt, mit ihren gleichmäßig wie Fischgräten gegliederten Straßen, ist sein Werk. Nach dem Erdbeben vom 1. November 1755 hat er Lissabon wieder aufbauen lassen. Bis zur Feuersbrunst im August 1988 war die Baixa Einkaufszentrum, Freilicht-Museum, architektonisches Schmuckstück und Stolz der Lissaboner.

Der Wiederaufbau der Hauptstadt war nicht das einzige Verdienst dieses energischen Politikers. Er hat sein Land aus der englischen Bevormundung gelöst, Handel, Industrie und Schulwesen gefördert. Für geringere Leistungen haben andere Staatsmänner einen festen Ehrenplatz unter Europas Großen; warum nicht auch der Marques do Pombal? Weil seine Gegner lautstärker als seine Bewunderer waren. Sie charakterisieren ihn als „unedel, ränkevoll, hochfahrend". Das mag noch angehen, das hat noch keinen Politiker gestört, aber sie nennen ihn auch den „Schlächter mit der Axt" oder behaupten schlichtweg, er sei „verrückt" gewesen.

Wahrscheinlich gehörte tatsächlich eine Portion Verrücktheit dazu, das zu tun, was Pombal riskierte: als erster Politiker eröffnete er das Kesseltreiben gegen die allmächtige Gesellschaft Jesu. Nicht Frankreich, das Spanien als Führungsmacht in Europa abgelöst und durch Descartes, Diderot, d'Alembert und Pascal die geistige Front der Aufklärung gegen die katholische Kirche errichtet hatte, blies zum Angriff gegen deren Prätorianergarde, nein, das erzkatholische Portugal! Das begreife, wer will.

Wer will, kann es begreifen: Portugal stand seit je mit dem Rücken zu Europa. Sein Blick ging nach Übersee. Noch 1974 bestimmten die Kolonien sein politisches Schicksal. Das aber galt ganz besonders für Pombals Zeit. Er brauchte die Reichtümer aus den Kolonien, um die zerrütteten Staatsfinanzen zu sanieren. In den portugiesischen Kolonien aber waren die Jesuiten mächtiger und wirtschaftlich stärker als der Premierminister im fernen Lissabon. Doch das erklärt nur zur Hälfte Pombals Anti-Jesuiten-Attacke. Weitere Gründe liegen in seiner Herkunft und seinem Charakter: Pombal kam aus bürgerlichen Verhältnissen und hat sein Leben lang den Hochadel und die mit ihm eng liierten Jesuiten gehaßt.

Mit Pombal kam etwas in die Politik, für das erst in unserem Jahrhundert – leidvoll genug – die richtige Bezeichnung entstand: Pombal war von faschistoidem Ehrgeiz. Und er war Pragmatiker. Er überstürzte nichts, sondern wartete auf den geeigneten Anlaß, um seine Pläne in Taten umzusetzen. Für einen „geeigneten" Anlaß, um seine Angriffe gegen den Jesuitenorden zu beginnen, hielt Pombal jenes Erdbeben vom 1. November 1755, das Lissabon zerstörte und 30 000 Menschen das Leben kostete. Pombal nutzte es gleich doppelt. Einmal für sich, indem er seine zupackende Entschlossenheit bewies und sofort Architekten bauftragte, mit einem großzügigen Wiederaufbau zu beginnen. Lissabon wurde die modernste Hauptstadt in jenem Jahrhundert.

Gleichzeitig startete er, umrankt vom frisch erworbenen Lorbeer des Helfers, seine Offensive gegen die Jesuiten. Die hatten natürlich nichts mit dem Erdbeben zu tun, aber in einigen ihrer Predigten war das Unglück als „Strafgericht Gottes" gedeutet worden. Ein Strafgericht, das wegen der Sympathien der Regierung zu den französischen Aufklärern über das Sündenbabel Lissabon gesandt worden sei. Nicht nur Jesuiten hatten sich dieser naheliegenden Symbolik bedient, sondern auch die meisten anderen Prediger. Die aber ließ Pombal ungeschoren. Er hatte nur die Jesuiten im Visier, deren Armee in Südamerika ausgerechnet zu dieser Zeit gegen Portugal kämpfte und das auch noch mit Erfolg.

Die Methode, nach dem Pombal gegen den Orden vorging, war die eines Diktators. Er ließ sich nicht auf Verhandlungen ein, weder mit dem Ordensprovinzial noch mit dem Generaloberen noch mit dem Heiligen Vater, sondern befahl ohne Vorwarnung ein knappes Jahr nach dem Erdbeben die Verhaftung führender Jesuiten Portugals. Erst Monate später überreichten seine Botschafter an den europäischen Höfen und bei der Kurie eine Art Weißbuch, in dem die Gründe für sein Vorgehen nachgeliefert wurden. Es hieß: „Kurzer Bericht über die Republik, welche die Jesuiten in den spanischen und portugiesischen Besitzungen der Neuen Welt errichtet haben, sowie über den Krieg, den sie gegen die Streitkräfte beider Kronen geführt haben, alles dem Protokoll der Bevollmächtigten und Gesandten sowie anderen Dokumenten entnommen."

Mit dieser Aktion stellte sich erstmals ein politischer Gegner den Jesuiten mit voller Breitseite. Diesmal gab es keine versteckten, diplomatischen Winkelzüge, keine literarischen Pointen, keine moraltheologischen Auseinandersetzungen zwischen zwei Kathedern, nein, dies war ein frontaler Angriff mit dem erklärten Ziel, den Orden aus Portugal zu vertreiben.

Der Zeitpunkt war günstig: ein schwacher Ordensgeneral Luigi Centurione, überließ die Führung mehr seinem „Generalstab", den Assistenten; die Gesellschaft war kraftlos, desorganisiert und schon seit Jahren verunsichert. So sehr, daß bereits Weihnachten 1739 der damalige General Franz Retz „gebeten" hatte, „man möge in Anbetracht der kritischen Zeit jegliche öffentliche Feier zum zweiten Jahrhundertjubiläum unterlassen". Die Gesellschaft Jesu hatte eine schlechte Presse. Und das war auch schon damals von Nachteil.

Um die öffentliche Meinung Europas für seine Ansichten zu gewinnen, ging Pombal höchst moderne Wege. Er startete den ersten großen Propagandafeldzug in der europäischen Geschichte. In vier Sprachen, in französisch, italienisch, spanisch und deutsch ließ er seine Kampfschriften übersetzen. Druckreif und mundgerecht servierte er den Journalisten Formulierungen wie: „Ist es nicht sonderbar, daß Portugal bis 1640 ein blühendes Land war, doch als die Jesuiten kamen, ging es bergab..."

Kein Vergehen wurde in den Anschuldigungen gegen die Jesuiten ausgelassen, und immer wenn konkrete Angaben fehlten, erging man sich in geheimnisvollen, vagen Andeutungen, die noch nie ihre Wirkung verfehlt haben. Was konnten (und können) sensationslüsterne Leser nicht in Sätze hineingeheimnissen wie: „Skandale in ihren Missionen, die so abscheulich sind, daß der Anstand verbietet, sie beim Namen zu nennen!", oder „Sie begingen Verbrechen, schlimmer als die der Tempel-Ritter."

Nicht nur der apostolische Nuntius in Lissabon zeigte sich beeindruckt, auch Papst Benedikt XIV. – tolerant, doch nicht gerade ein Freund der Jesuiten — mußte dazu Stellung nehmen. Er schickte Kardinal Saldanha als Visitator 1758 nach Paraguay. Sein Bericht bestätigte die allzu große Geschäftstüchtigkeit der dortigen Patres: „Die Missionsstationen der Jesuiten gleichen eher Warenhäusern als Stätten religiöser Sammlung." Für Insider hatte dieses Prüfungsergebnis eine zusätzliche Pointe: auch der Auftraggeber dieses Gutachtens, Benedikt XIV., ist in die Kirchengeschichte als einer der merkantilsten Päpste eingegangen.

Nach einem so negativen Bericht seines Visitators mußte der Heilige Vater Konsequenzen gegen den Orden ziehen. Pombal sah sich am Ziel seiner Pläne. Da starben im Abstand von einem Monat der Papst und sein Visitator. Ein glücklicher Zufall, der dem Orden zugute kam. Das Echo auf diese „merkwürdige Fügung" zeigte, wie sehr die Jesuiten in der Öffentlichkeit bereits in Mißkredit geraten waren: Unverhohlen sprach man davon, daß Papst und Kardinal von Jesuiten vergiftet worden seien.

Pombals erster Angriff war dadurch gestoppt, er brauchte einen neuen Anlaß, um gegen die Jesuiten vorzugehen. Er wurde ihm ins Haus geliefert und zwar von jemanden, der in Geschichten — vorzugsweise Liebesgeschichten — verwickelt war, während Pombal Geschichte machte: Dom José I., König von Portugal. Ein Schwächling, zumindest auf dem Thron. Am 3. September 1758 wurde er, sehr gegen seinen Willen, wegen einer seiner Liebesgeschichten in die sogenannte große Geschichte katapultiert.

Was in jener Nacht geschah, liest sich wie ein schlechtes Opernlibretto: der König hat eine Liaison mit der jungen Marquese do Tavora, ihr Ehemann erfährt davon und sinnt auf Rache, lauert dem königlichen Nebenbuhler nach einem nächtlichen Schäferstündchen im finsteren Walde auf, schießt auf ihn und verwundet ihn leicht am Arm. Erste Frage: war er ein so guter Royalist oder ein so schlechter Schütze?

Zweite Frage, die sich jedoch nur der König stellte: wer

waren die Hintermänner bei diesem Attentat? Denn Dom José I. war viel zu eitel, um anzunehmen, daß ein Ehemann, dem der König Hörner aufgesetzt hatte, dies nicht als Auszeichnung, sondern als Schmach auffassen könnte.

Dies war Pombals Stunde. Die Stunde des Intriganten. Jetzt hatte er Gelegenheit, sich am Hochadel, der ihn nicht für voll nahm, und an den Jesuiten, seinen mächtigsten innenpolitischen Gegnern, gleichzeitig zu rächen.

Die Tatsache, daß die Familie Tavora enge Bindungen zu ihren jesuitischen Beichtvätern hatte, sowie Berichte von Übergriffen der Patres in den westindischen Kolonien kombinierte Pombal dem verschreckten König gegenüber so geschickt, daß dieser am 19. Januar 1759 ein Dekret unterzeichnete, durch das alle Jesuiten als „Verräter, Rebellen, und Feinde des Reiches" abgestempelt und damit aus Portugal und seinen Kolonien verbannt wurden. Das gesamte Vermögen des Ordens wurde konfisziert, die Patres aus Übersee kamen aus der Dunkelheit der Schiffsrümpfe gleich in die Finsternis der Kerker. Der Adel verließ den Hof und zog sich auf seine Landgüter zurück. Pombal hatte freie Hand und „räumte auf".

Einige Jahre später werden es sich die französischen Parlamentarier zugute halten, daß sie ihren Kampf gegen die Gesellschaft Jesu humaner führen als dieser portugiesische „Schlächter mit der Axt". Aber ohne die groben Methoden eines politischen Ehrgeizlings wie Pombal wäre der erste Stein gegen die Jesuiten vielleicht nie geworfen, sondern gegen sie wäre auch weiterhin ein (Papier)-Krieg in den Kabinetten geführt worden.

Wie unbarmherzig Pombal vorgehen konnte, bekam sein Intimfeind, der italienische Jesuiten-Pater Gabriel Malagrida zu spüren. Der hatte bereits 1755 beherzt gegen Pombals Politik gepredigt, aber erst das Attentat bot einen Vorwand, ihn wegen Hochverrat zu verhaften. Zu verhaften, aber nicht zu verurteilen. Auch beim bösesten Willen waren keine Beweise gegen ihn zu konstruieren. Da ließ der Premierminister ihn kurzerhand wegen Ketzerei vom Inquisitionsgericht zum Tode verurteilen. Die Macht hatte Pombal, denn der Großinquisitor war sein Bruder. So einfach war das schon damals in einer Diktatur. Während der Kerkerhaft verfiel der inzwischen achtzigjährige Pater dem religiösen Wahnsinn. Doch Pombal wollte seine Rache. Mit dem Strick um den Hals wurde der Greis durch die Straßen des wiederaufgebauten Lissabon geführt, öffentlich stranguliert und seine Leiche verbrannt. Das geschah 1761.

Der neue Papst Clemens XIII. stellte sich vor den Orden, den er „ein besonderes Werk der Vorsehung zur Durchführung der Aufgaben der Kirche" nannte. Diese schattenlose, positive Darstellung des Ordens war weder diplomatisch klug, noch nützte sie. Von mehr als dreihundert Bischöfen stimmten ihr nur 23 zu. So sehr war der Einfluß des Papstes in seiner Kirche geschrumpft.

Im Kirchenstaat war die Entwicklung nicht anders als an den weltlichen Höfen verlaufen. Hatten dort die Minister ihren Herrschern das Heft aus der Hand genommen, so hatte sich hier die päpstliche Verwaltung verselbständigt.

Das Parkinsonsche Gesetz war zwar noch nicht formuliert, aber es funktionierte bereits. Die drei großen B's: Bestechung, Beziehung und Beeinflussung öffneten jede Tür. Wenn nötig, wurden damals sogar päpstliche Erlasse gefälscht.

Die Pro-Jesuiten-Erklärung Clemens XIII. nahm Pombal zum Anlaß, die diplomatischen Beziehungen zum Heiligen Stuhl abzubrechen. Damit war Portugal das erste katholische Land, in dem nicht nur die Gesellschaft Jesu zu existieren aufgehört hatte, sondern das außerdem dem Heiligen Vater als politischen Faktor ausschaltete.

Die meisten Patres flohen per Schiff nach Italien, diejenigen jedoch, die in Zusammenhang mit dem Eifersuchtsattentat verhaftet worden waren, warteten in portugiesischen Gefängnissen auf ihre Urteile. Der Prozeß gegen sie überdauerte Pombals Amtszeit. Er wurde 1777 abgesetzt, als Maria, die Tochter José I., den Thron bestieg. Alle angeklagten Patres wurden freigesprochen. Nur wenige erlebten ihren Freispruch. Pombal starb 1782 einsam und verarmt auf seinem Landsitz. Bis zuletzt blieb er seiner antikirchlichen Einstellung treu: er lehnte die Sterbesakramente ab.

Soweit Geschichte aus Fakten und Jahreszahlen besteht, ist sie damit für die Gesellschaft Jesu in Portugal für die nächsten achtzig Jahre zu Ende. Doch solche Geschichte ist Geschichte ohne Pulsschlag. Den bekommt sie erst durch die Ereignisse hinter den Ereignissen. So auch in diesem Fall: aus nie ganz geklärten Gründen blieb der Marques do Pombal lange Zeit unbeerdigt. Erst fünfzig Jahre nach seinem Tod wurde sein Sarg in die Erde gesenkt. Bevor er zugeschüttet wurde, las einer der ersten Patres der Gesellschaft Jesu, die nach Portugal zurückkehren durften, eine Messe für den Toten.

Und noch eine letzte Arabeske bietet die Geschichte hinter der Geschichte: 1829 nennt das Schülerverzeichnis der berühmten Jesuitenschule von Coimbra vier Urenkel des einst allmächtigen Diktators Pombal als Zöglinge.

Sint ut sunt aut non sint
oder
Das zweite Verbot des Ordens in Frankreich

Die Ereignisse um den Orden in Portugal waren ein Zwischenfall, die Entwicklung gegen die Jesuiten in Frankreich war zwangsläufig und für alle, die an den Geist der Geschichte glauben, notwendig.

Das erste Verbot des Ordens in Portugal war das Werk eines einzigen, ehrgeizigen Politikers. Das zweite Verbot in Frankreich war das Werk einer traditionellen Feindschaft und einer geistigen Gegnerschaft.

In älteren Geschichtswerken wird die geistige Gegnerschaft mitunter als edler Kampf zweier theologischer Strömungen dargestellt: des Jansenismus* gegen die Jesuitenlehre von der Anpassung: Doch das war ein alter Streit aus den Anfangsjahren der Gesellschaft Jesu, über den die Zeit längst hinweggerollt war. Geblieben war lediglich der Ausdruck „Jansenisten" — der aber war zu einem Schwammwort geworden, das für alle Gegner der Jesuiten galt.

Diese Gegner rekrutierten sich in jedem Land aus zwei Lagern: aus den politischen Gegnern, die gegen die Machtposition der Jesuiten an den Höfen Sturm liefen, weil sie ihre eigenen Interessen störte und aus den Gesinnungsgegnern, deren Vorstellungen von Erziehung und Unterricht, der Scheuklappen-Pädagogik der Jesuiten genau entgegengesetzt waren.

Oft genug wurden beide Gruppen in ihrer antijesuitischen Haltung durch andere katholische Orden unterstützt, die sich durch die Arroganz der Jesuiten zurückgesetzt fühlten.

Frankreich bot bei dem Versuch, die Gesellschaft Jesu als innenpolitischen Machtfaktor auszuschalten, das klassische Beispiel für die Zusammenarbeit der politischen mit den Gesinnungsgegnern. Die politischen Feinde der Jesuiten saßen im Parlament. Sie hatten schon einigen Königen von Frankreich mit Beschwerden über Macht und Manipulation des Ordens in den Ohren gelegen. Bisher immer vergeblich. Eine sanfte Beichte war den Königen immer wichtiger, als harte Tatsachen. 1656 erhielt diese Gruppe Unterstützung aus dem Lager der geistigen Gegner. Es erschien eine Schrift, die genau den Nerv der Franzosen traf. Es handelte sich dabei um erfundene Briefe an einen Jesuiten-Provinzial, die ein anonymer Autor verfaßt hatte, der ein

---

* Nach Bischof Jansen (1585 - 1638), der in seinem posthumen Werk „Augustinus" die Verdammnis des Menschengeschlechts durch den Sündenfall betonte und damit gegen die Auffassung der Jesuiten, der Mensch könne sich durch Gebet und Buße bessern, Stellung bezog. Zwischen Jansen und Luthers Lehre gibt es bei diesem Thema Berührungspunkte.

genauer Kenner der jesuitischen Moraltheorie sein mußte. In brillant-ironischem Stil wurde die jesuitische Lehre von der Freiheit des Willens verspottet.

Paris und bald ganz Frankreich hatten ihre literarische Sensation. In wenigen Monaten wurden insgesamt 18 solcher „Lettres á un provincial" veröffentlicht. Die Druckmaschinen liefen heiß, um die Nachfrage zu befriedigen. In den Salons war nicht „in", wer nicht Passagen wie folgende zitieren konnte:

„Die größte Schwierigkeiten ist das Vermeiden der Lüge, da aber hilft unsere Lehre von den doppelsinnigen Wörtern; nach dieser ist es nämlich erlaubt, sich unbestimmter Ausdrücke zu bedienen, die der Nächste in einem anderen Sinn versteht als man selbst..."

Oder die Verwirrspiele über Mord und Duell. Sie lesen sich auch heute noch mit Schmunzeln:

„Pater Lamayn erklärt das Duell ... für erlaubt, wenn man es nur in der Absicht angenommen hat, seine Ehre oder sein Vermögen zu verteidigen. Kann man aber seinen Feind heimlich töten, so mag man's tun und lieber nicht zum Duell schreiten. Man vermeidet damit ein Zwiefaches: sein Leben aufs Spiel zu setzen und teilzuhaben an der Sünde, die unser Feind durch ein Duell begehen würde."

Wer lesen konnte, las die Provinzialbriefe, als deren Verfasser sich schließlich Blaise Pascal* zu erkennen gab.

Alle Versuche der Jesuiten, den Erfolg der Provinzialbriefe zu stoppen oder durch Gegenschriften zu blockieren, waren vergeblich. Zum ersten Mal waren die Jesuiten hilflos Angriffen ausgeliefert. „Denn", schrieb Voltaire, „man hatte zwar vorher alles versucht, die Jesuiten verhaßt zu machen, Pascal aber tat mehr, indem er sie lächerlich machte..." Doch die Redensart, daß Lächerlichkeit in

---

* Blaise Pascal (1623 - 1662), Mathematiker, Physiker, Theologe und Philosoph. Erfand die erste Rechenmaschine, begründete die Wahrscheinlichkeitsrechnung. Von großer Frömmigkeit ertrug er auch sein Nervenleiden als von Gott ihm auferlegt. Sein philosophisches Hauptwerk sind die „Pensées sur la Religion".

Frankreich töte, stimmte diesmal nicht. Jedenfalls nicht unmittelbar. Tagespolitisch hatten die „Briefe an einen Provinzial" keine Auswirkungen. Die Jesuiten hatten – in Abwandlung einer anderen Redensart – zwar den Spott, aber keinen Schaden. Kein Beichtvater wurde seines Amtes enthoben, kein Kolleg geschlossen. Die allmächtige Gesellschaft Jesu hatte jedoch Wirkung gezeigt, sie war – stellte sich heraus – verwundbar.

Erst ein knappes Jahrhundert nach dem Wirbel, den die „Briefe an einen Provinzial" in Frankreich ausgelöst hatten, fanden die politischen Gegner des Ordens einen Anlaß, gegen die Jesuiten vorzugehen, nämlich den Prozeß wegen der Finanztransaktionen des Patres LaValette. Sie rollten ihn zum Generalangriff gegen die Gesellschaft Jesu auf.

So begann zwar der Martinique-Prozeß mit der Anklage gegen einen Pater, aber er endete mit der Verurteilung der Gesellschaft Jesu, die dazu dient, „den Glauben zu gefährden, den Kirchenfrieden zu stören und überhaupt mehr niederzureißen als aufzubauen"... Sie „widerspricht dem Naturrecht und ist als Feind der französischen Gesetze unwiderruflich aus Frankreich auszuschließen".

So heißt es im Urteil vom 6. August 1762, dem 98 von 112 Parlamentarier zustimmten. Aber noch fehlte die Unterschrift des Königs, ohne die das Urteil nur ein Stück beschriebenes Papier war. Ludwig XV., ein Urenkel des Sonnenkönigs, weigerte sich, das Dokument zu unterzeichnen. Noch einmal schienen die Jesuiten über Premierminister Choiseul, dem Anführer der Anti-Jesuitenfront, gesiegt zu haben. Clemens XIII. schaltete sich ein. Mit der Bulle „Apostolicum" vom 7. Januar 1765 machte er die Sache des Ordens zu der des Heiligen Vaters und erklärte: „Daß es niemand wage, so tollkühn zu sein, daß er sich meiner jetzigen zustimmenden und bestätigenden Anordnung widersetze, damit er nicht den Zorn Gottes auf sich ziehe."

Kein anderer Orden hat je in einer päpstlichen Bulle so bedingungslose Unterstützung erhalten. Die Gesellschaft

Jesu allerdings bekam sogar noch einmal derart unbegrenztes Lob: Pius VII. spendete es in seiner Bulle zur Wiedereinsetzung des Ordens.

Die Haltung des Heiligen Vaters blieb auf Ludwig XV. nicht ohne Eindruck. Er versuchte, das Verbot des Ordens zu vermeiden, indem er Änderungen in dessen Satzungen vorschlug. Als der französische Gesandte entsprechende Vorschläge unterbreitete, soll Clemens XIII. mit seinem berühmten Satz „Sint ut sunt aut non sint" (Sie seien wie sie sind, oder sie seien nicht) abgelehnt haben.

In der Zwischenzeit war Choiseul nicht untätig gewesen. Er hatte, um die Unterschrift des Königs unter das Parlamentsurteil zu erhalten, den Umweg übers Schlafzimmer gewählt, nachdem der direkte Weg übers Vorzimmer vergeblich gewesen war. Choiseul verbündete sich mit jener Frau, die den König und Frankreich beherrschte: der Marquise de Pompadour.

Jahrelang hatte die einstige, von Haus aus kirchentreue Geliebte des Königs versucht, zu einem Arrangement mit seinen jesuitischen Beichtvätern zu kommen. Vergeblich. Die beiden Patres ließen keine Möglichkeit aus, die Favoritin des Königs zu demütigen. So verlangten sie, daß sie nicht bei Hofe sein durfte, wenn sie dem König die Kommunion erteilten. Die Marquise gehorchte. Sogar die Auflage, sich wieder mit ihrem rechtmäßigen Mann zu versöhnen, erfüllte sie. Selbst dies konnte den Beichtvater de Sacy nicht umstimmen, der Privatkrieg zwischen der Marquise und dem Pater ging weiter. Die Pompadour erfüllte weitere Moralauflagen.

In ihren Memoiren berichtet sie davon: „Er (der Beichtvater) veranlaßte mich, aus Gründen der Schicklichkeit, die in meine Gemächer führende (Geheim-) Treppe umbauen zu lassen, so daß der König von nun an nur mehr durch den Salon zu mir eintreten konnte. Dies und noch weitere Verhaltensmaßregeln, die er mir vorschrieb und die ich genau befolgte, erregten bei Hof und in der ganzen Stadt großes Aufsehen."

Nun können Frauen zwar verzeihen, aber nicht vergessen. Die Pompadour wollte weder verzeihen, noch konnte sie vergessen, was ihr von den Patres angetan worden war. Jetzt endlich hatte sie Gelegenheit zur Revanche. Sie lieferte ein bravoureuses Lehrstück weiblicher Diplomatie. Überlegt wartete sie auf den rechten Zeitpunkt, um den König — nein, nicht um ihn zu becircen —, das wäre ganz falsch gewesen, sondern um ihm recht zu geben! Sie versicherte dem König: „Ich glaube ja gern, daß die Jesuiten ehrliche Leute sind" — natürlich glaubte sie es nicht, aber sie wußte, daß dies die Meinung des Königs war, also fing sie ihn mit diesem Satz erst einmal ein, um ihn desto sicherer mit einem dieser berühmten weiblichen „Aber"-Sätze für ihre Meinung zu gewinnen. „Aber", fuhr sie fort und man sieht so recht ihren treuherzigen Augenaufschlag, „kann denn der König ihnen sein Parlament in einem Augenblick opfern, da er es so nötig braucht?!"

Das saß, da waren Hofschranzen-Information und weibliches Gespür für den richtigen Zeitpunkt perfekt in eine Frage verzuckert worden, die der König nur mit „Nein" beantworten konnte, denn wenn das Parlament ihm keine neuen Steuern bewilligte, wäre er wieder einmal bankrott. Und das wußte die Pompadour besser als der Finanzminister. Ein kluges Köpfchen muß unter der hochgetürmten Puderperücke gesteckt haben, wenn dieser Satz, den die Pompadour in ihren Memoiren anführt, wirklich von ihr stammt.

Wahrscheinlich hat sie ihn jedoch ebensowenig gesagt, wie sie auch nur eine Zeile ihrer Memoiren geschrieben hat oder hat schreiben lassen. Sie sind fast ein Jahrhundert später von Journalisten verfaßt, die das Lesebedürfnis über Frankreichs galante Zeit durch Fließband-Produktionen von „bisher verborgenen Autobiographien" befriedigten. Wenn sie trotzdem hier zitiert sind, dann voller Respekt vor der historischen Genauigkeit dieser frühen „Ghostwriter", denen Historiker sorgfältiges Quellenstudium bescheinigt haben: „Nicht echt, aber immer dicht an der Wahrheit."

Wie immer das Gespräch zwischen ihr und dem König

verlaufen sein mag und welche Hilfsmittel sie benutzte: sie erreichte, was dem Premierminister nicht gelungen war: das Parlamentsurteil wurde durch des Königs Unterschrift rechtskräftig, der Orden wurde verboten, die Pompadour hatte ihre weibliche Rache, und der König bekam durch neue Steuern neues Geld. Es war ein Tropfen auf den heißen Stein: als er 1774 starb, bestand sein politisches Erbe aus 4 000 Millionen Livres Staatsschulden.

Den französischen Patres blieben Kerker und Ärger erspart. Ordensgeneral Ricci entband sie von ihren Gelübden. Sie konnten als weltliche Priester in Frankreich bleiben. Die Gesellschaft Jesu aber existierte nun auch im zweiten katholischen Staat nicht mehr.

Voltaire, Zögling eines Jesuitenkollegs, aus dem er jedoch als „grandis nebulo", als großer Taugenichts, ausgeschlossen worden war, „erwarb" einen dieser heimatlosen Pater als Partner für seine abendliche Schachpartie. Noblesse oblige.

Für diesen brillanten Freigeist war die Aufhebung des Ordens ohnehin nur das Mittel für einen größeren Zweck: „Wenn wir erst einmal die Jesuiten auseinandergejagt haben, ist es ein leichtes, mit dem Papst fertig zu werden". Die Vermutung ist erlaubt, daß er nicht ungern Jesuiten als Gesprächspartner behalten hätte, wenn dies ohne die Existenz eines Papsttums möglich gewesen wäre.

Die Rebellion der Hüte
oder
Das dritte Verbot des Ordens in Spanien

1766 war eines jener Jahre, von denen es in Europas Geschichte nur sehr wenige gibt. Keine Kriege wurden angezettelt, doch viel gebaut — fast alles im reinsten Barock. Nicht einmal als Geburtsjahr eines großen Mannes steht das Jahr 1766 in den Schulbüchern. Typisch für diese ruhigen 12 Monate: der berühmteste Tote in Deutschland war

Johann Maria Farina, der Erfinder des „Eau de Cologne".

Auch in Spanien hatte König Carlos III. keine anderen Sorgen, als durch einen Erlaß des Tragen breitkrempiger Hüte zu verbieten. Tatsächlich, um solche Nebensächlichkeiten kümmerte sich dieser König aus dem Hause Bourbon.

„Aus dem Hause Bourbon" ist nicht eine gefällige Floskel, sondern es hatte Folgen, daß Carlos III. zur Bourbonen-Familie gehörte. Denn damit war er sowohl mit Frankreichs Ludwig XV. verwandt, wie auch mit den Herrscherhäusern von Neapel, Sizilien und Parma. Nicht nur Familienbande verknüpften diese Häuser, sondern ein regelrechter Vertrag verpflichtete alle, „wichtige Schritte" miteinander abzustimmen. Für den französischen Teil der Bourbonen-Familie war das Verbot der Gesellschaft Jesu ein solcher „wichtiger Schritt", und Ludwig XV. forderte seine Verwandten auf, in ihren Ländern das Gleiche zu tun. Doch Carlos III. war nicht bereit, dieser Aufforderung zu folgen, obgleich es auch in seiner Umgebung nicht an Stimmen gegen den Einfluß des Ordens auf die spanische Staatspolitik fehlte. Aber Carlos III. hielt einen Erlaß über die Breite der Sombrero-Krempen für wichtiger als eine Beteiligung an der Hexenjagd gegen die Jesuiten.

Die Madrider jedoch fanden, ein König habe zwar die Pflicht, zum Wohl des Staates auf der Hut zu sein, aber es läge außerhalb seiner Obliegenheiten, sich um die Hüte seiner Untertanen zu kümmern. Sie zogen protestierend vor den Palacio Real, der verängstigte König floh, seine wallonische Garde feuerte Warnschüsse über die Menge — ein Aufstand, eine „Rebellion der Hüte" schien unvermeidlich. Da gelingt es beherzten Patres, die Menge zu beruhigen und nach Hause zu schicken, nachdem der König eilig die „Kleiderordnung" wieder aufgehoben hatte.

Eine schöne, eine farbige Geschichte. Vielleicht ein wenig zu schön und zu farbig, aber so wird sie in den meisten Geschichtswerken erzählt, gelegentlich von idealistischen Fanfarenklängen begleitet: „... und die Spanier hielten an dieser Mode mit dem heiligen Trotz und der heroischen Entschlossenheit eines im tiefsten gekränkten, entrechteten Volkes fest." So wörtlich bei Fülöp-Miller.

Die Hut-Geschichte ließ mir keine Ruhe. Ich wollte wissen, ob denn wirklich nur ein unsinniger Hut-Erlaß zum Aufstand gegen die Hüter der Ordnung geführt hatte. Im Spanischen Historischen Archiv fand ich die Antwort: Der Hut-Erlaß war tatsächlich der Anlaß, die Ursache aber waren — und nun wird der Volkszorn verständlich — zu hohe Steuern! Die aufgebrachten Madrilenen beruhigten sich erst, als der König ihnen ihre Hüte beließ und gleichzeitig den Finanzminister zwang, seinen Hut zu nehmen.

Die Jesuiten aber, die sich durch ihr mutiges Eingreifen um den König verdient gemacht hatten, ernteten Mißtrauen statt Dank. Carlos III. fand, daß es den Patres auffallend rasch gelungen sei, die Massen zu beruhigen. Er witterte eine Intrige, glaubte, sie hätten den Aufstand selbst angezettelt um zu zeigen, daß nur sie in der Lage seien, mit dem Volk fertig zu werden. Was daran stimmen mag, wir werden es nie erfahren.

Für die Jesuitengegner bei Hofe aber war damit der Weg zu des Königs Ohr frei. Es fiel ihnen allerdings nichts Originelles als Anklage ein, auch sie behaupteten wieder einmal, die Jesuiten planten ein Attentat auf den König. Da sie aber keine Beweise dafür zu nennen wußten, verpuffte dies Gerücht ohne Wirkung. Erst mit einer zweiten Behauptung hatten sie bei dem ehrpingeligen König mehr Erfolg. Die Jesuiten, flüsterten sie, sammelten — oder besaßen bereits — Beweise, daß Carlos III. nicht ehelich geboren sei. Damit hatten sie des Königs Lindblattstelle getroffen. Er stimmte zu, daß ein Spezialstab streng geheim den Plan für die Vertreibung der Gesellschaft Jesu ausarbeiten sollte. Die erste Sitzung dieses Ausschusses war Januar 1767.

Am 27. Februar unterschrieb der König das Auflösungs-Dekret. Von diesem Tag an tickte auch in Spanien die Uhr gegen die Jesuiten. Bei den Vorbereitungen nahm sich der Planungsstab jene Taktik zum Vorbild, die Philipp der

Schöne 1312 bei der Auflösung des Tempelherren-Ordens angewandt hatte. So wie damals, erhielten im Laufe des März alle Gouverneure und Militärbefehlshaber einen versiegelten Umschlag, der „bei Todesstrafe... nicht vor Sonnenuntergang am 2. April geöffnet werden" durfte.

Der Inhalt dieser Geheimen Kommandosache: zwei Briefe, der eine mit dem Befehl, in der Nacht vom 2. zum 3. April die Häuser und Kollegien der Jesuiten zu umzingeln, die Patres zu verhaften und unverzüglich auf bereitliegende Schiffe zu bringen. Der Schlußsatz dieses Befehls könnte genauso gut mit Schreibmaschine getippt sein, so „modern" ist er, leider: „Sollte sich in Ihrem Bereich nach der Verschiffung noch ein einziger Jesuit befinden − ob krank oder sterbend − so werden Sie mit dem Tode bestraft werden."

Der zweite Brief war eine Abschrift des königlichen Dekrets, wonach „alle Angehörigen der Gesellschaft Jesu meine Staaten zu verlassen haben, und daß ihre Güter eingezogen werden". Der König befahl dies „kraft meiner höchsten Gewalt, die der Allmächtige in meine Hände gelegt hat" und erklärte auch gleich, daß es „nicht Sache der Untertanen ist, die Entschlüsse des Herrschers zu beurteilen und deuten zu wollen". Der i-Punkt bei diesem Beispiel absolutistischen Denkens und Herrschens war der erste Satz dieses Dokuments. In ihm nannte der König die Gründe für seinen Entschluß oder richtiger, er nannte sie nicht, sondern erklärte: „Bewogen durch gerechte Gründe, welche ich in meiner königlichen Brust für immer verschließe..." Das ist in seiner Selbstherrlichkeit fast schon wieder genial! Jeder kann jetzt grübeln, welche Gründe dies gewesen sein könnten, der König − falls er wirklich welche gehabt haben sollte − hatte sie in seinem royalistischen Busen verschlossen.

Von allen Unternehmen gegen die Jesuiten in den europäischen Staaten war der Zugriff auf die spanische Jesuitenhäuser am perfektesten geplant. Wie wohl vorbereitet diese „konzertierte Aktion" war, zeigte sich unter anderem daran, daß am gleichen Tag, da die Patres auf ihre Schiffe gebracht wurden, der spanische Gesandte beim Heiligen Stuhl Clemens XIII. ein Schreiben seines Königs überreichte, durch das er den Papst über die vollzogene Tatsache informierte. Aus jedem Satz dieses Briefes spricht das Selbstgefühl, das den Herrscherhäusern in diesen Jahrzehnten zugewachsen war:

„Eure Heiligkeit wissen so gut wie jeder andere, daß die erste Pflicht eines souveränen Herrschers darin besteht, über die Ruhe seiner Staaten und den Frieden seiner Untertanen zu wachen. In der Erfüllung dieser Aufgabe habe ich mich genötigt gesehen, alle Jesuiten, die sich in meinen Reichen befanden, zu vertreiben und sie in den Kirchenstaat unter die unmittelbare, weise Leitung Eurer Heiligkeit überführen zu lassen... Ich bitte Eure Heiligkeit, diese meine Entschließung als unvermeidlich und nach reiflicher Überlegung mit aller Bedachtsamkeit gefaßt ansehen zu wollen..."

So schreibt ein Gleichgestellter an seinesgleichen. Der Respekt vor dem Papst war zur Höflichkeitsfloskel geworden. Die Antwort aus Rom war denn auch lendenlahm. Mit keinem Wort protestiert der Papst gegen das Abschieben der Patres in den Kirchenstaat, sondern jammert: „Von allen Schlägen, die ich in den neun unglücklichen Jahren meines Pontifikats erhalten habe, ist der schlimmste jener, von dem mich Eure Majestät in Ihrem Brief unterrichtet."

Der Papst drohte Carlos III. zwar die ewige Verdammnis an, aber das war angesichts der Situation auch das einzige, was ihm noch zu tun übrig blieb. Carlos III. dürfte dies wenig berührt haben, denn zu den detaillierten Vorbereitungen seines Jesuiten-Verbots hatte auch eine Befragung aller sechzig spanischen Bischöfe gehört. Deren Haltung stärkte ihm den Rücken: 46 von ihnen waren für das Verbot.

Die Patres wurden in den Kielräumen spanischer Kriegsschiffe zusammengepfercht, die Kurs auf Civitavecchia nahmen. Die Gesellschaft Jesu hatte auch in dem Geburtsland ihres Gründers Ignatius von Loyola zu existieren aufgehört. Doch das Kapitel des dritten Verbots des Ordens ist damit nicht abgeschlossen. Im Gegenteil: jetzt beginnt der aufregende, weil unplanmäßige Teil. Über das, was nun geschah, laufen die historischen Darstellungen so weit auseinander, als schilderten sie verschiedene Ereignisse.

Es beginnt bereits bei den Angaben über die Zahl der deportierten Jesuiten. Von sechstausend Patres aus Spanien und den Kolonien ist bei Fülöp-Miller die Rede, bei Heinrich Boehmer werden allein in Spanien „etwa 6 000 Jesuiten verhaftet". Andere Historiker vermeiden jede Zahlenangabe und sprechen nur von „die gefangenen Jesuiten". Während es bei Pater Hubert Becher heißt: „Im ganzen sollen etwa 600 Jesuiten auf der Überfahrt ihren Tod gefunden haben." David Mitchell hingegen schreibt 1980 in seiner Geschichte der Gesellschaft Jesu, daß überhaupt nur „about six hundred Jesuits" an Bord jener Schiffe waren, die im Mai 1767 vor dem Hafen des Kirchenstaates auftauchten.

Offenbar steckt Prinzip hinter diesem Spiel mit Nullen. Denn es war und ist einfach, die Zahl der deportierten Patres zu ermitteln: in den Archiven der spanischen Admiralität ist vermerkt, wieviele Flotteneinheiten an dem Unternehmen „Jesuiten raus" beteiligt waren, nämlich insgesamt 22 Schiffe verschiedener Größe, die damals nicht nach Gewicht, sondern nach der Zahl der Kanonen bestimmt wurden. Diese Schiffe hatten 20 bis 30 Mann Besatzung und konnten, wenn sie zum Sklaventransport eingesetzt wurden, bis zu 200 Negersklaven aufnehmen. Seien wir christlich, lassen wir nur einhundert Patres an jedes der 22 Schiffe gehen. Dann waren es immerhin 2 200 Ordensbrüder.

Diese Zahl macht erst richtig klar, was sich an Ungeheuerlichem im Mai 1767 vor der Hafeneinfahrt von Civitavecchia ereignet: der Heilige Vater verweigert den spanischen Jesuiten die Landung auf seinem Territorium! Durch Kanonenschüsse läßt er die Flottille vertreiben, die abdreht und Kurs auf Korsika nehmen muß. Dort kann sie ebenfalls nicht landen, weil gerade mal wieder Krieg ist, so daß einige Patres erst nach fünf Monaten wieder festen Boden unter ihre Füße bekommen.

Was war geschehen, daß Clemens XIII., der sich eben noch so eindeutig für den Orden eingesetzt hatte, seinen treuesten Söhnen politisches Asyl verweigerte? Warum wurde der Ordensgeneral nicht unverzüglich beim Heiligen Vater vorstellig? So unfaßbar es klingt: General Lorenco Ricci war beim Papst und hat ihn in seinem Entschluß bestärkt, die Landung – nicht zu genehmigen! So groß war inzwischen die Angst geworden, die die Kurie vor dem erstarkten Selbstverständnis der Nationalstaaten hatte.

Die Kanonenschüsse von Civitavecchia zerrissen endgültig das Gespinst von der päpstlichen Allmacht. Der Papst war zu dem geworden, was in unserem Jahrhundert treffend „Papiertiger" genannt wird: ein verschreckter alter Mann, der sich nicht einmal mehr in seinem eigenen Staate gegen Aufsässigkeit zu schützen vermochte. Untätig sah er zu, wie vor seinen Augen Hetzschriften gegen ihn verteilt wurden; und in Rom hatten Schauspieltruppen mit Parodien auf die Heilige Messe mehr Zulauf als die Priester in den Kirchen.

Romtreue Historiker haben in falsch verstandener Nibelungentreue nach Entschuldigungen für dieses päpstliche Landeverbot gesucht. Eine dieser Erklärungen lautete, der Pontifex habe die Patres abweisen müssen, weil es im Kirchenstaat an Platz für soviele Flüchtlinge gefehlt habe. Der Historiker Christopher Hollis führt noch ein zweites Argument für das päpstliche Fehlverhalten an: „Der Papst war von ihrem Eintreffen nicht unterrichtet worden, und Civitavecchia mit Flüchtlingen überfüllt."

Ein hübscher Satz, der nur den Nachteil hat, daß er nicht stimmt, wie aus dem Briefwechsel zwischen Carlos III. und dem Papst hervorgeht. Außerdem zeigt er, daß Hollis Engländer ist. Kontinentaleuropäer haben ihre Erfahrungen mit Flüchtlingsströmen und wissen, daß diese nicht an einem Platz bleiben, sondern sich erstaunlich rasch über mehrere Orte verteilen. Das wäre ohne weiteres in diesem Kirchenstaat möglich gewesen, zu dem ganz Mittelitalien vom Po bis Terracina gehörte. 748 Quadratmeilen war er groß, und da eine Meile 7,5 Kilometer sind, ergibt das über 42 000 Quadratkilometer. Auf einem solchen Gebiet, größer und fruchtbarer als die Schweiz, sollte es nicht möglich gewesen sein, zwei- von mir aus auch sechstausend genügsame Patres unterzubringen? Schwierig, in unserem Flüchtlingsjahrhundert jemanden davon zu überzeugen!

Jesuiten-Pater Hubert Becher, schien dieses Argument offenbar ebenfalls zu fadenscheinig, er „entdeckte" ein anderes Motiv für die Entscheidung des Papstes: „Clemens XIII. war aufs äußerste empört. Er wandte sich mit bitteren Klagen an den König, der auf seiner Maßnahme beharrte. Um seiner Verwahrung Nachdruck zu geben, verbot der Papst, die spanischen Schiffe im Kirchenstaat landen zu lassen." Das verstehe, wer kann.

Alle Beschönigungsversuche helfen nichts. Die Kanonade von Civitavecchia war zugleich Begrüßungssalut an das erwachende Nationalgefühl und Abschiedssalut für die Vorherrschaft der Kirche und ihres mächtigsten Ordens. Als in den folgenden Jahren Neapel, Sizilien, Parma und Malta die Jesuiten aus ihren Territorien auswiesen, mußte der 74jährige Clemens auch dies akzeptieren. Doch die Bourbonen wollten mehr, sie wollten die bedingungslose Kapitulation, oder um es mit den Worten zu sagen, die in einem Schreiben standen, das der französische Gesandte im Namen aller bourbonischen Könige im September 1768 der Kurie überreichte, sie wollten „die völlige und gänzliche Aufhebung der Gesellschaft Jesu".

Clemens XIII. berief zum 3. Februar 1769 eine Kardinalskongregation ein. Wichtigster Punkt ihrer Tagesordnung war die Antwort auf die Frage: soll die Kurie diesem Verlangen der Könige nachgeben oder nicht? In der Nacht vom 1. zum 2. Februar starb Clemens XIII. unerwartet an Herzversagen. Statt in einer Kongregation zu beraten, wählten die Kardinäle im Konklave den neuen Papst. Erst nach drei

Monaten hatte man sich auf Kardinal Lorenzo Ganganelli, einem Franziskaner, geeinigt. Als Papst hieß er Clemens XIV. Es ist mehr Böses als Gutes über ihn geschrieben worden. Zu Unrecht, wie mir scheint. Er hat in schwieriger Zeit den geringen Handlungsspielraum, der ihm blieb, genutzt. Nach außen erwies er sich als geschickt taktierender Diplomat, ohne die Sorge um das innere Gefüge der Kirche zu vernachlässigen. Er versuchte sich in sinnvollen Wirtschafts- und Finanzreformen, und auch im eigenen Haus, im Vatikan, ordnete er eine längst fällige Maßnahme an: die Kastration der päpstlichen Sängerknaben wurde abgeschafft*. Dem Drängen der Herrscher gegenüber, die die Gesellschaft Jesu nun endlich aufgelöst wissen wollten, operierte er geschickt: er spielte auf Zeitgewinn.

Er schmeichelte Carlos III., der am energischsten auf die Auflösung des Ordens drängte: „Wir haben alle Dokumente gesammelt, die erforderlich sind, um das abgesprochene motu proprio zu schreiben, es soll vor der ganzen Welt beweisen, wie weise es von Eurer Majestät war, die Jesuiten als störrische und unruhige Untertanen zu vertreiben." Und dem französischen König versprach er „einen Plan der gänzlichen Aufhebung dieser Gesellschaft vorzulegen". Gleichzeitig aber – und das war in seiner Situation ein durchaus erlaubter diplomatischer Schachzug – berief er sich darauf, daß er für die Aufhebung eines Ordens die Zustimmung aller katholischen Mächte brauche, Österreich aber hielt zu den Jesuiten!

Donna è mobile
oder
Das vierte Verbot des Ordens in Österreich

Maria Theresia war nicht bereit, den Orden zu verbieten. Die treue Schülerin der Jesuiten hatte im Oktober 1768

---

* Bis 1770 waren etwa 4 000 Knaben kastriert worden.

ihrem Beichtvater Koffler versichert: „Mein lieber Pater, sei Er nur ohne alle Sorgen; solange ich lebe, habt Ihr Euch nichts zu fürchten." Doch ein Jahr später soll ihr Sohn, Joseph II., inkognito in Rom gewesen sein, um die Kardinäle zu informieren, daß weder seine Mutter noch er etwas gegen die Aufhebung des Jesuiten-Ordens einzuwenden hätten. Gerüchte.

Maria Theresia änderte ihre Meinung erst, als die Könige von Spanien und Frankreich sich nicht an die Kaiserin, sondern an die Mutter von 16 Kindern wandten. Genauer: an die Mutter von heiratsfähigen Töchtern. Sie alle gut an europäischen Höfen zu verheiraten, gehörte zum Familiensinn wie zur Politik dieser resoluten Mutter und Kaiserin. Gerade in dieser Zeit sollten zwei ihrer Töchter unter königliche Hauben kommen: Marie Antoinette mit dem späteren Ludwig XVI. und Karoline mit König Ferdinand von Neapel. Diese Arragements, ließ man Maria Theresia wissen, könnten durch ihre starre Haltung in der Jesuitenfrage gefährdet sein. Das Argument überzeugte. Maria Theresia gab ihren Widerstand gegen die Forderungen der Bourbonen auf und stimmte einer völligen Aufhebung des Jesuiten-Ordens zu. Vorher sorgte sie noch schnell dafür, daß sie über den beschlagnahmten Besitz des Ordens nach eigenem Gutdünken verfügen konnte.

Dem spanischen König aber schrieb sie am 4. April 1773: „Ich hoffe, daß Eure Majestät zufrieden sein werden, da Ihnen nun nichts mehr zu wünschen übrig bleibt. In diesem zuversichtlichen Vertrauen bitte ich Sie um die Forsetzung Ihrer Freundschaft, insbesondere für unsere geliebten Kinder in Neapel und Toscana und zu seiner Zeit für jene in Parma."

Die ganze Maria Theresia spricht aus diesen Zeilen! Vor allem aus den letzten vier Worten, wegen der das ganze Schreiben überhaupt nur aufgesetzt worden ist. „Für jene in Parma" war ein deutlicher Wink mit dem mütterlichen Zaunpfahl: in diesem Herzogtum arbeitete Maria Theresias Gesandter an einer weiteren ehelichen Verbindung aus der kaiserlichen Töchterschar...

Das jesuitische Opferlamm
oder
Die Aufhebung des Ordens

Immerhin: vier Jahre konnte Clemens XIV. mit seiner Hinhaltetaktik und kleinen Konzessionen – 1772 ließ er das Römische Seminar des Ordens schließen – die Aufhebung der Gesellschaft Jesu hinausschieben. Aber war damit mehr gewonnen als Zeit? Nein. Die Regierenden – allen voran der spanische König – blieben bei ihrer Verbotsforderung, und Carlos III. war es dann auch, der dem Papst ein Ultimatum stellte: entweder wird die Gesellschaft Jesu aufgehoben, oder Spanien erhält eine romunabhängige Staatskirche nach englischem Vorbild.

Zu Zeiten eines intakten Papsttums wäre dies als eine leere Drohung abgetan worden. Clemens XIV. jedoch nahm das Ultimatum ernst. Vielleicht war er wirklich jener menschenscheue Schwächling, wie ihn der französische Premierminister Choiseul schildert, vielleicht hatte er tatsächlich panische Angst entweder von politischen oder jesuitischen Agenten vergiftet zu werden, vielleicht stimmt auch die Behauptung, der spanische Botschafter habe ihn mit der Drohung erpreßt, er werde Clemens' Brief mit der Zusage, den Orden aufzuheben, veröffentlichen. Mutmaßungen, Spekulationen...

Halten wir uns an Tatsachen: Am 21. Juli 1773 unterzeichnete Clemens XIV. das Auflösungs-Breve „Dominus ac Redemptor noster". Es wurde nicht, wie eigentlich üblich, an den Kirchentüren angeschlagen, sondern die Bischöfe verkündeten es am 16. August in ihren Bezirken den Jesuiten.

Der mächtigste Orden der Kirche, der wie kein anderer dem Papst ergeben war, existierte nicht mehr. Das Schriftstück, durch das er aufgehoben wurde, zitierte in den Einleitungssätzen „Jesus Christus, den Friedensfürsten". Das waren ganz andere Töne, als jene, die vor 233 Jahren in der Bestätigungsbulle angeschlagen worden waren. Damals

Einst wie jetzt gilt die Jesuiten-Devise: Unsere Kanzel steht dort, wo wir Zuhörer finden. Oben: Pater Leppich bei einer seiner Straßenpredigten, zu denen immer tausende von Zuhörern kamen. Links unten: Prof. Karl Rahner SJ, der brillanteste Denker des Ordens, Moralphilosoph ohne Scheuklappen. Rechts unten: Pater Oswald von Nell-Breuning, Nestor der katholischen Soziallehre. Mitbegründer der betrieblichen Mitbestimmung.

Der Heilige Vater und sein gehorsamer Sohn: Letzte Begegnung zwischen Papst Johannes Paul II. und dem vom Tod gezeichneten Ordensgeneral Pedro Arrupe 1981.

Der 29. Generalobere des Ordens: Der Holländer Peter Hans Kolvenbach, mit viel Nahost-Erfahrung, hat seit 1983 dieses Amt. Seine „Bitte" an den Orden für die Zukunft: Aktion und Kontemplation zu verbinden.

war die ecclesia militans, die wehrhafte Kirche, zitiert worden, zu deren Unterstützung der Orden dienen sollte. So spiegelt sich in den wenigen Wortbegriffen die Wandlung, die die Kirche in den beiden Jahrhunderten durchgemacht hatte.

Die Hauptvorwürfe, die im langen Aufhebungsbreve erhoben wurden, verrieten die spanische Urheberschaft: Mißwirtschaft in Paraguay, Missionsvergehen, Ungehorsam gegen die Kirche. Die Schlußsätze ließen keine Zweifel: diese Kirche und dieser Orden passen nicht mehr zusammen:

„... des weiteren erscheint es kaum oder gar nicht möglich, einen wirklichen und dauerhaften Frieden innerhalb der Kirche wieder herzustellen, solange dieser Orden besteht. Geleitet von diesen gewichtigen Erwägungen und genötigt von anderen Gründen, die Uns die Klugheit und die weise Verwaltung der gesamten Kirche nahelegen... heben wir nach reiflicher Überlegung aus sicherer Kenntnis und aus der Fülle der apostolischen Macht genannte Gesellschaft auf, unterdrücken sie, löschen sie aus und schaffen sie ab für alle Ewigkeit... Wir erklären für nichtig alle ihre Ämter, Funktionen und Verwaltungen, Häuser... Kollegien, Hospize und allen anderen Besitz, in welcher Provinz, welchem Königreich oder Staat er sich immer befinden möge..."

Eine Vollstreckungskongregation mit prominenter Besetzung — fünf Kardinäle, zwei Prälaten und zwei Theologen — überwachte die genaue Durchführung dieser Anordnungen. Alle Akten, Briefe und Rechnungslisten der Gesellschaft Jesu wurden beschlagnahmt. Sie brachten keine neuen Erkenntnisse. Was niemanden verwunderte, schließlich war das Verbot nicht unerwartet gekommen. Gemäßigt, wie der Text des Breves, waren auch die Maßnahmen gegen die Jesuiten. Die meisten wurden Weltgeistliche, sechzig brachten es bis zur Bischofswürde. Einzige Entgleisung: der siebzigjährige Ordensgeneral und dessen Assistenten wurden in der Engelsburg in Einzelhaft festgesetzt. Dort wurden sie monatelang von Inquisitionsrichtern vernommen.

Nach zwei Jahren erlöste der Tod General Ricci von beschämender Gefangenschaft und unwürdigen Verhören. Kurz vorher hatte er in einer Erklärung zwei Punkte beteuert:

„Erstens erkläre und beteuere ich, daß die aufgelöste Gesellschaft Jesu keinen Grund und Anlaß zu ihrer Aufhebung geboten hat...

Zweitens erkläre und beteuere ich, daß ich nicht den allergeringsten Grund und Anlaß zu meiner Gefangenhaltung gegeben habe... Ich leiste diese zweite Beteuerung lediglich, weil sie für den Ruf der aufgelösten Gesellschaft Jesu... nötig sein könnte."

Schöne Worte. Selbstverständlichkeiten. Vergeblich sucht man nach einem Satz, der den Verfolgungen der letzten Jahre einen Sinn hätte geben können. Zum Beispiel den: die Zerschlagung der Gesellschaft Jesu war der Preis, den das Papsttum zahlen mußte, um die Zersplitterung zu verhindern. Ein hoher Preis. Der Jesuiten-Orden hat ihn bezahlt. Auch in seinem Ende war er, was er von Anfang an sein wollte: die stärkste Stütze des Heiligen Vaters.

Und noch eines machte das Verbot vielen klar: es war ein Qualitätsbeweis. Die Gesellschaft Jesu konnte man nur abschaffen, aber nicht manipulieren.

Gift für den Papst?
oder
Das Ende einer Legende

Die Auflösung einer mächtigen, weltumspannenden Organisation zieht zwangsläufig einen Schweif von Gerüchten nach sich. Was allgemein gilt, trifft bei den Jesuiten doppelt und dreifach zu. Ihnen hatte man schon immer alles – und auch heute noch einiges – zugetraut. Unter uns: soviele Jesuiten, wie unter Falltüren, hinter Vorhängen und beim

Giftmischen ertappt worden sein sollen, hat es nie gegeben.

Als es den allmächtigen Orden nicht mehr gab, war das für Freunde wie Feinde so verblüffend, obgleich doch seit Jahren befürchtet oder gewünscht, daß eine Flut von Gerüchten ihn wenigstens in Erzählungen weiter existieren ließ. Absurde Situation: *weil* es ihn nicht mehr gab, wurde umso mehr von ihm gesprochen, als sollte damit bestätigt werden, daß er wirklich nicht mehr existierte. Was wurde erzählt? Vorzugsweise Böses.

Zum Beispiel: Als Papst Clemens ein Jahr, nachdem er das Aufhebungsbreve unterschrieben hatte, starb, noch dazu genau an dem Tag, an dem der Ordensgeneral in die Engelsburg eingeliefert worden war, nämlich am 22. September, da war für die Freunde des Ordens klar, daß dies ein Strafgericht Gottes sei, während die Gegner sogar die Zusammensetzung des Gifts zu nennen wußten, mit dem Jesuiten den Papst ganz allmählich ermordet hätten. Durch den Sezierbefund des päpstlichen Leibarztes wurde erneut Wasser auf die Gerüchtemühlen gegossen: Von „inneren Ursachen einer fatalen Krankheit" ist darin die Rede. Wie diplomatisch anders hätte auch in einer Zeit, in der es den Begriff des Tumors in der Medizin noch nicht gab, ein Mediziner ausdrücken können, daß es sich um Wucherungen im Gehirn gehandelt hat? Selbst nachdem Pius VI. und Pius VII. bestätigten, das Clemens XIV. in den letzten Monaten vor seinem Tod geistig umnachtet war, verstummten die Gerüchte nicht.

Alte Geschichten wurden wieder ausgekramt, durch die „bewiesen" wurde, daß dies ja nicht das erste Mal war, daß Päpste, die den Jesuiten unbequem waren, zur rechten Zeit und unvermittelt starben.

Wie war es denn zum Beispiel bei Sixtus V., als er den Namen „Gesellschaft Jesu" ändern wollte? Hatten die Jesuiten nicht auch ihn totgebetet?

Und Clemens VIII.? Mußte er nicht just zu jenem Zeitpunkt sterben, als er sich in einem theologischen Streit zwischen Dominikanern und Jesuiten gegen diese entscheiden wollte? In Wahrheit war es umgekehrt. Der Streit zog sich über sechs Jahre hin, und Clemens VIII. hatte nicht gewagt, zwei Urteile gegen die Jesuiten zu veröffentlichen. Richtig ist allerdings, daß der clevere General Aquaviva den Versuch dieses Papstes, Einfluß auf die Organisation des Ordens zu nehmen, abblockte, indem er nachwies, daß der als Visitator vorgesehene Bischof leiblicher Vater von dreier Kinder war.

Starben nicht vor wenigen Jahren Benedikt XIV. wie auch der von ihm bestimmte Visitator kurz hintereinander, als sie die sehr weltlichen Geschäftspraktiken des Ordens aufgedeckt hatten? Und was der Gerüchte mehr waren. Man kennt das ja, auf kaum einem Gebiet ist der menschliche Geist so ausdauernd kreativ wie beim Ausspinnen von Gerüchten, wenn er erst einmal ein geeignetes Thema gefunden hat.

Und im Gegensatz zu Lügen haben Gerüchte keine kurzen, sondern unverwüstliche Beine, wie das folgende Zitat aus dem 1951 erschienenen Buch „Die Jesuiten" von Hubert Becher SJ beweist. Im Zusammenhang mit dem Verbot des Ordens durch Clemens XIV. heißt es da: „Trotz der starken Abschließung, in der er lebte, hörte man, daß er (Clemens) oft ausgerufen habe: ‚Gnade, Gnade. Compulsus feci. Ich habe es unter Zwang getan'". Der Wechsel vom Indikativ „hörte man" in den Konjuktiv „ausgerufen habe" ist ein stilistisches Glanz- und Bubenstück der Vortäuschung eines Tatbestandes.

In Gerüchten lebte dieser Orden weiter, der groß war in allem. Auch in seinen Fehlern. Nur in den Gerüchten? Sollten die Patres, berühmt und gefürchtet wegen ihrer Anpassungsfähigkeit, sollten diese Meister der Maske, nicht fähig gewesen sein, unterzutauchen und ihren Orden heimlich weiter bestehen lassen?

Sie waren dazu fähig. Aber nicht dadurch überlebte der Orden, sondern weil zwei Monarchen, von denen man es am wenigsten erwartet hatte, in ihren Ländern seine Auflösung nicht zur Kenntnis nahmen: Der Freigeist König

Friedrich II. (der Große) von Preußen und die absolutistische Zarin Katharina II. (die Große) von Rußland.

Zuflucht und Tarnung
oder
Jesuiten in Preußen und Rußland

Keine vier Wochen nach Verkündigung des Aufhebungsbreves erhielt der preußische Geschäftsträger beim Heiligen Stuhl von seinem König folgende schriftliche Anweisung:

„... Sie werden es jedem, der es hören will, doch ohne Ostentation und Affection, sagen und werden auch die Gelegenheit wahrnehmen, es dem Papste oder seinem ersten Minister zu berichten, daß in der Jesuitenangelegenheit mein Entschluß gefaßt ist, sie in meinem Staate, wie sie bisher waren, zu behalten. Ich habe im Traktat zu Breslau die katholische Religion in statu quo garantiert, und ich habe im Vergleich mit ihnen niemals bessere Lehrer gefunden. Sie werden auch noch hinzufügen, daß, nachdem ich einmal zu der Klasse der Ketzer gehöre, der Heilige Vater mich nicht dispensieren kann, mein Wort zu halten, noch von der Pflicht eines anständigen Mannes und eines Königs..."

Die Haltung des preußischen Königs machte in ganz Europa „Furore", wie man damals zu sagen pflegte. Wieder einmal hatte der Philosoph von Sanssouci Gegner und Bewunderer verblüfft. D'Alembert, einer der „Päpste" der Aufklärung schrieb an Preußens Friedrich: „Es mag sonderbar sein, Sire, daß, während Ihre allerchristlichsten, allerkatholischsten, allerapostolischsten und allergetreuesten Majestäten die Grenadiere des apostolischen Stuhles vernichten, Eure allerketzerischste Majestät die einzige ist, welche dieselben aufrecht hält."

So sonderbar war dies nun doch nicht. Der König von Preußen war viel zu sehr Realpolitiker, als daß er sich Extravaganzen wie die Erhaltung der Gesellschaft Jesu in seinem Lande nur deshalb geleistet hätte, weil „niemals bessere Lehrer" zu finden gewesen wären als die Patres. Mais non! Dahinter steckte überlegte Innenpolitik. Der König wollte das erst kürzlich eroberte katholische Schlesien möglichst rasch in seinen Staat integrieren, also sorgte er dafür, daß die Schlesier ihre Konfession behalten und ein jeder „nach seiner Façon selig werden konnte".*

Aber auch Geld, das immer knapp in Preußen war, spielte bei des Königs Entschluß eine wichtige Rolle: hätte er das Verbot des Ordens für sein Land übernommen, so wären die unentgeltlich lehrenden Patres durch weltliche Lehrkräfte zu ersetzen gewesen, die aus der Staatskasse hätten finanziert werden müssen.

Beide Überlegungen basierten allerdings auf einer Voraussetzung: auf der pädagogischen Qualität der Jesuiten-Pater. Friedrich wußte diese zu schätzen und hat seinen Respekt durch die verschiedensten Vergleiche ausgedrückt. Immer mit einer Prise Ironie gewürzt. So schrieb er:

„Da ich schon so verschiedene Tiere in meinem Reich habe, finde ich ein Vergnügen daran, auch einige Füchse dieser Art zu besitzen. – Man unterhält im Zirkus für die Tierkämpfe Tiger und Löwen, warum sollte man nicht auch Jesuiten dulden?"

Ein andermal teilte er nicht ohne Stolz Voltaire mit:

„Der gute Minorit** im Vatikan läßt mir meine lieben Jesuiten, die man überall verfolgt. Ich werde dieses kostbare Samenkorn bewahren, um einst denjenigen davon mitteilen zu können, welche Lust haben, diese seltene Pflanze zu kultivieren."

Ganz ohne Einspruch hat der Papst Preußens Friedrich seine „lieben Jesuiten" doch nicht gelassen. Ab 1775 durf-

---

* Der König gebrauchte diese Formulierung 1740, als er sich für den Fortbestand römisch-katholischer Schulen in Berlin aussprach. In seiner Schreibweise heißt es wörtlich: „Die Religionen Müsen alle Tolleriret werden... den hier mus ein jeder nach seiner Fasson Selich werden."

** Minorit = geringer Bruder, Bezeichnung für Franziskanermönche. In diesem Fall ist der Papst gemeint.

ten sich auch in Preußen Jesuiten nicht mehr in der Gesellschaft Jesu zusammenschließen. Diese Auflage aus Rom lief praktisch nur auf eine Namensänderung hinaus: die Patres nannten sich von nun an „Priester des Königlichen Schulinstituts" und schlossen sich zu einer neuen Gemeinschaft, aber nach der Regel des Ignatius, zusammen. So unbürokratisch konnte es in Preußen zugehen.

Als Napoleons Armeen vor Moskau standen, war der Kaiser überrascht, selbst in entlegenen Orten die ihm so verhaßten Jesuiten als Lehrer anzutreffen.

Erklärlich, denn auch Katharina II., temperamentvoll als Frau und Zarin, hat für ihr Reich das Verbot der Gesellschaft Jesu nie zur Kenntnis genommen. Und dies, obgleich sie von vielen Seiten unter Druck gesetzt wurde. Sie ignorierte diplomatische Angriffe der Bourbonen, sie schlug verlockende Handelsverträge als Äquivalent aus, und auch die Bitte des Vizeprovinzials der Jesuiten, „um der Ruhe seines Gewissens willen", das Aufhebungsbreve auch in ihrem Reich anzuerkennen, nahm sie nicht zur Kenntnis. Katharina fand, dieser Pater habe „zu viele Skrupel und zu wenig Nerven" und beließ den Orden in allen seinen Rechten.

Die Jesuiten eröffneten ein eigenes russisches Noviziat, erklärten sich als selbständigen Orden für Weißrußland, wählten 1782 sogar einen „lebenslänglichen Generalvikar" oder „Ordensgeneral für Rußland", so daß 1801, als Papst Pius VII. die „Gesellschaft Jesu" wieder bestätigte, die russische Provinz als einzige den Namen und die Regel des Ordens beibehalten hatte.

In Italien, Frankreich und Österreich war der Orden durch das Verbot zwar aufgelöst, aber nicht tot. Viele Patres in diesen Ländern gingen in den Untergrund. Sie änderten den Namen ihres Ordens, aber nicht ein Komma an dessen Konstitutionen. Statt einer „Gesellschaft Jesu" gab es jetzt die „Gesellschaft vom Glauben Jesu", die „Gesellschaft vom Herzen Jesu" oder „die Gesellschaft der Väter vom Glauben". Die Ähnlichkeit dieser neuen Bezeichnungen mit der der alten „Compania Jesu" zeigt: die Tarnung war höchst oberflächlich, und das nicht aus Nachlässigkeit, sondern aus Absicht.

Der Orden, zeigte sich bald, hatte eine Lücke hinterlassen, die zu füllen andere nicht in der Lage waren. Bald hörte man erste Stimmen, die für eine offizielle Wiederzulassung plädierten. Am stärksten setzte sich Herzog Ferdinand von Parma dafür ein. In einem Schreiben forderte er vom Papst die Aufhebung des Verbots, da „Europa nicht da wäre, wo es ist, wenn man früher den Orden wiederhergestellt" hätte.

Napoleon, auf den der Vorwurf des zerrütteten Europas zielte, war da ganz anderer Meinung. Seinen Polizeiminister, den berühmt-berüchtigten Joseph Fouché, wies er im Oktober 1804 an: „Teilen Sie den Redakteuren des 'Mercure' und des 'Journal des Débats' mit, daß ich den Namen der Jesuiten überhaupt nicht genannt zu sehen wünsche. Alles, was die Rede auf diese Gesellschaft bringen könnte, soll in den Zeitungen vermieden werden. Ich werde niemals eine Wiedereinführung der Jesuiten nach Frankreich gestatten."

Und wie verhielt sich der Heilige Vater? Hatte er sich damit abgefunden, daß seine treuesten Söhne verstoßen blieben? Aus politischen Gründen verstoßen bleiben mußten?! Ein Brief Pius VI. aus dem Jahre 1794 an den Herzog von Parma, der ohne päpstlichen Segen in seinem Großherzogtum den Orden wieder zugelassen hatte, zeigt die Hilflosigkeit und das fehlende Rückgrat der Kurie am Ende dieses 18. Jahrhunderts:

„Wenn wir die Methoden der Aufhebung und der Anschauungen derer betrachten, die die erste Rolle gespielt haben, haben wir uns niemals damit einverstanden erklärt. Trotz allem, das Gesetz ist da; man muß es beachten. Aber wir werden tun, als wenn wir nichts wüßten, wie wir es auch mit denen getan haben, die sich nach dem Norden geflüchtet haben. Wenn einige Herrscher Eurer Vorhaben nicht billigen, werden wir sehr ungern den Entschluß Eurer Hoheit tadeln, den wir uns jetzt nicht zu kennen begnügen, auch wenn wir ihn kennen."

Diesen Brief muß man zweimal lesen! Da wird einem Orden, der dem Heiligen Vater auf besondere Art ergeben war, von diesem geraten, ein Ecken-Dasein zu führen. Ein Orden, der ohne Parallele war, der im Guten wie im Schlechten Geschichte gemacht hatte, sollte über die Hintertreppe wieder die Weltbühne betreten, Statistenrollen übernehmen. Die einstige Elite der Kirche sollte nur noch geduldet werden, von Päpsten, die so tun, „als wenn wir nichts wüßten".

XIII.

BÜNDNIS ZWISCHEN SÄBEL UND WEIHWASSER
oder
DIE WIEDERHERGESTELLTE GESELLSCHAFT JESU

„Gleich Ihnen mißbillige auch ich die Wiederherstellung der Jesuiten, denn dieses Ereignis bedeutet einen Schritt nach rückwärts vom Licht zur Dunkelheit."
(Thomas Jefferson, Präsident der USA,
1816 in einem Brief an seinen Vorgänger John Adams)

„Die Gesellschaft Jesu ist vor allem zu dem Zweck wiederhergestellt worden, die Jugend in Wissen und Tugend zu belehren."
(Papst Leo XII.)

Wie lange dauert eine Ewigkeit?
oder
Der zweite Start der Gesellschaft Jesu

Mit dem Breve „Dominus ac Redemptor" war der Jesuiten-Orden „für ewig" ausgelöscht worden. Die Ewigkeit dauerte ganze einundvierzig Jahre. Sie wäre noch rascher zu Ende gegangen, hätte die Französische Revolution – selbst wenig an der Ewigkeit interessiert – sie nicht verlängert. Nachdem die Revolutions-Guillotinen Europa halbiert hatten, mußten unter Napoleon zwei Päpste aus höchst unterschiedlichen Gründen nach Frankreich reisen: als erster der achtzigjährige Pius VI. als Gefangener. Er starb 1799 in Valence; der zuständige Katasterbeamte, ein rechtes Kind der Revolution, vermerkte in den Stadtannalen: „Hiermit wird das Ableben besagten Giovanni Angelo Braschi bestätigt. Er hatte den Beruf eines Pontifex ausgeübt."

Fünf Jahre später wollte der Erste Konsul Napoleon

Bonaparte die Kaiserkrone. Um den Korsen zu krönen, mußte als zweiter Papst Pius VII. 1804 nach Paris reisen. Was bewies, daß Napoleon wenigstens den richtigen Rahmen für seine Krönung zu schaffen versuchte, wenn schon die Voraussetzungen nicht stimmten. 1809 exkommunizierte dann Pius VII. den von ihm gekrönten Kaiser, weil dieser die Reste des Kirchenstaates Frankreich einzuverleiben versuchte. Prompt ließ Napoleon auch diesen Papst gefangensetzen.

Dies alles verlängerte die Ewigkeit des Ordensverbots. Doch schließlich war es soweit: Am 11. April 1814 verzichtete Napoleon auf die französische Kaiserkrone, bereits wenige Wochen später kehrte Pius VII., von ungarischen Husaren eskortiert, nach Rom zurück. Eine seiner ersten Amtshandlungen war die Wiederherstellung der Gesellschaft Jesu durch die Bulle „Sollicitudo omnium ecclesiarum".

Nicht nur die Eile, auch die Art der Wiederherstellung hatte Signalwirkung. Die Erneuerungszeremonie wurde so sorgfältig, beziehungsreich und großartig inszeniert, wie dies bei keinem Ereignis der an Anlässen doch wirklich nicht armen Papstgeschichte bisher der Fall gewesen war. Tag, Ort, Rahmen und Text der Feierlichkeiten — alles und jedes war eine Verbeugung der Kirche vor der Prätorianergarde des Papstes, vor der „Gesellschaft Jesu".

Erste Verbeugung: der 7. August 1814 wurde als Tag der Wiederherstellungszeremonie gewählt. Ein Sonntag, außerdem aber war es der Oktavtag* des Sankt Ignatiusfestes, das am 31. Juli begonnen hatte. Der Heilige Vater bewies damit seinen Respekt vor dem Ordensgründer.

Zweite Verbeugung: die Zeremonie fand nicht in Sankt Peter, sondern in der Jesuitenkirche Il Gesu statt. Eine große Geste: der Papst ging in die Kirche des Ordens, um ihn heim in den Schoß der Kirche zu holen.

---
* Oktavtag: der letzte Tag einer auf acht Tage ausgedehnten kirchlichen Feier.

Dritte Verbeugung: der Rahmen und die Anwesenheitsliste bei dieser Feier. Pius VII. saß auf einem Thron, neben ihm alle achtzehn in Rom anwesenden Kardinäle in vollem Ornat (nur einer war durch Krankheit verhindert). Jedes Herrscherhaus hatte hochgestellte Vertreter entsandt*. Von der alten Garde des Ordens nahmen einhundertfünfzig Patres aus der spanischen, portugiesischen und italienischen Provinz teil. Der jüngste war über sechzig, der älteste über neunzig Jahre. Mit zittrigen Knien verneigten sie sich vor dem Thron des Heiligen Vaters, der jeden einzelnen segnete.
Vierte Verbeugung: der Wortlaut der Bulle. Er war kurz, aber von hymnischer Lobhudelei. Ein Kardinal verlas diesen Text. War es administrative Routine, Gedankenlosigkeit oder Absicht, daß sich Formulierungen aus dem Verbotsbreve in der Wiederzulassungsbulle wiederholten? In beiden Texten beriefen sich die Päpste „auf den Beistand und die Eingebung des Heiligen Geistes".

Die Begründung für die Wiederzulassung ist die tiefste Verbeugung vor dem Orden:

„Wir würden glauben, uns der schwersten Sünde vor Gott schuldig zu machen, wenn wir in so großen Nöten die heilsamen Hilfsmittel anzuwenden versäumten, die uns die göttliche Vorsehung bietet... und nicht wieder die erfahrenen und geübten Ruderer einsetzten, um von ihnen das sturmgeschüttelte Boot Petri steuern zu lassen..." Zum Schluß heißt es: „Schließlich empfehlen wir im Namen Gottes allen gesalbten Königen und Fürsten sowie den Herrschern der verschiedenen Nationen... diese Gesellschaft. Wir ermahnen, ja, wir beschwören sie, nicht nur dafür Sorge zu tragen, daß keines ihrer Mitglieder in irgendeiner Form belästigt wird, sondern darauf zu achten, daß sie mit jenem Wohlwollen und jener Güte behandelt werden, auf die sie Anspruch haben."

---

* Nur der verbannte, in Rom lebende spanische König Carlos IV. war nicht erschienen. „Der hat es nicht gewagt", sagten die Jesuiten.

Wahrscheinlich muß man verboten gewesen sein, um einen derartigen Schutzbrief vom Heiligen Vater zu erhalten. Das Ägerlichste aber war, daß die „erfahrenen und geübten Ruderer" jedes Wort der Bulle für bare Münze nahmen und auch von sich aus alles taten, um das Bündnis zwischen Thron und Altar zu festigen. Sie hielten es mit verheerender Treue auch dann noch aufrecht, als weder die Männer auf dem Thron noch auf dem Altar bereit waren, sich den Zeichen der Zeit zu stellen.

Der neuzugelassene Orden tummelte sich auf der abgegrasten Spielwiese des Konservativen, statt sich zur Zukunft hin zu orientieren. Die ersten Hefte der unter Pius VII. gegründeten und von ihm geförderten Jesuiten-Zeitschrift „Civilta Cattolica" spiegeln in jeder Zeile dieses Festhalten am Gestrigen. Die Fähigkeit ihrer Redakteure, auf dem falschen Fuß Hosianna zu rufen, blieb bis weit in die dreißiger Jahre unseres Jahrhunderts erhalten. Wer gehofft hatte, die Widerherstellung des „Generalstabs des Papstes" brächte neue Perspektiven und Hilfen auf pädagogischem oder sozialem Gebiet, wurde enttäuscht. Die Generalstäbler waren zu Tintenkulis des Papstes degradiert worden oder richtiger: hatten sich selbst degradiert. So fiel Jan Roothaan, dem ersten Ordensgeneral nach der Wiederherstellung zum großen Thema jener Jahre, dem Liberalismus, nichts weiter ein als dieser Satz: „Es liegt in der Natur des Liberalismus, daß seine Weiterungen nicht zu kontrollieren sind... viele bittere Früchte in Ländern mit liberaler Verfassung beweisen dies."

Die Gesellschaft Jesu, die über Jahrhunderte immer ihre Hand am Puls der Zeit hatte, war selbst zum Patienten geworden. Die vierzigjährige Lähmung der Ordensorganisation hatte tiefere Spuren hinterlassen und eine größere Fehleinschätzung der politischen Entwicklungen verursacht, als es anfangs schien. Weit und breit war niemand, der dem Orden diese bittere Diagnose stellte. Aber selbst wenn es jemand getan hätte — die Jesuiten hätten ihm wahrscheinlich nicht geglaubt.

Die Stützen der Gesellschaft
oder
Jesuiten zwischen Thron und Altar

Mitunter sagen Zahlen mehr als viele Worte. Hier ist eine solche Zahl: Bis 1860 wurde die neue Gesellschaft Jesu nicht weniger als 70 — in Worten: siebzig — Mal in europäischen Ländern ausgewiesen, wieder zugelassen, verboten, ausgewiesen, wieder zugelassen, erneut verboten. Erstaunlich, daß der Orden diese Wechselbäder nicht nur überstand, sondern nach dem Zweiten Weltkrieg auch noch die Kraft zu einem neuen Selbstverständnis fand. Drei Verbote verdienen es, eingehender untersucht zu werden.

Das erste Land, das jetzt die Jesuiten auswies, war Rußland. Ein Treppenwitz der Weltgeschichte: Ausgerechnet jenes Land, das dem Orden Asyl geboten hatte, als alle anderen katholischen Länder Europas ihn aus ihren Grenzen jagten, wies ihn aus, als andere Länder ihn wieder zuließen. Warum? Was waren die Ursachen für das Verbot?

Einige katholische Historiker geben einer Geliebten des Zaren Alexander I. die Schuld. Natürlich nur indirekt. Sie soll sich, wie ihr vom jesuitischen Beichtvater auferlegt, den fleischlichen Lüsten des Zaren entzogen haben. Daraufhin verbot dieser den Orden. Ein ähnlicher Fall also, wie die Ausweisung der Jesuiten aus Japan. Nun, die Geschichte kann sich natürlich Doubletten leisten, aber merkwürdig bleibt es schon.

Historiker, die den Jesuiten weniger wohlgesonnen sind, nennen einen anderen Grund für das Verbot: die Versuche russischer Jesuiten, Kinder orthodoxer Familien zum römisch-katholischen Glauben zu bekehren. Fülöp-Miller weiß sogar Einzelheiten zu berichten: „Als zuletzt ein Mitglied des Hochadels, der junge Fürst Galitzin, unter ihrem (der Jesuiten) Einfluß katholisch wurde, sich in verstiegener Schwärmerei in ein Bußkleid hüllte und sich über und über mit Weihbildern behängte, empörte dies den Kaiser Alexander dermaßen, daß er die Jesuiten auswies."

Ein Schwarmgeist als Grund für die Jesuitenausweisung? Ob damit dem Zaren – „halb Narr, halb Bonaparte" sagten die Engländer von ihm – nicht doch ein zu empfindliches Naturell unterstellt wird? Ein Hinweis von Kennern der russischen Politik scheint da schon realistischer: sie registrierten, daß die Ausweisung des Ordens im gleichen Jahr – 1815 – erfolgte, in dem Zar Alexander „Die Heilige Allianz"* ins Leben rief. Die Präambel des Vertrages betonte, daß der Vertrag „im Namen der unteilbaren, heiligen Dreifaltigkeit" geschlossen worden sei und für die Herrscher „nur die Vorschriften der heiligen Religion als Maßstab gelten"... „Die drei verbündeten Herrscher fühlen sich nur als die Bevollmächtigten der Vorsehung, um drei Zweige derselben Familie zu regieren."

Im Klartext: Petersburg sollte für den orthodoxen und Berlin für den protestantischen Zweig des Christentums gleichberechtigt neben Rom Führungspositionen erhalten. Dies – und nicht den Frieden – im Sinn, hatte der Zar bewußt den Vertrag nicht vorher mit dem Papst abgestimmt, der dann wiederum seinerseits diesem Bündnis der wichtigsten christlichen Staaten nicht beitrat.

Eigentlich nur konsequent, daß seine treueste Garde Mütterchen Rußland verlassen mußte.

In Frankreich mußten die Jesuiten die meisten Querelen ertragen. Dort hatte die Patres der Gesellschaft aber auch mehr Fehler begangen als jene in anderen Ordensprovinzen. Es begann damit, daß sie bedingungslos die Politik Karl X. unterstützten. Jenes Königs, für den der Mensch erst beim Großgrundbesitzer begann und der in der Pressefreiheit die gefährlichste Bedrohung seiner absolutistischen Herrschaft sah.

Ein anachronistischer Herrscher in allem, was er tat. Knappe fünf Jahre konnte er sich gegen den Strom des

---

* „Heilige Allianz": Bezeichnung für einen Beistandspakt zwischen Rußland, Österreich und Preußen, dem sich die meisten europäischen Staaten anschlossen.

Zeitgeistes auf dem Thron halten; gestützt von seinen Hof-Jesuiten. Es war unbegreiflich: ganz Frankreich war in einem geistigen Aufbruch, aber wie hypnotisiert hielten die Jesuiten zu ihm. Für die Presse wurden sie bald zu willigen Sündenböcken der königlichen Fehler. Das „Journal des Debats" schrieb: „Der Name Jesuit ist in aller Munde, aber er ist es, um verflucht zu werden; er wird von jeder Zeitung des Landes mit Angst und Sorge wiederholt; er wird auf den Flügeln des Schreckens, den er einflößt, durch ganz Frankreich getragen."

Die Patres lasen es und legten es zum übrigen. Bis die Schüsse der Pariser Juli-Revolution 1830 sie aus ihrer Thron- und Altar-Sicherheit rissen. Die Aufständischen stürmten die Jesuitenhäuser, verjagten die Patres, die mit ihren Novizen nach Italien und Spanien flohen.

Unter Louis Philipp, dem „Bürgerkönig", kamen die Jesuiten zurück. Gerade rechtzeitig, um nun zur Zielscheibe für Angriffe durch Universitätsprofessoren und Schriftsteller zu werden. Die Anti-Jesuiten-Stimmung schlug so hohe Wellen, daß das Noviziat von Avignon ins ferne Nizza verlegt werden mußte, was damals einer halben Verbannung gleichkam.

Vielschreiber schürten in ihren Romanen die Anti-Stimmung, so ließ Eugen Sue in seinem zu Recht vergessenen Kolportageroman „Der ewige Jude" betörende Jesuitinnen Männer umgarnen, während Patres, die mit allen Abwässern der Politik gewaschen sind, finstere Rachepläne schmieden. Doch auch in der literarischen Belletristik massierten sich die Angriffe gegen die Gesellschaft Jesu. In Emile Zolas 1889 erschienen Roman „Drei Städte" heißt es:

„Es sind sie, immer wieder sie, die hinter allem stecken. Die Jesuiten! Du glaubst sie zu kennen, aber du weißt in Wahrheit nichts von ihren abscheulichen Taten und ihrer geheimen Macht — die Jesuiten! Mißtraue jedem von ihnen, den du in seinem schäbigen alten Rock dahinschleichen siehst, mit dem schlaffen, verlogenen Gesicht einer heuchlerischen Betschwester... ganz Rom gehört den Jesuiten, der unbedeutendste Priester wie auch seine Heiligkeit Leo XIII."

Als 1894 die Dreyfus-Affäre* in Frankreich zu innenpolitischen und antisemitischen Auseinandersetzungen führte, da wollten die Gerüchte nicht verstummen, daß Jesuiten die großen Drahtzieher im Hintergrund gewesen seien. Beweise gab es nicht, aber die offizielle Haltung der Gesellschaft Jesu zur Affäre Dreyfus wie sie sich in der Berichterstattung ihrer Zeitschrift „Civilta Cattolica" niederschlug, war bedenklich genug. Ein Beitrag verstieg sich zu dem Satz: „Die Juden wurden von Gott geschaffen, um immer und überall die Rolle des Verräters zu übernehmen."

Die Ereignisse um die Gesellschaft Jesu in der Schweiz sind das dritte Beispiel für die Schwierigkeiten der Jesuiten nach ihrer Wiederzulassung. Die Eidgenossen haben die Jesuiten als letzte ausgewiesen und als letzte wieder zugelassen. Bis 1973 lautete der Artikel 51 der Schweizer Verfassung: „Der Orden der Jesuiten und die ihm affiliierten Gesellschaften dürfen in keinem Teile der Schweiz Aufnahme finden, und es ist ihren Gliedern jede Wirksamkeit und Schule untersagt. Dieses Verbot kann durch Bundesbeschluß auch auf andere geistliche Orden ausgedehnt werden, deren Wirksamkeit staatsgefährlich ist oder den Frieden der Konfessionen stört."

Am Abend des 20. Mai 1973 sprach sich die Mehrheit der Schweizer Bürger bei einer Volksabstimmung für die Aufhebung dieses anachronistischen, den Völkerrechtserklärungen widersprechenden Artikels in ihrer Verfassung aus. Immerhin hatte er 125 Jahre Schweizer Geschichte überdauert. Er war 1848 formuliert worden, als der Versuch der katholischen Kantone Uri, Schwyz, Luzern und Unterwalden, sich zu einem Sonderbund zusammenschließen, in

---

* Alfred Dreyfus, jüdischer Offizier im französischen Generalstab, wurde aufgrund gefälschten Beweismaterials wegen Landesverrat zum Tode verurteilt. Zola ergriff Partei für Dreyfus, der freigesprochen und rehabilitiert wurde. Die Dreyfus-Affaire führte zur Trennung von Kirche und Staat in Frankreich.

einem Bürgerkrieg — dem sogenannten Sonderbundkrieg — von den protestantischen Kantonen verhindert wurde. Die siegreichen Zwingli-Kantone formulierten den Anti-Jesuiten-Artikel und schickten ihre 250 Patres über die Grenze. Fast alle gingen nach Deutschland — was nicht viel anderes war, als vom Regen in die Taufe zu geraten.

Über ein Jahrhundert verschloß sich die Schweiz den ungeliebten „schwarzen Bataillonen des Papstes", ohne dadurch ihre Christenpflicht zu vernachlässigen: als Italien 1915 Deutschland den Krieg erklärte, gewährten die Eidgenossen dem Jesuitengeneral Wlodimir Ledochowski und seinen Assistenten bis Kriegsende Asyl. Im übrigen nahmen die Schweizer jahrzehntelang die Existenz von Jesuiten nicht zur Kenntnis. Erst 1953 gab es aus heiterem Himmel einen Entrüstungssturm im eidgenössischen Wasserglas. Eine Anfrage im Kantonsparlament hatte ergeben, daß drei Jesuiten, die doch nach der Verfassung gar nicht im Lande sein durften, als Vikare in Pfarrstellen arbeiteten. Die drei wurden ihrer Posten enthoben, und der Abgeordnete Dr. A. Frey nahm die Entlarvung der drei Patres zum Anlaß für sensationelle, weltpolitische Folgerungen: „Es ist kein Zufall, daß keiner der großen Diktatoren Protestant war, sondern aus der katholischen Schulung kam. Ebensowenig, daß die katholischen Länder, wie die Tschechoslowakei, Polen usw. dem Kommunismus erlagen, während das protestantische Finnland ihm widersteht. Während das protestantische Skandinavien und England vom Kommunismus frei bleiben, wächst er im katholischen Italien weiter an."

1953 wurde das im Schweizer Parlament ernsthaft vorgetragen! Was doch mit Begriffen wie Katholizismus und Kommunismus an Verwirrung gestiftet werden kann...

Tapfer — auf dem falschen Kriegsschauplatz
oder
Die Jesuiten und das Unfehlbarkeitsdogma

Der sich neu formierende Orden blickte in eine neue, verwandelte Welt: die Zeit der stolzen Kurfürsten und Erzbischöfe, der welt- und prachtliebenden Prälaten war endgültig vorbei. Die meisten weltlichen Landesherren waren protestantisch. Die Kirche hatte an politischer Macht und Geltung verloren.

Auf technischem Gebiet hatte es seit 1830 mehr gewichtige Neuerungen gegeben, als in den Jahrhunderten vorher. Die Dampfmaschine, die Schnellpresse, das Gaslicht — drei Erfindungen, die zu Grundpfeilern für einen neuen Begriff wurden, der nie mehr aus der menschlichen Entwicklungsgeschichte wegzudenken ist: Industrialisierung. Sie begann, als das Rohmaterial und die Maschinen nicht mehr dem Menschen angeliefert wurden, sondern er zu ihnen gehen mußte: Fabriken verdrängten die Manufakturen. Aus Handwerkern wurden Arbeiter, deren Alltag und Arbeitstempo vom Rhythmus der Maschinen bestimmt wurde.

Das führte zu tiefgreifenden, soziologischen Veränderungen. Hochtrabend ausgedrückt: Durch die Industrialisierung erhielt die Technik gesellschaftliche Verantwortung. Doch niemand, weder die Gewerkschaften noch die Kirche oder gar die Fabrikanten waren dieser neuen Herausforderung gewachsen. Es galt bereits als soziale Großtat, die tägliche Arbeitszeit auf zwölf Stunden zu begrenzen (Überstunden blieben erlaubt). „Die gute alte Zeit" — sie war gar nicht so gut!

Es war die Stunde von Friedrich Engels und Karl Marx. Sie erkannten als erste die geistigen Folgen dieser neuen Produktionsform. „Auch heute noch stehen wir alle auf den Schultern von Karl Marx, die meisten wissen es nur nicht." Dieser Satz ist von einem der bedeutendsten Sozialreformern unserer Zeit, dem deutschen Jesuiten-Pater Prof. von Nell-Breuning, der die Haltung der Kurie zu den sozialen

Fragen unseres Jahrhunderts entscheidend mitgeprägt hat. 1990 wurde ihm zu seinem hundertsten Geburtstag in einem Festakt das Großkreuz der Bundesrepublik überreicht.

Das Feld des Glaubens blieb damals seltsam unbeackert. Dabei war die Zeit nicht unfromm. Im Gegenteil. Man besuchte pünktlich den Gottesdienst, traf sich zu religiösen Circles und beschenkte Weihnachten Arbeiterkinder, allerdings in der Küche und über dem Dienstboteneingang. Fassadengläubigkeit. Kierkegaard* formulierte es so: „Luther hatte 95 Thesen; ich hätte nur eine: das Christentum ist nicht da." Wenn es schon kein Christentum gab, wo war dann wenigstens die Kirche? Die protestantische Kirche jener Tage können wir vergessen. Sie war verbeamtet und erschöpfte sich im Hosianna-Rufen für die einzelnen Majestäten.

Die katholische Kirche aber hatte seit 1846 in Pius IX. einen Oberhirten, der mit einem Amnestie-Dekret für politische Vergehen im Kirchenstaat begonnen und die italienische Einheitsbewegung gefördert hatte. Mit ihm schien ein Mann auf dem Stuhl Petri zu sitzen, der die Zeichen der Zeit erkannte hatte.

Doch Pius IX. erfüllte die Hoffnungen nicht. Nach der Revolution von 1848 wurde derselbe Pius, der als Souverän des Kirchenstaates fast wie ein liberaler Staatsmann begonnen hatte, zum reaktionären Verteidiger des status quo. Auf Anraten des Jesuitengenerals floh er im Revolutionsjahr 1848 nach Gaeta. Erst 1850 – und auch dann nur unter dem Schutz französischer Truppen – konnte er nach Rom zurückkehren. In den folgenden Jahrzehnten mußte er ohnmächtig zusehen, wie die Romagna, Umbrien, die Marken und schließlich auch Rom dem Kirchenstaat verloren gingen. Schmollend zog er sich als „Gefangener des

---

* Sören Aabye Kierkegaard (1813 - 1855) – dänischer Protestant. Religionsphilosoph, der vor allem gegen die verweltlichte Staatskirche schrieb.

Vatikans" (Pius IX. über Pius IX.) in seine Gemächer zurück.

Wer die letzten Seiten für Abschweifungen hält irrt. Diese Informationen sind unentbehrlich, um die Ursachen zu erkennen, die zu den Ereignissen während des Pontifikats von Pius IX. führten. Für einen Papst, der im eigenen Staate und am eigenen Leibe den frischen Wind des Nationalismus gespürt hatte, für den konnte es keine Zweifel geben, daß die Tage der weltlichen Macht der katholischen Kirche gezählt waren. Um wenigstens ihre geistige Vorherrschaft auch in Zukunft abzusichern, entschloß er sich — ziemlich selbstherrlich, wie einige Chronisten vermerken — zu drei Schritten:

1. Zur festeren Bindung der Gläubigen an die Kirche verkündete der das Dogma* von der unbefleckten Empfängnis Marias.
2. Zur politischen Absicherung der Kirche vor Ansprüchen weltlicher Organisationen veröffentlichte er den Syllabus (Verzeichnis) der Irrlehren und die Enzyklika „Quantacu"
3. Zur rechtlichen Sicherung der Hierarchie innerhalb der Kirche verkündete er das Dogma von der Unfehlbarkeit des Papstes.

Jede dieser drei Maßnahmen diente der Sicherung der politischen Eigengesetzlichkeit der Kirche. Die Verzahnung aller drei Maßnahmen miteinander potenzierte das Gewicht jeder einzelnen. An jeder waren Jesuiten maßgeblich beteiligt. Am stärksten an der Bulle „Ineffabilis Deus", die am 8. Dezember 1854 in Gegenwart von 200 Prälaten von Pius IX. verkündet wurde und die in einem Dogma erklärte, daß die Jungfrau Maria „bei der Empfängnis durch die

---

* Dogma, nach der katholischen Lehre ein Satz, den die Kirche als eine von Gott geoffenbarte Wahrheit erkennt und verkündet, der daher in seiner positiven Aussage unveränderlich ist und absolut zum Glauben verpflichtet.

besondere Gnade und Güte des allmächtigen Gottes... unbefleckt und frei von der Erbsünde war."

Die zweite Maßnahme erfolgte zehn Jahre später: 1864 verdammte Pius IX. im berühmt-berüchtigten Syllabus gleich achtzig „Irrlehren". Nach dieser Liste durfte kein Katholik u.a. folgende Behauptungen äußern:

„11 Die Kirche darf nie gegen die Philosophie einschreiten, sondern muß ihr überlassen, sich selbst zu korrigieren."
(Umgekehrt wird es klarer: Die Philosophie ist die Magd der Kirche, sie darf zu keinen selbständigen Erkenntnissen kommen.)
„16 Die Menschen können in jeder Religion den Weg zum ewigen Heil finden."
(Also: es gibt nur die eine, alleinseligmachende Kirche.)
„55 Die Kirche ist vom Staat und der Staat von der Kirche zu trennen."
(Also: Die staatliche Gewalt ist der Macht der Kirche unterzuordnen.)

Zusammengefaßt: mit diesem Syllabus verlangte die Kurie die bedingungslose Unterordnung sowohl der Wissenschaft wie der Gläubigen und des Staates unter die Autorität der Kirche. Galilei hatte umsonst gelebt, die Sonne sollte sich wieder um die Erde drehen, das Atom – wie schön – unteilbar sein.

Die Haltung der Jesuiten zu dieser Maßnahme war unterschiedlich: Deutsche Jesuiten gründeten 1865 ihre Zeitschrift „Stimmen aus Maria Laach" mit der erklärten Absicht, in diesem Blatt die Forderungen des Syllabus zu verteidigen. (1915 umbenannt in „Stimmen der Zeit".) Ganz anders reagierten die Redaktionspatres der französischen Jesuiten-Zeitschrift „Etudes". Sie schwiegen so vielsagend über das Unfehlbarkeitsdogma, daß sie abgelöst wurden. Die Mehrzahl der Jesuiten jedoch gehörte zu den Vorreitern dieses päpstlichen Rückschritts. (Dessen schlimmste Auswüchse stillschweigend von Leo XIII. zurückgenommen wurden.)

Ihn zu verteidigen erschien dem einstigen geistigen Elite-Orden wichtiger und richtiger als sich der Auseinandersetzung mit neuen philosophischen Ideen zu stellen, die durch Fichte, Hegel, Schelling in die Welt gekommen waren und die eine Epoche eröffnet hatten, in der alles Vernünftige erklärbar und alles Erklärbare vernünftig schien. Statt sich in Diskussionen zu stellen, wurde die Existenz von „Es-geht-auch-ohne-Gott"-Philosophen entweder nicht zur Kenntnis genommen, oder man klassifizierte sie – schau an, auch das ist also nicht neu! – als „Stinktiere" ab. Nein, diese Gesellschaft Jesu hatte nichts mehr von der Gesinnung ihres Gründers, nichts vom ignatianischen Geist, der sich in Sätzen wie „geistige Bewegungen können nur mit geistigen Mitteln aufgehalten werden" postulierte.

Die Jesuiten-Kollegien, die in ihren Anfängen wesentliche Bausteine für Grundlagen-Bildung waren, dann Scheuklappen-Pädagogik betrieben hatten, die in ihrer besten Zeit Fechtböden des Geistes gewesen waren, verödeten in der zweiten Hälfte des 19. Jahrhunderts zu Nürnberger Trichtern mit klerikalem Sieb. Zu Wissens-Abfüllanstalten eines genau begrenzten Lehrstoffs.

Als dritte Maßnahme folgte auf die Enzyklika und den Syllabus das Dogma von der Unfehlbarkeit des Papstes in der Glaubens- und Sittenlehre „ex cathedra". Am 18. Juni 1870 wurde es auf dem Ersten Vatikanischen Konzil beschlossen. Schon während des Konzils, das Kritiker als „Synode der Speichellecker" bezeichneten, gab es heftigen Widerspruch, vor allem seitens der deutschen Bischöfe. Bis in unsere Zeit hat diese Erklärung mehr Unruhe als Zustimmung in der katholischen Welt ausgelöst. Den Jesuiten, die maßgeblich daran beteiligt waren, hat sie viele Angriffe und Feindschaften eingebracht. Doch war es sicher nicht jene Feindschaft, von der Ignatius gehofft hatte, daß sein Orden von ihr nie „für längere Zeit unbehelligt bleiben dürfte".

Dies ist der Wortlaut jener Sätze, die einen Riß in die Einheit der katholischen Welt verursachten: „...zum Ruhme Gottes unseres Heilands, zur Erhöhung der katholischen Religion und zum Heil der christlichen Völker, unter Beistimmung des heiligen Konzils lehren und bestimmen wir als göttlich geoffenbartes Dogma: wenn der römische Papst ex cathedra spricht, d.h. wenn er in seiner Eigenschaft als Hirt und Lehrer aller Christen kraft seiner höchsten apostolischen Vollmacht eine Lehre über Glauben oder Sitten als für die gesamte Kirche bindend festsetzt, so waltet er dabei, dank göttlichem Beistand, der ihm im heiligen Petrus verheißen ist, mit der Unfehlbarkeit, mit der der göttliche Erlöser seine Kirche bei Festsetzung der Glaubens- und Sittenlehre hat ausgestattet wissen wollen;..."

Das Dogma von der unbefleckten Empfängnis, der Syllabus mit den Irrlehren, das Dogma von der Unfehlbarkeit des Papstes — das waren die Waffen, mit denen des Heiligen Vaters Elitetruppe gegen die Strömungen der Zeit antreten mußte. Wen wundert es, daß sie — so mangelhaft armiert — ohne Erfolg blieb. Die Jesuiten kämpften auf dem falschen Kriegsschauplatz mit falschen Argumenten für die falsche Einstellung. So wurde das ganze 19. Jahrhundert zu einer Epoche der Versäumnisse, nicht nur der Jesuiten, sondern der katholischen Kirche. Die Kurie glaubte, daß es nur die Entscheidung zwischen Katechismus oder Sozialismus geben könne, niemand kam auf den Gedanken, das „oder" durch ein „und" zu ersetzen. Von niemanden wurde solche Haltung erwartet. Von den Jesuiten erhoffte man sie vergeblich. Der Orden blieb Denkanstöße schuldig, sein geistiges Defizit wuchs.

In jenen Jahrzehnten wurden die Jesuiten aus eigenem Entschluß für die Kurie das, was man heute im parlamentarischen Sprachgebrauch mit „Kanalarbeiter" bezeichnet. Sie lieferten die Argumente für den Zweikampf Kirche gegen Staat. Dieses Duell wurde in unterschiedlichen Varianten in allen europäischen Staaten ausgetragen. Besonders aber in jener Nation, deren „Einigung soeben auf dem

Schlachtfeld erkämpft worden war", wie Bismarck die Gründung des Deutschen Reiches markig-pommerisch formulierte. Wieder einmal wurde Deutschland zum Prüfstein für Macht und Möglichkeiten der politischen katholischen Kirche.

Erst die Franzosen, dann die Jesuiten
oder
Die Gesellschaft Jesu und Bismarcks Kulturkampf

Um die Macht von Kaiser und Reichstag zu festigen, beginnt Bismarck seinen Kampf gegen den Ultramontanismus*, für den der Anatom Rudolf Virchow das Wort „Kulturkampf" prägte, das Bismarck − einstiger Gegner Virchows − beharrlich mit C schrieb. Zwei Entwicklungen kamen dem Eisernen Kanzler für seinen „Culturkampfplan" zugute:

Erstens: Das Unfehlbarkeitsdogma und die Kritik zahlreicher deutscher Priester an diesem Beschluß. Der preußische Staat nahm alle Geistlichen und Gelehrten, die diese Dogma nicht anerkennen wollten, gegen kirchliche Maßnahmen in Schutz.
Zweitens: Die Gründung der katholischen Zentrums-Partei. („Ich habe es... als eine der ungeheuerlichsten Erscheinungen auf politischem Gebiet betrachtet, daß sich eine konfessionelle Fraktion in einer politischen Versammlung bildete...", erklärte Bismarck in seiner Reichstagsrede am 31. Januar 1872.

Nach einer Personifizierung der Gegner, die es zu bekämpfen galt, brauchte Bismarck nicht lange zu suchen: die Jesuiten. Sie boten sich förmlich an, war es doch eines der

---

* Ultramontanismus (ultra montes = jenseits der Berge) von Rom aus ferngesteuerter deutscher politischer Katholizismus.

großen Ziele des Kulturkampfs, den Adel in Westfalen und Oberschlesien, der unter der Leitung der Jesuiten stand und von diesen absichtlich schlecht erzogen wurde, von der Gefährlichkeit der Jesuiten zu überzeugen und zwar wegen ihrer internationalen Organisation, ihrem Lossagen und Löslösen von allen nationalen Banden und wegen ihrer Zerstörung und Zersetzung der nationalen Regungen...

Halt. Es lohnt, den letzten Satz ab „den Adel..." noch einmal zu lesen. Alles was dort steht, hat Bismarck in Reichtagsreden gesagt! Ich habe es lediglich zusammengezogen so wie er es beim Zusammenstreichen des Textes für die Emser-Depesche tat, die zur Kriegserklärung Frankreichs führte. Es war völlig unwichtig, ob Bismarcks Behauptungen ganz oder teilweise oder überhaupt nicht stimmten – die allgemeine Stimmung gegen die Jesuiten hatte er mit solchen Sätzen auf alle Fälle getroffen.

So erschien am 5. August 1870 (drei Tage nach Ausbruch des Deutsch-Französischen Krieges) die „Göttinger Zeitung" mit der Schlagzeile: „Zuerst die Franzosen, dann die Jesuiten". Und ein so vernünftiger Mann wie der preußische Hofprediger Bernhard Rogge schreibt in seinen Memoiren, daß ihm während einer fiebrigen Erkrankung dies widerfuhr: „In schlaflosen Nächten war ich von den schrecklichsten Phantasien gequält... Ich sah allabendlich eine Anzahl von Jesuiten auf meinem Lager sitzen, die gekommen waren, um mich zu peinigen." „Peinigen und quälen" – das waren die Vorstellungen, die mit dem Begriff „Jesuiten" verbunden waren. Noch heute gibt es in vielen Bücherschränken eine Kostprobe, wie damals aus allen Rohren gegen Jesuiten geschossen wurde: durch eine von Wilhelm Busch's Bildergeschichten geistert ein Giftmischer-Jesuit namens Filuzius.

Wieder einmal wurde die Gesellschaft Jesu zum Sündenbock für alle Fehler, Vergehen und Versäumnisse der Kirche. Als der Kaiser mit dem „Jesuitengesetz" vom 4. Juli 1872 den Orden im gesamten Reichsgebiet verbot, erhielten die Jesuiten von Majestät persönlich bestätigt, daß sie

„der deutschen Jugend unpatriotischen, internationalen Geist" einflößten, daß sie überhaupt „reichsfeindlich" seien.

Das Verbot verlangte: die Niederlassungen der „Societas Jesu" binnen sechs Monaten aufzulösen, ausländischen Jesuiten drohte die Ausweisung, den deutschen Ordensbrüdern konnten bestimmte Aufenthaltsorte zugewiesen, beziehungsweise untersagt werden. 755 Jesuiten gab es in der Deutschen Ordensprovinz, von ihnen lebten ca. 550 im Deutschen Reich. Sie mußten auswandern, 550 — keine alarmierende, staatsgefährdende Zahl. Die „Bedrohung" lag — falls es überhaupt eine gab — nicht in der Menge, sondern im Einfluß, den einzelnen Jesuiten auf die Politik nehmen konnten.

Durch das Verbot war der — Bismarck wörtlich! — „blattlausartigen Ausbreitung" der Gesellschaft Jesu ein preußischer Riegel vorgeschoben, und unser „Eiserner Kanzler" konnte im Reichstag tönen, „er werde notfalls die Herrschaft der Sozialdemokratie immer noch dem Regiment der Jesuiten vorziehen", allerdings prophezeite er auch: eines Tages werden „die Jesuiten schließlich die Führer der Sozialdemokratie sein".

War er ein Hellseher? Ahnte er die Entwicklung nach links, die der Orden nach dem Zweiten Weltkrieg nehmen würde? Natürlich nicht. Er hat es zwar gesagt, aber nicht gemeint; der pietistische pommersche Junker war nicht wenig überrascht, als er durch das Jesuitengesetz plötzlich die liberalen Fortschrittler auf seiner Seite hatte, während die alten konservativen Freunde kopfschüttelnd abseits standen.

Als Bismarck erkannte, daß sein „Culturkampf" das deutsche Volk mehr spaltete als einte, beendete er ihn durch einen Kompromiß mit der Kirche. Die meisten Orden durften wieder heim ins Reich, nur die Jesuiten nicht. Das Verbot ihres Ordens wurde erst 1917 aufgehoben. So konnten wenigstens jene Jesuiten, die sich bei Kriegsausbruch freiwillig gemeldet hatten und zum Teil sogar aus Übersee angereist waren, um dem Kaiser als Feldgeistliche zu dienen, gemeinsam mit den geschlagenen deutschen Truppen die deutschen Grenzen überschreiten und in die Ordenshäuser zurückkehren. Auch eine Form des Dankes vom Vaterland...

In den Jahrzehnten vor 1914 haben Politiker aller Nationen den Jesuiten geheimdiplomatische Aktivitäten angedichtet, die den Orden mit Freimaurern und Rosenkreuzlern auf eine Stufe zu stellen drohten. Stimmte auch nur die Hälfte dieser Gerüchte, dann wären alle europäischen Regierungen bewußt oder unbewußt Marionetten einer internationalen jesuitischen Drahtzieher-Diplomatie gewesen. Wie es trotz dieser Koordination dennoch zum Weltkrieg kommen konnte, bleibt dann eben ein weiteres der vielen „Geheimnisse" der Gesellschaft Jesu.

Die Welt war gegen die Jesuiten, und die Jesuiten verstanden die Welt nicht mehr. So befahl das italienische Parlament die Auflösung aller Orden, sämtliche Jesuiten-Kollegien, − Museen, − Bibliotheken und − Observatorien wurden vom Staat übernommen. Der „Generalstab" des Ordens mußte von Rom nach Fiesole verlegt werden. So groß war 1892 die Anti-Jesuiten-Stimmung, daß die 24. Generalkongregation nicht in Rom, sondern im spanischen Loyola, dem Geburtsort des Ignatius, abgehalten werden mußte.

Die Gesellschaft Jesu, so schien es, hatte ihre zweite Chance gehabt, aber sie nicht zu nutzen verstanden. Schuld daran waren nicht die angeblichen geheimdiplomatischen Aktivitäten, sondern im Gegenteil, schuld war die Passivität des Ordens auf seinem ureigensten, auf geistigem Gebiet. In einer Gegenwart, in der das Morgen schon begonnen hatte, verteidigten die Jesuiten das Gestern.

Sie verschlossen Augen und Ohren vor den neuen Gedanken, die das Soziale zur Achse machten, um die sich alles drehte.

Sie ignorieren Erfindungen wie Röntgenstrahlen und Radium, die das Weltbild veränderten.

Sie erkannten nicht die Anklage in den Bildern der Käthe Kollwitz, in den Dramen des jungen Gerhart Hauptmann. Um diese zwei stellvertretend für eine ganz Künstlergeneration zu nennen.

In diesen Jahrzehnten standen die Patres auf Seiten derer, die ihren Kindern knöchellange Badehemden anzogen, bevor sie sie in die Wanne setzten, die Geschwister nicht zusammen spielen ließen und in deren Hausapotheken Sankt-Ignatius-Wasser nicht fehlen durfte, als geweihte Tinktur gegen körperliche und wohl auch seelische Gebrechen.

Während zum ersten Mal Zappelbilder auf eine Leinwand projiziert wurden und damit die Laterna Magica des Jesuitenpaters Athanasius Kircher künstlerische und kommerzielle Wirklichkeit wurde, vertrieben Jesuiten wasserlösliche Marienbilder, von denen man sich wundersame Heilkräfte versprach.

Die Gesellschaft Jesu war zu einer Karikatur ihrer selbst geworden, hatte sich selbst dazu gemacht, war dazu gemacht worden – wie auch immer: sie war es! Aber sie wußte es nicht. Sie sonnte sich im Licht einer Epoche, ohne zu merken, daß es die Strahlen des Sonnenuntergangs waren. Je mehr der Orden zum Verteidiger des Gestrigen wurde, desto deutlicher hoben sich die Persönlichkeiten einzelner Jesuiten ab, die entgegen der allgemeinen Marschrichtung einen eigenen Standpunkt einnahmen. Sehr zum Ärger der Kurie.

Salut statt Segen
oder
Die Jesuiten an den Fronten

1914 – Ein Jubeljahr für die Gesellschaft! Die Hundertjahrfeier ihrer Wiederzulassung sollte zu einer Demonstration ihres Ruhms werden. So wollte es ihr 25. Ordensgeneral Franz Xaver Wernz, der in Rottweil (Württemberg) geboren ist. Er tat alles, damit auch nicht der Anflug eines Schattens auf das Ordens-Jubiläum fiel. Durch die Gründung von fünf neuen Provinzen (Mexiko, Kanada, New Orleans, Kalifornien und Ungarn) konnte er das Wachstum der Gesellschaft demonstrieren, und natürlich fehlte in den Ordens-Verlautbarungen zum Jubeljahr auch die Magie der großen Zahl nicht: „In der Kalkutta-Mission sind 130 000 Heiden zum Glauben gebracht worden und in einer chinesischen Mission 12 000. Die Zahlen könnten verdoppelt werden, wenn es mehr Mitarbeiter gäbe." Wenige Monate später jubelten andere Generäle nicht weniger stolz: „Wir haben 100 000 Gefangene gemacht, und es hätten noch viel mehr sein können, wenn..."

Doch noch dachte die Welt nicht an Krieg und der Orden nur an sein Jubiläum. Bis zu diesem Festtag sollten vor allem jene Vorwürfe gegen die Gesellschaft Jesu weggeräumt werden, die seitens der Kurie erhoben worden waren. (Wobei „wegräumen" sowohl „entkräften" wie „unter den Teppich kehren" bedeuten konnte.)

Was war geschehen, wodurch die Prätorianergarde plötzlich auch von kirchlicher Seite unter Beschuß geraten war?

Dies: der Heilige Vater beschuldigte einige Jesuiten, zu den Verfechtern des Modernismus* zu gehören. Das war ein schwerer Vorwurf, der unter Pius X. (1954 heilig gesprochen) in einigen Fällen mit Exkommunikation bestraft worden ist. Was die Kirche unter Modernismus verstand und in einer Enzyklika verurteilte, ist in einer Fußnote erklärt, aber erst Beispiele verdeutlichen, wie erschreckend starrsinnig die Kirche an längst widerlegten Behauptungen festhielt, einzig in der Hoffnung, den christlichen Offenbarungsglauben stützen zu können.

So hatten Altphilologen längst nachgewiesen, daß Mo-

---

* Modernismus: Versuche, das Glaubensgut neu zu durchdenken und den neueren, philosophischen, psychologischen und geschichtsphilosophischen Erkenntnissen für die Bibelexegese einen größeren Einfluß zu verschaffen.

ses nicht der Autor der nach ihm benannten fünf Bücher des Alten Testaments gewesen sein konnte, sondern daß diese Schriften lange nach Moses in verschiedenen Jahrhunderten niedergeschrieben worden sind – doch wer die These im kirchlichen Alltag vertrat, galt als modernistisch. Für strenggläubige Katholiken hatte es dabei zu bleiben, daß Moses der Autor aller fünf Bücher war. Basta. Gegenbeweise galten nur für Nichtkatholiken.

Noch 1909 bestimmte die päpstliche Bibelkommission, daß kein Katholik an der buchstäblichen Richtigkeit der ersten drei Kapitel der Schöpfungsgeschichte zweifeln durfte. Also: die Erzählung vom Garten Eden (das Wort „Paradies" kommt in der Bibel nicht vor), die Erschaffung Adams aus einem Lehmklumpen und die Evas aus einer Rippe Adams, die Versuchung durch die Schlange – das alles war für bare Münze zu nehmen und nicht etwa für Mythen von hohem und wertvollem Symbolgehalt*.

Diese verkrustete Haltung der Kirche war nicht nur objektiv falsch, in ihr spiegelte sich auch das gestörte Verhältnis zwischen wissenschaftlicher Forschung und Kirche. Führende Köpfe der Gesellschaft Jesu versuchten einen Brückenschlag zwischen Wissenschaft und Kirche. Es war eine der wenigen Jesuiten-Aktionen in diesen Jahrzehnten, die Respekt verdient. Doch diese Patres ernteten in Rom Vorwürfe statt Anerkennung. In den Augen der päpstlichen Berater waren auch sie „Modernisten". Um den Orden von dem Vorwurf bis zum Jubiläum reinzuwaschen, verschickte General Wernz ein Sendschreiben, in dem er gegen den Modernismus und dessen drei Wurzeln Leichtfertigkeit, Neuerungssucht und Weltlichkeit Stellung bezog.

Doch das half wenig. General Wrenz selbst geriet unter Beschuß durch den Vatikan, weil er nicht forsch genug gegen die „Modernisten" im Orden durchgriff. Angeblich hat Pius X. sogar den General deswegen absetzen wollen. Be-

---

* Mehr darüber bei: Manfred Barthel „Was wirklich in der Bibel steht".

lege dafür gibt es verständlicherweise nicht, aber zur Haltung dieses Papstes der Gesellschaft Jesu gegenüber paßte solche Überlegung.

Grund für finstere Spekulationen bot — wieder einmal — das Zusammentreffen zweier Sterbedaten: Jesuitengeneral Wernz starb am 19. August 1914 — Pius X. einen Tag später. Nicht nur am Tiber rumorten die Gerüchte.

Heute steht der Orden — zumindest so herausragende Vertreter wie z.B. der 1984 verstorbene, deutsche Pater Karl Rahner — über solchen Schmalspur-Treuebekenntnissen. In einem „Spiegel"-Gespräch hatte der diskutierfreudige Jesuitenprofessor 1982 erklärt: „Viele Entscheidungen der päpstlichen Bibelkommission am Anfang des 20. Jahrhunderts waren, wie wir heute wissen, objektiv falsch. Und trotzdem haben sie eine gewisse providentielle Bedeutung gehabt: gegenüber einem blind wütenden Rationalismus, der die Heilige Schrift zu zerfetzen drohte." Hübsch, dieses „und trotzdem...", so recht jesuitisch. Übrigens „providentiell" ist ein veraltetes Wort für „von der Vorsehung bestimmt".

Was im Juni 1914, zu einer Zeit also, da praktisch bereits die Mündungsschoner von den Geschützrohren genommen wurden, einen Jesuitengeneral an Sorgen plagte, darüber gibt ein Brief Auskunft, den General Wernz an den Oberen der Ordensprovinz Maryland (USA) zum Thema Rugby-Spiele in Jesuiten-Kollegien schrieb:

„Eigentlich müßte das Spiel, wegen der Verbissenheit, mit der es meist gespielt wird, abgewandelt werden... zumindest sollte es nicht gegen jene auswärtigen Kollegien gespielt werden, von denen bekannt ist, daß sie es besonders brutal spielen... Auch sollte mit auswärtigen Kollegien nur eine begrenzte Zahl von Spielen ausgetragen werden... Ich bitte, daß diese Punkte als Richtlinien in all unseren Kollegien veröffentlicht werden, daß sie bei Tisch verlesen werden und damit sogleich in Kraft treten." Geschrieben am Vorabend des Ersten Weltkriegs.

Vom Tage der Mobilmachung an geschieht in allen

kriegführenden Nationen bei den „vaterlandslosen", „romhörigen" Jesuiten Seltsames: Kaiser und König, Volk und Fahne sind den meisten Patres wichtiger als der Papst, ihr General und die Lehre vom Frieden auf Erden. Zu solcher Wandlung kommt es bei einem Krieg, in dem keine Seite weniger katholisch, weniger christlich ist, als die andere. Etwa 2 000 Jesuiten sollen auf beiden Seiten als Soldaten, Sanitäter und Feldgeistliche — das war ja schon seit dem Dreißigjährigen Krieg eine spezielle Profession des Ordens — im Feld gestanden haben. Nach Frankreich kehrten über 600 ausgewiesene Jesuiten zurück, nach Deutschland kamen 375 Patres, um — wie es damals so schön euphorisch-euphemisch hieß — zu den Fahnen zu eilen.

Diese nationale Begeisterung war jedoch keine Besonderheit der „unpatriotischen" Jesuiten, auch die „gottlosen" Sozialisten vergaßen im August 1914 ihre internationalen Schwüre und entdeckten hinter ihrem roten Parteibuch ihr patriotisches Herz. Ob in französisch, deutsch, englisch oder italienisch — sowohl in der Sozialisten-Presse wie in den Hausmitteilungen der Gesellschaft Jesu wurden voller Stolz die militärischen Dekorationen und Heldentaten der Abonnenten erwähnt.

Der französische Jesuiten-Pater Teilhard de Chardin, als Sanitäter für Tapferkeit vor dem Feind mit dem „Croix de Guerre" ausgezeichnet, schrieb einem Freund: „Lieber würde ich ein Maschinengewehr bedienen... ich meine, daß dies durchaus einem Priester zukommt, denn ist ein Priester nicht ein Mensch, der die Lasten des Lebens in jeder Form zu tragen bereit sein muß?"

Wer weiß, vielleicht hat der deutsche Jesuit Rupert Mayer als Feldgeistlicher seinem französischen Co-Pater an der Somme auf Schußnähe gegenübergelegen! Pater Mayer hat zwar nie den Wunsch geäußert, ein Maschinengewehr zu bedienen, aber auch seine Biographie zeigt, wie im Krieg Taten christlicher Nächstenliebe unversehens zu Stützen der Kampfmoral werden können: Westfront 1915. Sanitär suchen vor einem Feuerüberfall Deckung in einem

Granattrichter. Die Bahre mit dem Verwundeten lassen sie im offenen Gelände stehen. Der Mann schreit verzweifelt um Hilfe. Vergeblich. Auf einmal legt sich über diesen Mann ein anderer und beruhigt ihn: „Sei still, Kamerad, wenn's einen trifft, trifft's mich zuerst!" Im Bericht seines Kompanieführers lesen sich solche Taten der Nächstenliebe dann so: „Daß meine brave, tapfere Kompanie überhaupt hat aushalten können, das verdanken wir allein dem Divisionsgeistlichen Pater Rupert Mayer."

Am 30. Dezember 1916 zerschmetterte eine Granate Pater Rupert Mayer das linke Bein. Er fiel jedoch nicht, wie einst Ignatius von Loyola bei seiner ähnlichen Verwundung, einem rabiaten Feldscher in die Hände, sondern sein Bataillonsarzt war Dr. Hans Carossa. Mediziner und Schriftsteller von Rang. In seinem Buch „Führung und Geleit" gibt er ein psychologisches Stenogramm des Patienten Rupert Mayer:

„Das Lächeln, womit er uns begrüßte, war deutlich und gegenwärtig, kam keineswegs aus dem Nichts herüber und gab uns erst den rechten Mut zur Hilfe... Der Pater begann zu sprechen... Die fast lautlose Stimme verriet keinen Schmerz, keine Angst... und man hätte sich geschämt, ihn zu bemitleiden. Der Mann, der da in seinem Blute lag, behielt mitten im jammervollsten Zustand noch den Ausdruck einer ungemeinen Überlegenheit über sich selber. In seinem Dasein, dies fühlte man, war etwas Planmäßiges, auch das gegenwärtige Unheil sicherlich seit langem als Möglichkeit in Rechnung gezogen und gewiß nicht auf der Seite der Verluste."

Als die deutschen Siegesmeldungen spärlicher und die Essensrationen immer kleiner wurden, hatten nationalistische Publizisten sehr bald die Schuldigen dafür ausgemacht: die Jesuiten, besonders deren 26. General Wlodimir Ledòchowski. Es reichte, daß der Zentrumsabgeordnete Mathias Erzberger Anfang 1917 sich mit ihm in der Schweiz zu Gesprächen traf. Schon stand für Nationalisten fest: „... daß es in ihnen (den Gesprächen) dem Jesuitengeneral gelang, Erzberger zu gewinnen für die Ziele der Jesuitenpolitik gegenüber Deutschland und für die Wiederaufnahme der früheren Zentrumsarbeit (Zerstörung des unbequemen Gebildes eines Deutschen Reiches mit evangelischem Kaisertum), wie sie bereits Bismarck bezeichnet hatte. Denn alle politischen Aktionen, die Erzberger nach seiner Unterredung mit dem Jesuitengeneral einleitete, hatten ganz im Sinne der Jesuitenpolitik die Wirkung, daß sie die Widerstandskraft des deutschen Volkes schwächten, die Niederlage herbeiführen halfen und die Fesselung Deutschlands durch das Diktat von Versailles ermöglichten". Die „Dolchstoß-Legende"* war geboren.

General Ledòchowski hatte nach dem Kriegseintritt Italiens Asyl auf Schloß Zizers bei Chur gefunden, obgleich die Schweiz den Jesuiten-Orden 1848 verboten hatte. Er war damit der erste Ordensgeneral, der außerhalb Roms seinen Sitz nehmen mußte. Hat sich Pater Ledòchowski, Sohn eines adligen k. u. k.-Rittmeisters politisch betätigt? In den Schriften der Gesellschaft Jesu wird jede politische Aktivität ihres Ordensgenerals bestritten. Doch wäre es wirklich so verwunderlich, wenn in einer Zeit, da so viele Generäle in die Politik drängten, nicht auch der Jesuitengeneral die Goethe-Warnung „Ein politisch Lied, ein garstig Lied" in den Wind geschlagen hätte? Schließlich war die russische Oktoberrevolution und ihre Folgen ein Ereignis, das die Kirche zu einer Stellungnahme herausforderte und das einen Jesuitengeneral polnischer Herkunft besonders berühren mußte.

Zwei Entwicklungen im Orden zeigten, wie sehr Ledòchowskis Blick nach Osten gerichtet war: Im wieder selbständigen Polen wurde die Ordensorganisation ausgebaut, und auf sein Betreiben gründete Pius XI. das russische Kolleg (Russicum) in Rom.

---

* Dolchstoß-Legende: die Behauptung nationalistischer Kreise, die Niederlage der deutschen Armeen sei durch Sabotage in der Heimat erzwungen worden.

Segensgrüße nach Moskau
oder
Die Eskapaden eines Jesuiten-Paters

In offiziellen Verlautbarungen werden die Aufgaben des Russicums so umrissen: Ausbildung von Priestern zur Betreuung russischer Flüchtlinge in Europa, den USA und Australien.

Das klingt zu bieder, um glaubhaft zu sein. Schließlich wurde in der Reformationszeit das Germanicum auch nicht geschaffen, um Priester zur Betreuung deutscher Flüchtlinge auszubilden, sondern um dem Einfluß des Protestantismus auf deutschem Boden Einhalt zu gebieten. Die Vermutung lag zu nahe, als daß nicht immer wieder geäußert wurde, daß es die eigentliche Aufgabe des Russicums sei, Priester auszubilden, um die Rückkehr der orthodoxen Katholiken in die Arme der römisch-katholischen Kirche zu betreiben und alle atheistischen Bestrebungen der Bolschewiki abzublocken. Der Wunsch, als „Fallschirmspringer des Vatikans" in die Sowjetunion geschmuggelt zu werden, war unter den jungen Jesuiten in den zwanziger und dreißiger Jahren so verbreitet, wie einst die Hoffnung, als Missionar nach Indien, Kanada, Japan oder China entsandt zu werden.

Sind wirklich Patres über der Ukraine abgesprungen? Wird im Russicum außer der russischen Sprache auch der Umgang mit Geheimtinte, Funkgeräten und Tarnungen gelehrt, wie es einst für den Einsatz der Patres in England geschehen war? Nicht eine einzige konkrete Meldung liegt vor, daß einer dieser „russischen" Patres von GPU oder NKWD entlarvt worden ist. Das schließt jedoch nicht aus, daß das Russicum, wie die „Prawda" schrieb, „eine Anstalt zur Ausbildung vatikanischer Agenten" war, sondern es bieten sich drei Erklärungen für das Fehlen von Fakten an:

1. Es wurden niemals Patres in die Sowjetunion geschmuggelt.

2. Es wurden doch Patres in geheimer Mission losgeschickt, sie waren jedoch so gut auf ihre Aufgaben vorbereitet, daß nicht einer von ihnen enttarnt werden konnte.
3. Es wurden zwar geheime Missionare überführt, aber zwischen dem Orden und dem Kreml gab es eine Geheim-Absprache, nichts davon an die Öffentlichkeit dringen zu lassen.

Schwer zu entscheiden, welche der drei Versionen die wahrscheinlichste ist oder ob es vielleicht noch andere Erklärungen gibt. Gerüchte und Behauptungen haben es nun einmal an sich, umso langlebiger zu sein, je weniger Beweise dafür erbracht werden können. Ein Gerücht dieser Art will seit den zwanziger Jahren nicht verstummen: Angeblich kursierte 1918 in Diplomatenkreisen ein Schriftstück mit Überlegungen, die zu kühn waren, um nicht beachtet und zu realitätsfremd, um ganz ernst genommen zu werden. In dieser Studie soll angeregt worden sein, alle katholischen Länder in Mittel- oder Osteuropa zu einem Staatenbund zusammenzuschließen. Also: Bayern, Österreich, Slowakei, Böhmen, Polen, Ungarn, Kroatien — alle vereint in einer katholischen Föderation. Der Zweck dieses Zusammenschlusses war klar: er sollte ein Sperrgürtel sein, der das Einsickern des Bolschewismus nach Europa verhinderte, und außerdem würde das protestantische Deutschland durch einen solchen katholischen Mächteblock daran gehindert, zu übermütig zu werden.

Und von wem stammte angeblich dieses phantasievolle Arbeitspapier? Vom Jesuitengeneral Ledòchowski. So ganz unglaubhaft klang das nicht, in einer Zeit, in der Rom — wahrscheinlich in Unterschätzung des russischen Bolschewismus — sich an Geheimaktionen beteiligte, die aus der Fließbandproduktion von Kolportage-Autoren stammen könnten. Auch bei diesen Kommando-Unternehmen waren (natürlich!) Jesuiten maßgeblich beteiligt.

Der Held der haarsträubendsten dieser Hintertreppen-

Aktionen in den zwanziger Jahren ist der französische Jesuiten-Pater Michel d'Herbigny. Im „Jesuitenlexikon" von Ludwig Koch SJ sind ihm 76 Zeilen gewidmet. Zum Vergleich: zwanzig Zeilen gibt es durchschnittlich pro Stichwort. Père Michel erhielt also mehr als das Dreifache und das, obgleich er 1934 beim Erscheinen des Lexikons noch lebte! In dieser Lexikonnotiz wird der französische Pater als vielbelesener Mann vorgestellt, seine Ämter und die Titel seiner Veröffentlichungen werden aufgezählt. Nichts Ungewöhnliches in seiner Vita, nur Eingeweihten fällt auf, daß die literarische Produktion des Patres 1927 ganz plötzlich versiegt. Mit „Pâques 1926 en Russie" („Ostern 1926 in Rußland") endet die Bibliographie. Hat der Pater danach nichts mehr geschrieben? Oh doch! Er durfte es nur nicht veröffentlichen! Auch objektive Nachschlagwerke muß man zwischen den Zeilen zu lesen verstehen.

Über das, was das Leben dieses Jesuiten-Paters so interessant macht, heißt es in der Lexikonnotiz: „... 1925 sandte ihn der Papst nach Rußland und erhob ihn zwecks Erleichterung seiner Verhandlungen mit russischen Bischöfen zum Titularbischof von Ilion. Die Erlaubnis zur Einreise nach Sowjetrußland, 1922 verweigert, weil er sich in dem Prozeß des Patriarchen Tychon von Moskau für diesen verwandte, verschaffte dem Prälaten 1925 die päpstliche Diplomatie." Das ist nicht falsch, aber es ist auch nicht die ganze Wahrheit, sondern nur deren Schokoladenseite. Folgt man den Ermittlungen, die der englische Historiker David Mitchell 1980 über den Fall Père Michel vorlegte, dann hat sich folgendes zugetragen:

Im Frühjahr 1926 wird in der Apostolischen Nuntiatur in der Rauchstraße zu Berlin der 45jährige französische Jesuitenpater Michel von Monsignore Eugenio Pacelli, Nuntius beim Deutschen Reich*, unter strengster Geheimhaltung − nur ein einziger Zeuge ist anwesend − zum

---
* 1939 als Pius XII. zum Papst gewählt.

Titularbischof von Ilion (Troja) geweiht. Diese Weihe ist Voraussetzung für eine geheime Mission des Paters: er soll in Moskau Priester der katholischen Kirche die Bischofswürde verleihen und alles unternehmen, um die 1 1/2 Millionen russischer Katholiken in ihrem Glauben und damit im Widerstand gegen die Bolschewiki zu stärken.

Die Idee zu diesem Unternehmen stammte von Pater Michel selbst, der gute Voraussetzungen für diese Aufgabe mitbrachte: er sprach fließend französisch, deutsch und russisch, war ein profunder Kenner der griechisch-russischen Orthodoxie und hatte 1918 der französischen Armee so „nützliche Informationen" über die geplante deutsche Offensive geliefert, daß er für seine Spionagetätigkeit den Orden der Ehrenlegion verliehen bekommen hatte.

Der Jesuitengeneral hielt nichts von diesem Vorhaben, mußte es aber dulden, da Pius XI. sehr daran gelegen war. Offenbar wurde Pater Michel bereits bei der Einreise von GPU-Agenten beschattet, die in Moskau jeden seiner Schritte überwachten und seine Verbindung zum französischen Botschafter Herbette aufdeckten, was zu diplomatischen Spannungen zwischen Paris und Moskau führte. Doch gegen Pater Michel selbst wurde nichts unternommen! Er konnte drei Bischöfe in Moskau weihen und unbehelligt nach Rom zurückkehren, wo er angeblich 1929 die Leitung des Russicum übernahm. Eine Tatsache, die das sonst so exakte „Jesuitenlexikon" verschweigt, während sie in Presseberichten immer wieder behauptet wurde. Was immer Père Michel in Rom leitete, er bekam Informationen aus der Sowjetunion rascher und direkter als andere.

Was er hörte, war nicht erfreulich: zwei der drei von ihm geweihten Bischöfe waren inzwischen in Straflager eingeliefert worden, viele katholische Priester, zu denen er Kontakt gehabt hatte, verhaftet. Er war viel zu leichtfertig vorgegangen.

Auch in Rom operierte der französische Pater mit der gleichen Sorglosigkeit wie bisher. Zwar konnte das meiste unter den breiten diplomatischen Teppich gekehrt werden, aber es war abzusehen, wann Pater Michels Leichtsinn nicht mehr vertuscht werden konnte. Zeitpunkt, Grund und Urheber der Enttarnung des Bischofs von Ilion, Jesuiten-Paters und Leiter des Russicums sind unter den vielen Ungereimtheiten dieser Top-Secret-Affäre das Unverständlichste: auf ausdrücklichen Wunsch Pius XI. erschien im vatikan-offiziellen „Osservatore Romano" die Meldung, daß der Bischof von Ilion eine Pontifikal-Messe in Moskau gelesen hatte. Damit war Pater Michels Geheimnis – sein episkopaler Status – gelüftet, und die Presse übertraf sich in immer neuen Enthüllungen über die streng geheime Tätigkeit des Jesuiten-Paters in Moskau.

Ordensgeneral Ledòchowski, der das ganze Unternehmen von Anfang an mißbilligt hatte, durfte nun aktiv werden. Er sorgte dafür, daß der Pater vor ein Kirchengericht kam. Damit die Angelegenheit auch gleich in der richtigen Art und Weise behandelt wurde, übernahmen zwei Jesuiten den Vorsitz. Die Verhandlungen bestätigten, was alle Beteiligten schon wußten: Pater Michel war mit sträflicher Naivität vorgegangen. Am Rande – und da scheint die GPU einiges aus ihrem Dossier über Pater Michel dem Gericht zugespielt zu haben – wurden auch andere Aktivitäten des agilen Franzosen bekannt: Père Michel war bei einigen russischen Damen als begabter Liebhaber sehr geschätzt gewesen; mindestens mit einer von ihnen hatte er ein Kind.

Über die Fehler und das Versagen des Paters gab es keinen Zweifel, doch über seine Beweggründe war man sich uneins. Die Vermutungen schlugen Purzelbaum: er war ein verkappter Sowjet-Agent, seine Triebfeder war die Eitelkeit, er hatte alles nur getan, um der katholischen Sache zu schaden, er war geistesgestört. Wichtiger als eine Klärung seiner Motive war dem Orden und der Kurie, die Angelegenheit so rasch wie möglich aus dem Blickfeld der Öffentlichkeit zu ziehen. Die Richter einigten sich auf die Formel, daß Michel d'Herbigny weder ein waschechter Verräter noch ein diagnostizierter Geisteskranker sei, aber wahrscheinlich von jedem ein bißchen.

Pater Michel wurde abgeschoben. Mit einem feinen Sinn für Pointen in jene Mission, die er in seinem ersten Entwurf für seine Rußland-Mission als Tarnziel genannt hatte: China. Ob er dort mit einem anderen französischen Jesuiten zusammentraf, der ebenfalls in dieser Zeit nach China „gesandt" worden war, ist nicht bekannt. Dessen Name: Pierre Teilhard de Chardin.

Die letzten zwanzig Jahre stand Michel unter Hausarrest in belgischen und französischen Jesuiten-Häusern. Er war – nach seinen eigenen Worten – „lebendig begraben". Von den zahlreichen Manuskripten, die er verfaßte, durfte nicht eines erscheinen. Vielleicht, wenn eines Tages der Orden seine Archive öffnet und die Manuskripte freigibt, wird die ganze Geschichte dieses bewegten Lebens besser überschaubar sein. Mein Versuch, mehr über diesen Pater zu erfahren oder eine Bestätigung der Angaben des englischen Historikers zu erhalten, war nicht sehr erfolgreich. Diese Informationen erhielt ich vom Archivar der Oberdeutschen Provinz der Gesellschaft Jesu:

„Michel d'Herbigny war Orientalist. Seit Ende 1926 bis 1937 steht er als Bischof in den Katalogen des Ordens. Er war also über 10 Jahre als Bischof im Katalog, keineswegs geheim, bis der General aktiv wurde. Von Dezember 1926 an war er Rektor im Orientalischen Institut in Rom, nicht im Russicum, das ein Wohnkolleg ist. (1979: elf Studenten!) Er war bis 1932 Rektor des Orientalischen Instituts, dann dessen Ehrenpräses. Für eine Reise nach China ist keine Zeit im Lebenslauf. Da Pater d'Herbigny immer Schriftleiter einer Zeitschrift war, die ich aber nicht besitze, käme es mir komisch vor, wenn er nicht mehr geschrieben hätte."

Da steh ich nun, ich armer Tor und bin so klug wie zuvor! Vielleicht gibt dieses Buch den Anstoß, daß der Vatikan auch zu diesem Fall Einsicht in die Dokumente gewährt.

Über das Ende von Pater d'Herbigny sind sich Orden und weltliche Historiker einig: Michel d'Herbigny starb – von der Welt vergessen – 77jährig am Heiligen Abend 1957 im Jesuiten-Heim Aix-en-Provence. Auf seinem Grabstein steht lediglich „Pére Michel". Der Titel „Bischof von Ilion" fehlt ebenso wie die beiden elitären Buchstaben SJ hinter seinem Namen.

Für das, was sich die Kirche und die Gesellschaft Jesu in den zwanziger Jahren an Aktionen im Großen wie im Kleinen leisteten — dafür zwei Beispiele:

Im Großen: Als Gandhi 1924 in Europa um Verständnis für die Nöte seines Volkes bat, hatte Pius XI. keine Zeit ihn zu empfangen...

Im Kleinen: Im gleichen Jahr machte der deutsche Jesuiten-Pater Robert von Nostitz auf einer Tagung in Innsbruck den Vorschlag, die Bibeltexte dadurch attraktiver zu gestalten, daß man das Reich Christi nicht mehr mit dem Reich eines weltlichen Fürsten oder Königs vergleicht, sondern — Originaltext Pater Nostitz —: „daß an die Stelle jenes Königs eine auch heute noch wirksame Führergestalt gesetzt werde". Das sollte man lieber nicht konsequent weiterdenken...

Bis zur Enzyklika „Quadrugesimo anno" von Pius XI. 1931 traf nichts, was die katholische Kirche an Erklärungen abgab den Nerv der Zeit, nämlich die Auseinandersetzung zwischen Kapitalismus und Sozialismus. 1931 wurde zum ersten Mal in einer Enzyklika nicht nur das Recht auf Eigentum betont, sondern auch die Pflichten, die dem Eigentümer der Gemeinschaft gegenüber erwachsen. Daß der Papst neben dem Recht auch die Pflichten betonte, die durch Besitz entstehen, ist unter anderem das Verdienst eines deutschen Jesuiten-Paters, der bei dieser und vielen der folgenden Enzykliken zu sozialen Fragen zum Beraterkreis gehörte: Pater Oswald v. Nell-Breuning. Nicht nur der Heilige Vater, auch Politiker und Gewerkschafter wußten seinen Rat zu schätzen.

Wie genau diese Sozial-Enzyklika jene Probleme getroffen hatte, die die Menschen in jenen Jahren bewegten, zeigte die Reaktion der Kommunisten, die bisher glaubten, alles was zum Thema Sozialismus gehört, in Erbpacht zu haben. Da sie diesen Ausführungen nichts entgegenzusetzen hatten, griffen sie zu einem Vergleich, den sie immer zur Hand haben, wenn ihnen die Argumente ausgehen: „Christlicher Sozialismus ist die heimtückischste Form des Faschismus." Sie hatten damit eine Ideologie zitiert, die in den nächsten Jahrzehnten für die Gesellschaft Jesu gefährlicher werden sollte als der Kommunismus. Der Faschismus war es aber auch, durch den die Jesuiten wachgerüttelt wurden und die ersten Schritte zu einem neuen Selbstverständnis taten.

Wieviel Divisionen hat der Papst?
oder
Die Jesuiten in Diktaturen bis 1945

Nach dem „Marsch auf Rom", der Mussolini und seine Schwarzhemden 1922 an die Regierung brachte, liefen die Kontakte zwischen dem Duce und dem Papst über den Jesuiten-Pater Tacchi-Venturi. Er behielt diese Vermittlerposition bis zum Ende der faschistischen Diktatur in Italien. Der diplomatische Jesuiten-Pater soll 1929 auch maßgeblich am Abschluß der Lateran-Verträge beteiligt gewesen sein, durch die dem Papst die volle Souveränität über die vatikanische Stadt zuerkannt und damit die „Römische Frage" gelöst wurde. Auch die Verträge für das Konkordat, das die Stellung der katholischen Staatsreligion in Italien regelte, sind über seinen Schreibtisch gegangen. Aus den Tagebüchern des Grafen Ciano* geht hervor, daß so mancher Ausfall Mussolinis gegen die Kirche, den er in seinen Redemanuskripten konzipiert hatte, durch den Jesuiten-Pater eliminiert werden konnte.

Das Arrangement zwischen faschistischer Diktatur und Kurie kam erstaunlich rasch zustande und verlief für beide

---

* Galeazzo Graf Ciano di Cortellazo (1903 - 1944) — Außenminister und Schwiegersohn Mussolinis, beteiligte sich 1943 an dessen Sturz. Er wurde am 11. Januar 1944 in Verona erschossen.

Seiten zufriedenstellend. Stalin schien mit seiner ironischen Frage: „Wieviel Divisionen hat der Papst?" auch für Italien recht zu behalten. Die Kirche war kein Gegner, den ein Diktator ernst nehmen mußte.

Nach dem Muster dieser italienischen Lösung mag sich die katholische Kirche in den ersten Jahren nach der Machtergreifung Hitlers auch ein Arrangement mit den Nationalsozialisten vorgestellt haben. Durch das Konkordat von 1933 schien auch hier die Abgrenzung zwischen Staat und Kirche geregelt, Meinungsverschiedenheiten wurden in einem Papierkrieg ausgetragen. Katholische Intellektuelle hielten es damals für gar nicht so schädlich, daß die Kirche durch publizistische Angriffe aus ihrer Behäbigkeit aufgerüttelt wurde und Farbe bekennen mußte. Auch unter dem Hakenkreuz schien ein Nebeneinander von Kirche und Parteistaat möglich.

Wie sehr das italienische Beispiel in vielen deutschen Köpfen spukte, ist zwischen den Zeilen eines Abschlußberichts vom Eucharistischen Kongreß in Taranto (Italien) herauszulesen, der in der italienischen Tageszeitung „Corriere della Sera" erschien und von der deutschen Jesuiten-Zeitschrift „Stimmen der Zeit" abgedruckt wurde, als Beispiel für das Verhalten, „das die italienische Regierung bei festlichen Anlässen gegenüber der katholischen Staatsreligion beobachtet".

„Der Kardinal ging mit dem Allerheiligsten an Bord eines Kriegsschiffes, das die päpstliche Flagge gehißt hatte. Die höchsten Befehlshaber waren um ihn versammelt, und auf anderen Schiffen der Kriegsflotte gaben die übrigen Behörden dem eucharistischen Gott das Ehrengeleit... Ein Geschwader von Wasserflugzeugen schwebte langsam in der klaren Luft. Auf allen vor Anker liegenden Kriegsschiffen stand die Besatzung in Parade, um den Segen des vorbeifahrenden Allerheiligsten zu empfangen. An der Torpedostation stieg der Kardinal mit der Monstranz in ein prachtvolles Altarautomobil und zog, begleitet von glänzenden Abordnungen der kirchlichen und weltlichen Verwaltung, aller Truppengattungen, aller Organisationen der Faschistischen Partei... durch die... Stadt."

Kein Wort der Distanzierung über diese Mixtur aus Christentum und Waffenstolz, aus Kruzifix und Liktorenbündel. Nur eitel Hosianna für diese erstaunliche Umarmung von Kirche und Staat. Doch nicht der unkritische Hofberichterstatter-Ton ist das peinliche an diesem Artikel, sondern sein Erscheinungsdatum. Der Eucharistische Kongreß in Taranto fand 1937 statt — zu einer Zeit also, da die Nürnberger Gesetze* längst praktiziert wurden. Drei Jahre nachdem der NS-„Chefideologe" Alfred Rosenberg offiziell die Partei zum Angriff gegen die Kirchen formiert hatte. 1937 durfte, nein, mußte man von den Redakteuren einer deutschen Jesuiten-Zeitschrift erwarten, daß diese erkannt hatten, wie unbrauchbar die italienische Anpassung für die Situation in Deutschland geworden war.

Doch auch ein Ordensgelübde schützt nicht vor politischer Verblendung. Es soll deutsche Jesuiten gegeben haben, die neben einem Marienbild auch eines von Hitler an ihre Zimmerwand gehängt hatten. Offensichtlich ist auch ein Leitheft der Gestapo (Geheime Staatspolizei) über die Gesellschaft Jesu von einem Angehörigen des Ordens abgefaßt worden, zumindest waren solche Insider-Informationen die Grundlage dieser Anweisung für Gestapo-Mitarbeiter.

Auf fünf verschiedenen Wegen wurde ab 1933 von Staat und Partei alles versucht, die Arbeit der Jesuiten zu behindern:

1. *Einschränkungen und Verbote des Lehrbetriebs*
   Alle Jesuiten-Schulen (Berlin, St. Blasien, Bad Godesberg und Feldkirch) wurden geschlossen. Für das Canisius-Kolleg in Berlin hieß es lapidar: „Das Ministerium

---
* Die am 15. September 1934 verkündeten Gesetze sollten dem „Schutz des deutschen Blutes und der deutschen Ehre" dienen und „das weitere Eindringen fremdrassischen, insbesondere jüdischen Blutes in den deutschen Volkskörper" unterbinden.

hat entschieden, daß für die von Ihnen geführte Schule kein Bedürfnis mehr zu erkennen ist." Dabei lagen zu diesem Zeitpunkt mehr Anmeldungen vor als in den Jahren zuvor.

2. *Überwachung und Einstellung der Veröffentlichungen*
Das war einfach: die Papierzuteilungen für Veröffentlichungen von Jesuiten wurden niedrig gehalten, der Verkauf katholischer Literatur auf wenige Buchhandlungen beschränkt.

3. *Einschüchterung durch Verhaftung*
Der kleinste Anlaß genügte, um Jesuiten ohne Verfahren ins Gefängnis oder ins KZ zu bringen. Ein Beispiel für hunderte: Als in den Bombennächten 1944 der Pater Clemente Pereira sich als Seelsorger um die 15jährigen Luftwaffenhelfer im Raum Trier kümmerte, genügte die Anzeige des HJ-Gebietsführers, um ihn ohne Verhandlung zu verhaften.

4. *Zerschlagung der Organisation*
Die Gestapo „erfaßte" alle Jesuiten — ähnlich wie die Juden — in Spezialkarteien. Juni 1941 ordnete ein Führerbefehl an, alle Jesuiten aus der Wehrmacht zu entlassen und — wie Wehrunwürdige — als „nicht zu verwenden" einzustufen. Doch nahmen zahlreiche Kommandeure diesen Befehl nicht zur Kenntnis: so wurden von den einhundertsechsundfünfzig Patres der Oberdeutschen Provinz, die in der Wehrmacht Dienst taten, nur dreiundsechzig entlassen.

5. *Diffamierung des Ordens durch Schauprozesse*
Prozesse gegen einzelne Jesuiten wurden so aufgezogen und publizistisch ausgeschlachtet, daß jedes Verfahren — ganz gleich wie es ausging — zu einer Diffamierung des gesamten Ordens führte.

Einer dieser Prozesse, der im Krieg begann und dessen Nachspiel bis in unsere Zeit reichte, richtete sich gegen Pater Oswald von Nell-Breuning, von dem in Zusammenhang mit der Sozial-Enzyklika Pius XI. bereits die Rede war. Er mußte sich Ende 1943, als Leiter der

Verwaltung der Niederdeutschen Provinz, in München vor einem Sondergericht wegen Devisenvergehen verantworten.

Die Zeitungsberichterstattung war so abgefaßt, daß selbst gutwillige, aber nicht informierte Leser glauben mußten, hier sei einer jener vaterlandslosen Gesellen angeklagt, den die wachsame deutsche Polizei gerade noch rechtzeitig erwischt hatte, als er Millionenbeträge wertvoller deutscher Reichsmark unter der Soutane versteckt ins plutokratische Ausland zu schmuggeln versuchte. Tatsächlich warf die Anklage dem Pater anderes vor, nämlich dies: Er habe für seinen Orden Genehmigungen für Zinszahlungen nach Holland erschlichen.

Auch keine feine Jesuitenart. Man weiß ja, wie dergleichen gemacht wird: durch Vortäuschung von Schuldverbindlichkeiten an einen ausländischen Partner erschleicht man sich eine Devisenausfuhrgenehmigung. Das ist sicher damals oft und gern praktiziert worden – nur ausgerechnet in diesem Fall nicht.

Der Staatsanwalt mußte die Anklage zurückziehen, da nachgewiesen werden konnte, daß die ausländischen Schuldverpflichtungen echt waren. Also Freispruch für den Pater?! Wer das glaubt, kennt nationalsozialistische Gerichtbarkeit noch immer nicht. Das Urteil lautete auf drei Jahre Zuchthaus, 500 000 RM Geldstrafe und Ersatzeinziehung in Höhe des ins Ausland gezahlten Zinsbetrages. Und die Begründung? Pater v. Nell-Breuning wurde vorgeworfen, daß er die zur Zinszahlung zu verwendenden Beträge „aus Mißtrauen gegen den nationalsozialistischen Staat" ins Ausland „verschoben" habe. Dazu der Angeklagte v. Nell-Breuning nach dem Kriege: „So gelang es, ohne Beweisaufnahme darüber, ob wirklich dies mein Beweggrund war oder ich nicht doch die Zinsen deswegen zahlen wollte, weil es nun einmal üblich ist, seinen Verpflichtungen nachzukommen, ein vorsätzliches Devisenvergehen zu konstruieren."

Die Gefängnisstrafe blieb dem Pater wegen Krankheit erspart. So glaubte er jedenfalls bis 1946. Kein Irrtum 1946! Damals wollte der Pater zur Generalkongregation seines Ordens nach Rom reisen, doch der Beamte auf der Paßstelle sagte „Nein", zuerst solle der Pater seine drei Jahre Zuchthaus absitzen, zu denen ein deutsches Gericht ihn verurteilt hatte. Wer reisen kann, folgerte der Beamte messerscharf, kann auch sitzen. Inzwischen ist der Fall ad acta gelegt. 1950 wurde das Urteil als „Nazi-Urteil" aufgehoben. Pater von Nell-Breuning bedauerte das. Er hielt es für juristisch korrekter, wenn seine Strafe wegen erwiesener Unschuld aufgehoben worden wäre. Und damit hat er fürwahr recht.

Die Gesellschaft Jesu hat sich als Organisation in Deutschland von allen Aktionen gegen das Regime ferngehalten. Bomben legen war ihre Sache nicht, sondern ihre „Kampfmittel waren auf diejenigen beschränkt, die dem Priester ziemen: Entlarvung des Gegners in der getarnten Verwerflichkeit seiner Anschauungen und Handlungen, Entkräftung seiner Schlagworte und Argumente, Verhütung der durch ihn erstrebten sittlichen Entartung, Stärkung der Treue und gläubigen Überzeugung des katholischen Volkes in Wort und Schrift".*

Die Gesellschaft Jesu unterm Hakenkreuz

Anfang 1939 gab es in Deutschland 836 Patres der Gesellschaft Jesu. 456 waren im Ausland, meist auf Missionen, tätig, so daß dem unmittelbaren Zugriff der Nationalsozialisten 380 Patres ausgesetzt waren.

13 beschlagnahmte und eingezogene Häuser.
7 beschlagnahmte, aber nicht eingezogene Häuser.
226 aus den Häusern vertriebene Patres.

---

* Zitat aus „Mitteilungen" 1946 Nr. 110: „Die deutschen Jesuiten unter dem nationalsozialistischen Regime" von Pater Wilhelm Flosdorf.

12 Patres waren im Konzentrationslager.
3 davon starben im Konzentrationslager Dachau.
2 Patres wurden hingerichtet.
6 Patres erhielten mehrjährige Gefängnisstrafen.
20 Patres erhielten kürzere Haftstrafen.

Diese Selbstbeschränkung scheint sich die Gesellschaft Jesu nicht in allen Ländern auferlegt zu haben. In französischen Berichten ist zu lesen, daß 1941 etwa hundert Jesuiten aktiv(!) in der Résistance kämpften, von denen 12 ihren Einsatz mit dem Leben bezahlten. Wie mögen es diese Patres mit ihrem Glauben und ihrem Gelübde vereinbart haben, daß sie eben nicht nur mit den Kampfmitteln des Priesters Widerstand leisteten, sondern sich aktiv beteiligten, ohne durch einen Soldaten-Eid dazu gezwungen gewesen zu sein? Vielleicht aber sind die hundert Jesuiten der Maquis auch nur eine weitere Variante der wild wuchernden französischen Résistance-Legende.

Das Standhaftigkeit und Mannesmut in schwierigen Zeiten Menschen mehr Kraft schenken können, als dubiose Maquis-Aktivitäten — dafür ist Pater Rupert Mayer SJ, der Münchner „Männerapostel", ein Beispiel. Sein Leben ist aber außerdem typisch für die Biographie eines gradlinigen Deutschen in jener Zeit. Er wechselte von der vordersten Front im Ersten Weltkrieg zur Widerstandsfront nach 1933.

Dieser Pater, beinamputiert im Ersten Weltkrieg, war der erste Feldgeistliche, der 1915 das Eiserne Kreuz 1. Klasse bekam.

1921, zu einer Zeit als Inflation, Hunger und Hoffnungslosigkeit in Deutschland herrschten, hat er die Bahnhofsgottesdienste eingeführt. Bei vielen Kirchenmännern stieß er damit auf Ablehnung. Sie meinten, die Menschen sollten zum Gottesdienst in die Kirchen kommmen, doch Rupert Mayer ließ sich nicht beirren. Er war überzeugt: „Es wird die Zeit kommen, da werden wir die Kirchen den Menschen hinterhertragen müssen."

Nach 1933 war er einer der konsequentesten Prediger gegen den Ungeist des Nationalsozialismus. Mit so eindeutigen und klaren Worten, wie sie sich viele Gläubige von ihren kirchlichen Würdenträgern erhofft hatten.

Er war der erste deutsche Jesuit, der selig gesprochen wurde. Am 3. Mai 1987 hat ihn Johannes Paul II. „zur Ehre der Altäre" erhoben.

Prozeß, Haft, Predigtverbote, das waren die Stationen dieses Jesuiten von 1937 bis 1945. Er hielt sich nicht ans Predigtverbot, denn „die Leute würden sagen, er mache es eben wie die anderen. Wenn es ernst wird, wenn man ihm droht und mit dem Polizeistock winkt, dann hört er auf mit der Verkündigung des Evangeliums".

Erst als sein Provinzial ihn „bittet", fügt er sich, „wenn auch sehr schweren Herzens", und er fragt laut in Richtung seiner Kirche: „Wohin wäre das Christentum gekommen, wenn die Apostel sich solchem Verbot gefügt hätten?"

Bei seiner Entlassung aus dem Gefängnis Landsberg liefert er ein Beispiel, wie man auch ohne Worte Zeichen setzen kann: Als er entlassen wurde, ließ er auf dem Holztisch seiner Zelle sein EK 1.

Einen Tag vor dem Heiligen Abend 1939 wird der unbequeme Pater ins KZ Sachsenhausen eingeliefert. Als sein Gesundheitszustand sich verschlechtert, wird er im Benediktiner-Kloster Ettal interniert. Nicht aus Nächstenliebe, sondern aus Angst, ein toter Pater Mayer könne zum Märtyrer werden.

Am 11. Mai 1945 kehrt er von Krankheit gezeichnet nach München zurück, predigt wieder in St. Michael. Dort stirbt er während der Messe am Allerseelentag 1945. Er hatte recht behalten mit seinem trutzigen Ausspruch: „Ein alter einbeiniger Jesuit lebt, wenn es Gottes Wille ist, länger als eine tausendjährige gottlose Diktatur."

„Pater Mayer, typisch für ein deutsches Schicksal in jener Zeit", habe ich eine Seite vorher geschrieben. Der Satz gilt auch über seinen Tod hinaus. Denn der Pater ist zwar selig gesprochen, aber noch immer rechtskräftig vorbestraft. Bis heute ist das Urteil von 1937 nicht aufgehoben. Mehr noch, jene Juristen, die damals Pater Mayer gefragt hatten: „Glauben Sie, es ist für uns angenehm, daß wir hier sitzen müssen?" – worauf er ihnen geantwortet hatte: „Da bin ich viel lieber Angeklagter als Richter!" – jene Juristen haben im Nachkriegs-Bayern glänzende Karrieren gemacht. Wie gesagt: ein typisch deutsches Schicksal.

Zwei andere Angehörige der Gesellschaft Jesu gingen im Zweiten Weltkrieg ihres Glaubens und ihrer Gesinnung wegen in den Tod. Der eine wurde wegen Verbindungen zu Widerstandsgruppen, der andere wegen „Defaitismus" hingerichtet. Keiner von ihnen war aktiv im Widerstand, keiner von ihnen schmiedete Umsturzpläne oder bastelte Bomben. Nicht einmal Flugblätter verteilten sie. Sie standen lediglich Menschen in Gewissensnot bei, wie es ihr Amt als Priester von ihnen verlangte. In letzter Konsequenz wurden beide nur hingerichtet, weil sie Jesuiten waren. Pater Alois Grimm wurde 1944 wegen „Defaitismus" zum Tode verurteilt. Die Wahrheit war: Er wurde in eine Falle gelockt. Bei ihm erschien ein Soldat, der vorgab, sich Rat in Glaubensdingen holen zu wollen. Das Gespräch konnte nicht am politischen Alltag vorbeigeführt werden, ein offenes Wort gab das andere, und am nächsten Tag wurde der Pater verhaftet, weil er sich „defaitistisch" geäußert hatte.

Pater Alfred Delp wurde im Prozeß gegen die Männer des 20. Juli[*] zum Tode verurteilt und in Plötzensee stranguliert, obgleich die Verhandlungen ergeben hatten, daß er weder zum Kreis der Verschwörer gehört hatte, noch Mitwisser des Umsturzes war. Roland Freisler, Präsident des Volksgerichtshofs, ein Jesuitenfresser, wie er selbst unter Nationalsozialisten kaum noch einmal anzutreffen war, konstruierte rasch eine neue Begründung für das vorgefertigte Todesurteil: Ein Jesuit kann „nur aus staats-

---

[*] Am 20. Juli 1944 fand von mehreren Attentatsversuchen auf Adolf Hitler das am weitesten vorbereitete durch deutsche Offiziere und Beamte im Ruhestand statt.

feindlichen Absichten Beziehungen zu mehreren höheren Militärs haben". Das reichte 1944 für ein Todesurteil!

Den sicheren Tod vor Augen hat Alfred Delp mit gefesselten Händen seine Hingabe an den Orden, sein Bekenntnis zu den „Großen Gelübden" unterschrieben. Schweigend, wohl auch verständnislos haben seine Wärter diese Hingabe miterlebt. Eine Hingabe, die umso bewundernswerter ist, als Pater Delp durchaus nicht unkritisch seiner Kirche gegenüberstand. In der Todeszelle hat er Sätze niedergeschrieben, in denen jene Enttäuschung schwingt, mit der damals nicht nur Jesuiten, nicht nur Katholiken, sondern alle Christen fertig werden mußten: „Eine... ehrliche Kultur- und Geistesgeschichte wird bittere Kapitel zu schreiben haben über die Beiträge der Kirchen zur Entstehung des Massenmenschen, des Kollektivismus, der diktatorischen Herrschaftsformen."

Oder an anderer Stelle: „Wir sind trotz aller Richtigkeit und Rechtgläubigkeit an einem toten Punkt. Immer noch liegt der ausgeplünderte Mensch am Wege. Soll der Fremdling ihn noch einmal aufheben? Die Kirchen scheinen durch die Art ihrer historisch gewordenen Daseinsweise sich selbst im Wege zu stehen."

LETZTER BRIEF DES PATERS DELP
VOR SEINER HINRICHTUNG

2. Februar 1945

Liebe Mitbrüder, nun muß ich doch den anderen Weg nehmen. Das Todesurteil ist beantragt, die Atmosphäre ist so voll Haß und Feindseligkeit, daß heute mit seiner Verkündung und Vollstreckung zu rechnen ist. — Ich danke der Gesellschaft Jesu und den Mitbrüdern für alle Güte und Treue und Hilfe, auch und gerade in diesen schweren Wochen. Ich bitte um Verzeihung für vieles, was falsch und unrecht war, und ich bitte um etwas Hilfe und Sorge für meine alten, kranken Eltern.

Der eigentliche Grund der Verurteilung ist der, daß ich Jesuit bin und geblieben bin. Eine Beziehung zum 20. Juli war nicht nachzuweisen. Auch die Stauffenberg-Belastung ist nicht aufrechterhalten worden.

Grundthese: ein Jesuit ist a priori der Feind und Widersacher des Reiches. So ist das Ganze von der einen Seite eine Komödie gewesen, auf der anderen aber ein Thema geworden. Das war kein Gericht, sondern eine Funktion des Vernichtungswillens.

Behüt Sie alle der Herrgott! Ich bitte um Ihr Gebet. Und ich werde mir Mühe geben, von drüben aus das nachzuholen, was ich hier schuldig geblieben bin. Gegen Mittag werde ich noch zelebrieren und dann in Gottes Namen den Weg Seiner Fügung und Führung gehen. Ihnen Gottes Segen und Schutz!

*Ihr dankbarer
Alfred Delp, S.J.*

Milder, aber auch treffender als mit der Formulierung „Die Kirchen scheinen... sich selbst im Wege zu stehen" kann man die Entgleisungen beider Kirchen nicht bezeichnen. Protestantische wie katholische Würdenträger ließen jedes Gefühl für Distanz vermissen. So kam es zu Flottenparaden beim Eucharistischen Kongreß und Hakenkreuz-Fahnen in der Kirche bis hin zu bischöflichen Glückwunschadressen an den „Führer".

Die Ausrede, „nichts gewußt zu haben", zählt in diesem Falle nicht. Die kirchenfeindliche Haltung des NS-Staats war allgemein bekannt und ist nicht — wie andere Untaten — erst nach Kriegsende aufgedeckt worden.

In den letzten Kriegsjahren waren deutsche Jesuiten

nichts weiter als eine von vielen Katakombengemeinschaften der Luftschutzkeller-Generation. Aber für sie war die Zeit unter dem Hakenkreuz das Ende eines Weges, der im vergangenen Jahrhundert begonnen hatte, als die Gesellschaft Jesu sich zur Stütze jedes noch so wackeligen Thrones mißbrauchen ließ.

Als treue Söhne des Heiligen Vaters hatten sie dann schweigend, vielleicht auch kopfschüttelnd, mitangesehen, wie ihre und die protestantische Kirche allzu eilfertig Sympathien für Diktatoren zeigte, wenn sie nur scharf genug antikommunistisch waren. Die Diktatoren haben es den Kirchen böse gedankt.

Vor den Trümmern zerbombter Kirchen in ganz Europa war jeder Blick zurück, jedes Wundenlecken, vertane Zeit. Einzig die Frage zählte, welche Lehren die Kirchen – vor allem aber der einst so elitäre Orden der Gesellschaft Jesu – aus den bitteren Erfahrungen für die Zukunft ziehen würden. Ob verstärktes politisches Engagement die Folge sein müßte oder gesteigerter Glaubens-Fanatismus oder aber Resignation und Rückzug in kontemplative Abgeschiedenheit?

XIV.

„ORA IN LABORA"
oder
JESUITEN HEUTE

„Das Evangelium Loyolas war das Verhängnisvollste aller Zeiten."
(Thomas Carlyle — 1795-1881)

„Sinn und Zweck der Jesuiten ist es, das Schimpflichste als verzeihlich darzustellen und den ruchlosesten Verbrechern einen Weg zu zeigen, auf welchem sie noch immer den Frieden der Kirche erlangen können."
(Adolf v. Harnack — 1851-1930)

Geistiger Selbstmord
oder
Der Orden auf der Anklagebank

Seit den sechziger Jahren erscheint die Gesellschaft Jesu Monat für Monat in den Spalten der deutschsprachigen Zeitungen. Fast immer mit negativen Schlagzeilen, wie schon diese kleine, beschränkte Auswahl zeigt:

Kriegsdienst für Gott
(Titelstory)

                                        Der Spiegel
                                        Nr. 44/1965

Schlechte Söhne?

                                        Christ und Welt
                                        11. Oktober 1968

Der Papst mahnt die Jesuiten

                                                      Die Welt
                                          10. Oktober 1973

Gottes Garde außer Tritt
>Stern
>23. Januar 1975

Jesuiten auf Kollisionskurs
>Frankfurter Rundschau
>30. Januar 1975

Jesuiten lockern Bindung an den Papst
>Frankfurter Rundschau
>19. Februar 1975

Papst befiehlt den Jesuiten Schweigen
>Die Welt
>27. Februar 1975

Jesuiten-Selbstkritik
>Berliner Morgenpost
>23. November 1979

Jesuiten-General will abtreten
>Süddeutsche Zeitung
>6. August 1980

Loyolas unbequeme Jünger beugen
ihr Haupt, aber nicht den Geist
>Münchner Merkur
>6. Oktober 1981

Papst ernennt Aufpasser für die Jesuiten
>Süddeutsche Zeitung
>26. Oktober 1981

Werden der katholischen Elite
die Flügel gestutzt?
>ZEIT-Magazin
>28. Oktober 1981

Die Gesellschaft Jesu ohne Nordpol
>Süddeutsche Zeitung
>24./25./26. Dezember 1981

Die Gesellschaft Jesu, so oft wegen ihrer Verschwiegenheit getadelt, produziert bis in dieses Jahrzent (unfreiwillig) Schlagzeilen.

Mehr noch: Die Jesuiten, Anfang des Jahrhunderts als

konservativ-konservierende Vertreter des Ewiggestrigen verspottet, bekommen nun bescheinigt: „Die Jesuiten gehören heute zu den progressiven Kräften in der katholischen Kirche." Ein Lob, fraglos, doch die Gesellschaft Jesu wurde nicht recht froh darüber, weil es aus ungewöhnlicher Ecke kam: der Fraktionssprecher der (kommunistischen) „Partei der Arbeit" erklärte dies am 28. September 1972 vor dem Schweizer Parlament.

Sind die Jesuiten Marx näher als dem Papst? Die Frage ist provozierend, aber ganz von der Hand zu weisen ist sie nicht. Fest steht: Die Gesellschaft Jesu hat sich seit den siebziger Jahren gewandelt. An Haupt und Gliedern. Und alles beschönigende Reformgerede kann nicht darüber hinwegtäuschen, daß der Orden des Ignatius von Loyola von der schwersten Existenzkrise seiner mehr als vierhundertjährigen Geschichte heimgesucht wurde.

Bereits in der „Welt" vom 7. Juli 1973 hatte der Jesuitenpater Ludwig Volk unter der Überschrift „Die Soldaten Gottes aus dem Tritt" (ohne Fragezeichen!) vier Spalten lang sein Unbehagen über Entwicklungen in seinem Orden ausgedrückt.

Diese Flucht in die Öffentlichkeit war ein revolutionäres Novum. Öffentliche Kritik über Ordensdinge war verpönt. Nur Jesuiten, die die Gesellschaft verlassen hatten, taten dies. Genauso, wie es gegen das ungeschriebene und gerade deshalb besonders strenge Gesetz des Korpsgeistes verstieß, wenn ein Pater Kritik an einem Co-Pater übte. Dies aber geschah, auf den Volk-Artikel. Zur Verblüffung der „Welt"-Leser meldete sich bereits eine Woche später Pater Prof. Karl Rahner in einem Leserbrief zu Wort. Rahner war nicht ein x-beliebiger „Welt"-Leser, sondern mit ihm hatte die Gesellschaft Jesu den bedeutendsten ihrer Theologen auf Volk angesetzt. In 120 Zeilen verpaßte der Professor seinem Co-Pater einen Nadelstich nach dem anderen. Hier ein paar Kostproben: „im Spiegel-Stil berichtet und weithin falsch gedeutet", „einfach lächerlich", „verzerrt", „Unsachlichkeit der Darstellung", „Mangel an historischem Verständnis bei Volk, der doch Historiker sein will". Und so weiter, und so weiter. Schließlich kommt Rahner zur Sache und stellt fest: „Wir (die Jesuiten) sind nicht aus dem Schritt geraten, sondern praktizieren keinen Stechschritt mehr, der übrigens gar nicht ignatianisch war, sondern letztlich aus der kirchlichen Restaurierungsperiode des 19. Jahrhunderts stammte."

Publizistischer Schlagabtausch mit harten Bandagen. Da spürt man wenig von der „Bitte" des Ignatius: „Soviel als möglich sollen wir nach den Worten des Apostels alle das gleiche fühlen und das gleiche reden." Dieses Jesuiten-Duell mit der anschließenden Sturzflut von Leserbriefen zeigte, wie groß das Interesse an Jesuiten in unserer Gesellschaft ist, ließ aber auch ahnen, wie falsch möglicherweise die Vorstellung von der Gesellschaft Jesu als festgefügter Block sein kann.

Was wissen Zeitungsleser heute schon von Jesuiten und ihrer Arbeit? Unter Pius XII. war zumindest bekannt, daß viele Jesuiten zu seinem Beraterkreis gehörten. Die meisten waren Deutsche. Die Patres Robert Leiber und Wilhelm Hendrich zählten dazu, und die meisten Äußerungen des Papstes zu sozialen Themen konzipierte Gustav Gundlach; August Bea war sein Beichtvater. Alle hatten das Kürzel S.J. hinter ihrem Namen. Damals schien für die Kirche die Welt noch in Ordnung. Welch ein Irrtum! Pius XII. und offensichtlich auch die ihn beratenden Jesuiten glaubten, mit kleinen Gesten die großen gesellschaftspolitischen Veränderungen als Farbtupfer in das Bild des Kirchenjahres integrieren zu können, so wenn der Papst dem „Tag der Arbeit", den 1. Mai 1955, „christliche Salbung" gab, indem er aus ihm „freudigen Sinnes" „Das liturgische Fest des Heiligen Joseph, des Handwerkers" machte.

Mißtöne gab es in jenen Jahren kaum zwischen dem Heiligen Vater und dem Orden. Doch, einmal 1957! Da wurde Pius XII. energisch. Er erklärte: „Zu den überflüssigen Dingen, auf die ein Mitglied der Gesellschaft Jesu verzichten können müsse, gehöre der Genuß von Tabak."

Wie reagierten die Jesuiten? Wurden in einer Blitzaktion alle Aschenbecher aus den Ordenshäusern entfernt? Nein, die Raucher unter den Patres begannen — wahrscheinlich bei einigen Zigaretten — darüber nachzudenken, was der Papst damit gemeint haben könnte. Im Geist reinster jesuitischer Wortklabüserei kam Pater Burkhart Schneider*, Professor für Neuere Kirchengeschichte an der Gregoriana, zu der Überzeugung, daß die Äußerungen des Papstes kein Befehl waren, der unverzüglich hätte befolgt werden müssen, sondern ein Hinweis. Und zwar nur für diejenigen Patres, die allein zum *Zeitvertreib* rauchten, denn Pius XII. hatte ja ausdrücklich das Rauchen zu den „überflüssigen Dingen" gerechnet! Pater Schneider entschied: „Ich kann mir durchaus vorstellen, daß für manche das Rauchen eine gewisse Notwendigkeit ist, die sie für ihre Arbeit brauchen. Das muß jeder einzelne mit seinem Gewissen ausmachen", und rauchte weiter.

Im Kern war die Gesellschaft Jesu stockkonservativ. Stellte sich ein Pater zu freimütig den Fragen der Gegenwart, wurde er gemaßregelt; Manuskripte mußten vor Druckfreigabe dem Ordensgeneral zur Prüfung vorgelegt werden. Noch kurz vor dem Zweiten Vatikanischen Konzil 1962 — Kurzname „Vatikanum II" — konnten nur 250 Professoren-Unterschriften Jesuiten Professor Karl Rahner vor Interventionen der Glaubenswächter im Heiligen Offizium schützen. So jedenfalls schrieb der in Jesuiten-Angelegenheiten gewöhnlich gut informierte „Spiegel".
Dieses Festhalten an der alten traditionellen Linie entsprach auch der konservativen Haltung des neuen Papstes Johannes XXIII. In den Assistenzen der Jesuiten aber rumorte es. Doch erst nachdem auch die reformfreudigen Bischöfe auf dem Konzil die Oberhand gewonnen hatten, konnte sich der Heilige Vater diesem Streben nach geisti-

---

* Pater Schneider war Unteroffizier der deutschen Luftwaffe. Er gehörte zu jenen Jesuiten, die auch nach dem Führerbefehl, durch den Jesuiten für wehrunfähig erklärt wurden, von ihren Vorgesetzten weiter bei der Truppe gehalten wurden.

ger Erneuerung nicht länger widersetzen. So fanden weltnahe Überlegungen, die vornehmlich von Jesuiten vorgedacht und vorgebracht wurden, doch noch offene Ohren bei den Konzilvätern.

Erstaunlich — weil inzwischen meist vergessen — was alles an Neuerungen auf diesem Konzil diskutiert und weitgehend akzeptiert worden ist. Hier eine Auswahl aus dem Themen-Katalog:

· Kollegiale Mitverantwortung der Bischöfe. Verfechter: Karl Rahner SJ.
· Trennung von Staat und Kirche. Verfechter: John C. Murray SJ.
· Freiheit und Gleichberechtigung verschiedener Konfessionen. Verfechter: Kardinal Bea SJ.
· Außerdem wurde die Haltung zu neuen Denkformen wie dem Skeptizismus erörtert, der z.B. die Existenz Jesu in Frage stellt. Neue biologische Möglichkeiten (Pille) wurden diskutiert.

Als nach drei Beratungsjahren das Zweite Vatikanische Konzil 1965 zu Ende ging, besiegelten die Schlußkommuniques das Ende der Ära der Gegenreformation und den Beginn eines neuen Abschnitts in der Geschichte der katholischen Kirche.

Die Gesellschaft Jesu hatte mit ihren Anregungen auf breiter Front gesiegt. Es drohte ein Pyrrhus-Sieg zu werden. Denn nun, da die Kirche zu einer Kirche des Dialogs geworden war, deren Zauberformel „Ökumene"* hieß, stellte sich die Frage, wo denn in ihr der Platz für den Jesuiten-Orden sein würde. Oder, wie dessen Gegner kraß formulierten: ob für die Gesellschaft Jesu überhaupt noch ein Platz in dieser Kirche sei.

---

* Ökumene, von griech. oikein = wohnen. Bezeichnung für die Gesamtheit der christlichen Kirchen. Bis Vatikanum II. erfolgte die Zusammenarbeit der verschiedenen christlichen Kirchen nur auf persönlicher Ebene, seitdem gibt es offizielle interkonfessionale Arbeitsgruppen.

Darauf mußte die 31. Generalkongregation, das große Ordensparlament, Antwort geben. Vom 7. Mai bis 15. Juli 1965 und vom 8. September bis 17. November 1966 versammelten sich 84 Provinziale sowie je zwei gewählte Delegierte der einzelnen Provinzen in der römischen Generalkurie zur längsten und wahrscheinlich auch bedeutungsvollsten Kongregation in der Geschichte des Ordens.

In den Jahren zwischen dem Konzil und dieser Kongregation hatte es sowohl an der Spitze der Kirche wie auch an der des Ordens personelle Veränderungen gegeben: Paul VI. war 1963 Johannes XXIII. auf den Stuhl Petri gefolgt, und die Gesellschaft Jesu wählte 1965 Pater Pedro Arrupe zum Nachfolger des verstorbenen Generals Johann B. Janssens, der 18 Jahre den Orden geführt hatte. Die letzten Jahre jedoch nur noch auf dem Papier, er war zu alt für dieses schwere Amt geworden.

Mit Pedro Arrupe kam nach Ignatius zum ersten Mal wieder ein Baske an die Spitze der Gesellschaft Jesu. Der kleine Pater mit den flinken Augen hatte vor seinem Eintritt in den Orden Medizin studiert. Die Novizenzeit absolvierte er in Spanien, studierte Philosophie in Belgien und Theologie in Holland, in der angesehensten Jesuiten-Ausbildungsstätte Valkenburg. Seine Zeit als Pater verbrachte er hauptsächlich in Asien. In Japan stand er 325 Jesuiten vor, und nun war er der Obere für 33 000 Mitglieder der Gesellschaft Jesu. Der neue Mann hatte so gar keine Attribute, die in der Vergangenheit gern einem Jesuiten-General angedichtet wurden. Arrupe stellte sich vom ersten Generalstag an der Öffentlichkeit, gab Pressekonferenzen, Fernseh-Interviews und ließ seine Reden in Buchform verbreiten. Er regierte nicht hinter verschlossenen Türen, sondern suchte den Dialog mit jeden. In zwei Jahren reiste er mehr Kilometer als die letzten zehn Generale zusammen.

Die zu seiner Wahl einberufene Generalkongregation hatte sich als übergeordnetes Thema „Die vollständige Durchdringung des Ordens mit dem Geist des Vatikanum II." gestellt. Im Klartext hieß das: welche Wandlungen waren für den Orden notwendig, damit er auch in der auf dem Konzil propagierten Kirche des Dialos seine Daseinsberechtigung hatte?

Die Wandlung begann mit einer Selbstanklage. Der Orden bekannte sich im „Ökumenismus-Dekret" mitschuldig an der Zerstörung der Einheit der Christen. Das war zwar lange her, paßte aber in die neue Richtung des Konzils. Außerdem hatten die Jesuiten einen personifizierten Beweis, wie ernst es ihnen mit ökumenischen Gedanken war: der deutsche Jesuit Kardinal Bea wurde als erster Leiter des römischen Sekretariats für die Einheit der Christen bestellt. Ein Zeugnis mehr, daß aus dem scharfen Instrument der Gegenreformation ein moderater Gesprächspartner der Ecclesia semper reformanda, der sich ständig erneuernden Kirche geworden war.

Damit war die Frage, ob und wenn ja, wo der Platz der Jesuiten in der Kirche des Dialogs sei, beantwortet: ihr Platz war dort, wo die Entscheidungen getroffen wurden. Mit anderen Worten dort, wo schon immer der Platz des Ordens gewesen war.

Markantestes Beispiel für die Wandlungsbereitschaft der Jesuiten war der 47 Paragraphen umfassende Erlaß über eine Reform der Ratio Studiorum, der Studienordnung. Dieser Erlaß sah vor:

- Vorlesungen müssen nicht mehr in lateinischer, sondern können nun auch in der Landessprache abgehalten werden.
- Die Zahl der zu testierenden Vorlesungen wird verringert.
- Prüfungen dürfen wiederholt werden.

Auch im Führungsstil gab es neue Töne. Der General gestand in seiner Ansprache vor der Kongregation, daß sich der Orden in einer „Vertrauenskrise" befinde und erklärte: „Heute geht es nicht darum, das Licht zu geben, wie es früher geschah, sondern vielmehr dem Menschen beizubringen, unabhängig zu leben und ihre menschliche Persönlichkeit zu entwickeln." Das wiederum nahmen einige progressive Patres als Signal, die bestehende Ordensstruktur radikal umzukrempeln. Sie wollten, daß die strenge Vorschrift über die Zahl der Gebete und der Bußübungen, die in den Konstitutionen niedergelegt ist, aufgehoben wurde und schließlich rüttelten sie an einer der wesentlichen Grundlagen der Gesellschaft Jesu: der Gehorsamspflicht, die sie durch parlamentarisch-demokratische Abstimmungen ersetzen wollten.

Doch das Gehorsamsgelübde besteht auch heute noch uneingeschränkt. Nicht nur Paul VI. widersetzte sich den Anregungen dieser „progressistischen" Aufweichler mit Entschiedenheit.

Für die Einstellung dieses Papstes der Gesellschaft Jesu gegenüber sind die Ereignisse vom 17. November 1966, dem letzten Tag der Generalkongregation, sehr aufschlußreich.

Paul VI. erwies den Teilnehmern eine besondere Ehre: er empfing sie nicht in einer Audienz, sondern er zelebrierte vor ihnen am 17. November in der Sixtinischen Kapelle eine Messe. Am Ende des Gottesdienstes hielt er eine Ansprache, in der Anerkennung mit Kritik gepaart war. Mit einer Anspielung auf die Fresken in der Sixtinischen Kapelle, unter ihnen das Jüngste Gericht Michelangelos an der Altarwand, leitete der Papst seine Rede ein. Darauf richtete er an die Jesuiten die für sie gewiß überraschende Frage: „Wollt Ihr, Söhne des Ignatius, heute, morgen und immerdar das bleiben, was Ihr seit Eurer Gründung für die heilige katholische Kirche und für diesen Apostolischen Stuhl gewesen seid? Kann die Kirche, kann der Nachfolger Petri noch auf die Gesellschaft Jesu wie auf ihre besondere und treueste Miliz schauen?" Der Heilige Vater begründete den überraschten Patres auch, wieso er ihnen diese so ungewöhnliche Frage stellen müsse: Ihm seien über die Gesellschaft Jesu wie auch über andere Orden Nachrichten und Berichte zugegangen, die sein „Erstaunen" und seinen „Schmerz" erregt hätten. Als Beispiele führte er vier Arten von Versuchungen und Abweichungen an:

1. Die Beeinflussung des Denkens durch ein zu starkes Geschichtsbewußtsein. Das war als Hinweis auf die unterschiedliche Auffassung über die Dogmen-Entwicklung im Verlauf der Geschichte seitens der Kirche und des Ordens zu verstehen.
2. Die Zurückdrängung des meditativen Lebens durch äußere Aktivität. Originalton Paul VI., der Orden müsse lernen, endlich „zwischen den Erfordernissen der Welt und denen des Evangeliums zu unterscheiden".
3. Die Gefahr der Säkularisierung. „Vielleicht", meinte Paul VI., „hätten sich einige der Illusion hingegeben, daß die Verbreitung des Evangeliums durch die Übernahme weltlicher Lebensart erleichtert würde."
4. Die Steigerung des Gefühls der Selbstverantwortlichkeit auf Kosten der Bereitschaft zum rigorosen Gehorsam. Dies zielte auf den Fortbestand der Gehorsamspflicht. Der Papst wörtlich: „Es habe den Anschein, daß der strenge und männliche Gehorsam, das Kennzeichen des Ordens, gelockert werden solle, als ob er der Persönlichkeit und der Aktion abträglich sei."

Natürlich folgte auf diese massiven Vorwürfe ein abschließendes Lob: „Die Kirche braucht Euren Beistand; denn sie ist froh, ja stolz, ihn zu empfangen von aufrichtigen und ergebenen Söhnen, wie Ihr sie seid." Weil offenbar auch in unserer Zeit keine Ansprache an Jesuiten ohne militärische Termini auskommt, versicherte auch Paul VI., „neue Waffen seien als Ersatz für die verbrauchten geschmiedet worden mit dem alten Geist der Selbstverleugnung und der geistigen Eroberung".

Der letzte Orgelton schwang noch in der Kuppel der Sixtinischen Kapelle, da tickten bereits die ersten Meldungen über diesen handfesten und unüblichen Tadel eines Papstes an „seinen" Orden in den Redaktions-Fernschreibern.

Das Echo in der Weltpresse war ebenso groß wie unterschiedlich. Einige Zeitungen bewiesen die hohe Qualität ihres Archivs damit, daß sie nachwiesen, Clemens VIII. habe bereits 1594 den Patres der 5. Generalkongregation ins Gewissen geredet: „Um ganz offen zu sprechen: vor einem müßt Ihr Euch in acht nehmen, vor Stolz." Andere meinten, der Grund für die päpstliche Schelte läge in der hohen Meinung, die Paul VI. nach wie vor von diesem Orden hätte, deshalb reagiere er auf „Abweichungen" in dieser Elite empfindlicher, als auf ähnliche Strömungen in anderen Orden.

Schließlich stellte sich der Generalobere auf einer Pressekonferenz den Journalisten. Seine vervielfältigte Antwort wurde verteilt. Sie enthielt — wer hätte dies auch erwartet? — weder eine Entgegnung auf, noch Belege für die päpstlichen Vorwürfe, sondern lediglich die Versicherung, es handele sich bei den Fehlern und Irrtümern um Einzelfälle. Arrupe fand — auch das hatte man nicht anders erwartet — die „liebvollen und väterlichen Worte" des Papstes seien unmöglich einer Verurteilung oder einer Bestrafung gleichzusetzen; in der Sixtinischen Kapelle sei ein Vater und nicht ein Richter aufgetreten. Eine Pflichtübung in Gehorsam das Ganze.

In einem Satz versicherte Pater Arrupe, daß er die begangenen Fehler keinesfalls verteidigen wolle, aber er werde immer dafür eintreten, daß der schlimmste Fehler, nämlich die *Untätigkeit aus Furcht vor Irrtümern* auch in Zukunft in der Gesellschaft Jesu sich nicht breit machen könne. Die Reporter beachteten damals diese Erklärung nicht sonderlich. Zu Recht. Sie dürfte nicht für sie, sondern für die konservativen Kreise in der Kirche in die Presse-Erklärung aufgenommen worden sein. Zwischen ihnen und der Gesellschaft Jesu wurde die Zusammenarbeit immer schwieriger.

Die offizielle Erklärung des Ordensgenerals sollte Öl auf die Wogen der Verunsicherung gießen, der Orden selbst fand für die „seinigen" eine weniger beschwichtigende Antwort. Nach den „liebevollen und väterlichen Worten" des Papstes wählte die Gesellschaft Jesu für ihre künftige Arbeit die Devise „Für Glauben *und* Gerechtigkeit", wobei der trotzige Unterton des „und" nicht zu überhören war. Damit dies auch für extrem Schwerhörige klar wurde, hieß es in dem gleichzeitig beschlossenen Dekret „Unsere Sendung heute": „In einer Welt, in der man jetzt die Macht der sozialen, ökonomischen und politischen Strukturen erkennt und in der man deren Mechanismen und Gesetzmäßigkeiten entdeckt, ist Dienst am Evangelium auch Veränderung der Strukturen."

Solche Worte zeugten von einem neuen Selbstverständnis des Ordens, das Vitus Seibel, Vorsitzender der Provinzialkonferenz der deutschen Assistenz, auf die Formel brachte: „Wir liefern mit dem Gehorsam nicht auch das Denken ab."

Der Orden macht Inventur
oder
Die drei neuen Aufgaben der Gesellschaft Jesu

Die Philippika des Heiligen Vaters zum Abschluß ihrer 31. Generalkongregation wird für viele Jesuiten völlig unerwartet gekommen sein, denn Paul VI. hatte bereits im ersten Jahr seines Pontifikats den Orden mit drei Aufgaben – einer kurzfristigen, einer verblüffenden und einer mit Langzeitwirkung – beauftragt, so daß die Jesuiten annehmen konnten, daß er, der an der Gregoriana studiert hatte, dem Orden wohlgesonnen war.

Die Aufgabe mit „open end" war der Kampf gegen den Atheismus.

Die mit Vorrang und kurzfristig zu lösende Aufgabe war die Sichtung der gesamten Materialien, aus denen die Haltung von Papst und Kirche zu den NS-Verbrechen, besonders der Judenverfolgung, erkannt werden konnte.

Die verblüffendste Aufgabe: Wiederaufnahme der Gräberarchäologie, die seit 1940 vor allem unter der Peterskirche betrieben wurde. Verblüffend war die Vergabe dieser Aufgabe an die Gesellschaft Jesu vor allem deshalb, weil Jesuiten noch unter Pius X. (1903-1914) den Vorwurf einstecken mußten, sie gingen Glaubensdingen, wie beispielsweise die Urheberschaft der Bibeltexte, zu wissenschaftlich-modernistisch an.

Vor allem aber war diese Aufgabe heikel, denn sie betraf auch jenes „besonders verehrte Grab", womit jener Grabraum gemeint war, in dem 315 angeblich die Reliquien des Petrus eingemauert worden waren. Verständlich, daß Traditionalisten und Reliquien-Verehrer sehr daran gelegen war, endlich die Bestätigung für die Echtheit dieser Vermutung zu erhalten. Dem Pater Engelbert Kirschbaum SJ fiel die Aufgabe zu, die Ergebnisse der archäologischen Grabungen an diesem Grab zusammenzufassen. Selbst seine Feinde — so er welche hatte — werden ihn nicht darum beneidet haben. Er löste diesen Auftrag mit jenem — ich zitiere Hermann Schreiber in seiner „Geschichte der Päpste" — „vorbildlichen, wissenschaftlichen Skeptizismus, der die vielen heute wissenschaftlich tätigen Jesuiten immer noch auszeichnet, ihnen aber auch schon so manchen Angriff aus anderen Bereichen des Klerus eingetragen hat, nicht zuletzt auf dem großen Vatikanischen Konzil".

Das Fazit, das Kirschbaum in seinem ausführlichen Untersuchungsbericht zieht, paßt nahtlos zu dem unverbindlichen Stil der Jesuiten-Berichte vergangener Jahrhunderte: „Es ist gewiß eine große Verantwortung, irgendwelche Gebeine als die des heiligen Petrus auszugeben. Doch dürfte es keine geringere Verantwortung bedeuten, die echten irdischen Reste des Apostelfürsten achtlos beiseite zu schieben... Ein endgültiges Wort darüber zu sagen ist wahrscheinlich bei der Lage der Dinge, wie sie ist, überhaupt nicht mehr möglich."

Parallel zur Untersuchung dieser über anderthalb Jahrtausende zurückliegenden Fakten verlangte Aufgabe Nr. 2, die Klärung zeitgeschichtlicher Fragen. Mit dem Auftrag,

NS-Verbrechen aus kirchlicher Sicht zu untersuchen, brach Paul VI. mit einem ungeschriebenen Gesetz der Kurie: Papst-Dokumente durften bis dahin frühestens hundert Jahre nach den Ereignissen veröffentlicht werden. Doch Paul VI. lag die Klärung der Haltung Pius XII. während des Krieges so sehr am Herzen, daß er deren Veröffentlichung veranlaßte.

Ein weiterer Grund für die unübliche Eile, die der Vatikan bei der Veröffentlichung dieser Dokumente entwickelte, dürfte der Erfolg eines Theaterstücks gewesen sein, das in jenen Jahren die Gemüter erhitzte: Rolf Hochhuths „Der Stellvertreter", in dem das Schweigen von Pius XII. zu der Judenverfolgung behandelt wird. Presse und Publikum verlangten nach einer Antwort, was an den darin erhobenen Vorwürfen den Tatsachen entsprach.

Der jugendliche Held des Dramas ist der Jesuiten-Pater Riccardo Fontana. Aufgerüttelt durch Judenverfolgung, die er in Berlin erlebt, läßt er sich anstelle eines Juden nach Auschwitz transportieren, nachdem alle seine Bemühungen gescheitert sind, den Papst zu einer öffentlichen Verurteilung der „Endlösung" zu bewegen.

Historisches Vorbild ist der Berliner Dompropst Bernhard Lichtenberg, von dem, wie von Pater Maximilian Kolbe, dem Konventualen aus Polen, ähnlicher Opfermut bezeugt ist. Von keinem Jesuiten-Pater ist dies bekannt. Aufschlußreich, daß Hochhuth diese Haltung und Tat auf einen Jesuiten-Pater projiziert. Der Gesellschaft Jesu war eben immer noch alles zuzutrauen. Positives wie Negatives.

Kaum eine Stadt, in der das Stück nicht aufgeführt wurde, Rom ausgenommen. Am Tiber wurde es verboten. In der Stadt des Gehenkten spricht man nicht gern vom Strick. Seltsam, daß ein so erfolgreiches Stück wie „Der Stellvertreter" nie verfilmt wurde. Traute sich keiner an das heiße Eisen? Aber nein! Die Filmrechte an diesem deutschen Stück hatte schon sehr frühzeitig eine französische Produktion erworben. Und bei der blieben sie dann auch. Unverfilmt. Hony soit qui mal y pense.

In Erfüllung dieses päpstlichen Auftrags prüften die vier Jesuiten — Pierre Blet (Frankreich), Robert A. Graham (USA), Angelo Martini (Italien) und Burkhart Schneider (Deutschland) — jedes Stück Papier, sämtliche päpstlichen Briefe, alle Gesprächsnotizen sowie Eingaben der deutschen Reichsregierung, die Sendeprotokolle von Radio Vatikan, vertrauliche Informationen aus dem Ausland und was noch alles archiviert worden war. Bereits 1967 lagen drei der auf zehn Bände konzipierten „Akten und Dokumente des Heiligen Stuhls, den Zweiten Weltkrieg betreffend" vor. Einige der 606 Dokumente ließen bereits erkennen, daß Pius XII. doch genauer über die NS-Verbrechen informiert gewesen sein dürfte, als man bis dahin annahm.

Die Tatsachen waren damit veröffentlicht — die Ursachen jedoch blieben unberücksichtigt. Sie waren nicht Gegenstand der Aufgabe. Die Ursachen liegen weit zurück. Judenfeindlichkeit hat im Christentum Tradition. Schon die erste Christengeneration war antijüdisch, und Martin Luther forderte 1543 in seiner Schrift „Von den Jüden und ihren Lügen" sogar, „daß man ihre Synagogen oder Schulen mit Feuer anstecke, und was nicht verbrennen will, mit Erde überhäufe und beschütte, daß kein Mensch einen Stein oder Schlacke davon sehe ewiglich".

Um in unserem Jahrhundert solche Entgleisungen herunterzuspielen, propagierten Theologen die Bezeichnung „Antijudäismus" für die glaubensmäßige Gegnerschaft zum Unterschied vom rassisch-biologischen Antisemitismus. Doch hat sich weder der Ausdruck noch diese graduelle Differenzierung durchgesetzt, und auch die Behauptung ist kaum zu widerlegen, daß die Saat des europäischen Antisemitismus ohne den christlichen Antijudäismus als Nährboden nie derartig ausgewuchert wäre, wie es unter den Nationalsozialisten geschah.

Schlimme geistige Klimmzüge wurden während der NS-Zeit unternommen, um die Zentralfiguren des christlichen Glaubens „reinrassisch" werden zu lassen. So schrieb der katholische Schriftsteller Alfred Mirgeler (kein Jesuit) in der Zeitschrift „Catholica" 1933, um die Jungfrau Maria zu „entjudifizieren": „War der Erlöser schon nach dem Dogma der jungfräulichen Geburt von der Vaterseite her aus dem natürlichen Verbande seines Volkes gelöst, so wurde jetzt (durch das Dogma der unbefleckten Empfängnis) diese Lösung noch einmal verstärkt betont, indem nun auch die Mutter des Erlösers herausgehoben wurde aus der (über Juden und Heiden verhängten) erbsündlichen Verderbnis und damit gerade aus der besonderen Ausprägung dieser Verderbnis im jüdischen Säkularismus."

Peinlich. Auch Hugo Rahner, Bruder von Karl und profilierter Kirchengeschichtler, der 1934 unter dem Titel „Juda und Rom" in „Stimmen der Zeit" einem völkischen Autor Nachhilfeunterricht in Geschichte erteilte, kommt nicht um Floskeln herum wie: „Nein, die Kirche war — eben um ihrer völkischen Jenseitigkeit willen — immer die treueste Hüterin der völkischen Besonderheiten, der römischen wie später der germanischen!"

Feststeht: Unter denen, die nach 1933 mit Taten Juden halfen, waren erstaunlich viele Jesuiten. Sie blieben verständlicherweise im Hintergrund, so sei wenigstens an dieser Stelle Pater Ludger Born genannt, der in Wien im Auftrag der Bischöfe eine Hilfsstelle für Juden aufbaute und unter Lebensgefahr betrieb.

Seine und seiner anonymen Helfer lautlose Tat, aber auch die Fleißarbeit der vier Jesuiten in den päpstlichen Archiven sind der vorläufige Endpunkt einer langen Entwicklung im Gegen- und Miteinander der beiden großen J's: Jesuiten und Juden. Bereits dem Sekretär des Ignatius, Juan Polanco, machten Ordensbrüder zum Vorwurf, daß er ein „Neu-Christ" sei (so nannte man damals getaufte Juden). Ignatius allerdings sah in der jüdischen Abstammung eher eine Auszeichnung: „Welch Glück, verwandt zu sein mit Christus unserem Herrn und unserer Herrin, der gesegneten Jungfrau Maria." Der französische Schriftsteller Roger Peyrefitte behauptet sogar, Ignatius sei selbst jüdischer Abstammung gewesen, ohne jedoch einen Beweis oder wenigstens Beleg dafür anzuführen.

Verbürgt ist, daß der zweite Ordensgeneral Diego Lainez jüdischer Herkunft war. Er hat es in seiner Biographie geschrieben, die Ordensannalen erwähnen es ebenfalls. 1620 fühlten sich die Patres der Ordensprovinz Toledo von diesem „Makel" eines fast vor hundert Jahren verstorbenen Generals so belastet, daß sie eigens deshalb lang und breit an ihren General Vitelleschi schrieben, sie seien überzeugt, „es würde großen Schaden anrichten und geradewegs eine Sünde sein, einen General des Ordens und einen seiner Stifter mit dieser Infamie zu brandmarken". Die Patres lieferten im gleichen Brief auch das Patentrezept mit, wie man die „Infamie" der jüdischen Abstammung tilgen könne: man brauche doch nur zu veranlassen, daß „das, was im zweiten Band der Geschichte der Gesellschaft über die Abkunft des Pater Jacob Lainez geschrieben steht, gestrichen wird". Es wurde nicht.

Diego Lainez war eine Ausnahme, in den ersten zwei Jahrhunderten war eine antijüdische Haltung innerhalb der Gesellschaft Jesu offenkundig. Niemand konnte Jesuit werden, in dessen Adern jüdisches oder maurisches Blut floß. Pater Hubert Becher schreibt 1951 in seinem Buch „Die Jesuiten", daß die Überprüfung bis auf fünf Familiengrade ausgedehnt worden sei. Ende des 17. Jahrhunderts änderte sich dies total. Jedenfalls in den Augen der Jesuiten-Gegner. Sie kreideten den Jüngern des Ignatius nicht mehr antijüdische Vorbehalte an, sondern behaupteten nun genau das Gegenteil: Jesuiten hätten die christliche Lehre durch „pharisäisch-rabbinischen Geist verunreinigt" und die klaren Sittengebote des Evangeliums durch „spitzfindige talmudistische Formeln" aufgeweicht.

Nach der Wiederzulassung der Gesellschaft Jesu unterstellten ihre Gegner ihr einmal philo- das nächste Mal antisemitische Tendenzen. Immer gerade das, was ihnen ins Konzept paßte. So warfen Gegner in Frankreich der italienischen Jesuiten-Zeitschrift „Civilta Cattolica" Antisemitismus vor (der in Artikeln zur Dreyfus-Affäre auch unverkennbar war), andererseits wußte Kaiser Wilhelm es ganz genau: „Juden und Jesuiten halten immer zusammen", so jedenfalls hat er sich Bismarck gegenüber geäußert. Kaiser Wilhelms Ansicht hielt sich auch dann noch, als er längst abgedankt hatte. Kaum ein Pamphlet gegen die Gesellschaft Jesu kam ohne die Behauptung aus, der Orden sei „ein Sammelbecken für reiche Judensprößlinge". Logisch, daß nach 1945 das Argument nicht mehr benutzt wurde.

Bei Thomas Mann dürfte mehr sein Respekt vor dem blitzgescheiten jüdischen Intellekt ihm die Feder geführt haben, als er im „Zauberberg" Leo Naphta als jüdischen Jesuiten einführt, der ebenso bestechend wie eiskalt zu argumentieren versteht.

Nach dem, was die Welt als „Endlösung" erlebt hat, wirken solche Für- und Wider-Diskussionen wie ein Streit um des Kaisers Bart. Aber sie sind nicht aus der Welt! Auch in Publikationen der sechziger und siebziger Jahre wird behauptet, getaufte Juden könnten erst seit 1946 Jesuiten werden. Höchste Zeit, dies einmal klarzustellen: Söhne konvertierter jüdischer Eltern konnten immer Jesuiten werden, doch war ein besonderer Antrag notwendig. Daß diese nicht grundsätzlich abgelehnt wurden, dafür gibt es einen bitteren Beweis aus den deutschen Ordensprovinzen: die jüdischen Namen jener Jesuiten-Patres, die unter dem Nationalsozialismus das Reichsgebiet verlassen mußten.

Wenn aus Feinden Gegner werden
oder
Jesuiten und der Atheismus

Die Langzeit-Aufgabe — Kampf gegen den Atheismus — erhielten die Jesuiten vom Heiligen Vater am 7. Mai 1965 übertragen. Nur werden sich viele der 200 Spitzen-Patres, denen Paul VI. bei einer Audienz verkündete: „Wir übertragen der Gesellschaft Jesu, der es an erster Stelle obliegt, die Kirche und die heilige Religion in schwierigen Zeiten zu verteidigen, die Aufgabe, dem Atheismus tapfer und mit allen Kräften entgegenzutreten", der Tragweite dieser Aufgabe nicht bewußt gewesen sein. Obgleich Paul VI. bereits damals keinen Zweifel ließ, wo und in welcher Form er überall Atheismus witterte, „der in unserer Zeit einmal offen, einmal versteckt, maskiert, vielgesichtig, unter dem Deckmantel des Fortschritts durch die Kultur, die Wirtschaft und die sozialen Bereiche geistert".

Auch die Öffentlichkeit nahm kaum Notiz von dieser internen Befehlsausgabe des Papstes an seine Garde. Erst vier Monate später holten Jounalisten eilig das Audienz-Kommunique vom 7. Mai aus den Archiven. Schuld daran war Pedro Arrupe. Der neue Jesuitengeneral hatte in seiner ersten Rede vor einem Konzil den Auftrag des Heiligen Vaters an die Gesellschaft Jesu zu einem Kreuzzug-Aufruf für alle Katholiken ausgeweitet. Viele der über 2 000 Bischöfe versanken in „stilles Erstaunen*", als sie hörten, wo überall Arrupe atheistische Einflüsse ausgemacht haben wollte:

Der Atheismus verfüge über eine so „perfekt ausgearbeitete Strategie", daß er „...auch die Gemüter von Gläubigen und sogar Priestern vergiftet, indem er innerhalb der Kirche das Mißtrauen, die Rebellion weckt." Nicht genug damit! Der Atheismus habe auch eine „nahezu unbeschränkte Macht in den internationalen Organisationen, in der Finanzwelt und bei den Massenmedien: beim Fernsehen, beim Film, beim Rundfunk und in der Presse".

Bald zeigte sich, daß alle Aufregungen um die Generalsrede nur ein Sturm im Weihwasser-Becken waren. Es wurde kein Aktionsprogramm für diese Jahrhundert-Aufgabe verkündet, sondern der Orden rief erst einmal nach parlamentarischem Muster Kommissionen ins Leben, die

---

* Presse-Monsignore George Higgins beschrieb mit diesen Worten das Echo auf Arrupes Rede.

herausfinden sollten, was eigentlich unter Atheismus zu verstehen sei. Das Ergebnis dieser Kommissionsarbeit entsprach weitgehend dem parlamentarischer Ausschüsse: die Patres mußten bald erkennen, daß die Vorstellungen von der Kampftaktik gegen den Atheismus von Breitengrad zu Breitengrad verschieden waren. So glaubten die slawischen Patres aus der Aufgabenstellung einen Schlachtruf gegen den Kommunismus heraushören zu können, während deutsche Jesuiten genau das Gegenteil meinten und unter Leitung von Prof. Karl Rahner SJ mit Funktionären kommunistischer Parteien („meine marxistischen Freunde") am runden Tagungstisch in Salzburg über Atheismus als Ideologie diskutierten. Zum Entsetzen der römischen Jesuiten-Zeitschrift „Civilta Cattolica", deren Redakteure sich strikt weigerten, mit Kommunisten auch nur zu sprechen.

Was ist Atheismus?

Der Kampf gegen den Atheismus ist teilweise identisch mit dem Kampf gegen die Armut, die eine der Ursachen des Auszugs der arbeitenden Klassen aus der Kirche war.
Die herrschende Ungerechtigkeit, die unter verschiedenen Formen die Würde und Rechte des Menschen als eines Bildes Gottes und Bruders Christi leugnet, ist praktischer Atheismus, ist Leugnung Gottes.

Pater General Pedro Arrupe 1965 und 1976

Kenner der Ordensgeschichte witzelten bereits, daß der Papst mit der Vergabe dieser Aufgabe an die Jesuiten den Bock zum Gärtner gemacht habe, denn den Patres hing seit Jahrhunderten der Vorwurf an, sie seien selbst die größten Atheisten, und nicht einmal Gott wisse, was sie denken und woran sie glauben.

Vielleicht wollten die Jesuiten tatsächlich diesen Auftrag in den Mühlen der Ausschüsse versanden lassen, jedenfalls geschah zehn Jahre lang nichts, dann aber erinnerte der Papst seine „Söhne" an den Kampfauftrag gegen den Atheismus. „Das ist der zeitgemäße Ausdruck Eures Gehorsamsgelübdes gegenüber dem Papst." Weitere fünf Jahre später, im Dezember 1979, mußte General Arrupe erneut seine Mitbrüder in einem Rundschreiben ermahnen, im Kampf gegen den Atheismus nicht zu erlahmen. Im zweiten Absatz dieses sieben Seiten langen Briefes heißt es verwunderlich materialistisch, den Brüdern sei „die kostbare Gabe des Glaubens *unentgeltlich* geschenkt worden". Eine Formulierung, die nicht unbedingt für die stilistische Gewandtheit des Briefschreibers spricht, denn natürlich war damit nicht Monetäres gemeint, sondern die Überzeugung, daß der Glaube nicht erworben, sondern nur geschenkt werden kann.

In diesem Brief gibt Arrupe unter anderem eine Definition des Ungläubigen, bei der sich noch vor einem Jahrhundert Jesuiten die Haare gesträubt hätten: „Man sollte", schreibt der General, „jene nicht zu den Ungläubigen zählen, die unseren Glauben an Jesus Christus zwar nicht teilen, aber Gott, den sie anerkennen, in ihren Herzen und in ihrem Leben einen Platz einräumen." Was mag der General empfunden haben, als er nach der Niederschrift dieser — ehrenswerten! — Definition in Sankt Peter zur Statue des Ordensgründers blickte, die Ignatius zeigt, wie er mit dem rechten Fuß einen Drachen — Symbol der Ungläubigen — zertritt?

Tempora mutantur... Arrupes Brief nennt die beiden Voraussetzungen für neue Wege: Offenheit und Selbstkritik, denn seiner Meinung nach ist der latente Unglaube unter Sonntagschristen mehr verbreitet als unter religiösen Splittergruppen, und er gesteht: „Wir müssen zugeben, daß wir mehr oder weniger alle, Intellektuelle nicht ausgenommen, Anfänger sind, was das neue Gebiet des Unglaubens in seiner heutigen Gestalt und in seiner weiten Verbreitung betrifft."

Und dies ist das Rezept, das der General den Anfängern in Sachen Unglauben vorschlägt: „Was wir vor allem brauchen, ist ein Wandel des Stils, der Methode, des Zugangs und des Inhalts. Um mit den Menschen, die nicht glauben oder im Glauben zweifeln, in echten Kontakt zu kommen, gilt es eine Realität zu entdecken, die vielen neu ist, und eine Sprache über Gott zu lernen, die möglichst wenig Konventionelles, Stereotypes oder Anachronistisches an sich hat, die aber an ihre lebendige Erfahrung anknüpft und ihnen auf ihre persönlichsten Fragen etwas sagen kann." Mit einem Wort: eine Jahrhundertaufgabe!

Blauer Anton statt Soutane
oder
Arbeiterpriester: geachtet und geächtet

Den ersten Schritt, um „in echten Kontakt mit Menschen, die nicht glauben oder im Glauben zweifeln" zu kommen, unternahmen einige Patres bereits unter Arrupes Vorgänger, dem Ordensgeneral Janssens. Sie zogen den „blauen Anton" an, standen Schulter an Schulter mit anderen Arbeitern an den Fließbändern der Fabriken und waren auch bei politischen und gewerkschaftlichen Demonstrationen an der Seite ihrer Kumpel zu finden. Es war die konsequente Umsetzung des benediktinischen „ora et labora"* in das ignatische „ora in labora"**, wenn dieses Wortspiel in Küchenlatein Puristen mit großem Latinum nicht zu minoker klingt.

Diese Arbeiterpriester waren ihrem Gründer näher als die meisten Generationen von Jesuiten vor ihnen. Schon als Student in Paris hatte Ignatius für Aufsehen gesorgt, als er mit drei Freunden im Obdachlosenasyl Quartier bezog und die letzten Francs, die er aus dem Verkauf seiner Bücher erzielt hatte, mit den Pennbrüdern teilte. Er und seine Freunde wurden mit Polizeigewalt ins Kollegium zurück-

---

* Bete und arbeite.
** Bete durch die Arbeit.

geholt. Später zogen Anhänger des Ignatius vor der offiziellen Ordenszulassung als Reformpriester durch Italien und hielten Tuchfühlung mit den Armen.

Für diese frühen Reformpriester wie auch für die Arbeiterpriester bestand die Gefahr, daß sie durch ihre weltliche Arbeit und Umgebung, die Ordensidee entspiritualisierten. Nicht nur Pius XII., sondern viele in der Kirche hatten kein Verständnis für diesen „Wandel des Stils". Was den einen als Hoffnung erschien, hielten andere für eine Gefahr.

Während des Pontifikats Pius XII. wurde die Arbeiterpriester-Bewegung so eingeengt, daß dies praktisch einem Verbot gleichkam. 1956 war in Deutschland das soziale Engagement einer Gruppe von Jesuiten so groß, daß das Wortspiel aufkam, die Gesellschaft Jesu sei die 17. Gewerkschaft. Anderen wieder war diese Sympathie für die Linke suspekt, und sie machten keinen Hehl daraus. Selbst die ordenseigene Zeitschrift „Civilta Cattolica" empörte sich: „Die Priester hätten nichts dabei gefunden, beim Leben unter den Arbeitern das Keuschheitsgelübde zu mißachten." Doch als im Atheismus-Kampf der Orden aufgerufen wurde, „eine Realität zu entdecken, die vielen neu" ist, standen die Arbeiterpriester wieder hoch im Kurs. Es war ein Kurs in Richtung Backbord, also nach links.

In den Berichten dieser Fabrik-Patres finden sich immer wieder sozialkritische Aspekte, so zum Beispiel, wenn ein französischer Jesuit, der neben Gastarbeitern in einer deutschen Fabrik arbeitete, im Mai 1975 notierte: „Hier in der Fabrik arbeite ich mit Türken, Italienern, Spaniern, Jugoslawen und Griechen. Deutsche Arbeiter tauchen nur wie Meteore auf: von Zeit zu Zeit lassen sie sich sehen."

Während diese Gruppen den Kampf gegen den Unglauben am Arbeitsplatz führen, suchen andere Jesuiten Zugang zu glaubensfernen Nachbarn in deren eigenen vier Wänden. So lebten bis Juni 1981 in Innsbruck drei junge Patres in einem Gebäude, das als Kaserne erbaut, als Gefängnis benutzt und nun zu Sozialwohnungen umfunktioniert worden war. Der Bericht den einer der drei 1980 im Juniheft der österreichischen Jesuiten-Zeitschrift „Entschluß" veröffentlichte, spricht weniger von der Glaubensnot dieser Hausbewohner, sondern mehr von deren sozialem Elend, in der richtigen Erkenntnis, daß Gott nicht dort zuhaus sein kann, wo Unrecht herrscht.

Verblüffende Entwicklung: Der Aufruf von Paul VI. zum Kampf gegen den Atheismus hat weltweit im Orden nicht den rechten Flügel, wie man doch eigentlich hätte erwarten dürfen, stark gemacht, sondern den linken.

Was immer aus dieser Jesuiten-Generation werden mag, weltfremd werden diese Patres nicht sein. Eher zu weltnah, sagen die Konservativen der Gesellschaft Jesu, die diese Schritte hin zum Alltag mit Sorge sehen und dann auf gescheiterte Versuche verweisen, wie jenem, als fünf Jesuiten (ein Pater und vier Fratres*) 1969 ein Fünfzimmerhaus bei München bezogen, um dort — nach eigenen Worten — als „Kommunarden" während ihrer Studienzeit zu leben.

Das Ende dieses Protestauszugs aus der „Pfaffen-Mentalität" und dem „Gettogeist" des Ordenshauses ist symptomatisch. Nicht nur für die Entwicklungen in der Gesellschaft Jesu, sondern überhaupt für diese Generation. Was als Avantgarde-Experiment begann, endete eher kleinbürgerlich: vier der fünf traten aus der Gesellschaft Jesu aus, nur der Pater kehrte in die „klerikale Atmosphäre" zurück. Er wurde Provinzial und ist heute Vorsitzender der Provinzialkonferenz der Deutschen Assistenz.

Zwei Punkte sind an diesem Experiment bemerkenswert:
1. Die Ordenskarriere dieses experimentierfreudigen Paters zeigt, daß sich die Jesuiten solchen Versuchen nach einem alternativen Lebensstil nicht verschließen.
2. Wenn einer von fünf auch außerhalb der Obhut eines

---

* Frater (lat. = Bruder): ein Angehöriger der Gesellschaft Jesu ohne Priesterweihe.

Ordenshauses den „Weg der Vier Gelübde" weitergeht, scheint mir das in dieser Zeit der Protesthaltung unter der Jugend keine so schlechte Quote.

In den USA füllen fast jede Woche Berichte über spektakuläre Unternehmungen von Jebbies — so der Spitzname für die Jesuiten — die Zeitungsspalten. Eines der bekanntesten linken enfants terribles war der Jesuiten-Pater Daniel Berringan, irischer Abstammung.

Er gehörte zu den Priestern, die in Cleveland den Bischof beim Gottesdienst unterbrachen, um gegen Kardinal Spellmans Verteidigung der amerikanischen Bombenangriffe auf Vietnam als „heilige Handlung" zu protestieren. Dazu Berringan: „Wenn alles bergab geht, dann reden Kardinäle wie Generäle, und Generäle halten Predigten und marschieren in der Kirche auf und ab."

Kardinal Spellman hatte kein Verständnis für diesen pazifistischen Jesuiten. Auf sein Betreiben, wurde Pater Berringan nach Zentralamerika „gesandt", und selbstverständlich gehorchte er, wie sich das für einen Jesuiten geziemt.

Doch Berringans Anhänger standen nicht in dieser Disziplin. Sie verlangten eine Begründung für die eilige Abreise ihres Paters. Der Funke des Ungehorsams schlug sogar in die eigenen Ordensreihen: Co-Patres drohten mit Austritt. Die Oberen mußten nachgeben, Berringan durfte nach New York zurückkehren und — auch dies vor einem Jahrzehnt noch unvorstellbar — in einer Pressekonferenz seinen Standpunkt darlegen.

Dabei blieb es nicht. Berringan hatte seine amerikanische Auffassung von „ora in actione" sehr frei in „make action" übersetzt. Von nun an lief kaum eine der spektakulären Kriegsdienstverweigerer-Demonstrationen ohne ihn. Sein Orden übte sich im intensiven Wegsehen. Dieselbe Gesellschaft Jesu, die noch wenige Jahre vorher Patres wie Leppich in Deutschland und Riccardo Lombardini in Italien wegen weit harmloserer Eskapaden Schweigen verordnet hatte, schwieg nun selbst zu Berringans und anderer Patres politischem Engagement. Schwäche? Wohl eher ein Zeichen für die Kräfteverschiebung, die innerhalb des Ordens stattgefunden hatte.

Als Berringan mit anderen Kriegsdienstverweigerern in einer Meldestelle der Army Einberufungsbefehle nach Vietnam verbrannte, wurde er verhaftet und zu drei Jahren Gefängnis verurteilt. Wenn ein solcher irischer Brausekopf hinter weltliche Gefängnisgitter muß, kann dies für seine Vorgesetzten fast eine Art „göttlicher Vorsehung" sein. Sein Provinzial ließ Berringan wissen, daß der Orden nicht bereit sei, eine Kaution zu stellen. Doch da geschah etwas Ungewöhnliches: der General der Gesellschaft Jesu, Pedro Arrupe, besuchte Berringan im Gefängnis. Das war eine Tat, die persönlichen Mut verlangte, denn ein solcher Besuch stand im Gegensatz zur offiziellen Haltung des Vatikans diesem Pater und der ganzen Richtung im Orden gegenüber. Wenn der General sich dennoch zu diesem Schritt entschloß, dann vielleicht, um zu zeigen, daß in einem sich reformierenden Orden der Sinn für Korpsgeist eine der wichtigsten Stützen gerade für Jesuiten mit unterschiedlichen Aktionsvorstellungen bleiben müsse.

Inzwischen hat Pater Berringan seine Strafe verbüßt und – sitzt bereits wieder hinter Gittern! Diesmal für länger. Mitte 1981 wurde er zu zehn Jahren Gefängnis verurteilt. Wahrscheinlich fiel die Strafe so hoch aus, weil er rückfällig geworden war: in einer Waffenfabrik hatte er Raketenköpfe mit Blut übergossen und unbrauchbar gemacht.

Also: der Orden im Aufbruch!? Eine geschlossene Phalanx, bereit die Forderungen des Generals in seinem Atheismusbrief nach „einem Leben der Armut, der Einfachheit, des restlosen Einsatzes, der Präsenz unter den Armen, des Gehorsams, der Verfügbarkeit, der Keuschheit" zu erfüllen?! Zu edel, um wahr zu sein. Längst ist die Gesellschaft Jesu kein festgefügter Kader mehr. Neben den progressiven Patres auf den Außenposten gibt es im Orden eine strikt konträre, konservative Richtung. Eine Trennung, die sich bei Äußerungen zu aktuellen Problemen sogar im Stil widerspiegelt:

So beteiligten sich in Frankreich Jesuiten-Patres an Protestdemonstrationen gegen die Neutronenbombe, während amerikanische Jesuiten in einem Gutachten trocken feststellten, daß eine H-Bombe im Grunde genommen nicht grausamer sei als eine primitive Flinte. Und Prof. Gustav Gundlach SJ, ehemaliger Rektor der Gregoriana, postulierte im Februar 1959: „Die Anwendung des atomaren Krieges ist nicht absolut unsittlich."

Auch Arrupes Forderung, sich einer neuen Sprache zu bedienen, die „möglichst wenig Konventionelles, Stereotypes oder Anachronistisches an sich hat", scheint einige konservative Patres zu überfordern. So schreibt 1951 der Jesuiten-Pater Hubert Becher den markigen Satz: „Der im Inneren bewährte Geist schickt sich auf Wunsch und Befehl des Generals an, auf dem ganzen sozialen Gebiet, das zu einem Kampfplatz geworden ist, zu wirken". Da hört doch man förmlich das Hacken-Zusammenschlagen! In einem der „Rundbriefe der Deutschen Assistenz" vom April 1981 wird sogar das Vokabular der Wehrmacht-Berichte – allerdings falsch – bemüht. In einem Referat über die Provinzialkonferenz heißt es: „Mit anderen Worten: die notwendigen „Frontverkürzungen" müssen gemeinsam überlegt werden". Gemeint ist „Frontbegradigungen". Dies Wort stand ab 1943 im Wehrmachtsbericht-Deutsch als Synonym für „Rückzug".

Zwischen dem konservativen und dem progressiven Block gibt es in der Gesellschaft Jesu, wie bei jeder großen Organisation, ein Niemandsland, das von skurrilen Außenseitern und mehr oder weniger angenehmen Einzelgängern bevölkert wird. Der deutsche Jesuiten-Pater Adolf Rodewyk zum Beispiel ist eine dieser skurrilen Persönlichkeiten. Er betätigt sich praktisch und theoretisch auf einem Gebiet, das eigentlich in keinem Jahrhundert ein Arbeitsfeld für Jesuiten gewesen ist: Pater Rodewyk versucht sich als Teufelsaustreiber. Um einen Exorzisten unter Jesuiten zu finden, muß man bis 1583 zurückgehen. Damals soll ein Pater Scherer aus einer einzigen Jungfrau 12 652 Teufel ausgetrieben haben, was Schlüsse auf die Durchschnittsgröße eines Teufels zuließe, wenn Exorzisten bei solchen Zahlen nicht lediglich auf jene Angaben angewiesen wären, die ihnen die Teufel selbst machen.

Ein anderer Einzelgänger des Ordens war offenbar vom schlimmsten aller kapitalistischen Teufel besessen, vom Teufel der Geldgier: der schweizer Pater Mario Schoenenberger, der seit 1965 Regionalassistent für die Bundesrepublik, die DDR, die Schweiz, Österreich, Holland sowie Ungarn war und damit ranghöchster deutschsprachiger Jesuit in nächster Nähe des Ordensgenerals. Eine große Karriere.

Doch 1968 muß ihn – sagen seine Co-Patres – der Teufel geritten haben. Er fand, daß er sein Studium der Volkswirtschaft und seine Erfahrungen als Exportkaufmann nicht länger brach liegen lassen dürfe und meldete sich beim damaligen Landwirtschaftsminister Höcherl (CSU) in Bonn. Dem versprach er, einen Käufer für die zweitausend Tonnen der vom Verderb bedrohten Butter aus der Überschußproduktion deutscher Kühe zu verschaffen. Er tat es allerdings nicht für Gottes Lohn, sondern bat um eine milde Millionengabe als Maklerprovision. Das Spendengeld sollte der Entwicklungshilfe zugute kommen. Als jedoch der Bundesrechnungshof um Belege über die karikative Verwendung bat, konnte oder wollte Mario Schoenenberger diese nicht vorlegen. Ein Jahr nach diesem Jahrhundert-Geschäft, bei dem es um 5,7 Millionen DM gegangen sein soll, quittierte Pater Mario Schoenenberger seinen Dienst als Assistent des Ordensgenerals und verließ die Gesellschaft Jesu. Damals brachte man seinen Austritt mit seinen Sympathien für die aufmüpfigen holländischen Patres in Verbindung, doch scheint wohl weniger der Korpsgeist als der Kontenstand für Schoenenbergers Abgang entscheidend gewesen zu sein. Vom Teufel und vom Geld war die Rede – fehlt noch – nach alter Leseart – der dritte Erzversucher: das Weib. Es ist – auch bei Jesuiten – ein Kapitel für sich.

Cherchez la femme
oder
Zölibat und „Dritter Weg"

Aus Amsterdam kamen in den sechziger Jahren Nachrichten, die den Abfall der Niederlande aus der römisch-katholischen Völkerfamilie möglich erscheinen ließen. Die Gründung einer von Rom unabhängigen katholischen Gemeinde war zum Greifen nah. Alarmstufe eins im Vatikan. Was weder das Dogma der Unbefleckten Empfängnis noch das von der Unfehlbarkeit des Papstes und Verbot der Pille bewirkt hatten, drohten die höchst privaten Probleme eines Jesuiten-Paters heraufzubeschwören.

Darum ging es: der Jesuiten-Pater und Studentenpfarrer Jos Vrijburg wollte heiraten. Er wußte, daß er selbstverständlich vorher aus der Gesellschaft Jesu austreten mußte und war nach 17jähriger Zugehörigkeit dazu bereit, aber er wollte auch mit Ehering, wenn schon nicht Jesuit, so doch Priester bleiben. Die beiden Co-Patres Oosterhuis und van der Stap unterstützten Vrijburgs Forderung. Der General reagierte scharf. Er stellte die beiden Patres vor die Wahl: entweder das Ordensgelübde der Keuschheit akzeptieren oder Austritt aus dem Orden. Die beiden Hitzköpfe blieben der Gesellschaft erhalten. Damit war für die Jesuiten die Angelegenheit erledigt, denn mit des Ex-Jesuiten Vrijburgs Alternative, entweder Priester auch mit Ehefrau zu bleiben oder Gründer einer autonomen Gemeinde zu werden, mußten sich nun Hollands Bischöfe befassen. An ihrer Entscheidung hätte der weise Salomo seine Freude gehabt: Vrijburg durfte auch nach der Trauung predigen! Allerdings mit einem kleinen, aber feinen Unterschied: er darf nicht bei einer Eucharistiefeier, einer Messe predigen. Hollands Katholiken wurden nicht gespalten, aber das Thema „Zölibat"* —

---

* Zölibat: der oder das, kirchlich angeordnete Ehelosigkeit katholischer Priester. Unter Gregor VII. 1085 verbindlich eingeführt. 1917 wurden im Codex juris canonici die alten Zölibatsvorschriften bestätigt.

ein Reizwort seit Jahrhunderten — geisterte wieder durch alle Ordensassistenzen. Amerikanische Jesuiten propagierten den sogenannten „Dritten Weg".

Nach dieser Theorie ist der „Erste Weg" das feste Zusammenleben mit einer Frau, also die Ehe. Der „Zweite Weg" ist ein Leben im Zölibat, strikt im Sinne eines Mannes, der nur mit Gott lebt. Der neue „Dritte Weg" soll Jesuiten in der Ausbildung, also den Priesteramtskandidaten, erlauben, die Freundschaft zu einem Mädchen pflegen zu dürfen. Der dritte Weg war kurz. An seinem Ende stand das kategorische Nein des Generals. Es gilt noch heute und sicher auch in den nächsten Jahrzehnten.

Doch auch der General konnte (oder wollte?) nicht verhindern, daß der hochbetagte Jesuiten-Pater Oswald von Nell-Breuning, üblicherweise Vordenker des Ordens in allen sozialen Fragen, zum Thema Fortpflanzung eine sehr normale Vermutung anstellte. Ausgerechnet in einer Broschüre mit dem Titel „Familie, Staat, Kirche — drei unentbehrliche Institutionen?" formulierte er — augenzwinkernd blauäugig —: „Die menschliche Fortpflanzung ist offenbar auch außerhalb der Ehe und Familie möglich." Wer wagte, daran zu zweifeln?!

Ein Jahrzehnt später wartete die chronique scandaleuse des Ordens mit einem Fall auf, der für die Boulevardpresse ein „gefundenes Fressen" war. Alles paßte perfekt für eine Meldung, die Auflagen in die Höhe trieb.

Schauplatz: Paris.

Hauptakteure: ein Kardinal und ein leichtes Mädchen.

Der Kardinal Jean Danielou, ein Jesuit und ein brillanter Kopf, hatte bis zum Vatikanum II Publikationsverbot, später erwarb er sich große Verdienste um die Vereinfachung der Liturgie. Doch nicht diese Leistungen machten seinen Namen publik, sondern ein dummer Zufall. Kardinal Danielou starb im Mai 1974 in der Wohnung einer Animierdame.

Ein toter Kardinal im Lotterbett einer „na Sie wissen schon" — für Skandalreporter ein Geschenk des Himmels, wenn der Vergleich nicht allzu blasphemisch klingt. Über Wochen ergingen sich die einschlägigen Blätter in Kombinationen und Andeutungen, bis eine neue „Sensation" die Kauflust der Leser stärker animierte.

Doch im Hintergrund rumorte der Fall weiter. Das muß man jedenfalls vermuten, warum sonst wäre im deutschen Assistenzrundbrief — eine ordensinterne Publikation — Nr. 14 vom Mai 1975 der amtliche Abschlußbericht der polizeilichen Untersuchungen abgedruckt worden? Dazu gab der französische Provinzial seinen Kommentar. Aus dem Kommentar erfuhr wer wollte, daß Madame ihren Beruf als Animierdame nicht in ihrer Wohnung ausgeübt habe. Also, was war sie nun? War sie Animierdame, dann kann ihr Arbeitsplatz doch nur eine Bar oder ein Nachtclub gewesen sein oder war sie eine Prostituierte? Die Antwort steht im Kommentar, allerdings versteckt: ihr Mann war drei Tage vor Kardinal Danielous Tod wegen Kuppelei verhaftet worden. Wen er verkuppelt hat, wird nicht gesagt.

An die Feststellung, Kardinal Danielou habe 3 000 Francs in der Tasche gehabt, als er Madame Santoni besuchte, knüpfte der französische Provinzial die Frage: „Wollte er ihr helfen?" und gibt sicherheitshalber auch gleich selbst die Antwort: „Das ist eine einleuchtende Hypothese. In jedem Fall steht fest, daß der Kardinal sich gelegentlich um Prostituierte und um Frauen in schwieriger Situation kümmerte."

Da weder der polizeiliche Abschlußbericht noch der Kommentar des Provinzials das Thema in Frankreich aus den Salons brachten, wurde ein Komitee gebildet, dem First-Class-Namen aus dem öffentlichen Leben angehörten. Seine Aufgabe: Klärung der Hintergründe und Entfernung des Falls aus der öffentlichen Diskussion. Letzteres gelang vorzüglich.

Auch in diesem Buch steht dieser Fall nur, weil er zeigt, wie viel ehrpusseliger sich die Gesellschaft Jesu gibt, als einst ihr Gründer. Von Ignatius stammt der Ausspruch, er würde sein Leben drum geben, wenn er dadurch auch nur die Sünden, die eine einzige Dirne in einer einzigen Nacht begeht, verhindern könnte. Steht zu hoffen, daß für Kardinal Danielou dieser ignatianische Wunsch in Erfüllung ging.

Kardinal Danielous Gang zu einer Prostituierten war ohnehin kein Seitensprung, sondern lag auf dem Weg, den Ignatius vorgezeichnet hatte. Speziell für Frauen, die Kupplern ausgeliefert oder den Lockungen von Kupplerinnen erlegen waren, hatte er ein Asyl für „gefallene Frauen" gegründet. Aus diesem „Martha Haus" wurden die reuigen Sünderinnen erst entlassen, wenn als sicher galt, daß sie in ein bürgerliches Leben zurückfinden würden. Doch sind diese Häuser seit langem in allen europäischen Ländern aufgelöst.

Bittere Pille
oder
Die Jesuiten und die Enzyklika „Humanae Vitae"

1968 mußten die Jesuiten sich einer ignatianischen Übung unterziehen, von der nicht nur sie geglaubt hatten, sie wäre längst sanft entschlummert. Die Jesuiten sollten im 20. Jahrhundert tun, was im 16. Jahrhundert selbstverständlich war: „aus schwarz weiß machen". Und sie mußten diese geistige Kehrtwendung vor den Augen von Millionen Gläubigen absolvieren, ohne dabei ihr Gesicht und ihre Glaubwürdigkeit zu verlieren. Denn dieser Loyalitätsbeweis wurde ihnen zu einem Thema abgefordert, das alle Menschen in ihrer persönlichsten Sphäre betraf: beim Verbot der Anti-Baby-Pille durch die Enzyklika „Humanae Vitae", in der Paul VI. jedem Katholiken eine künstliche Geburtenkontrolle untersagte. Viel Unverständnis und Protest waren in der gesamten katholischen Welt das Echo auf dieses Sendschreiben. Seit langer Zeit bekam ein Papst wieder einen Spitznamen: „Pillen-Paul".

Die Jesuiten-Patres, besonders jene, die in der Dritten Welt wirkten, hatten angesichts der dortigen Not und Bevölkerungsexplosion aus ihrer positiven Beurteilung einer Empfängnisverhütung durch die Pille bis dahin keinen Hehl gemacht – und nun wurde die Pille vom Heiligen Vater verdammt. Wie sollten die Patres ihren Gläubigen diesen Sinneswandel erklären? Blieben sie ihrer Auffassung treu und propagierten weiter die Einnahme der Pille, dann stellten sie sich gegen den Papst. Vertraten sie von heut auf morgen die Auffassung des Papstes, die ihrer eigenen widersprach, mußten sie damit rechnen, vor ihren Gläubigen nicht nur bei diesem Thema unglaubwürdig zu erscheinen. Was also tun? Den Jesuiten wurde die Entscheidung abgenommen. Der Ordensgeneral traf sie nicht nur für sich, sondern für die ganze Gesellschaft. In mehreren Rundschreiben „An die ganze Gemeinde" verfügte er: „Die Kritik an der Enzyklika hat da und dort einen Umfang angenommen, daß ich nicht länger zuwarten will, um noch einmal unsere Aufgaben als Jesuiten in Erinnerung zu rufen. Es kann für uns gegenüber dem Nachfolger Petri von nichts anderem die Rede sein als von verläßlichem und entschiedenem Gehorsam, der mit Liebe, Offenheit und schöpferischem Denken gepaart sein soll und keineswegs bequem und leicht ist."

Also ohne Umschweife: was der Papst sagt, gilt, die eigene Meinung ist falsch, wenn sie nicht der des Papstes entspricht. Damit auch jede Möglichkeit zum Ausweichen – Arrupe kannte seine Patres! – verriegelt wurde, sagte er auch gleich, was er unter „schöpferischem Denken" verstanden wissen wollte: nicht servile Wiederholungen des Wortlauts der Enzyklika, sondern „Bereitschaft zum intensiven Studium, um selber und für andere ihre Absicht und ihren Sinn zu finden". Wem dies noch nicht deutlich genug war, der bekam ein drittes Mal und nun ganz deutlich gesagt, daß er aus Schwarz Weiß zu machen habe: „Diese Gedanken (über das päpstliche Verbot einer künstlichen Geburtenkontrolle) mögen zunächst nicht seine eigenen gewesen sein, aber er wird deren Berechtigung im Überschreiten seiner eigenen Einsichten entdecken."

Es lohnt, den Satz noch einmal Wort für Wort zu lesen. Dann wird deutlich: er nimmt das Ergebnis des Nachdenkens bereits vorweg. Nicht „er könnte" heißt es, sondern „er wird". Widerspruch zwecklos. An solche Denkverordnung schließt sich die folgende Aufforderung zum öffentlichen Widerruf der bisherigen Meinung nahtlos an: „Keine Furcht darf uns davon abhalten, gegebenenfalls öffentlich die Änderung unserer bisherigen Meinung kundzutun."

Nach diesem brieflichem Befehl verweigerte der Orden des Gehorsams dem Heiligen Vater und seinem General die Gefolgschaft. Mehr noch: die Jünger des Ignatius waren nicht mehr bereit, die Auseinandersetzung unter sich hinter verschlossenen Türen auszutragen. Diesmal stellte sich die geistige Elite des Ordens wider Papst und General. Wort- und federführend bei diesen Exerzitien in Ungehorsam waren deutsche Jesuiten, angeführt von ihren beiden Provinziälen Krauss (München) und Ostermann (Köln).

Sie beantworteten das Schreiben ihres Generals mit einem Gegenbrief, der, bevor er nach Rom gesandt wurde, bei einer Tagung in der Frankfurter Ordenshochschule St. Georgen über einhundert Patres vorgelegt und von diesen gebilligt wurde. In diesem Schreiben wurde dem Pater General mitgeteilt, daß „die Gesellschaft Jesu nicht die Stellung einnehmen kann, die Sie uns in Ihren beiden Briefen zur Pflicht machen". Zur Begründung für diese Insubordination bezog man sich auf drei Gutachten, die führende Theologen des Ordens ihrem General – und nicht nur diesem – zugeleitet hatten.

In einem dieser Gutachten heißt es: „Wenn unterstellt wird, das vom Generalobern geforderte redliche Bemühen könne auf keinen Fall anders enden als im vorbehaltlosen Ja zur vorgetragenen Lehre, dann ist hier die Frage nach dem Verhältnis von Gehorsam und Wahrheit in aller Schärfe gestellt." Das war deutlich. Der Brief der beiden Provinziäle kommentierte diese „in aller Schärfe gestellte" Frage nach dem rechten Verhältnis von Gehorsam und Wahrheit mit dem Hinweis, daß die Überbetonung der

Gehorsamspflicht „bei Außenstehenden in den letzten Jahrzehnten abgebauten Verdacht neu bestärke, daß nicht die Redlichkeit wissenschaftlicher Forschung und das Mühen um Klärung der Sachfragen, sondern die autoritäre Weisung für den Jesuiten bestimmend ist. Dadurch ist unsere Glaubwürdigkeit in Gefahr."

Dieser Pillen-Briefwechsel zeigte:
- Die Reformbewegungen im Orden waren so stark geworden, daß es keine Geheimniskrämerei mehr gab, sondern daß Meinungsverschiedenheiten öffentlich ausgetragen wurden.
- Jesuiten waren nicht mehr bereit, bedingungslos aus Schwarz Weiß zu machen.
- Die Patres selbst zerstörten ihr Jahrhunderte altes Zerrspiegelbild, das sie als Scheuklappen-Kleriko-Intellektuelle zeigte.

Vor allem aber: Die Mitglieder der Gesellschaft Jesu waren selbstsicher genug geworden, ihren General zur Ordnung zu rufen, wenn er — wie in diesem Brief — Argumente anführte, die nicht stimmten. Arrupe hatte behauptet, die Entscheidung des Papstes sei „nicht allein auf Grund der vorgetragenen Argumente, sondern wegen des besonderen Beistandes des Heiligen Geistes verbindlich". Die Patres ließen dies Argument nicht gelten, weil die Enzyklika „Humanae vitae" eine Auslegung des authentischen Lehramtes sei, das keine unbedingte Zustimmung fordern kann, so daß der Hinweis auf den Heiligen Geist jeder Grundlage entbehre.

Zum ersten Mal probten die Jesuiten den Ungehorsam, und siehe da, auch auf diesem, für sie bisher ungewohnten Terrain, entwickelten sie sogleich Meisterschaft.

Aus Rom kamen zwei Antworten an die Kritiker der Enzyklika. Die beste kam vom Heiligen Vater. Er schwieg. Aber er schwieg so beredt, wie tausend Worte es nie hätten sein können. Es war ein Schweigen der Enttäuschung über jenen Orden, dessen Lehrer ihn an der Gregoriana unterrichtet hatten.

Die zweite Antwort kam vom Ordensgeneral. Sie war das, was man im Alltagsdeutsch einen „Rückzieher" nennt. Sein Brief, versicherte er, sei mißverstanden worden, er habe „keineswegs die wissenschaftliche und sachliche Diskussion der von der Enzyklika aufgeworfenen Fragen unterbinden wollen".

Damit waren Tür und Tor offen für Streitgespräche und Untersuchungen. Die Pillen-Enzyklika wurde zum Testfeld blitzgescheiter Auslegungen, durch die man zu beweisen suchte, daß sie „in der eigentlichen materialen Substanz falsch ist und daß man trotzdem später vielleicht sagen kann: Gott sei Dank hat die Kirche einem blinden, wilden Hedonismus* im Geschlechtsleben Widerstand geleistet". So Professor Karl Rahner SJ, der auch die Prinzipien der Antwort auf die Enzyklika formulierte, die sich 1967 die Deutsche Bischofskonferenz zu eigen machte und die als „Königsteiner Erklärung" bekannt wurde. In einem „Spiegel"-Gespräch 1968 zum Thema Pille wurde er ganz konkret:

SPIEGEL: Sie halten es für denkbar, daß eine katholische Ehefrau die Pille nimmt und trotzdem nach gewissenhafter Überlegung der Meinung sein kann, sie sei dem Papst gehorsam?
RAHNER: Ja, daß die Frau subjektiv dieser Meinung sein kann. Ob sie objektiv recht hat, ist eine andere Frage.
SPIEGEL: Aber für die Frau und für die Kirche würde es genügen, daß sie subjektiv dieser Meinung ist?
RAHNER: Ja.
SPIEGEL: Und diese Frau müßte sich nicht bei der Beichte so oft wie möglich vergewissern, daß ihre Meinung richtig ist?
RAHNER: Nein. Sie braucht nicht bei jeder Beichte darauf hinzuweisen. Dort, wo ich subjektiv, nach meinem subjek-

---

* Hedonismus (vom griech. „hedone" = Lust) ist die philosophische Lehre, daß der Mensch in allem nach Lust strebt oder streben sollte.

tiven, letztlich ja nie überspringbaren Gewissen der Überzeugung bin, richtig gehandelt zu haben, dort ist das, was ich getan habe, von vornherein überhaupt kein Gegenstand der Beichte.

Wie dieses Pillengespräch zeigt, ist es auch heute noch hilfreich, für die richtige Auslegung umstrittener Forderungen einen klugen Jesuiten zum Gesprächspartner zu haben.

Ignatius – ein sozialer Heiliger?
oder
Marx und die Gesellschaft Jesu

Kein katholischer Orden hat eine bessere Legitimation, sich mit sozialen (und sozialistischen) Fragen zu beschäftigen, wie die Gesellschaft Jesu. Sie braucht sich nur auf ihre Anfänge zu besinnen. Ignatius von Loyola muß nicht einem Zeittrend zuliebe zu einem sozialen Heiligen umfunktioniert werden, er war es. Seine klare Entscheidung von Anfang an: die Gesellschaft Jesu soll kein kontemplativer Orden sein. Er wollte, daß seine Gefolgsleute „in aller Tätigkeit Gott dienen". Während andere Ordensstifter sich durch einsame, prächtige Klöster Denkmäler setzten, entwickelte er Pläne für Bettler-Auffangstellen in den Städten, hatte bereits so moderne Ideen, wie die einer Stellenvermittlung für Arbeitslose, für alte Menschen wollte er Heime einrichten, in denen sie betreut werden konnten, und verwahrloste Kinder sollten in besonderen Heimstätten ein Zuhause finden.

Erst in den folgenden Jahrhunderten wurde die soziale Aktion des Ordens vom ersten Platz der Aufgabenliste ins letzte Viertel gedrängt. Jetzt steht sie wieder ganz oben.
Die Patres in der Dritten Welt, deren Einfluß im Orden von Jahr zu Jahr wächst, forderten erstmals in den sechziger Jahren eine „Theologie der Befreiung". Eine Glaubensrichtung innerhalb der katholischen Kirche, die bewußt das

Risiko nicht ausschließt, daß die jesuitische Mission in soziale Agitation einmünden könnte. Schärfer formuliert: Für diese Patres ist kaum ein Unterschied zwischen christlichem und sozialistischem Ideal. Noch krasser formuliert: Gelegentlich können sie Gefahr laufen, die christliche Lehre links zu überholen.

1973 läuteten im Vatikan die Alarmglocken wegen des Linkdralls in der Gesellschaft Jesu so vernehmlich, daß Paul VI. die Jesuiten offiziell vor „gefährlichen Experimenten" warnte und von „Sorgen", „Kummer" und „Unzufriedenheit" sprach, die ihm der Orden bereite. Die Kritik aus dem Vatikan wurde schließlich so massiv, daß Pedro Arrupe sich entschloß, für Anfang Dezember 1974 eine Generalkongregation nach Rom einzuberufen. Es war die 32. seit Gründung des Ordens und vierte, die nicht wegen der Wahl eines neuen Generals einberufen wurde.

Das Ganze Halt!
oder
Die 32. Generalkongregation

Thema dieser parlamentarischen Sitzung des Ordens, die vom 3. Dezember 1974 bis 7. März 1975 dauerte, war laut Ordensauskunft „Bestandsaufnahme und Diskussion der Zukunftsperspektiven". Das klang vergleichsweise harmlos. Arrupe wurde dann schon deutlicher. Er sprach von einem Auftakt zur „Reform an Haupt und Gliedern" der Gesellschaft Jesu.

Auch dieser Formulierung schien Paul VI. offenbar noch zu gefährlich. In seiner Eröffnungsansprache forderte er „Neuerung, die um ihrer selbst willen, Neuerung, die alles in Frage stellt", zu unterlassen.

Dann wurde der Heilige Vater fast beleidigend deutlich: „... Wir müssen darauf achten, daß die notwendige Anpassung nicht das eigentliche Wesen, die Identität der Gesellschaft (Jesu), beeinträchtigt... Man sollte nicht von Notwendigkeit des Apostolats sprechen, wo es sich eigentlich um Zersetzung und Verkürzung des Geistlichen handelt." Punkt. Nein, sondern noch eins an Deutlichkeit drauf: „Die Gemeinschaft mit dem Papst hat die Mitglieder der Gesellschaft (Jesu) immer erst wirklich frei gemacht." Punkt. Nein, Ausrufungszeichen!

Den 239 Patres aus 80 Ländern war klar: Nach diesem Auftakt konnte dies kaum eine Kongregation der Neuerungen werden. „Gehorsam" war das Losungswort der Stunde. Doch das Unerwartete geschah, die Teilnehmer schlugen die päpstliche Warnung in den Wind. In über tausend „Postulata" (Forderungen, Empfehlungen) wurden brisante Tagesthemen vorgetragen. Die beiden wichtigsten: Über zwei Drittel der Delegierten plädierten in einer vorläufigen Abstimmung für eine eingreifende Änderung der Struktur des Ordens.

Das Gehorsamsgelübde sollte auf alle Ordensmitglieder ausgedehnt werden, aber sich nur auf „apostolische Aufträge"* des Papstes beziehen, nicht jedoch auf eine automatische Zustimmung zu einer kirchlichen Lehrmeinung. (Wie bei der Pillen-Erklärung.) Mit anderen Worten: niemand kann gezwungen werden, etwas zu verteidigen, wovon er nicht innerlich überzeugt ist. In Fragen, die nicht Glaubenswahrheiten angehen, ist also auch eine Meinungsverschiedenheit mit dem Papst erlaubt.

Ein Antrag folgte dem anderen. Fast alle − das war spätestens nach der Eröffnungsrede des Papstes klar − mußten bei Paul VI. auf Widerstand stoßen. Damit waren sie praktisch abgelehnt, bevor sie ausgesprochen waren; denn Entscheidungen der Generalkongregation müssen vom Heiligen Vater gutgeheißen werden, damit sie Ordensgesetz werden können. Das wußten alle. Auch jene Patres, die revolutionäre Anträge eingebracht hatten. So bleibt die Frage: Warum ging die Gesellschaft Jesu damals

---

* Damit sind Sendungen und Aufgaben gemeint, die der Papst dem Orden im Interesse der Kirche aufträgt.

so entschieden auf Kollisionskurs gegen die Kurie? Geschah es lediglich aus dem Überschwang gelockerter Ordensdisziplin oder steckte Absicht hinter dieser Provokation?

Es gibt keine Antwort auf diese Frage, denn am 14. Februar 1975 ereignete sich etwas, womit niemand gerechnet hatte: Der Papst befahl den in Rom versammelten Jesuiten Schweigen. Ab sofort durfte kein Dokument und keine Erklärung über den Verlauf der Generalkongregation veröffentlicht werden. Selbst Berichte zur hausinternen Information der Jesuiten-Häuser in aller Welt blieben ungedruckt. Gleichzeitig mit diesem Veröffentlichungsverbot kam das päpstliche Nein zur geplanten Umorganisation des Ordens. Wieder einmal, und diesmal so deutlich, wie nie zuvor, machte Paul VI. keinen Hehl aus seinem Mißtrauen gegenüber einigen Entwicklungen im Orden und gleichzeitig demonstrierte er seine Entschlossenheit, auch weiterhin seine ganze Autorität einzusetzen, damit „die Gesellschaft (Jesu) angepaßt, erneuert, von neuer Lebendigkeit erfüllt" wird, aber so, daß sie „weder umgestaltet noch entstellt" wird.

Vorbei die große Freiheit, gestoppt der Mut zum Neuen und Unerprobten, der bis zur äußersten Grenze gehen sollte, wie es Karl Rahner, brillanter Kopf der Gesellschaft Jesu, gefordert hatte. Der Orden war in seine Schranken gewiesen worden. Die Parole lautete wieder einmal: Gehorchen. Der General nahm – auch für ihn gilt: wieder einmal – einen guten Teil Schuld auf sich, indem er sich der Führungsschwäche bezichtigte. Auf der Abschluß-Konferenz lieferte Arrupe ein Musterbeispiel jesuitischen Gehorsams: „Wir haben den Heiligen Vater begriffen. Alle Jesuiten müssen die Entscheidung des Papstes akzeptieren …wir sind sicher, daß der Heilige Vater die Wahrheit ist." Das war am 7. März 1975 in Rom. Die 32. Generalkongregation war zu Ende, ohne daß auch nur eine der umstrittenen Postulata das päpstliche Placet erhalten hatte. Einen Monat später schien alles wieder ins Lot gebracht. Alle Beschlüsse dieser Generalkongregation wurden gutgeheißen.

Doch trotz Übung im Gehorsam, die der General und der Orden pflicht- und gelübdeschuldig absolviert hatte, blieb für alle Jesuiten die Frage: Wie wird der Orden mit seiner nur notdürftig übertünchten Identitätskrise in den nächsten Jahren fertig werden?

Das war keine Frage, die sich jeder nur verschämt in der eigenen Zelle stellte, sondern sie wurde offen ausgesprochen. Bereits zwei Monate nach der Generalkongregation bezog Pater Friedrich Wulf in Nr. 14 des „Rundbriefs der Deutschen Assistenz" deutlich Stellung: „Die mangelnde Kommunikation und der Sprachunterschied zwischen dem Heiligen Stuhl und der Gesellschaft sind auch durch die Intervention des Papstes und den Gehorsam der Kongregation nicht behoben." Die Schwierigkeiten für die nächsten Jahre waren damit vorprogrammiert. Sie ließen nicht auf sich warten.

General-Streik
oder
Die Ära Pedro Arrupe

Genau genommen schwelten die Schwierigkeiten seit 1965. Damals war auf der 31. Generalkongregation beschlossen worden, daß von nun an ein General „aus sehr schwerwiegenden Gründen" vorzeitig von seinem Amt entbunden werden konnte. Arrupe hat dann mehrmals versucht, diese Neuregelung für sich in Anspruch zu nehmen. Die offizielle Ordensversion für seine Rücktrittsversuche: „Pater Arrupe wollte lediglich den erst jetzt möglichen Prozeß des Verzichts in Gang bringen." Arrupe selbst nennt einen anderen Grund: „Fortschreitendes Alter und dessen Konsequenzen."

Möglicherweise gab es noch einen dritten Grund: Arrupe, mehr Priester als Kommandeur, war immer auf Ausgleich zwischen den beiden Flügeln des Ordens bedacht. Oft genug saß er deshalb mit seinen Entscheidungen zwischen dem modernistischen und dem ultraorthodoxen Lager. Journalisten, die mit den Ordensinterna für gewöhnlich gut vertraut sind, spekulierten damals, die reformwütigen Anträge auf der 32. Kongregation seien nur gestellt worden, um den 73jährigen Arrupe dem Papst gegenüber in eine Situation zu manövrieren, die nur noch einen Schritt zuließ: seinen Rücktritt. Zu seinem und des Ordens Wohl.

Dafür spricht, daß auf den Tag genau drei Monate nach Beendigung der Kongregation Ludwig Volk SJ am 7. Juli 1975 in der „Welt" eine Breitseite auf Arrupe, den „Reise-General", abfeuerte: „Stärker als überliefertes Amtsverständnis scheint ihn das noch junge Berufsbild jener professionellen Aktivitätsankurbler zu inspirieren, die in mediterranen Feriendörfern der Herkulesarbeit nachgehen, mit Charme, List und Sympathie bequeme oder auch mürrische Wohlstandsurlauber zu entspannender Selbsttätigkeit zu überreden. Kein einsamer Kommandeur... also, sondern eher ein das Fußvolk aneifernder Chefanimateur ..." Harte Worte, bittere Vergleiche. Gehorsam sprach gerade nicht aus dieser herben Kritik.

Arrupe zeigte keine Wirkung. Jedenfalls nicht nach außen. Er blieb im Amt. Der Orden blieb weiter die Hefe im vatikanischen Teig, davon zeugt eine Mahnung an die Jesuiten, die Johannes Paul I. während seines kurzen Pontifikats als eines der letzten Schriftstücke 1978 abzeichnete. In ihm heißt es: „Laßt nicht zu, daß eure Lehren und Publikationen unter den Gläubigen Verwirrung und Desorientierung anrichten." Der Orden und auch sein General ließen sich nicht beirren. Sie behielten ihren Kurs in Richtung sozialer Gerechtigkeit bei. So schrieb Arrupe 1980 einen Aufsatz „Zur marxistischen Gesellschaftsanalyse", den alle Provinziale und zur Information auch alle höheren Oberen erhielten. Darin heißt es u.a.: „Das Anprangern von Mißständen ist ebenso wenig a priori sozialistisch, wie oft genug Formen des Anti-Kommunismus wenig mehr sind als Versuche, Ungerechtigkeit zu verschleiern."

Noch deutlicher wird Arrupe im folgenden Absatz: „In vielen Teilen der Welt dient heute die etablierte Ordnung... in Wirklichkeit der Unterstützung, Aufrechterhaltung und Verewigung einer realen Unordnung, einer 'institutionalisierten Gewalt' ...In einer solchen Situation kann das Eintreten für die Gerechtigkeit auch die Teilnahme an einer harten und langwierigen Anstrengung bedeuten, eine Änderung solcher Strukturen herbeizuführen."

Das war nicht mehr der knieweiche Ton der „Stützen von Thron und Altar". Hier wurde ohne wenn und aber die Möglichkeit nicht ausgeschlossen, sich an – friedlichen versteht sich – Protestaktionen und Revolutionen zu beteiligen. Unter Johannes Paul II. wurde die permanente Zerreißprobe zwischen extrem progressiven Kräften im Orden und diesem als konservativ und nicht eben ordensfreundlich geltenden Papst immer schwerer.

Wie groß die Kluft zwischen dem Heiligen Vater und seinen ungehorsamen „Söhnen" geworden war, zeigte sich für alle Öffentlichkeit im April 1980. Der Gesundheitszustand Arrupes hatte sich so verschlechtert, daß er offiziell seinen Rücktrittsentschluß bekannt geben mußte. Da der Rücktritt eines Generals nur vom Ordensparlament angenommen werden kann, begannen die Vorbereitungen für die 33. Generalkongregation.

Selbstverständlich hatte Arrupe versucht, den Heiligen Vater vor Veröffentlichung seines Rücktrittsentschlusses persönlich zu informieren. Doch Johannes Paul II. hatte keine Zeit für den Generaloberen seiner Prätorianer. Von April bis August 1980 mußte Arrupe warten, dann erst empfing ihn der Papst. Was zwischen beiden besprochen wurde, drang nicht an die Öffentlichkeit. Es gab nur eine lapidare Notiz, Johannes Paul II. habe den Generaloberen gebeten, zum gegenwärtigen Zeitpunkt vom Rücktritt abzusehen, wobei der Papst als Gründe „das größte Wohl der Gesellschaft und der Kirche" angab.

Die Kürze der Audienz spricht für sich: zehn Minuten.

Pater Arrupe, Zeit seines Lebens gehorsam, akzeptierte

auch diesen unbegreiflichen „Wunsch", die Vorbereitungen für die Rücktritts-Kongregation wurden abgebrochen, und der schwerkranke, alte Pedro Arrupe blieb im Amt bis zu jenem Augusttag 1981, da ein Gehirnschlag ihn nach 18jähriger Generalszeit für diesen Posten völlig arbeitsunfähig machte.

Damit war die Übernahme der Amtsgeschäfte durch den Amerikaner Vincent O'Keefe notwendig. Den 56jährigen hatte Arrupe als seinen Vikar* „bei Abwesenheit" bestimmt. Bereits zweimal in der Geschichte der Gesellschaft Jesu wurden Vikare später zu Generalen gewählt.** Vincent O'Keefe hatte alle Chancen, als erster Nicht-Europäer Generaloberer eines Ordens zu werden, der seine Existenz der Übertragung des abendländischen Ritterideals in Glaubensbereiche verdankt. Es kam nicht dazu. Statt der Berufung zum Generaloberen erhielt der Vikar lediglich den Franz-Xavier-Preis für Verdienste um den Orden.

Johannes Paul II. nutzte die generallose Zeit des Ordens, um den Jesuiten einen Aufpasser vor die aufmüpfigen Nasen zu setzen. Dieser Beschluß ist in der Geschichte des Ordens ohne Beispiel. Ein solcher Schritt ist in der Ordenssatzung weder vorgesehen noch jemals praktiziert worden, nach geltendem Kirchenrecht gleichwohl möglich.

Die undankbare Position eines „persönlichen Delegaten des Heiligen Vaters mit allen Vollmachten" übertrug der Papst dem achtzigjährigen Jesuiten-Pater Paolo Dezza. Zu dessen Assistenten ernannte Johannes Paul II. Pater Giuseppe Pittau, 53 Jahre, ebenfalls Italiener. Genauer: Sarde. Beide Berufungen erfolgten ohne zeitliche Begrenzung. Hauptaufgabe der beiden Patres: „In enger Zusammenarbeit mit dem Papst die nächste − 33. − Generalkongregation vorzubereiten, die für die Wahl eines Ordensgenerals notwendig ist."

---

* Vikar: in der katholischen Kirche der ständige oder zeitweilige Vertreter einer geistlichen Amtsperson.
** Giovanni Paolo Oliva war Vikar von 1661 - 1664. Anton Anderledy war Vikar von 1883 - 1887.

Die Vermutungen, was den Papst zu diesem ungewöhnlichen und die Jesuiten beleidigenden Schritt veranlaßt haben könnte, überschlugen sich.

Er sei gegen den Vikar und möglichen neuen General O'Keefe gerichtet, der mit einigen, nicht kirchenfrommen Publikationen über Geburtenkontrolle und Zölibat aufgefallen war.

Ziel dieser Bevormundung, meinten andere, sei es gar, die Wahl eines neuen Generals auf unbestimmte Zeit zu verschieben und damit den Orden seiner Spitze zu berauben.

Achtzehn deutsche Jesuiten beklagten sich in einem Schreiben beim Papst über die von ihm veranlaßte Disziplinierung ihres Ordens, der Papst antwortete ihnen und der Fall schien erledigt. Doch da wurden beide Schreiben durch eine — gezielte? — Indiskretion veröffentlicht. Einige Jesuiten sahen darin einen weiteren Versuch, die Kluft zwischen Papst und Orden zu vergrößern.

Die war eher noch größer geworden, wie ein Kommentar zu dem „Führungswechsel" in der schweizerischen Jesuiten-Zeitung „Orientierung" belegt. Dort wurden Form und Fakten der Einsetzung eines persönlichen Legaten als „schäbige und peinliche Demütigung" ihres Ordensgenerals bezeichnet. Kein Wort des Dankes habe der Papst für diesen Mann gehabt, kein Wort auch für jene Jesuiten, „die in unseren Tagen den Kampf um Glauben und Gerechtigkeit, im Osten wie im Westen mit Folter und Ausweisung, ja mit ihrem Blut bezahlten".

Inzwischen gehören Fakten, Vermutungen und Verfälschungen um die generallose Zeit der Vergangenheit an. Die Gesellschaft Jesu hat einen neuen, ihrer Regel gemäß gewählten General, und für die Alltagsarbeit gilt „business as usual". Ist dem wirklich so? Hat, wie einige meinen, der Papst eingelenkt? Zweifel sind erlaubt, verfolgt man die Ereignisse der 33. Generalkongregation, der vorläufig letzten in der über vierhundertjährigen Ordensgeschichte.

XV.

HOFFNUNG ODER GEFAHR?
oder
DIE ZUKUNFT DER GESELLSCHAFT JESU

Sint ut sunt aut non sint.
(Sie seien wie sie sind, oder sie seien nicht.)
(Clemens XIII.)

„Jesuiten — das sind kasernierte Individualisten".
(Oswald von Nell-Breuning)

Zwischen Avantgarde und Allerweltsverein
oder
Die 33. Generalkongregation

Am 27. Februar 1982 — drei Tage nach Aschermittwoch! — empfing Johannes Paul II. die 86 Provinzoberen und andere führende Vertreter der Jesuiten. Die Atmosphäre dieser Begegnung war von jener kühlen Herzlichkeit, die nichts Gutes ahnen ließ.

Der Heilige Vater kam auch bald zur Sache und wandte sich „...gegen vielfältige Tendenzen, den priesterlichen Dienst zu verweltlichen und auf eine rein philanthropische Funktion zu reduzieren".

Die Gäste des Papstes waren mit diesen, noch allgemein gehaltenen Worten vorgewarnt. Mit Recht, denn bald wurde Johannes Paul II. deutlicher: „Die Aufgabe des Priesters ist nicht die eines Arztes, eines Sozialarbeiters, Politikers oder Gewerkschafters", um fortzufahren, daß die Regeln des Katholizismus getreulich zu befolgen seien, wie sie von der Kirche definiert würden, und nicht „nach persönlichen Kriterien oder sozio-psychologischen Theorien". Dann warnte er sehr deutlich die Gesellschaft Jesu vor politischem Extremismus von rechts und links. Die Zielrichtung der Papst-Schelte am Vorabend der Generalkongregation war unschwer auszumachen: Sie richtete sich vor allem an die „Theologie der Befreiung" in Südamerika, unter deren Anhängern die Jesuiten besonders zahlreich sind. Nach der Devise dieser Basisgruppen, waren viele Patres in Armenviertel gezogen, um vor Ort durch Taten christliche Nächstenliebe zu praktizieren. Sie wußten sich damit auf der Linie, die ihr General Arrupe vorgegeben hatte und nahmen es in Kauf, daß sie von den Diktatoren der Unterstützung linksgerichteter Guerillagruppen beschuldigt wurden.

Informationen über die Papst-Ansprache erreichten die Redaktionen meinungsbildender Tageszeitungen rascher, als es dem Vatikan lieb sein konnte. Die Kommentare lagen zwischen strikter Ablehnung der Ausführung des Papstes, der – so einer der Leitartikel – jene Jesuiten zurückpfeifen wolle, „die verhindern wollen, daß die Kirche wieder einmal die soziale Befreiung ausgebeuteter Volksmassen verschläft".

Die „Süddeutsche Zeitung" vom 1. März 1982 verband die Nachricht mit einer Feststellung und einer Frage, die beide für den polnischen Papst nicht leicht zu verdauen waren: „Solange nämlich der Klerus in irgendeinem Teil der Welt auf der Seite reaktionärer Regime stand, hat ihm kein Papst politische Enthaltsamkeit befohlen. Und hatte es etwa nichts mit Politik zu tun, als in Polen Priester für streikende Regimegegner auf staatlichem Fabrikgelände Messen aus demonstrativer Solidarität zelebrierten?"

Durch die hohen publizistischen Wellen, die diese Maßregelung schlug, gerieten zwei andere Vorwürfe des Papstes gegen seinen Orden in den Hintergrund. Sie waren nicht weniger einschneidend: Johannes Paul II. machte deutlich, daß Gerüchte über den zwanglosen Umgang einiger Patres mit Frauen ihn genauso verärgerten, wie die laxen Kleidungsvorschriften.

Seine Vorwürfe, was den Umgang mit Frauen betraf,

konkretisierte der Heilige Vater nicht, und er tat sicher gut daran. Bei der Kleiderordnung aber hakte er nach. Auf indirekte Weise. Rechtzeitig vor Beginn der Generalkongregation, am 8. September, schrieb er in Sachen Kleiderordnung einen Brief an den Generalvikar Ugo Poletti. Poletti war des Heiligen Vaters Stellvertreter, was dessen Aufgaben als Bischof von Rom betraf. Der Vikar faßte den Brief so auf, wie er gemeint war: als Befehl. Er verlangte, alle Weltpriester wie Ordensmitglieder, Seminaristen in der Diözese Rom, zu verpflichten, „sich wie Priester zu kleiden". Ganz gleich, ob es sich um ständig in Rom lebende oder nur um zeitweise anwesende Geistliche handelt. Diese Wiederherstellung der alten Kleiderordnung betraf zwar die gesamte Geistlichkeit, aber im Vatikan machte man keinen Hehl daraus, daß sie durch die legere Kleidung einiger Jesuiten ausgelöst worden war, die Jeans und dunklen Pullover für ausreichend hielten, als Priester eingestuft zu werden, vorausgesetzt, der Betreffende verfügte über entsprechende (geistige) Haltung und Ausstrahlung. Fehle diese, nütze auch die eleganteste Soutane nichts, so die Meinung der Jeans-Patres.

Mit diesem päpstlichen Befehl war zumindest das äußere Bild der 33. Generalkongregation vorgegeben: Das mindeste, was getragen werden mußte, war der „Clergyman", dunkles Zivil, dazu das „Kollar", der weiße Stehkragen. Auf englisch heißt dieses Kleidungsstück „dog-collar". Nicht ganz zu Unrecht, denn dieser Hundekragen legt den, der ihn tragen muß, an die Leine, verhindert jede ungezwungene Bewegung. Schon vor Beginn der Generalkongregation wurden an der römischen Gerüchteküche mehrere Namen als Nachfolge-Generale gehandelt. Allgemein galt als sicher, daß es diesmal ein Italiener sein würde. Wenn schon der weiße Papst ein „Ausländer" ist, dann muß sein schwarzes Pendant, der Chef des größten und einflußreichsten Priesterordens der katholischen Kirche, ein Italiener sein. Ähnlich dem Parteien-Proporz bei bundesdeutschen Funk- und Fernseh-Anstalten.

Ein Rundfunkmann war es denn auch, dessen Name vorrangig genannt wurde: Pater Roberto Tucci SJ, Chef des Vatikanischen Rundfunks. Von ihm hieß es berufsbezogen, er „denke auf derselben Wellenlänge wie der Heilige Vater".

Nach diesen konzertierten päpstlichen Ermahnungen — verzuckert mit dem Lob für den „echt ignatianischen" Gehorsam, mit dem der Orden auf das reagiert habe, was er (Johannes Paul II.) ihm zugemutet hatte — konnte die Wahl des neuen Generals eigentlich nun nach dem in päpstlichen Kanzleien verfaßten Drehbuch über die Bühne gehen. Sicherheitshalber hatte Johannes Paul II. bei der Eröffnung der Kongregation am 2. September die Jesuiten noch einmal aufgefordert, sich aus der Politik herauszuhalten und seine in italienisch, französisch, englisch und spanisch gehaltene Predigt mit den Worten geschlossen: „Der Papst zählt auf euch, er erwartet sehr viel von euch."

Möglicherweise war diese letzte Ermahnung das berühmte Mal zuviel. Denn nun kam alles anders, als die Vatikan-Auguren prophezeit hatten. Es zeigte sich, daß die Gesellschaft Jesu noch immer für Überraschungen gut war. Daß es zu einer Überraschung kommen konnte, machten die Richtlinien möglich, die für die Wahl des Jesuiten-Generals festgelegt sind: Für das Amt des Jesuiten-Generals darf es keine offiziellen Kandidaten geben, niemand darf sich selber vorschlagen, und es ist auch untersagt, Wahlbündnisse zugunsten einer bestimmten Person zu schließen.

Am 8. September 1983 beschlossen die 218 Mitglieder der Kongregation durch Abstimmung, am Dienstag, den 13. September, die Wahl des neuen Generalobern vorzunehmen. Das heißt, daß vom nächsten Morgen an jede andere Arbeit ausgesetzt wird, um vor der Wahl den Mitgliedern vier Tage zu privatem Gebet, Reflexion und persönlichem Informationsaustausch unter den einzelnen Kongregationsmitgliedern zu geben.

Dienstag, 13. September 1983: Bereits zwei Stunden

nach Beginn der geheimen Abstimmung steht der neue 29. General der Gesellschaft Jesu fest: es ist der 54jährige Niederländer Pieter Hans Kolvenbach. Mit ihm tritt zum zweiten Mal ein Pater aus den Niederlanden an die Spitze der Gesellschaft Jesu.

Sein Name war in keinem Gerücht über die möglichen Generale aufgetaucht. Umso erstaunlicher, wie rasch der meinungsbildende Heilige Geist während der viertägigen Klausur bei der Mehrheit der stimmberechtigten ohne Absprache die gleiche Bevorzugung eines relativ unbekannten Paters erreicht hatte, noch dazu eines aus den Niederlanden, dessen Patres (und nicht nur die mit SJ hinter dem Namen) für ihre Progressität berühmt und berüchtigt waren und sind.

Pater Kolvenbach hatte die letzten Jahre im Libanon gearbeitet. An einem Platz also, an dem katholische, protestantische und orthodoxe Christen miteinander und neben den verschiedensten islamischen Sekten auskommen müssen. Wenige Plätze auf unserem Planeten bieten ein solches Farbenspiel verschiedener Religionen und Rassen.

Ein ähnliches Herkunftsfarbenspiel boten die vier neugewählten Generalassistenten. Lediglich einer ist aus Europa. Die anderen drei kommen aus Indien, Chile und den USA.

Nicht nur die Besetzung wichtiger Posten mit Patres aus „fernen" Ordensprovinzen markierte den Aufbruch der Gesellschaft Jesu in die Welt von Morgen, sondern auch in den Beschlüssen war davon immer wieder etwas zu spüren, so wenn es heißt: „...weder ein Spiritualismus, der die Menschwerdung nicht ernst nimmt, noch ein rein diesseitiger Aktivismus dienen wirklich der unverkürzten Verkündigung des Evangeliums in der heutigen Welt."

Folgerichtig wurde auf dieser Generalkongregation auch nicht gegen den Geist des Kommunismus Front gemacht, sondern gegen den des „Konsumismus".

Außerdem wurden unter Berufung auf die „heutige Welt" bei dieser Ordensbestandsaufnahme sechzig Regeln gestrichen, darunter so uralte Relikte wie jene Regel, daß ein Jesuit niemals rennen darf, außer es liegt ein Notfall vor.

Ein anderes Uralt-Wort, das einst viel Ärger zwischen dem Orden und dem Vatikan gebracht hatte, kam wieder zu neuen Ehren: Inkulturation, also die Beschäftigung mit anderen Kulturen. Einst hatte es zum Ende der jesuitischen China-Mission geführt. 1983 verkündete die 33. Generalkongregation frohgemut: „Die neuen Apostulatsformen müssen auch die Inkulturation berücksichtigen..."

Eine Auffassung, die der Situation der Gesellschaft Jesu entspricht, denn in keinem anderen katholischen Männerorden meldet sich die Dritte Welt so kräftig zu Wort wie in der Gesellschaft Jesu. Mit ihrem Einfluß muß in Zukunft gerechnet werden. Aber auch mit ihren Problemen. Ein Satz im ersten Brief des neuen Generals „an die ganze Gesellschaft" vom 14. September 1983 läßt erkennen, daß dies auch die Zielrichtung der künftigen Arbeit des Ordens sein wird: „Der Herr will sich unserer Gesellschaft bedienen, damit sie den Männern und Frauen unserer heutigen Welt – wobei die besondere pastorale Sorge jenen gelten soll, die in dieser Welt Ungerechtigkeiten zu erdulden haben – die Frohbotschaft vom Reich Gottes in einer Weise verkündigt, die die Kultur und Lebenssituation dieser Menschen anspricht." In diesem Satz ist viel versteckt. Der Hinweis, sich um die Unterdrückten zu kümmern ebenso wie der Wille, sich in die soziale wie geistige Situation dieser Menschen hineinzudenken, richtiger: hineinzufühlen.

Blieb es bei dieser wohlklingenden Absichtserkärung, oder welchen Weg hat der Orden seit 1983 eingeschlagen?

Vox populi – vox Dei?
oder
Die Gesellschaft Jesu auf dem Prüfstand

Freunde in Ost-Berlin, die von meiner Arbeit zum Thema „Jesuiten" wußten, schickten mir – Jahre vor dem Mauer-

Abriß — ein Buch, das unter dem Titel „Die Jesuiten" im Ost-Berliner Aufbau-Verlag erschienen war. Sein Verfasser ist der Ex-Jesuit Alighiero Tondi, ein Italiener, der von 1945 bis 1950 dem Orden angehörte.

Glaubt man Tondis „Bekenntnissen und Erinnerungen", dann unterschied sich Ende der vierziger Jahre das Noviziat in italienischen Ordenshäusern unwesentlich von dem Leben der Gefangenen in DDR-Stasi-Gefängnissen.

Es genügt schon, was Tondi über Alltags-Horror berichtet: „Der Besitz von Briefmarken war verboten, und natürlich wurde die eingehende wie die auslaufende Post geprüft. Auch nach dem Noviziat bleibt es Jesuiten verboten, allein auszugehen, sondern die Regel schreibt vor, immer 'einen Sozius bei sich zu haben'."

Nun, die Patres, mit denen ich mich bei den Recherchen zu diesem Buch unterhielt, haben nie irgendjemand nach irgendeiner Erlaubnis gefragt. Im Gegenteil, in keiner anderen Bibliothek wurde mir das Exzerpieren so erleichtert wie bei den Jesuiten. In keiner ihrer Zimmer sah ich Folterwerkzeuge. Telefone und Schreibmaschinen ausgenommen. Allerdings: zu zweit sind sie immer zu mir gekommen. In einem alten „Käfer". Aber nicht wegen einer höheren Weisung, sondern wegen der hohen Benzinpreise.

In kulturellen und technischen Fragen waren sie auf dem jüngsten Stand, und natürlich hatten sie das Buch ihres Ex-Bruders Tondi gelesen und — kopfschüttelnd — zur Seite gelegt. Sie waren informiert und auf alles ansprechbar. Ihre Meinungen waren oft nicht die meinen, aber durchdacht waren sie immer und nicht selten auch originell. So zitierte einer „meiner" Patres, als wir auf die FKK-Bewegung zu sprechen kamen, den Kirchenlehrer Clemens von Alexandria († vor 216) mit seinem Satz: „Niemand dürfe mißachten, was zu erschaffen immerhin Gott sich nicht gescheut habe."

Jesuiten heute — zu ihnen gehört der weltoffene Kontakt zum Leben, so wie es nun einmal ist, ebenso wie der Verzicht auf die Soutane, und das einstige Jesuiten-Requisit, der flachbodige Krempenhut, dessen Rand durch eine geflochtene Schnur nach oben gebunden wurde, ist zum gefragten Fundusstück von Kostümverleihern geworden.

Diese innere und äußere Anpassung an die Welt und das Weltliche findet nicht nur Zustimmung. Unter katholischen Laien gibt es noch immer eine große Gefolgschaft des einstigen asketischen Elite-Ordens. Diese Anhänger vergangener Macht und Leistung sind vom „schwarzen Riesen" nach wie vor so fasziniert, daß es für sie nur eine Möglichkeit gibt: entweder sind die Jesuiten das festeste Stück des Felsens Petri oder sie haben ihre Existenzberechtigung verloren.

„Oder sie haben ihre Existenzberechtigung verloren...?!" Das hieße: eine Kirche ohne die Gesellschaft Jesu. Unvorstellbar! Wirklich? So ungewöhnlich ist es nicht, daß sich eine Ordensgemeinschaft auflöst. Zwischen dem 4. und 20. Jahrhundert wurden 276 männliche Ordensgemeinschaften gegründet, 99 davon sind wieder verschwunden. Wo steht geschrieben, daß dies nicht auch der Gesellschaft Jesu widerfahren könnte? Ausgeschlossen, sagen die einen! Die Garde des Heiligen Vaters kann einmal aus dem Tritt geraten, aber Fahnenflucht begeht sie nicht. Andererseits: hatte es nicht schon immer geheißen, den Jesuiten sei einfach *alles* zuzutrauen? Haben sich nicht gerade in den letzten Jahrzehnten die Jesuiten in einigen Fällen öffentlich und deutlich von der offiziellen Kirchenmeinung distanziert?

So deutlich zum Beispiel wie 1981 in dem Schreiben deutscher Jesuiten an den Papst, als dieser seinen „persönlichen Legaten" dem Orden aufgedrückt hatte, ist niemals in der vierhundertjährigen Ordensgeschichte dem Heiligen Vater seine „Fähigkeit zu Mißgriffen" unter die Nase gerieben worden: „Wir sind zutiefst betroffen, daß die Regierung der Gesellschaft Jesu Objekt von soviel Mißtrauen seitens des Papstes ist." Diese Entscheidung — heißt es weiter — breche alle Traditionen des Ordens und bringe „viele von uns in Gewissensnöte... auch nach Gebet und

Meditation fällt es uns nicht leicht, in dieser administrativen Verordnung den 'Finger Gottes' zu erkennen, denn unser Glaube und die geschichtliche Erfahrung lehren uns, daß auch das höchste kirchliche Amt nicht immer vor Mißgriffen bewahrt wird".

Nicht ungebärdige junge Patres haben dies geschrieben, sondern unter den Verfassern waren die bedeutendsten Vordenker der Gesellschaft Jesu.

Inzwischen wird in den USA die Frage diskutiert, ob die Jesuiten vielleicht die Protestanten von morgen sein könnten, und unter den progressiven Patres in Südamerika wird die Frage zumindest *gedacht*, ob das christlich-soziale Engagement der Gesellschaft Jesu nicht auch ohne so enge Bindung an Rom realisierbar ist? Ketzerische Gedanken. In europäischen Ordenshäusern ist man weit davon entfernt, hier weiß man: „Die Gesellschaft Jesu ist ohne die Kirche und speziell ohne die besondere Bindung an den Papst nicht mehr die Stiftung des Hl. Ignatius und würde in ihren apostolischen Möglichkeiten weit zurückfallen." So war es im Mai 1975 im offiziellen Rundbrief der Deutschen Assistenz zu lesen. Allerdings ging der Satz weiter, und was dann folgte, entbehrte nicht jesuitischer Arroganz: „Ebenso kann die Kirche, kann der Heilige Stuhl, nicht auf den Orden verzichten..."

Wirklich nicht? Die Ereignisse zwischen 1981 und 1983 lassen Zweifel aufkommen. Nicht nur Jesuiten sind überzeugt, daß das Dilemma ihres Ordens das Problem der Kirche ist und umgekehrt. Die Gesellschaft Jesu ist doch nur in Bedrängnis geraten, weil ihre Kirche sich so schwer tut, ihr Verhältnis zur Welt neu zu bestimmen.

Weil dies nicht oder nur höchst zögerlich geschieht, wird den Patres mit dem SJ hinter dem Namen — wieder einmal — der Vorwurf gemacht, sie hätten durch allzu eilfertige Anpassung an die Zeitenläufte die Glaubensinhalte gefährdet.

Doch jeder Glaubensmann, der sich auf den Weg in die Welt macht, muß sich in Gedankengebäuden bewegen, in denen für Gott kein Raum reserviert ist. Das gilt auch für die Pfadfinder des Glaubens. Sie sind für Gott auf Wohnungssuche. Nicht selten auf gewundenen Pfaden statt auf der planen Weihwasser-Straße.

Von den Jebbies, den US-amerikanischen Jesuiten, kam der Anstoß zu einer neuen Form praktizierender Nächstenliebe. In den USA wurde 1984 das Jesuit Volunteer Corps gegründet, ein Jahr später übernahm die Zentraleuropäische Assistenz diese freiwillige Dienstleistungs-Verpflichtung auch für Europa. Junge Menschen beiderlei Geschlechts helfen Alten, Kranken, Flüchtlingen, Asylanten. Eine Hilfe auf Gegenseitigkeit, denn die Helfer gewinnen Erfahrungen. Für sie wird „Handeln zum Gebet".

Nicht immer finden solche Aktionen von Alltags-Christentum den Beifall kirchlicher Stellen. So lebten 1988 Jesuiten in Wohngemeinschaften im Türkenviertel Berlin-Kreuzberg, bis sie wegen Aufmüpfigkeit in den konservativen Stadtteil Lichtenrade komplimentiert wurden.

In Rom wurde 1985 Pater Bartolomeo Sorge, Chefredakteur des Jesuiten-Blatts „Civilta Cattolica" vom General zum Umzug in die Mafia-Metropole Palermo „gebeten". Im Vatikan war man der Meinung, daß Sorge in seiner Berichterstattung oft zu weit gegangen war. Zu weit nach links.

In Palermo übernahm der Pater das von der Gesellschaft Jesu gegründete „Zentrum für soziale Studien".

Sätze, die dort vom Katheder verkündet werden, haben Tradition in der Gesellschaft Jesu — doch selten ein positives Echo aus Rom. Hier eine Auswahl:

„Man muß sich auch von fremden kulturellen Traditionen inspirieren lassen."

„Das ganze Evangelium ist Politik."

„Der Zweifel ist das Vorzimmer zur Wahrheit."

Doch solche Aktivitäten täuschen leicht darüber hinweg, daß auch in der Gesellschaft Jesu nur mit Wasser gekocht wird. Spektakuläre Aktionen sind die Ausnahme, der Alltag in den Ordenshäusern verläuft in bürgerlich-langweiliger Normalität. Sauna, Kegelbahn und Autowaschanlagen sind dort nichts Ungewöhnliches.

Jene Patres scheinen auf einem Weg zu sein, den Pedro Arrupe bereits 1977 auf dem „3. Interamerikanischen Kongreß der Ordensleute" in Montreal (Kanada) so umrissen hat: „Der *homo sapiens* hat sich in Ländern materiellen Überflusses zum *homo consumens* entwickelt, zu jenem Menschentyp, der besessen vom Haben statt vom Sein ist; Sklaven selbstgeschaffener Bedürfnisse. Aus diesem homo consumens muß, wenn wir alle in dieser Welt weiter miteinander leben wollen, der *homo serviens* werden. Jener Menschentyp, der sich nicht nach mehr Besitz, sondern nach mehr Leben sehnt und einen Sinn für Solidarität hat."

Jene homo-consumens-Patres sind nicht weniger gläubig als jene Co-Patres, die am Rande unserer Gesellschaft oder in der Dritten Welt leben und die die soziale Gerechtigkeit gleichberechtigt über die christliche stellen. Nein, *ungläubig* ist keine der beiden Gruppen, wohl aber sind beide in Gefahr, *unglaubwürdig* zu werden.

Ob unglaubwürdig oder nicht − sicher ist, daß unser Jahrhundert ordensfeindlich ist. Das Desinteresse an einem Leben in einer christlichen Ordensgemeinschaft haben auch die Jesuiten erfahren. Von 1964 bis 1975 schrumpfte die Mitgliederzahl der Gesellschaft Jesu von 33 000 auf 26 000. 1988 waren es noch weniger: Zum Stichtag 1.1.1989 zählte die Gesellschaft Jesu 25 618 Mitglieder, davon 17 502 Patres, 3 994 Scholastiker und 3 122 Fratres. Zahlen, die zeigen, Orden haben es schwer in einer Welt, die „ein Heidenland mit christlicher Vergangenheit und christlichen Restbeständen ist", wie Karl Rahner es formulierte.

Diese Ordensfeindlichkeit trifft die Jesuiten weniger als andere christliche Bünde. Denn die Gesellschaft Jesu hat ihre führende Position nie aufgrund großer Angehörigenzahlen innegehabt, vielmehr ist immer Intelligenz und Opferbereitschaft einzelner ausschlaggebend gewesen. Oder, um es spiritueller mit den Worten des jetzigen Pater General zu sagen: „Wenn die Gesellschaft Jesu ein multinationales Unternehmen wäre, dann wäre die Zahl der Jesuiten Anlaß zu großer Sorge... Die Geschichte bietet aber viele Beispiele, die uns zeigen, daß in der Nachfolge Christi nicht die Fähigkeiten und Fertigkeiten zählen, sondern die Art, wie man Apostel ist."

Unterschätzen wir trotzdem nicht die Fähigkeiten für geschicktes Taktieren aus politischen und wirtschaftlichen Schlüsselpositionen dazu. Daran hat sich heute viel in der Form, aber nichts in der Sache geändert. Auch heute braucht die Gesellschaft Jesu ihre geistige Bilanz nicht zu verstecken:

Von 140 akademischen Zentren und Universitäten, die die katholische Kirche unterhält, werden 40 von Jesuiten geleitet oder betreut.

Glanzstück unter den akademischen Zentren ist die Gregoriana in Rom. In den achtziger Jahre lehrten 152 Jesuiten aus 29 verschiedenen Nationen an ihr. Weitere 49 Professoren (15 Angehörige des Weltklerus, 25 Ordensleute, elf Laien) aus 15 Nationen kamen hinzu.

Neben dem Collegio Romano – so der offizielle Name der Gregoriana – leiten Jesuiten weitere internationale Institute und Anstalten in Rom. Dazu gehören das Bibelinstitut, das Orientalische Institut, das Collegio Bellarmino, eine Residenz für graduierte Jesuitenstudenten, das Internationale Kolleg Gesu, das Historische Institut der Jesuiten und die Vatikanische Sternwarte in Castelgandolfo. Nicht zu vergessen JESCOM, das internationale Zentrum der Jesuiten für soziale Kommunikation.

Weltweit sind 24 der katholischen Rundfunksender Jesuiten anvertraut. An erster Stelle steht Radio Vatikan, das sich in 33 Sprachen an Hörer in aller Welt wendet und 270 Programme für Europa, 130 für Afrika, 30 für Amerika, mehr als 40 für Ozeanien und Asien ausstrahlt. Das japanische Programm ist eines der meist gehörten im Fernen Osten.

In den USA betreibt der Jesuiten-Pater Dick Powell seit 1980 ein eigenes Fernsehprogramm. Jeder zehnte US-Jurist hat an einer Jesuiten-Universität studiert.

Auf publizistischem Gebiet lieben die Jesuiten nach wie vor die Gegensätze. So beendete Anfang der achtziger Jahre ein Jesuitenteam nach elfjähriger Arbeit die Übersetzung der Bibel in die Marathi-Sprache. Sie wird von zwanzig Millionen in Vorderindien gesprochen.

Mitte 1987 war in deutschen Zeitungen zu lesen: „Nach der Bibel als 'Comic Strip' ist jetzt an italienischen Zeitungsständen ein neuer Bildband mit Sprechblasen zu erhalten, der die Abenteuer von Missionaren erzählt. Initiator des neuen 'Comic Strip' ist der italienische Jesuiten-Pater Pietro Vanetti, Direktor eines privaten kirchlichen Senders in Mailand. Herausgeber ist die Gesellschaft Jesu."

Der erste Missions-Comic Strip über den „Jesuitenstaat" in Paraguay erschien gleich in 50 000 Exemplaren in Buchhandlungen und Zeitschriften-Kiosken. Der Verkaufspreis lag bei drei D-Mark.

Der Spott ließ nicht lange auf sich warten: Analphabeten-Beweihräucherung vergangener Jesuiten-Aktivitäten, christliche Heldensagen, Geschichtstraktätchen und ähnliche „Liebenswürdigkeiten" kamen als Echo.

Im April 1990 verblüffte Prof. Werner Bulst SJ die deutschen Fernsehzuschauer. Im ZDF erklärte und demonstrierte er, daß er nach jahrelanger Beschäftigung mit dem Turiner Grabtuch zu anderer Meinung gekommen sei als die Wissenschaftler, die diese Reliquie endlich nach der C 14-Methode hatten untersuchen dürfen. Sie halten das Tuch für ein Produkt aus dem Mittelalter, der Jesuiten-Professor glaubt dagegen, beweisen zu können, daß die Textilie aus Palästina zur Zeit Jesu stammt, möglicherweise sogar jenes Tuch ist, in das der Leichnahm Christi gewickelt worden war.

Ein Jesuit als Reliquienverteidiger! Im Orden der Individualisten ist eben nichts unmöglich. Auch nicht der gegenteilige Standpunkt. Ein SJ-Pater meinte: „Ach, lassen Sie doch den Gläubigen ihre Reliquienverehrung – jeder Mensch braucht eine Regimentsfahne..."

Aber auch zu „Heißen-Eisen-Themen" wie Pille und

Abtreibung wollen Jesuiten nicht schweigen, und sei es auch nur in Leserbriefen, wie jenem, den Pater Lothar Groppe SJ am 14.9.1990 in der WELT veröffentlichte:

„Das Begriffspaar „Gesinnungs- und Verantwortungsethik" spielt gewiß häufig eine wichtige Rolle. Wenn aber der Abgeordnete Fell die verantwortungsethische Zustimmung zum „Kompromiß" wegen des Paragraphen 218 damit begründet, daß sonst der Einigungsvertrag gefährdet sei, huldigt er damit, ohne es zu wollen, dem Grundsatz: Der Zweck heiligt die Mittel.
Seit alters her versucht man den Jesuiten zu unterstellen, sie huldigten diesem Prinzip. Der Vorwurf spielte sogar bei den „Jesuitengesetzen" im Kulturkampf eine Rolle. Dagegen setzte vor über 100 Jahren der Schweizer Jesuit P. Roh eine Belohnung von 1 000 Goldgulden aus für denjenigen, der beweisen könne, daß die Jesuiten jemals diesen Grundsatz gelehrt hätten. Bis heute hat sich noch niemand diese stolze Summe verdient. Urheber des moralisch verwerflichen Prinzips ist Niccolò Machiavelli, der es in „Il principe" vertritt. Für Christen ist er jedoch völlig unannehmbar, sagt doch Paulus im Römerbrief: „Gilt am Ende das, womit man uns verleumdet und was einige uns in den Mund legen: Laßt uns Böses tun, damit Gutes entsteht? Diese Leute werden mit Recht verurteilt." (3,8)
Diese Abtreibung ist in sich schlecht, das II. Vaticanum nennt sie ein „verabscheuungswürdiges Verbrechen". Man darf keinem Verbrechen zustimmen, um etwas Gutes, hier den Einigungsvertrag, zu erreichen. Aber das Prinzip des geringeren Übels könnte in dem fraglichen Fall Anwendung finden, wenngleich dies bei Moraltheologen nicht unumstritten ist. Es besagt, daß in einem mir unausweichlich erscheinenden Gewissenskonflikt, wo anscheinend oder scheinbar nur die Alternative zwischen zwei Übeln besteht, ich das geringere wählen kann und muß.
Es ist aber eine schwere Gewissenspflicht aller rechtlich denkenden Abgeordneten, möglichst allen Bürgern unseres Landes klarzumachen, daß wir kein Recht haben, über unschuldiges Leben, ob geboren oder ungeboren, zu verfügen. Wenn dies mit dem gleichen Eifer geschieht, wie sich Frau Süssmuth für die Verbreitung von Kondomen einsetzt, dürften wir mit einer Bewußtseinsänderung rechnen."

Bei der Missionierung ist der Orden auch heute so wie einst Vorreiter. Zwar haben sich die Methoden geändert, doch wird der gleiche Opfermut wie zu den Zeiten Xaviers und Riccis gefordert. Allein an einem Novembertag 1989 wurden 6 Jesuiten-Patres in El Salvador getötet. Im vergangenen Jahrzehnt sind auf Missionsposten quer durch die Welt

23 Jesuiten ermordet worden, und Dutzende Patres sind von Rechts- wie von Linksdiktaturen in Gefängnisse geworfen worden.

Längst ist der Missionsdienst kein europäisches Reservat mehr, Patres aus der Dritten Welt stellen bereits die Hälfte, bald den größten Teil der Missionare. Ihre Aufgaben orientieren sich an der Zukunft. So hat der Provinzial von Hongkong und Macao, Pater Robert Ng, bereits 1990 klare Vorstellungen, was für das Christentum und den Orden nach der Angliederung Hongkongs 1997 an die Volksrepublik China zu tun ist: „Auch wenn die direkte Evangelisierung nach außen unmöglich sein sollte, betrachtet dennoch die Gesellschaft Jesu das Apostolat im Dienst des chinesischen Volkes als eine wichtige Priorität." Es lohnt, den Satz zweimal zu lesen. Schon jetzt steht fest: Die Assistenzen und Provinzen der Dritten Welt werden in Zukunft den Kurs der Gesellschaft Jesu maßgeblich mitbestimmen. Schließlich hatte der Orden in den letzten Jahrzehnten die stärksten Neuzugänge aus der Dritten Welt. Die Stimmen dieser höchst agilen Gruppe innerhalb der Gesellschaft Jesu sind nicht mehr zu überhören. Besonders, wenn es um die geistige Standortbestimmung des Ordens in der Zukunft geht.

Mit deutlichen Worten fordern indische Patres, Schluß zu machen mit der unzeitgemäßen Diskussion über die gegenseitige Anerkennung der Ämter in den verschiedenen christlichen Kirchen und sich lieber mehr mit den Beziehungen zwischen Christentum und anderen Weltreligionen zu beschäftigen.

Afrikanische Patres wünschen, in ihren Gottesdiensten die christlich-religiösen Werte mit Ausdrücken ihres heimischen Denkens zu beschreiben, da diese ihren Gläubigen geläufig sind.

Das sind nur zwei von vielen Forderungen, die an jene frühen Missionsmethoden der Jesuiten anknüpfen, die ihnen so große Erfolge, aber auch schwerwiegenden Ärger mit dem Vatikan einbrachten.

Am aggressivsten formulierte sich die Gruppe, die in

Latein-Amerika die Theologie der Befreiung praktiziert. Ihr Leitbild ist nicht Christus als majestätischer Weltenherrscher, sondern Christus, der mit den Armen und Geknechteten leidet. Die Wellen, die diese Bewegung ausgelöst haben, schwappen bis zu uns nach Europa. Das soziale Engagement dieser Patres findet auch in Europa Anhänger, die gegen ein im Wohlstandsfett eingebettetes Christentum vom Leder ziehen. Wie zum Beispiel der Kardinalerzbischof von Palermo Salvatore Pappalardo (kein Jesuit), der im November 1989 seinen Standpunkt schriftlich so formulierte: „Mit vollem Recht kann man die ermordeten Jesuiten als Opfer eines gegen sie entfesselten Hasses betrachten, wegen des sozialen Apostolates, das sie zur Unterstützung der Rechte der Ausgegrenzten, der Armen und Ausgebeuteten ausgeübt haben."

Das ist nicht ohne Gefahr, oft genug hat sich in der Geschichte gezeigt, wie leicht solcher Tribut an den Zeitgeist zum Spiel mit dem politischen Feuer verlockt.

Andererseits: wenn die Jesuiten sich auf dem konservativen Polster ausruhen und sich mit der Rolle einer Papst-Lobby begnügen, liegt die Gefahr einer weltfremden Nabelschau sehr nah.

Zwischen diesen beiden Polen — Kontemplation um ihrer selbst willen und rebellierendem Radikalismus — liegt das innere Spannungsfeld der heutigen Gesellschaft Jesu. Nur wenn es den Jesuiten gelingt, eine Symbiose aus beiden zu entwickeln, wenn sie die Welt nicht über den Himmel, Marx nicht über Christus stellen und nicht alles, was neu ist, bereits für Fortschritt halten, aber auch nicht alles Alte höher schätzen als neue Versuche, dann hat die Gesellschaft Jesu eine über den kirchlichen Rahmen reichende Aufgabe. Ob und wie sie sie lösen wird, ist ungewiß. Aber diese Ungewißheit bestimmt die Geschichte dieses Ordens seit seiner Bestätigung.

An Zielansprachen für die Zukunft fehlt es im Orden nicht. Noch immer gilt, was der Vorsitzende der deutschen Provinzialkonferenz, Pater Vitus Seibel, in einem Interview, Weihnachten 1981, in der „Süddeutschen Zeitung" schrieb: „Die letzten drei Päpste hatten Angst, daß wir zu weit vorpreschen. Ich habe eher Angst, daß wir immer noch zu wenig an den Problemen dran sind."

Der Orden, der so oft Bewegung in die Geschichte gebracht hat, scheint auch in der heutigen Welt Gefallen an der Rolle des Unruhestifters zu finden. Gott sei Dank dafür.

Die Päpste von der Gründung der Gesellschaft Jesu bis heute.
(Die Jahreszahlen bezeichnen Beginn und Ende des Pontifikats)

Clemens VII.	1523 - 1534
Paul III.	1534 - 1549
Julius III.	1550 - 1555
Marcellus II.	1555
Paul IV.	1555 - 1559
Pius IV.	1559 - 1565
Pius V.	1566 - 1572
Gregor XIII.	1572 - 1585
Sixtus V.	1585 - 1590
Urban VII.	1590
Gregor XIV.	1590 - 1591
Innozenz IX.	1591
Clemens VIII.	1591 - 1605
Leo XI.	1605
Paul V.	1605 - 1621
Gregor XV.	1621 - 1623
Urban VIII.	1623 - 1644
Innozenz X.	1644 - 1655
Alexander XII.	1655 - 1667
Clemens IX.	1667 - 1669
Clemens X.	1670 - 1676
Innozenz XI.	1676 - 1689
Alexander VIII.	1689 - 1691
Innozenz XII.	1691 - 1700
Clemens XI.	1700 - 1721
Innozenz XIII.	1721 - 1724
Benedikt XIII.	1724 - 1730
Clemens XII.	1730 - 1740
Benedikt XIV.	1740 - 1758
Clemens XIII.	1758 - 1769
Clemens XIV.	1769 - 1774
Pius VI.	1776 - 1799
Pius VII.	1800 - 1823
Leo XII.	1823 - 1829
Pius VIII.	1829 - 1830
Gregor XVI.	1831 - 1846
Pius IX.	1846 - 1878
Leo XIII.	1878 - 1903
Pius X.	1903 - 1914
Benedikt XV.	1914 - 1922
Pius XI.	1922 - 1939
Pius XII.	1939 - 1958
Johannes XXIII.	1958 - 1963

Paul VI. 1963 - 1978
Johannes Paul I. 1978
Johannes Paul II. 1978

Die Ordensgenerale der Gesellschaft Jesu

1. Ignatius de Loyola 1541 - 1556
2. Diego Lainez 1558 - 1565
3. Francis Borgia 1565 - 1572
4. Everard Mercurian 1573 - 1580
5. Claudio Aquaviva 1581 - 1615
6. Muzio Vitelleschi 1615 - 1645
7. Vincenzo Carafa 1646 - 1649
8. Francesco Piccolomini 1649 - 1651
9. Luigi Gottifredi 1652
10. Goswin Nickel 1652 - 1664
11. Giovanni Paolo Oliva 1664 - 1681
12. Charles de Noyelle 1682 - 1686
13. Tirso Ganzálsez 1687 - 1705
14. Michelangelo Tamburini 1706 - 1730
15. Franz Retz 1730 - 1750
16. Ignazio Visconti 1751 - 1755
17. Luigi Centurione 1755 - 1757
18. Lorenzo Ricci 1758 - 1773
19. Tadeusz Brzozowski 1814 - 1820
20. Luigi Fortis 1820 - 1829
21. Jan Roothaan 1829 - 1853
22. Pieter Beckx 1853 - 1887
23. Anton Anderledy 1887 - 1892
24. Luis Martin 1892 - 1906
25. Franz Wernz 1906 - 1914
26. Wlodimir Ledòchowski 1915 - 1942
27. John Baptist Janssens 1946 - 1965
28. Pedro Arrupe 1965 - 1981
    Paolo Dezza, pers. Delegat
    des Heiligen Vaters 1981 - 1983
29. Pieter Hans Kolvenbach 1983

Der Jesuiten-Orden in der Geschichte

Jahr	Politische Zeitgeschichte	Kirchen- und Ordensgeschichte	Kultur und Technik
1491		Ignatius von Loyola geboren	
1492			Kolumbus entdeckt Kuba und Haiti auf der Suche nach dem westlichen Seeweg nach Indien.
1510	Portugiesen erobern Goa.		
1517		Luther veröffentlicht seine 95 Thesen in Wittenberg.	Portugiesen erreichen auf dem Seeweg Kanton, sie siedeln auch auf Ceylon.
1519	Maximilian I., deutscher Kaiser ohne päpstl. Krönung		
1521		Ignatius in Pamplona verwundet, Luther beginnt Bibelübersetzung.	
1523	Vertreibung der Europäer aus China.	Ignatius auf Pilgerreise in Jerusalem	Hudson-Mündung durch Giovanni Verazzano erforscht.
1524	Beginn der Bauernkriege.	Bestätigung des Theatiner-Ordens.	Vasco da Gama †
1528	Karl V. vermacht den Fuggern für Kredite Venezuela.	Bestätigung des Kapuziner-Ordens.	Albrecht Dürer †
1534	Heinrich VIII. von England fällt vom kath. Glauben ab.	Ignatius und seine sechs Gefährten legen auf dem Montmartre in Paris die ersten Gelübde ab.	
1540		Erste Bestätigung der Gesellschaft Jesu durch Paul III.	Antwerpen ist führende Handelsstadt.
1541		Franz Xavier schifft sich v. Lissabon aus nach Indien ein. Ignatius wird zum General gewählt.	

Fortsetzung: Der Jesuiten-Orden in der Geschichte

Jahr	Politische Zeitgeschichte	Kirchen- und Ordensgeschichte	Kultur und Technik
1543			Japan wird von den Portugiesen entdeckt.
1545		Konzil von Trient.	
1548		Gründung des Kollegs in Messina.	
1549		Pädagogische Arbeit der Jesuiten in Deutschland beginnt. Petrus Canisius an der Universität Ingolstadt. Die ersten Jesuiten in Brasilien. Franz Xavier in Japan.	Große Zeit der Hofnarren an den europäischen Höfen.
1551		Ignatius gründet das Collegium Romanum.	
1552	Moritz von Sachsen fällt von Karl V. ab u. schließt „Passauer-Vertrag mit günstigen Bedingungen für Protestanten. Spanien führende Kolonialmacht.	Ignatius gründet das Germanicum in Rom.	Nostradamus veröffentlicht seine Prophezeiungen.
1555		Augsburger Religionsfriede gewährt den Ständen Religionsfreiheit. Petrus Canisius veröffentlicht seinen Katechismus.	
1556	Karl V. dankt ab.	Jesuiten-Kolleg in Prag gegründet. Jesuiten-Kollegien in Köln und Ingolstadt. Insgesamt gibt es 35 Kollegien. Ignatius von Loyola ✝	

Fortsetzung: Der Jesuiten-Orden in der Geschichte

Jahr	Politische Zeitgeschichte	Kirchen- und Ordensgeschichte	Kultur und Technik
1559		Jesuiten-Kolleg in München gegründet	Erste Drucktypen für Schreibschrift.
1562	Hugenottenkrieg in Frankreich	Erste Niederlassung der Jesuiten in Macao.	
1563		Gründung der Jesuiten-Kollegien in Innsbruck. Ende des Konzils von Trient. Der Orden hat 3.500 Mitglieder in 130 Häusern, die auf 18 Provinzen verteilt sind.	
1565	Niederlande erheben sich gegen spanische Besetzer.		Erste Kartoffeln in England.
1567		Erste Jesuiten in Peru.	
1572		„Bartholomäusnacht" (Pariser Bluthochzeit), Ermordung von 2.000 protestantischen Hugenotten.	Ticho Brahe entdeckt „Neuen Stern" in der Milchstraße.
1574		Der Orden hat 3.905 Mitglieder.	
1577		Die ersten 18 Jesuiten in Japan.	
1579		Fünf Jesuiten gründen die japanische Stadt Nagasaki.	
1580		Jesuiten haben das pädagogische Monopol in Europa.	Julius-Spital in Würzburg erstes neueres Krankenhaus.
1581	Niederlande sagen sich von Spanien los.	Erste Jesuiten in China.	
1583		Die Jesuiten-Kirche Il Gesu (Rom) wird eingeweiht.	Galilei studiert in Pisa.

Fortsetzung: Der Jesuiten-Orden in der Geschichte

Jahr	Politische Zeitgeschichte	Kirchen- und Ordensgeschichte	Kultur und Technik
1586		Erste Jesuiten in Paraguay.	
1587	Maria Stuart hingerichtet.		
1600	Irland nach jahrzehntelangen Aufständen verwüstet und verarmt.	In Japan beg. d. Jesuiten-Verfolgung. Der Orden besteht aus 23 Provinzen, 16 Profeßhäusern, 245 Kollegien, 25 Noviziaten, 67 Residenzen. Insgesamt gibt es 8.519 Jesuiten.	Tabak in England.
1601		Matthäus Ricci kommt nach Peking.	William Shakespeares produktivste Zeit.
1605	Gunpowder-Plot. Kath. Pulververschwörung in London mißlingt. Demetrius, falscher Sohn des Zaren Iwan VI. auf dem Thron, wird ermordet.	Akbar, Großmogul in Indien, versucht Hindus u. Moslems in einer Religion zu einigen, toleriert Christen, hat Jesuiten als Berater.	
1606		Robert de Nobili als Missionar unter den Brahmanen. Vertreibung der Jesuiten aus Venedig.	
1611	Gustav Adolf II. wird König von Schweden.	Erste Jesuiten in Kanada.	
1613		Jesuiten-Pater Christoph Schreiner baut ein Fernrohr mit dem er 1630 die Sonnenflecken entdeckt.	Galilei bei Papst Paul V. in Rom.
1616		Beginn der Mission in Paraguay.	
1618	Handelsvertr. Japan-Niederl. Dreißigjähr. Krieg beginnt.	Verbot der Jesuiten in Japan.	

Fortsetzung: Der Jesuiten-Orden in der Geschichte

Jahr	Politische Zeitgeschichte	Kirchen- und Ordensgeschichte	Kultur und Technik
1620	Gründung der nordamerik. Kolonie Neuengland durch puritanische Pilger.		
1629		In Alcalà (Spanien) werden die ersten gemeinschaftl. Exerzitien in einem Haus mit 20 Zimmern abgehalten. 2. Missionswelle in China unter Pater Adam Schall. Kaiser von China betraut Schall mit Kalenderverbesserung. 150.000 Christen in China.	
1633			Galilei schwört im 2. Prozeß vor der Inquisition die Kopernikanische Lehre ab. Erste europäische Kaffeehäuser in Venedig. Rembrandts erste Schaffensperiode.
1640		Einhundert Jahre Gesellschaft Jesu.	
1646	Franzosen und Schweden in Bayern.	Jesuiten-Missionare in Kanada zu Tode gemartert. „Laterna magica" von Jesuiten-Pater Athanasius Kircher.	
1648	Dreißigjähr. Krieg endet.		
1654	Königin Christine v. Schweden dankt ab und wird 1655 kath.		
1656			Otto v. Guericke führt in Regensburg die Wirkung des Luftdrucks an den „Magdeburger Halbkugeln" vor. Blaise Pascal schreibt die „Provinzialbriefe".

Fortsetzung: Der Jesuiten-Orden in der Geschichte

Jahr	Politische Zeitgeschichte	Kirchen- und Ordensgeschichte	Kultur und Technik
1673		Pater Jacques Marquette und sechs Jesuiten befahren als erste Weiße den Mississippi. Universität Innsbruck von Jesuiten gegründet.	Moliere gestorben.
1678		Sechs Jesuiten in England wegen angeblicher Titus-Oates-Verschwörung zum Tode verurteilt.	Erstes automatisches Planetarium.
1683	Die Türken belagern Wien.	Augustinermönch Abraham a Santa Clara predigt in Wien gegen die Türken.	Leibniz bemüht sich um die Wiedervereinigung der christlichen Kirchen.
1692		In China darf die christl.-kath. Religion überall verbreitet werden.	
1707	Vereinigung Englands und Schottlands zu Großbritannien.	1. päpstl. Verbot der „Chinesischen Riten" (Übernahme chin. Glaubensgutes in christl. Lehre; endgültiges Verbot 1723).	
1749		In 35 Provinzen sind 24 Profeßhäuser, 669 Kollegien, 61 Noviziate und Tertiate, 176 Seminarien, 335 Residenzen, 273 Missionsstat., 22.589 Jesuiten. In den spanischen Kolonien arbeiten 2.171, in den portugiesischen Kolonien etwa 893 Jesuiten. 198 Jesuiten der franz. Assistenz in den Missionen.	

Fortsetzung: Der Jesuiten-Orden in der Geschichte

Jahr	Politische Zeitgeschichte	Kirchen- und Ordensgeschichte	Kultur und Technik
1750		Abschaffung der Hexenprozesse in Deutschland. Jesuiten eröffnen in München erstes „Geisthaus" für Exerzitien.	Chinamode in Europa. Erste Generalkarte des Mondes.
1755			Kant „Allgemeine Naturgeschichte und Theorie des Himmels".
1757	Preußen siegen bei Leuthen.	Beginn der Jesuitenverfolgungen in Portugal und seinen Kolonien.	
1760	Russen besetzen Berlin.		
1764		Ausweisung der Jesuiten aus Portugal. Unterdrückung der Jesuiten in Frankreich.	Der achtjährige Mozart schreibt seine erste Sinfonie.
1767		Ausweisung der spanischen Jesuiten. Papst Clemens XIII. verhindert deren Landung im Hafen des Kirchenstaates.	
1770		Im deutschen Sprachgebiet gibt es 136 Kollegien.	
1772	Erste Teilung Polens zwischen Österreich, Preußen u. Rußland.	Clemens XIV. läßt das römische Seminar des Ordens schließen.	
1773		Clemens XIV. erläßt Aufhebungsbulle. Es gibt keine Gesellschaft Jesu mehr.	
1789	Beginn der Franz. Revolution.		
1804	Pius VII. krönt Napoleon in Paris zum Kaiser.		

Fortsetzung: Der Jesuiten-Orden in der Geschichte

Jahr	Politische Zeitgeschichte	Kirchen- und Ordensgeschichte	Kultur und Technik
1809	Pius VII. exkommuniziert Napoleon, weil dieser die Reste des Kirchenstaates Frankreich einverleiben will.		
1814	Napoleon dankt ab.	Pius stellt die Gesellschaft Jesu wieder her.	
1815	„Heilige Allianz" zwischen Rußland, Österreich u. Preußen.	Kirchenstaat wieder hergestellt.	
1834	Liberalismus in Europa.	Wiederaufnahme d. Mission in Indien.	Notlage der Handwerker ist die wichtigste soziale Frage. David Ludwig Strauß „Das Leben Jesu – kritisch betrachtet".
1844	Marx lernt Engels in Paris kennen.	Gesellschaft Jesu besteht aus 4 Assistenten, 12 Provinzen, 2 Vizeprovinzen, 3 Profeßhäusern, 53 Kollegien, 49 Seminarien, 24 Noviziate u. Terziate, 65 Residenzen, 37 Missionsstationen, 2 Exerzitienhäusern und 4.136 Jesuiten.	
1847		Vertreibung der Jesuiten aus der Schweiz.	v. Ranke: „Deutsche Geschichte im Zeitalter der Reformation".
1854		Dogma d. „Unbefleckten Empfängnis" durch Pius IX. verkündet.	Erste Kriegsfotos aus dem Krimkrieg.
1857	Großbritannien wirft Aufstand in Indien nieder.	Die theologische Fakultät der Universität Innsbruck wird den Jesuiten übertragen.	
1864	Bismarck veranlaßt Krieg Preussens u. Österr. gegen Dänemark	Päpstl. Enzyklika gegen „hauptsächlichste Irrtümer der Zeit" (Syllabus).	Arbeiter-Gewerkschaften in Frankreich.

Fortsetzung: Der Jesuiten-Orden in der Geschichte

Jahr	Politische Zeitgeschichte	Kirchen- und Ordensgeschichte	Kultur und Technik
1870	Deutsch-franz. Krieg durch Bismarcks „Emser Depesche" ausgelöst. Rom wird Hauptstadt Italiens.	Dogma von der Unfehlbarkeit des Papstes „ex cathedra" durch Pius IX. verkündet. 1.485 Jesuiten sind in Missionen tätig.	Einführung der Postkarte in Deutschland durch Heinrich Stephan.
1872	Bismarck beg. „Kulturkampf gegen die kath. Kirche.	Jesuiten werden aus Deutschland ausgewiesen.	Gustav Freytag: „Die Ahnen".
1894	Der jüd.-franz. Offizier Dreyfus wegen angeblichen Landesverrats verurteilt.	Beginn der christl. Gewerkschaftsbewegung in Deutschland.	Kampf um die Frauengleichberechtigung.
1900	Boxer-Aufstand in China. Europ. Großmächte greifen ein.	Die Gesellschaft Jesu hat 15.073 Mitglieder.	Weltausstellung u. Olympische Spiele in Paris.
1909		Das Bibelinstitut in Rom wird der Gesellschaft Jesu übertragen.	1. Internationale Luftfahrtausstellung in Frankfurt.
1910	Portugal wird Republik.	Verbot der Jesuiten in Portugal.	Weltausstellung in Brüssel. Sport wird volkstümlich.
1914	Beginn des Ersten Weltkriegs.	100-Jahr-Feier der Wiederzulassung der Gesellschaft Jesu. – 16.894 Jesuiten	
1915	Italien erklärt Österr. den Krieg.	Jesuiten-General W. Ledóchowski verlegt sein „Hauptquartier" in die Schweiz.	
1916	Schwere Kämpfe um Verdun und an der Somme. Einsatz von Gelbkreuz-Gas.	1.478 Jesuiten auf beiden Seiten im Kriegsdienst als Feldgeistliche, Soldaten und Krankenwärter.	„Sonntagsbund" zur Förderung der Sonntagsruhe gegründet.

Fortsetzung: Der Jesuiten-Orden in der Geschichte

Jahr	Politische Zeitgeschichte	Kirchen- und Ordensgeschichte	Kultur und Technik
1917	Friedensnobelpreis an d. Internationale Rote Kreuz. Internationaler Gewerkschaftsbund fordert Friedensschluß. Ende des Ersten Weltkriegs.	Aufhebung des Jesuitengesetzes in Deutschland. Gesellschaft Jesu damit wieder zugelassen.	Türkei führt gregorianischen Kalender ein.
1918			Charlie Chaplin-Filme.
1923	Mussolini an der Macht in Rom.	Ordensgeneral W. Ledochowski kehrt aus der Schweiz nach Rom zurück.	
1926	Freundschafts- u. Neutralitätsvertrag Deutschland-UdSSR.	27. Generalkongregation zur Neuordnung des Rechts der Gesellschaft Jesu. In Berlin wird das Canisius-Kolleg gegründet.	Erdbeben bei Tokio fordert 100.000 Todesopfer.
1929	Weltwirtschaftskrise durch New Yorker Börsenkrach.	Jesuiten gründen in Rom das Russicum.	Hans Oberth entwickelt eine Theorie zur Raumschiff-Fahrt. Chemie-Nobelpreis an Bosch u. Bergius f. Kohleverflüssigung.
1931	Stalin betont die Rolle der Technik für Aufbau der UdSSR.	Jesuitenverfolgung in Spanien.	
1933	Machtübernahme durch die Nationalsozialisten in Deutschland	Konkordat mit Deutschland. In der Welt 21.678 Jesuiten, der größte Teil arbeitet auf 46 Missionsfeldern.	
1938	Anschl. Österr. an Deutschland	Gründung der südamerik. Assistenz. Ca. 22.000 Jesuiten, 244 Kollegien, 110 Seminarien, 46 Universitäten und Universitätskollegien.	
1939	Beginn des Zweiten Weltkriegs.		
1945	USA-Atombomben auf Nagasaki und Hiroshima. Ende des Zweiten Weltkriegs.	In Deutschland gibt es 380 Jesuiten. Im KZ: 12, davon umgekommen: 3 Hingerichtet: 2, Gefängnisstrafen: 26 Beschlagnahmte Häuser: 20	18.257 deutschsprachige Zeitschriften erscheinen.

Fortsetzung: Der Jesuiten-Orden in der Geschichte

Jahr	Politische Zeitgeschichte	Kirchen- und Ordensgeschichte	Kultur und Technik
1962	de Gaulle und Adenauer beschließen Bildung einer europ. Union.	Johannes XXIII. eröffnet II. Vatikanisches Konzil. Kardinal Bea (dtsch. Jesuit) wird Leiter des Sekretariats für die Vereinigung der Christen.	USA starten unbemanntes Raumschiff zur Venus.
1963	„Heißer Draht" zwischen den USA und der UdSSR.		Hochhuts Stück „Der Stellvertreter" wird an vielen Bühnen gespielt.
1965	Volksrep. China zündet zweite Atombombe.	Paul VI. beauftragt Jesuiten mit dem Kampf gegen den Atheismus.	Ca. 25 Mio. Abtreibungen auf der ganzen Erde.
1967	Israel schlägt in einem 6-Tage-Krieg seine arab. Nachbarn.	Drei v. 10 geplanten Bänden „Akten u. Dokumente des Heil. Stuhls, den Zweiten Weltkrieg betreffend" im Auftrag d. Papstes v. 4 Jesuiten herausgegeben.	„Mao-Bibel" in 400 Mio. Auflagen, in 26 Sprachen übersetzt, in 180 Ländern verbreitet.
1968	Studentenunruhen in Paris, Rom, Kopenhagen Tokio, Berlin und Freiburg.	Paul VI. untersagt in seiner Enzyklika „Humanae Vitae" jede künstliche Geburtenkontrolle.	Ernst Bloch: „Atheismus im Christentum". In Australien nehmen etwa 23 %, in USA 20 %, in Schweden 19 % und in der BRD 13 % die Pille.
1974	Nahost-Krise. Terroranschläge religiöser Fanatiker in Irland.	Paul VI. erkennt Knochenfunde unter dem Petersdom als Petrus-Reliquie an. 32. Generalkongregation des Ordens endet mit Veröffentlichungsverbot durch Paul VI. Erst einen Monat später dürfen die genemigten Neuerungen veröffentlicht werden.	Verlustreichstes Jahr in der bisher. Luftfahrtsgeschichte: 20 Unfälle, mehr als 1.500 Tote.

Fortsetzung: Der Jesuiten-Orden in der Geschichte

Jahr	Politische Zeitgeschichte	Kirchen- und Ordensgeschichte	Kultur und Technik
1981	Jesuiten der Dritten Welt unterstützen Guerilleros in Südamerika und Afrika. Friedensnobelpreis an die UN-Flüchtlingskommission.	Jesuitengeneral Pedro Arrupe erleidet Gehirnschlag u. ernennt Pater Vincent O'Keefe (USA) zu seinem Vertreter auf Zeit. Eröffnung des Flüchtlingsdienstes der Gesellschaft Jesu.	Ein deutsches Gericht bewertet die Arbeit einer Hausfrau in einer 5-köpfigen Familie mit monatl. 4.067,-DM. Die Zahl der Industrieroboter nimmt in der BRD um 25 % im Jahr zu.
1983	Die Weltpolitik wird vom Wettrüsten mit Kernwaffenraketen zwischen USA und UdSSR beherrscht. Anwachsen der internationalen Friedensbewegung.	33. Generalkongregation des Ordens paßt zahlreiche Regeln dem modernen Leben an. Wahl von Pater P.-H. Kolvenbach (Holländer) zum General. Papst würdigt Martin Luther und sein Wirken aus Anlaß des 500. Geburtstages.	R. Leacky findet in Kenia Knochenreste eines fossilen Menschenaffen, der vor 17 Mio. Jahren lebte. Die Krankheit AIDS, seit 1979 in den USA bekannt, greift auf Europa über.
1984	Friedensnobelpreis an Negerbischof Tutu (Südafrika) für seinen friedlichen Kampf gegen die Apartheid.	„Jesuit International Volunteers" gegründet. 1986 folgt „Jesuit European Volunteers", Hilfsorganisationen für die Dritte Welt. Papst übergibt die Verwaltung des Vatikans an Kardinal Casaroli, um sich ganz kirchlichen Aufgaben widmen zu können.	33 bisher unbekannte Orgelchoräle v. J.S. Bach in USA gefunden. Weltweit wächst das Umweltbewußtsein.
1985	EG stärkster Wirtschaftsraum der Erde. M. Gorbatschow wird Generalsekretär der KPdSU.	Neue Regionen (Zusammenfass. von Ordensinitiativen) in Malaysia, Singapur, Korea, Nepal.	Restaurieren der Michelangelo-Fresken i.d. Sixtinischen Kapelle beendet.

Fortsetzung: Der Jesuiten-Orden in der Geschichte

Jahr	Politische Zeitgeschichte	Kirchen- und Ordensgeschichte	Kultur und Technik
1985	Ende der 21jähr. Militärdiktatur in Brasilia.	Papst besucht Schwarzafrika.	Weltweit 250.000 Verkehrstote.
1987	Spanien wird EG-Mitglied (Portugal folgt). SDI-Programm der USA (Krieg der Sterne) findet Anhänger im westlichen Bündnis. Keine Annäherung Reagan-Gorbatschow.	Seligsprechung v. P. Rupert Mayer SJ durch Joh. Paul II. in München. Danach betet d. Papst an P. Mayers Grab in der Bürgersaal-Kirche (Jahrh.-Ereig.). Neue Ordensregion in Delhi.	Auch nach d. Atom-Katastrophe v. Tschernobyl (26.4.86) kann sich die sowjet. Führung unter Gorbatschow zu keiner grundsätzlichen Änderung ihrer Energiepolitik entschließen. Kursverfall d. Dollars innerhalb eines Jahres um 20 %.
1988	Moskau beginnt Raketenabbau in der DDR. NATO lehnt Atomwaffenverzicht ab. Sowjets ziehen aus Afghanistan ab.	Zwei neue Ordens-Provinzen in Indien.	
1989	George Bush neuer US-Präsident. Unruhen im Ostblock. Massenflucht aus der DDR über Ungarn in die Bundesrepublik. Ab Nov. löst sich ein Ostblock-Land nach dem anderen von den kommunistischen Diktatur-Regierungen.	Ermordung v. 6 Patres in El Salvador. Nach Bekanntwerden wächst die Zahl der Freiwilligenmeldungen von Patres für dieses Gebiet. 163 namhafte kath. Theologen werfen i.d. „Kölner Erklärung" dem Papst Amtsmißbrauch vor. Unter ihnen sind auch Jesuiten.	Olympische Sommerspiele in Seoul. Schienenweltrekord der Dt. Bundesbahn mit 406,9 km/h. Ayatollah Khomeini (Iran) ruft zur Ermordung des engl. Schriftstellers Salman Rushdie auf. 206.000 t Rohöl verschmutzen 1.600 qm arktisches Küstengeb.
1990	Wiedervereinigung Deutschlands.		

Fortsetzung: Der Jesuiten-Orden in der Geschichte

Jahr	Politische Zeitgeschichte	Kirchen- und Ordensgeschichte	Kultur und Technik
1990	Freie Wahlen in allen Ostblock-Staaten. Wirtschafts-Währungs- und Sozialunion zwischen der Bundesrepublik und der DDR als erster Schritt zur Wiedervereinigung. Als erste der vier Siegermächte erkennt die UdSSR an, daß ein wiedervereinigtes Deutschland „selbst und frei" über seine Bündniszugehörigkeit entscheiden kann.	In Ungarn, d. CSFR u. Rumänien werden die bisher verbotenen religiösen Orden, darunter a. d. Jesuiten, wieder anerkannt. (In Polen und der DDR waren sie nie verboten). Von Jesuiten geführte zentralamerik. Universität (UCA) in San Salvador gibt ihren privaten Status auf und wird päpstliche Universität. Die Jesuiten feiern vom 27.9.1990 bis zum 31.7.1991 das „Ignatische Jahr" mit 2 Jubiläen: den 500. Geburtstag des Ordensgründers Ignatius v. Loyola u. d. 450-jährige Jubiläum der ersten formellen kirchlichen Bestätigung der „Gesellschaft Jesu". Es steht unter d. Motto: „En todo amar y servir" („In allem Gott lieben und dienen").	Ein Stück der „Berliner Mauer" wird in New York mit 20 Dollar gehandelt.

Literaturverzeichnis

A) Geschichte der Gesellschaft Jesu

Autorenteams: Jesuiten. Wohin steuert der Orden? Freiburg 1975

Becher, Hubert, SJ: Die Jesuiten. Geschichte und Gestalt des Ordens. München 1951

Boehmer, Heinrich: Die Jesuiten. München o.J.

Boehmer, Heinrich: Ignatius v. Loyola. München o.J.

Brodrick, James: Die ersten Jesuiten. Wien und München 1956. (Progress of the Jesuits. London 1946)

Brou, Pierre: Les Jesuites et la légende. Paris 1906

Campell, Thomas: The Jesuits 1534-1921. London 1921

Dekrete der 33. Generalkongregation der Gesellschaft Jesu. Altötting 1984

Duhr, B.: Geschichte der Jesuiten in den Ländern deutscher Zunge (4 Bände). Freiburg – Regensburg 1907-1928

Fülöp-Miller, René: Macht und Geheimnis der Jesuiten. Zürich 1929

Harney, Martin F.: The Jesuits in History. NY 1962

Hollis, Christopher: Die Jesuiten (Söhne des Heiligen Vaters) aus dem englischen übersetzt. Hbg. 1970

Krebs, R.: Die politische Publizistik der Jesuiten und ihre Gegner in den letzten Jahrzehnten vor Ausbruch des 30jährigen Krieges. Reprint der Ausgabe Halle 1890

Lange, Martin und Iblacker, Reinhold (Hrgb.): Christenverfolgung in Südamerika (2. Auflage). Freiburg 1981

Mir, Miguel: Historia interna documentada de la Compania de Jesus (2 Bände). Madrid 1913

Mitchell, David: The Jesuits (A History). London 1980
Monumenta Historica Societatis Jesu, 125 Bände

Rössler, H.: Die Societas Jesu in Jahrbuch III der Ranke-Gesellschaft. 1957

Stark, Dr. J.: Zentrumspolitik und Jesuitenpolitik. 1932 (54/5)

Stierli, Josef: Die Jesuiten. Frybourg/Schweiz 1955

Wiegand, Friedrich: Die Jesuiten. In „Wissenschaft und Bildung" 1926

B) Einzeldarstellung bedeutender Jesuiten

Arrupe, Pedro: Unser Zeugnis muß glaubwürdig sein. (Ein Jesuit zu den Problemen von Kirche und Welt am Ende des 20. Jahrhunderts). Ostfildern 1981

Bidermann, Jacob: Cenodoxus, nach der Ausgabe von 1666, mit anderen Lesarten herausgegeben und eingeleitet von Rolf Tarot, Tübingen 1987

Boehmer, Heinrich: Ignatius von Loyola. (Neu herausgegeben von Hans Leube.) Leipzig 1941

de Dalmases, Cándido, SJ: Ignatius von Loyola. München 1989

Garcian, Balthasar: Handorakel und Kunst der Weltklugheit. Übersetzt von Arthur Schopenhauer. Stuttgart 1967

Hemleben, Johannes: Teilhard de Chardin, rororo-Bildmonographien, Band 116.

Koerbling, Anton und Riesterer, Paul: Pater Rupert Mayer. München 1980

Krämer-Badoni, Rudolf: Ignatius von Loyola. Köln 1964

Lesourd, Paul: Entre Rome et Moscou: Jésuite Clandestin, Mgr. d'Herbigny. Paris 1978

v. Loyola, Ignatius: Briefe; Hrgb. O. Karrer, H. Rahner. Köln 1942

v. Loyola, Ignatius: Der Bericht des Pilgers. (Übersetzt und erläutert von Burkart Schneider.) Freiburg 1977

Marcuse, Ludwig: Ignatius von Loyola. Hamburg 1956

Pater Rupert Mayer, SJ: Dokumentation zur Seligsprechung. Ottilien 1987

Rahner, Hugo: Ignatius als Mensch und Theologe. Freiburg 1964

Ravier, André, SJ: Ignatius von Loyola gründet die Gesellschaft Jesu (Deutsche Bearbeitung von Josef Stierli SJ). Würzburg 1982

Schurhammer, Georg: Franz Xavier, Sein Leben und seine Zeit, 2 Bände, Freiburg 1955

Teilhard de Chardin, Pierre: Briefe an eine Nichtchristin. Briefe an eine Marxistin. Olten 1971

Wulf, Friedrich (Hrgb.): Ignatius v. Loyola. Seine geistliche Gestalt und sein Vermächtnis. Würzburg 1956

De Xavier, Francisco: Die Briefe. Hrgb. von E. Gräfing Vitzthum. Leipzig 1941

C) Geistige Grundlagen des Jesuitenordens

Berrigan, Daniel: Leben ohne Repression. München 1972

Constitutiones Societatis Jesu. Rom 1908

Frusta, Giovanni: Das Geheimnis der Jesuiten. Leipzig 1937

Ganss, George E., SJ (Hrgb.): The Constitutions of the Society of Jesus. St. Louis 1970

v. Hoensbroech, Graf Paul: Vierzehn Jahre Jesuit. Leipzig 1910

Höver, Günter, SJ (Hrgb.): Da riechts nach Jesuitenpulver. Fft. 2. Auflage o.J.

Lay, Rupert, SJ: Zukunft ohne Religion. Olten 1970

Lippert, Peter: Zur Psychologie des Jesuitenordens. Kempten

v. Loyola, Ignatius: Geistliche Übungen. (Vorwort Karl Rahner.) Freiburg 1978

v. Loyola, Ignatius: Die Exerzitien, übertragen von Hans Urs von Balthasar. Einsiedeln 1954

Rahner, Karl: Betrachtungen zum ignatianischen Exerzitienbuch. München 1965

Rules of the Society of Jesus. Roehampton 1926

Tondi, Alighiero: Die Jesuiten (Bekenntnisse und Erinnerungen); aus dem italienischen. Bln. (Ost) 1961

D) Bildbände, DIA-Dokumentationen, Filme und Atlanten

Entscheidungen im 16. Jahrhundert. Die Anfänge des Jesuiten-Ordens. Schul-FS-Fassung Bayerischer Rundfunk.

Jesuiten. Ein Tonbild über den Jesuitenorden in drei Teilen. av-edition

Kuypers, Franz: Rom. Leipzig 1927

Matt und Rahner: Ignatius v. Loyola (Bildband). Würzburg 1956

Mario v. Galli und Günter Höver: Mich interessiert die Zukunft. Film über Teilhard de Chadrin, Tellux-Film, München

Putzgers, F.W.: Historischer Schulatlas (Bearbeitet und herausgegeben von Alfred Baldamus und Ernst Schwabe). Bielefeld und Leipzig 1906

E) Kultur- und Zeitgeschichte

Appel, Petrus Maria: Katholik, das mußt Du wissen. 1967

Bamm, Peter: Frühe Stätten der Christenheit. München 1955

v. Bismarck, Otto: Gedanken und Erinnerungen. Stuttgart 1936

Chateaubriand, Francois: Geist des Christentums. Leipzig 1870

Descher, Karlheinz: Abermals krähte der Hahn. Düsseldorf 1980

Fichte, Johann Gottlieb: Sämtliche Werke. (Hrgb. Rudolf Eukken) Leipzig 1909

Friedell, Egon: Kulturgeschichte der Neuzeit. München 1927/31

Friedrich d. Große: Ausgewählte Werke, 1. Band (Historische und militärische Schriften, Briefe). Hrgb. Gustav Berthold Volz. Bln. o.J.

Goethe, Wolfgang: Die Reisen (2. Band der Sanssouci-Ausgabe). Potsdam o.J.

Gotto, Klaus und Repgen, Konrad (Hrgb.): Kirche, Katholiken und Nationalsozialismus. Mainz 1980

Gregor, Josef: Weltgeschichte des Theaters. Zürich 1933

Hochhut, Rolf: Der Stellvertreter. Hamburg 1979

Kierkegaard, Sören: Tagebücher. (Ausgewählt und übersetzt von Elisabeth Fenersinger.) Wiesbaden 1959

König, Robert: Deutsche Literaturgeschichte, 2 Bände. Bielefeld und Leipzig 1891

Luther, Martin: Von den Jüden und ihren Lügen. Reprint aus dem Jahre 1543. 1937

Machiavelli, Niccolo: Gesammelte Schriften. (Hrgb. Hanns Floerke.) München 1925

Orthbandt, Eberhard: Das deutsche Abenteuer. (Deutsche Geschichte von Cäsar bis zur Gegenwart in Erlebnisberichten der Augenzeugen.) Baden-Baden 1960

Pascal, Blaise: Lettres Provinciales (Briefe an einen Freund in der Provinz.) Stuttgart 1980

Prause, Gerhard: Niemand hat Columbus ausgelacht (7. Auflage.) Düsseldorf 1976

Rahner, Karl: Toleranz in der Kirche. Freiburg 1977

Rahner, Karl: Strukturwandel der Kirche als Aufgabe und Chance. Freiburg 1973

v. Ranke, Leopold: Geschichte der Päpste. Berlin 1980

Rauschning, Hermann: Gespräche mit Hitler. Zürich 1939

Schreiber, Hermann: Geschichte der Päpste. Düsseldorf 1985

Schott, Ludwig: Münchner Alltag. (Das Welttheater der Jesuiten) München o.J.

Simon, Edith (Hrgb.): Ketzer, Bauern, Jesuiten. Hamburg 1973

Spee v. Langenfeld, Friedrich: Trutznachtigall. Leipzig 1937

Sue, Eugen: Der ewige Jude. Berlin 1928

Voltaire: Candide oder die beste aller Welten. Leipzig 1950

v. Zglinicki, Friedrich: Der Weg des Films. Berlin 1956

Zola, Emile: Die drei Städte. Berlin 1930

F) Lexika und Nachschlagewerke

Canu, Jean: Die religiösen Männerorden. Aus „Der Christ in der Welt" eine Enzyklopädie. Aschaffenburg 1963

Fichtinger: Christian: Lexikon der Heiligen und Päpste. Wien 1980

Die neue Propyläen-Weltgeschichte (5. Band): Die Alte und die Neue Welt im Zeichen von Revolution und Restauration. Berlin 1943

v. Hoensbroech, Graf Paul: Der Jesuitenorden, eine Enzyklopädie (2 Bände). 1926/27

Koch, Ludwig, SJ: Jesuiten-Lexikon. Die Gesellschaft Jesu einst und jetzt. Paderborn 1934

Lexikon für Theologie und Kirche. Freiburg 1933

Lützeler, Felix, Franz Egon: Hinter den Kulissen der Weltgeschichte (2 Bände). Leipzig 1937

Mayers Enzyklopädisches Lexikon (14 Bände). 1975

Melchers, Erna und Hans: Die Heiligen. Geschichte und Legende (Bearbeitung Carlo Melchers). Augsburg 1980

Pastor, Ludwig: Geschichte der Päpste seit dem Ausgang des Mittelalters, 16 Bände. 1886-1932

Stein, Werner: Kulturfahrplan. Die wichtigsten Daten der Kulturgeschichte von Anbeginn bis 1975. Berlin 1946

G) Periodika

An unsere Freunde. Informationen der süddeutschen Jesuiten.

Assistenz-Rundbrief. S.J. München

Catholica – Vierteljahresschrift für Kontroverstheologie. Reprint. Amsterdam 1970

Der Spiegel – Das deutsche Nachrichtenmagazin. Hamburg

Entschluß – Zeitschrift für Praxis und Theologie. Herausgeber und Eigentümer: Österreichische Provinz der Gesellschaft Jesu, Wien

Jesuiten – Jahrbuch der Gesellschaft Jesu. Ausgabe der Generalskurie SJ (Deutsche Ausgabe)

Petrusblatt – Berlin

Stimmen aus Maria Laach (ab 1915 „Stimmen der Zeit"). Verlag Herder, Freiburg

Stichwortverzeichnis

A
Abkar, Großmogul 220
Ablaßhandel 126, 115ff.
Admonitor 71
Affiliieren 92ff.
Albrecht von Bayern, Herzog 151
Alexander I., Zar 302
Alexander VI., Papst 50, 52, 84, 211
Amazonas, erste kartographische Vermessung 163
Anderledy, Anton 386
Andrade, Antonio de 163
Anti-Baby-Pille 374ff.
Aquaviva, Claudio 54, 63, 71, 104, 113, 141, 207, 210, 292
Arche Noah, Rekonstruktion der 167
Architektur 157ff.
Aristoteles 170
Arrupe, Pedro 62, 97, 181, 222, 264, 349ff., 380, 389, 406
Arznei 162
Astronomie 168ff.
Atheismus 362ff.
Aufklärung 266
Auflösungs-Breve 288ff.
Augsburger Religionsfrieden 124
August der Starke 97
Ausweisung 302

B
Babel, Turmbau zu 167
Bacon, Francis 236
Barcelona, Aufenthalt Ignatius in 37ff., 95, 210
Barmherzige Brüder, Orden der 50
Barnabiten-Orden 50
Barock 158ff., 255, 278
Barockmusik 151
Bea, Kardinal Augustin 62, 346, 348, 350

Becher, Hubert 283, 285, 292, 359, 369
Beichtpraxis 105ff.
Bellarmin, Kardinal Robert 189
Bellomont, Lord 248
Benedikt XIV., Papst 244, 258, 268, 292
Benediktiner 338
Berringan, Daniel 367
Bidermann, Jakob 146
Bier 140
Bismarck, Kanzler 92, 313ff., 323
Blet, Pierre 357
Bloody Mary 195
Bobadilla, Nikolaus 45, 58, 214
Boehmer, Heinrich 283
Boleyn, Anna 47, 194
Born, Ludger 358
Bourbon, Haus 279ff., 295
Bourdaloue, Louis 192
Brahmanen 219ff.
Braunsberg 140
Brébeuf, Pater 247
Breslau 140
Breve 52, 83, 214, 288, 298
Briefbeförderung 212f.
Bulle 52, 244, 258, 299, 309
Bulst, Werner, Prof. 400
Busch, Wilhelm 314
Busenbaum, Hermann 109, 157

C
Calvin, Johannes 43, 58
Canisius, Ordenszeitschrift 166
Canisius, Petrus 125, 131ff., 152
Cano, Melchior 183
Carafa, Vincenzo 139, 158, 406
Carlos III., König 279ff.
Carlos IV., König 300
Carlyle, Thomas 343
Carossa, Hans 322
Caspar de la Cruz 231
Castiglione, Guiseppe 241
Catholica 358

Caussin, Beichtvater 191
Cenodoxus, Theaterstück 146ff.
Centurione, Luigi 268
de la Chaise, Pater 192
Chateaubriand, Francois 253
China, Missionierung in 161, 179, 210, 218, 329
Chinin 161
Choiseul, Premierminister 275f., 288
Chorgesang 89
Christenverfolgung 229
Christine, Königin von Schweden 204f.
Civilta Cattolica 302, 305, 359, 362, 365
Civitavecchia 282f.
Claver, Pietro 250
Clavius, Christoph 169, 171, 233, 235
Clemens VII., Papst 47, 120, 170, 194
Clemens VIII., Papst 291, 353
Clemens IX., Papst 239
Clemens XI. 243
Clemens XIII., Papst 271, 275f., 282, 388
Clemens XIV., Papst 286, 288, 291f.
Clemens von Alexandria 394
Coligny, Admiral 187
Collegium Germanicum 124, 142ff., 151, 324
Collegio Romano 84, 142ff., 172
Confuzius 233
Contarini, Kardinal 49
Cooper, Johannes 66
Copernicus, Nicolas 170
Cortellazo, Ciano de 331
Coton, Pierre 189, 220

D
D'Alembert, Jean le Rond 266, 293
d'Esteé, Angelique 190
d'Herbigny, Michel 326ff.
Danielou, Kardinal Jean 372

de la Chaise, Pater 192
de Sacy, Beichtvater 276
Delp, Alfred 339ff.
Demetrius, Zarensohn 207
Descartes 266
Dezza, Paolo 386
Diederot, Dennis 60, 266
Dionysius-Kapelle 39
Dogma von der Unbefleckten Empfängnis 309ff., 371
Dolchstoß-Legende 323
Dominikaner 41, 61, 113, 172, 175, 183, 210, 215, 222, 238, 242, 291
Dreißigjähriger Krieg 104, 127, 137, 183
Drexel, Pater Jeremias 103
Dreyfus-Affäre 305, 360

E
Eduard VI., König 194
Eichstätt 159
Einigungsvertrag 401
Elisabeth die Jungfräuliche 196ff.
Elisabeth, Königin von England, 16. Jhd. 112
Emser Depesche 314
Engels, Friedrich 307
Engelsburg, Festsetzung in der 289
Englische Fräulein 95f.
Enzyklika
 - Humanae Vitae 79, 374ff.
 - Quadrugesimo anno 330
 - Quantacu 309
 - Rerum novarum 196
 - Qui pluribus 161
Erasmus von Rotterdam 43
Erbsünde 179
Erzberger, Mathias 322
Escobar y Mendoza, Antonio 107, 110
Esther, Theaterstück 149
Ethnographie 162
Ettal, Kloster 338
Eucharistischer Kongreß 341

Exerzitien 36, 42, 51, 67, 73, 82ff., 133, 147

F
Farben, psychologische 166
Farina, Johann Maria 279
Farnese, Alessandro 50, 140
Farnese, Donna Constanza 51
Faschismus 331
Favre, Pierre 44, 79, 129
Fegefeuer 106, 126, 153
Ferdinand der Katholische 95
Ferdinand II., Kaiser 184, 220
Ferdinand von Neapel 287
Ferdinand von Parma 296
Fernrohr, Erfindung des 169
Filuzius 314
Finanzen 96
Florsdorf, Pater, Wilhelm 336
Forer, Laurentius 203
Formula Instituti 61
Foscarini, Schüler Galileis 173
Fouché, Joseph 296
Franz I., König von Frankreich 31
Franz von Assisi 78
Franz von Borgia 143
Franziskaner 39, 61, 175, 183, 210, 215, 238, 243, 294
Französische Revolution 298
Frauen, seelsorgerische Betreuung von 94ff.
Freimaurer 316
Freisler, Roland 339
Fremdsprachen 157, 164, 216
Frey, Dr. A. 306
Friedrich II. der Große, König 150, 293ff.
Fritz, Samuel 163
Fülöp-Miller, René, 241, 280, 283, 302
Fugger, Jacob 116f.

G
Gaeta 308
Galilei, Galileo 170ff., 310
Galitzin, Fürst 302
Gandhi 330
Garbo, Greta 204
Gehorsam 76ff., 179f.
Gelübde 46, 61ff., 153, 333
General 61f., 72, 158, 179
Generalkongregation 69ff., 132, 158, 316, 336, 349, 353, 380, 383ff.
Geo-Nara, Tenno 223
Geographie 162ff.
Godunow, Boris 206
Goebbels, Joseph 19
Goes, Bento de 163
Goethe, Johann Wolfgang von 151, 159
Gotik 159
GPU, sowjetischer Geheimdienst 327
Gracian, Balthasar 153
Graham, Robert A. 357
Greene, Graham 183
Gregor III. 138
Gregor V. 144
Gregor X., Papst 71
Gregor XIII., Papst 26, 63, 144, 146, 169, 187, 206, 228
Gregor XV., Papst 220
Gregoriana, Päpstliche Universität 142ff., 169, 347, 354, 369, 378, 399
Grimm, Alois 339
Groppe, Pater Lothar 401
Guarani, Indianerstämme 253ff.
Gundlach, Prof. Gustav 346, 369
Gunpowderplot 194ff.
Gury 111
Gusmao, Lorenco 168
Gustav Adolf, König 204
Gutenberg 131
Gutzlaff, Charles 239

H
Haarschnitt-Verordnung 141
Hadrian VI., Papst 39, 120
Harnack, Adolf von 343
Hauptmann, Gerhart 317
Heilige Allianz 303

429

Heinrich III., König 113
Heinrich IV., König 53, 113, 186ff., 220
Heinrich VIII., König 47, 194f.
Heinrich Arnoldi von Sachsen 55
Heißluft-Ballons 169
Hendrich, Wilhelm 346
Hieroglyphen-Übersetzung 167
High Church 195
Himalaja, Durchquerung des 163
Hitler, Adolf 332, 339
Hl. Martin von Tours 131
Hochhuth, Rolf „Der Stellvertreter" 98, 356f.
Hochwälder, Friedrich 252
Hofmannsthal 146
Hollis, Christopher 284
Hugenotten 186ff.
Humboldt, Alexander 163
Huronen 246
Hypnose 167

I
Ignatius von Antiochien 27
Ignatius von Loyola 11, 21, 26ff., 60, 73, 75f., 79f., 85ff., 94f., 102f., 115, 142f., 158, 175, 210, 228, 322, 363
Il Gesu, Kirche in Rom 158f., 211, 299
Ilion 326
Illusionstechnik 165ff.
Indien, Missionierung in 161, 163
Industrialisierung 307
Inkulturation 242, 393
Innozenz III. 128
Inquisition 41f., 95, 168, 170, 172, 175, 270f., 290
Irokesen 246f.
Irrlehren 309
Iwan IV., der Schreckliche 205f.

J
Jagellona, Katherina 200

James I., König 194, 198
James II., König 199f.
Jansenismus 273
Janssens, John B. 349, 364
Japan, Missionierung in 218, 221ff., 302
Jebbies, amerik. Jesuiten 367, 397
Jefferson, Thomas 298
Jesuiten, äußerliche und organisatorische Merkmale 61
Jesuitengesetz, 4. Juli 1872 314
Jesuitenlexikon 114, 326
Jesuitenpulver 161
Johann III., König von Portugal 212, 217
Johann III., König von Schweden 200, 203
Johanna, Tochter Ferdinands des Katholischen 95
Johannes Paul I., Papst 384
Johannes Paul II., Papst 12, 143, 176, 222, 338, 385, 388ff.
Johannes XXIII., Papst 63, 347, 349
Jose I., König 269f.
Joseph II., Kaiser 287
Juli-Revolution 304
Julianischer Kalender 169

K
Kadavergehorsam 77ff.
Kamel, Georg Joseph 162
Kanada, Missionierung in 210
Kang-hi, Kaiser 239
Kannibalismus 249
Kapitalismus 330
Kapuziner 50, 183
Karl V., Kaiser 31f., 48, 117ff., 195
Karl IX., König von Frankreich 186
Karl X., König von Frankreich 303
Karl, Erzherzog 129
Karmeliter 77
Karoline von Habsburg 287

Katharina II., Zarin 293ff.
Katharina von Aragon 47, 195
Katharina von Medici 186f.
Kepler, Johannes 169f.
Kierkegaard, Sören 308
Kino 165
Kirchenversammlung zu Konstanz 117, 126
Kircher, Athanasius 149, 165ff., 317
Kirschbaum, Engelbert 355
Kleiderverordnung 390ff.
Klostergelübde 126
Koadjutoren 69
Koch, Ludwig 114, 326
Koffler, Pater 262, 287
Kolbe, Maximilian 356
Kollegien 68, 128ff., 316
Kollwitz, Käthe 317
Kolumbus, Christoph 27, 30, 210
Kolvenbach, Pieter Hans 392
Kommunismus 306, 331
Königsteiner Erklärung 378
Konkordat 331
Konstantin, Theaterstück 149
Konstitutionen, Richtlinien 58, 76ff.
Konzessionen 237
Konzil von Trient 115
  - Erstes Vatikanisches Konzil 311
  - Zweites Vatikanisches Konzil 245, 347, 401
Koran 262
Krauss, Pater 376
Kühn, Eusebio 163
Kulturkampf 313ff.
Küng, Hans 144

L
La Chalotais, Advokat 261
Lainez, Diego 45, 59, 121ff., 134, 359, 406
Lalemant, Pater 247
Lamayn 204, 274
Lamormaini, Wilhelm 184f., 204, 220

Lanaterzi, Francesco 168
Lancilloto, Nicolas 213
Landsberg 338
Laotse 237
Latein, Unterrichtssprache 150ff.
Lateran-Verträge 331
Laterna magica 149, 165f., 317
LaValette, Pater 259ff., 275
Le Jay, Claude 121ff.
Ledòchowski, Ordensgeneral Wlodimir 406, 306ff., 322, 325, 328
Lehrermangel 13
Leiber, Robert 346
Lennartz, Franz 166
Leo X., Papst 120, 118
Leo XII. 298
Leo XIII., Papst 305, 311
Leppich, Pater 102f., 367
Lichtenberg, Bernhard 356
Linné, Carl von 162
Livingstone, David 263
Lombardini, Pater, Riccardo 102f., 367
Louis Philipp, König 304
Loyola, Ortschaft 11, 28, 316
Ludwig XIII., König 191
Ludwig XIV., König 192, 199, 236
Ludwig XV. König 107, 193, 275ff.
Ludwig XVI. 287
Luther, Martin 46, 102, 112, 115ff., 170, 201f., 273

M
Macao, Kolleg in 231f.
Macchiavelli, Niccolò
  "Il Principe" 23, 101, 209, 401
Macedo, Antonio 204
Maillard, Charles Thomas 243
Maintenon, Madame de 192
Malagrida, Gabriel 270
Mamelucken 256f.
Mann, Thomas
  "Zauberberg" 65, 360

Manresa, Ortschaft 87
Maracci 262
Marcellus II., Papst 62
Marcuse, Ludwig 74
Margarethe von Valois 186
Maria die Katholische 195f.
Maria Stuart 196
Maria Theresia 286ff.
Maria von Portugal 272
Mariana, Juan de 112
Marie Antoinette 287
Marienverehrung 138
Marquette, Jacques 163
Martini, Angelo 357
Martinique 275
Marx, Karl 307, 379
Massentaufe 212f., 216f.
Maximilian von Bayern 184
Mayer, Rupert 65, 105, 321ff., 337
Mayflower 246
McSorley, Richard 119
Melanchthon 120, 170
Mercurian, Ordensgeneral Everard 202
Merry de Val, Kardinal 179
Michelangelo 158
Mirgeler, Alfred 357
Mississippi, erste Befahrung des 163
Mitchell, David 283, 326
Modernismus 318
Mondkrater, Entdeckung von 169
Montaigne, Michel-Eyguen Seigneur de 134, 146
Montespan, Madame de 192
Montesquieu, Michel de 254f.
Montgolfier, Gebrüder 169
Morallehre 109
Morus, Thomas 252
Moses 318f.
Mozart, Wolfgang Amadeus 98, 152
Mündung des 163
Murray, John C. 348
Mussolini, Benito 331

N
Nadal, Jeronemo (Hieronymus) 59, 132
Napoleon Bonaparte 295f., 298ff.
Natioalsozialisten, Verhältnis 18, 332
Nationalismus 309
Nationalstolz 131
Nell-Breuning, Oswald von 307f., 334, 372, 388
Ng., Pater Robert 402
Nickel, Ordensgeneral Goswin 97
Nielsen, Laurits 201f.
Nilquellen, Entdeckung der 163
Nobili, Robert de 219f.
Notlüge 108
Novize, Tagesablauf eines 65f.
Noviziat 64ff.
Nuestra Seniora de Montserrat, Kloster 36
Nürnberg 64
Nürnberger Gesetze 333

O
O'Keefe, Vincent 386ff.
Ökomumenismus-Dekret 350
Oktavtag 299
Oktoberrevolution 323
Oliva, Giovanni Paolo 386
Oosterhuis, Pater 371
Ordensregeln (Ordensstatut) 42, 51f., 53, 64f.
Orlando di Lasso 151
Osiander, Andreas 26, 170
Ostermann, Pater 376
Ozeana, Stinknase 31

P
Paez, Pater 163
Pappalardo, Salvatore 403
Papst
 - Unfehlbarkeit des 117, 126, 307ff.
Paraver 216f.
Parias 219f.

Pascal, Blaise 266
Pauke, Florian 254
Paul III., Papst 11, 50, 83, 120f., 211
Paul IV., Papst 58, 62, 83
Paul V., Papst 172, 190
Paul VI., Papst 62, 79, 349ff., 374ff.
Pauluspfennig 142
Peking-Mensch, Entdeckung des 179
Pereira, Clemente Pater 334
Pest 140
Peter I., Zar 242f.
Petrus 355
Peyrefitte, Roger 358
Philipp der Schöne 280f.
Philipp II., König 26, 111, 140, 202, 251
Philipp III., König 111
Philipp V., König 257
Pittau, Guiseppe 386
Pius VI., Papst 291, 296, 298
Pius VII., Papst 276, 291, 295, 299
Pius IX., Papst 161, 308
Pius X., Papst 318ff., 355
Pius XI., Papst 323, 327, 330
Pius XII., Papst 179, 326, 346, 356f., 365
Plötzensee 339
Polanco, Juan 56ff., 202, 358
Poletti, Ugo 390
Polo, Marco 222
Pombal, Marques do 265ff.
Pompadour, Madame de 193, 276ff.
Possevino, Antonio 189, 202ff.
Powell, Dick 399
Prag 139, 140, 177
Predigt 100ff.
Professen, Bekenner 69
"Protestanten" 120
Ptolemäus 170

Q
Quecksilber, erstmalige Verwendung zur Temperaturmessung 166
- Weltmonopol für 98f.

R
Rahner, Hugo 358
Rahner, Karl 320, 345ff., 378
Ravaillac, Franz 113, 190f.
Rebellion der Hüte 279f.
Reduktionen 252
Regional-Assistent 71
Reliquien 355
Reservatio mentalis 108
Resistance 337
Retz, Franz 268, 406
Revolution 1848 308
Rhabarber 232
Ricci, Matteo 233ff.
Ricci, Ordensgeneral Lorenzo 233, 278, 284, 401
Richelieu, Kardinal 191f.
Rio Grande,
- Mündung des 163
Ritenstreit 263
Ritterideal 36
Rodewyk, Pater 369
Rodriguez, Simon 45
Rogge, Bernhard 314
Roh, Jesuit P. 401
Roothaan, Jan 301, 406
Rosenberg, Alfred 333
Rosenkreuzler 316
Rotondi, Pater 102
Russisches Kolleg (Russicum) 323ff.

S
Sachsenhausen 338
Sakramente, Zahl der 118
Saldanha, Kardinal 269
Salmeron, Alfonso 45, 121ff.
Sammellinse 165
San Ignatio, Kirche in Rom 58
San Paolo Fuori Lemura, Kirche in Rom 55
Sängerknaben 286

Schall von Bell, Johann Adam 237ff.
Schreiner, Christoph 169
Scherer, Georg 104
Schneider, Burkhart 347, 357
Schoenenberger, Mario 370
Schönborn, Johann Friedrich von, Kurfürst von Mainz 156
Schopenhauer, Arthur 154
Schweiz 128
Seelenzustand, Offenlegung des 106
Seelsorge, Bereich der 94
Seibel, Vitus 83, 354, 403
Seppenburg, Sepp von 257
Sexualität 109ff.
Sixtinische Kapelle 57, 351ff.
Sixtus V., Papst 54, 62
Sobieski, König Johann 97
Soldatenpriester 104
Sonderbundkrieg 305f.
Sonnenflecken 169
Sorge, Bartomoleo 397
Spee von Langenfeld, Friedrich 155f.
Spellmann, Kardinal 367
Spengler, Oswald 115
St. Blasien 68, 333
Staden, Hans 249
Standesbeichte 106ff.
Staufenberg, Graf 341
Stephan, König von Polen 205
Steuern 110f.
Stimmen aus Maria Laach, Zeitschrift 196, 310
Strafen 68
Stromboli 165
Stuarts 195
Sue, Eugen, "Der ewig Jude" 304
Süssmuth, Rita 401

T
Tacchi-Venturi, Pater 331
Tavora, Marquese do 269
Teilhard de Chardin, Pierre 178ff., 321, 329
Templer-Orden 98, 259, 281
Terziat 67
Theater 145ff.
Theatiner-Orden 48, 50, 131
Theologie der Befreiung 379ff.
Thesen von Wittenberg 116ff.
Thomas von Aquin 114, 161
Tiefentaller, Pater 163
Tilly, Feldherr 184
Tondi, Alighiero 394
Trailh, Abbé 173
Trigault, Pater 230
Tucci, Roberto 391
Tudors 195
Turiner Grabtuch 400
Tyrannenmord 111ff.
Tyrnau 177

U
Ulrich von Hutten 117, 128
Urban VII., Papst 55
Urban VIII., Papst 95, 172
Ursulinen, Nonnenorden der 50
Utopia 252

V
Valence 298
Vanetti, Pietro 400
Vasco da Gama 30
Verbiest, Pater 241
Verbot des Ordens 302
Veröffentlichung, Überwachung und Einstellung der 152ff., 347, 383
Verwundetenpflege 155
Vigo, Franz von 178
Vinci, Leonardo da 165
Virchow, Rudolf 313
Visconti, General Ignatius 260
Vitelleschi, Ordensgeneral Muzio 66, 166, 184ff., 207, 359, 406
Volk, Ludwig 384
Volksschule 137
Voltaire, Francois Marie 191, 209, 236, 257, 278, 294
Vrijburg, Jos 371
Vulkane 165

W
Wallenstein, Feldherr 184
Ward, Mary (Maria) 95
Weitenauer, Ignaz 157
Wiederherstellungs-Zeremonie 298ff.
Wilhelm II., Kaiser 116, 360
Wittelsbacher 129
Worms, Edikt von 120
Wernz, Franz Xaver Ordensgeneral 317ff.
Wulf, Friedrich 383

X
Xavier, Franz 19, 44, 57, 74, 102, 212ff., 401

Z
Zeichenschrift für Taubstumme 167
Zentrumspartei 313ff.
Zimmermann, Athanasius 196
Zola, Emile "Drei Städte" 304
Zölibat 126, 370ff.
Zuechi, Pater 170

Bildquellen:
dpa, Frankfurt; IKM, München; Ordensarchiv; Archiv des Autors.

Albert Martin Steffe
Die Hugenotten
Macht des Geistes
gegen den Geist der Macht

564 Seiten
zahlreiche Abbildungen
geb. mit Schutzumschlag
ISBN 3-925825-17-7

Wie kam es zu der mächtigen inneren Bewegung im Gefolge der französischen Reformation? Was für Menschen waren das, die sich wegen ihres Gewissens zum Äußersten treiben ließen? Was gab ihnen die Kraft zu ihrer Treue? Welche Folgen hatte ihr Verhalten für sie und andere Menschen?
Das Buch ist in erster Linie eine Antwort auf viele Fragen. Das Schicksal der Hugenotten hat unsere heutige Kultur und unser heutiges Selbstverständnis geprägt wie keine andere historische Entwicklung.
Die Hugenotten vertraten als Anhänger des Kalvinismus in Frankreich die religiöse und politische Gegenposition zur katholischen Partei der Guise. Die Bartholomäusnacht und die Aufhebung des Edikts von Nantes waren grausame Höhepunkte der jahrelangen Verfolgung der Hugenotten. Dies führte zur Flucht der Hugenotten aus Frankreich, sie zerstreuten sich in den evangelischen Ländern Europas.
Die Glaubensflüchtigen, die nach Hessen oder Preußen kamen, waren keineswegs nur Gobelinweber, Strumpfwirker oder Möbeltischler, auch nicht nur Pfarrer oder Adelige. Es war vielmehr ein Querschnitt der gesamten Bevölkerung des damaligen Frankreichs. Alle, die da kamen, waren nur durch das eine gemeinsame Merkmal ausgezeichnet, daß ihnen die Freiheit des Glaubens und eine reine Christenlehre über alles wichtig war. Welche Kraft war es, die Marie Leger dazu brachte, ihrem Mann und den vier Kindern in Frankfurt und Holland eine neue Heimat zu suchen? Was trieb die hochschwangere Jeanne Perg auf die Reise? Oder warum nahm die alte, blinde und verkrüppelte Marie Sage aus dem Elsaß noch am Lebensende den Verlust der lange erlebten Heimat auf sich? Die geistige Welt war diesen Menschen so überaus wichtig, daß sie ihretwegen die materielle aufgaben. So findet man heute die Spuren der Hugenotten im gesamten Europa.

Casimir Katz Verlag